宫辉力

主　编

运河研究年度文选

（2019）

ANNUAL SELECTION
OF THE GRAND CANAL
OF CHINA RESEARCH
(2019)

社会科学文献出版社
SOCIAL SCIENCES ACADEMIC PRESS (CHINA)

国家"双一流"建设高校项目

北京市"一流专业"建设项目资助

本书系北京宣传文化引导基金资助项目成果

本书系首都师范大学"科技创新服务能力建设—基本科研业务费（科研类）—北京大运河文化带研究（项目号20530290114）"项目资助成果

卷首语

中国大运河是人类文明史上开凿最早、空间跨度最长、工程最宏大的人工河流，是中国人民适应自然、改造自然、与自然和谐共处的智慧结晶，积淀了丰厚的历史文化遗产，又是活着的、流动着的中华文化遗产。随着大运河申遗成功，有关运河的研究也越来越受到学术界的重视，研究成果丰硕，研究视角和领域也不断拓宽。因此，首都师范大学北京文化带研究院和中国地理信息产业协会大运河工作委员会联合编辑出版《运河研究年度文选》，每年一期，作为运河研究领域的一种学术文选。

继出版《运河研究年度文选（2017）》《运河研究年度文选（2018）》后，本文选编委会检索了 2019 年中文报刊人文、社科、管理类等领域运河相关研究的 500 余篇文献，经讨论并征求作者同意，遴选其中代表性论文 22 篇，分为运河学理论，河工与水利，漕运，运河区域经济与社会，运河文学与艺术，大运河文化带建设，运河遗产保护与旅游开发，运河考古，当代运河规划、建设与管理，世界运河十个部分，呈现运河研究的现状与进展，旨在促进运河研究的交流与借鉴。

主办单位简介

首都师范大学北京文化带研究院

　　大运河在北京城市形成、首都地位确定的过程中，乃至在中国南北交流、民族融合的历程中，发挥了不可或缺的重要作用。在新时期，大运河连接京津冀、环渤海湾、长三角等重要经济圈，是京津冀协同发展重大国家战略实现的重要桥梁。因此，有必要进一步保护好、传承好、利用好大运河这一世界文化遗产所具有的独特社会经济角色、生态环境与文化符号承载。

　　2017 年，北京市委书记蔡奇在全国文化中心建设工作会议及大运河文化带建设调研座谈会上，就大运河文化带建设提出专门要求。为大力弘扬社会主义先进文化，促进文化事业与相关产业融合发展，推动中华优秀传统文化传承创新，有必要组建相应学术机构，以进一步整合相关资源和学科力量，汇聚队伍，凝练方向，立足北京"四个中心"建设，深入挖掘以大运河为核心的历史文化资源，使之成为北京建设全国文化中心的重要抓手，为政府提供及时有效的决策支撑，进而充分发挥首都师范大学科研服务首都文化建设的优势与特色。

　　在此背景下，2017 年，首都师范大学依托 UNESCO 水信息与生态水文教席、水资源安全实验室以及历史、文化、地理信息、遥感等方面的科研力量，在北京市委、市政府相关部门支持和指导下，成立了北京文化带研究院，旨在为政府部门、社会公众提供大运河文化带保护、利用、建设等方面的高端咨询，服务北京全国文化中心建设。

中国地理信息产业协会大运河工作委员会

　　大运河保护和传承的内容极其广泛，遥感与地理信息在大运河文化保护与传承过程中发挥重要作用。2018 年 6 月 21 日，正值中国大运河进入世界文化遗产名录 4 周年纪念日之际，中国地理信息产业协会大运河工作委员会在首都师范大学成立。本工委会旨在充分利用地理信息发展最新技术手段，挖掘历史图志、典籍和统计信息，构建大运河文化带地理时空信息资源库；利用地理信息系统空间分析与可视化手段，为大运河遗址遗存与非遗文化发现利用、生态环境与自然资源规划与管理、社会发展与城市品质提升提供高新技术支撑，促进社会经济与文化发展。中国地理信息产业协会大运河工作委员会，挂靠单位为首都师范大学，为政府部门、相关企事业单位、各级学校和社会公众提供多方面的战略咨询、科普实践等，出版相关刊物、书籍，发布工作报告。

目 录

一 运河学理论

二 河工与水利

三 漕运

四 运河区域经济与社会

十　世界运河

Content

Ⅰ Canal Theory

Ⅱ River Engineering and Water Conservancy

Ⅲ Water Transport

Ⅳ Regional Economy and Society of Canal

Ⅴ Canal Literature and Art

Ⅵ Construction of the Grand Canal Cultural Belt

一　　运河学理论

运河学研究的理论、方法与知识体系[*]

吴　欣[**]

运河贯穿南北，连接古今，以运河为载体及伴生的运河文化是中国传统文化的重要组成部分和文化标签。作为一个复杂系统，运河连接与传承的不仅是地域意义上的南北，地理意义上的水系，经济意义上的市场，政治意义上的漕运军政，社会意义上的人群生活，文化意义上的艺术、风俗等内容，而且其自身就是中国社会发展的一种运行与表现方式，可以说一部运河史就是半部中华文明史。运河文化的物化特征、精神象征和存在方式的复杂结构及属性决定了运河研究需要跨学科的知识、整体的研究意识和学以致用的学术价值观。

回顾运河研究的学术史，近30年来，"随着学术价值观、研究方法及研究环境的改变，运河研究不但实现了从历史（地理）研究向其他学科的逐步扩大，而且研究深度和广度也发生了改变，包括史学界在内的学者重新审视以往从经济入手且带有强烈政治色彩的宏观社会形态解释模式，将研究带入新的多元视角与多学科的研究领域"。[①] 2014年6月中国大运河"申遗"成功和2017年以来的大运河文化带建设，意味着国势强盛、文化自信背景下传统文化价值的再挖掘、再提升。对研究者来说，这一契机也促进了学界对运河历史功能和现实价值的再认识，将运河作为研究主体，纳入学术视野与学科建设，"运河学"应运而生。那么运河学的理论、方法和知识体系是怎样的？构建这一学科需要遵循怎样的规律和原则？

在回答这些问题之前，应首先解决两个关键性问题：一是运河区域是否可以被看作一个特定的区域；二是"运河学"是否可以被看作一个学科。如果不能解决这两个基本问题，运河学的概念将难以解释清楚，因为某一学科

---

　*　本文原载于《人文杂志》2019年第6期。

　**　吴欣，烟台大学民族研究所教授，研究方向为明清史、运河史。

　①　吴欣：《"大运河"研究的学术进程及问题意识（2014～2018）》，《运河学研究》（第2辑），社会科学文献出版社，2019，第2页。

的成立必然有其研究范畴，这一范畴涉及形而下的具体空间，也包括形而上的理念与范式。

一　大运河区域范围的界定

国家最新发布的《大运河文化保护传承利用规划纲要》中明确界定"大运河"由"京杭大运河、隋唐大运河、浙东运河现有和历史上最近使用的主河道构成。大运河文化带以大运河流经的北京、天津、河北、山东、河南、安徽、江苏、浙江等八省市为规划范围"①。这样的划分具有宏观和可操作的价值，但在学理上，运河流经区域甚至运河这一概念②本身，都需要放置在长时段和不同区域中被细致划分，也就是说，就运河而言，"过去的过去"与"现在的过去"存在着很大差异，"运河"是一个被不断建构的概念。由于运河流经范围广且不同历史时期变化较大，为了便于说明问题，本文仅以大运河为中心，讨论大运河区域范围的界定问题。

首先讨论大运河区域是否可以被看作一个特定的区域，之所以产生这样的疑问，是因为与一般区域相比较，大运河流经的地理与行政区域广泛，而且构成区域的基本条件并不明确。学界一般认为，区域概念源自地理学，应借鉴该学科关于区域的划分原则和标准，以之对区域进行严格界定，其核心是"明确的边界"。若从这个意义上来讨论，大运河区域并不是一个实在的区域。作为人工河，大运河在不同时期会由于开挖、改道、淤塞甚至断流而发生区域范围的变化。大运河从隋唐时期的"一"字形流向到元明清时期的"人"字形流向，明显改变了地缘社会的区域范围。仅就明清时期的京杭运河而言，河道改变会导致运河流经区域发生变化，如明永乐九年（1411）运河畅通后，为避黄河之险，又于1528～1567年、1595～1605年，自山东济宁南阳镇以南的南四湖东开河，使泗水运河改道经夏镇、韩庄、台儿庄，最后到邳州入黄河。对于运河"背徐、邳而向滕、峄"的影响，时人感叹："漕之由黄也，自直河而上至夏镇，计三百六十余里，中经邳徐吕梁等处，舳舻衔尾，旅店连云，贸易商贾在闹市，不惟土著者获利无穷，即宦于其地者，用物弘

---

① 《大运河文化保护传承利用规划纲要》，中共中央办公厅、国务院办公厅，2019年2月1日。
② 关于运河概念及流经区域在不同历史时期的变化，笔者曾有专文论述。参见吴欣《大运河文化的内涵与价值》，《光明日报》2018年2月5日，第14版。

而取精多，何需不便。今一旦漕由泇行，则背徐邳而向滕峄，向者日渐纷华，背者日渐寂寞，纷华者色喜、寂寞者心悲……"① 清代在运道基本定型的情况下，又于骆马湖以北至淮阴开中河、皂河，北接韩庄运河，致使运河流经的区域又发生改变。另外，运河流经的北方缺水区域，由泉水和其他支流供给水源；而在南方有些区域，多条自然河道与运河相连，形成水网，它们是否可以被看作运河区域？如若我们将其分为运河流经区域和辐射区域，那么二者的关系以及重要性问题如何解释，又或者说距离大运河的远近是否可以算作划分运河区域范围的标准？事实上，距离大运河的远近，也并不能表明其与运河关系的疏密，正如许倬云先生所言："地理空间（内），由交通路线构成多重网络，干线所经，易于联结网络的中心，分支道路所经，即离核心隔了一层的转接，遂与干道所经之处疏远。遗留在道路网络之外的空隙之地，则又疏远了一层。上述疏远的意义，不在空间距离的远近，而在资源与资讯的输送所至，决定其在网络上的位置。因此，网络上另有一种形式的边陲，离核心的空间距离不远，却因交通不便，信息不足，虽近在数十里之间，都视同荒蛮。"② 在大运河辐射的网络中，这种事实也存在。例如，在山东运河境内，距离运河仅 20 里的阳谷县城在崇祯年间"生齿贫悴，城中强半皆隐地，民之结茅聚庐而居者，仅东南角一隅耳"。③ 相反，距离大运河较远的济南泺口镇，因为大清河与之相连而贩运者不绝，尤其大量海盐从泺口通过大清河至运河贩运，使其深受大运河的影响，至清代，泺口镇已形成一座独立的城池。因此距离难以成为界定运河区域的标准，进一步讲，地理空间意义上运河区域难以有明确的标准。

在大运河文化带建设的背景之下，文化成为大运河研究的核心，就此而形成的文化界定论也十分流行。大运河连接京津、燕赵、齐鲁、中原、淮扬、吴越文化圈等，各种地域文化因人群流动而互相接触、融会、整合，连成恢宏深厚的运河文化带。所以，运河文化不仅是一种地域文化，更是作为一种大一统文化发展起来的。有学者认为："这条文化带反映着中华传统文化融汇的轨迹，从各个方面表现出由各个文化圈融合后的鲜明特色，凝集着中华文

---

① 黄克缵：《古今疏治黄河全书》卷三《酌议泇黄便宜疏》，王云、李泉主编《中国大运河历史文献集成》第 1 册，国家图书馆出版社，2014，第 517 页。

② 许倬云：《我者与他者》，台北：时报文化出版企业股份有限公司，2009，第 26 页。

③ 康熙《阳谷县志》卷七《艺文三》，《中国地方志集成·山东府县志辑》第 93 册，凤凰出版社，2006，第 140 页上。

明的精髓。虽然运河文化具有地域的形态，但从整个运河流域及其辐射区域来考察，却几乎覆盖了中国的东半部并影响着中国西半部。"① 若从这个角度和范围来谈，那运河区域是一个开放的区域，而不是一个客观范畴，不存在相对清晰的边界，或者说这个边界与其说存在于各种从客位角度予以拟定的"标准"中，不如说存在于某种文化想象中，具有根据情景变动而不断变化的动态特质。

法国地理学家维达尔·布拉什（Vidadela Bache）曾提出，城市创建了区域，城市的吸引力决定了区域的规模。② 明清时期，运河城市兴起，城市成为联结运河的线性共同体。学界在讨论运河区域时，也多集中于城市，如临清、济宁、淮安、通州、杭州、洛阳、宁波等城市及其辐射区域。但是从研究成果所反映的主旨来看，这些成果主要从区域与城市的关系入手，考察区域发展中城市群体的等级结构、空间形态和影响范围，最终寻求的是城市化的历史规律。因此，对运河城市史的研究显然不能取代对整体运河区域社会的研究。

大运河流经地区涵盖了多个独立的行政和经济区域。大运河区域既是一个区域，又是跨越多个区域的整体。在反思现代史学发展的基础上，又有中青年学者提出区域的划分应强调人本主义，即打破现在约定俗成的时空界限，认为区域是"在不同的历史过程中，由不同的人群因应不同的需要而产生的工具与多层次的观念"，③ 即"人的区域"。这种从问题出发的区域划分，强调多元与互动的研究视角，并试图从百姓的日常活动中寻找空间观念和地域认同的研究模式。这种研究取向虽然在很大程度上实现了从自然、行政、经济区域划分到人本区域研究的转向，但因为带有强烈的主观倾向，未摆脱意识形态对历史的先验性。

那么，在学术意义上，如何确定大运河的区域范围？我们认为，大运河之所以能够成为一个"区域"符合两个原则。第一，它首先是一个以运河为联系纽带的整体，在长时段的历史进程中虽没有形成十分稳定的区域边界，但却在一定的区域范围内提供了一个动态的历史视野。事实上，对于运河区域范围的界定，并不是为了确定各种地理格局的静态"统一性"，而是为了考察各种地理格局变动之下的社会变化。地理格局的变化，在一定程度上是指

---

① 张熙惟：《学思录》，山东大学出版社，2016，第113页。
② 〔法〕安德烈·梅尼埃：《法国地理学思想史》，蔡宗夏译，商务印书馆，1999，第11页。
③ 黄国信、温春来、吴滔：《历史人类学与近代区域社会史研究》，《近代史研究》2006年第5期。

区域认定的多样性和不稳定性，是随着时间发展而起落不定的。第二，运河区域的存在是"历史发展的内在逻辑性和一致性的体现"。① 与其他区域相比，运河区域存在着一个从漕运政治到民众生活的"运河机制"，正是这种机制将历史各要素关联起来。社会史研究过程中，法国年鉴学派以"或然论"的方法来考察环境与人的关系，并认为自然对人类的居住环境限定了条件并提供了可能，但是人对于这些给予条件的反应和调整依赖于他们传统的生活方式。"生活方式是决定一个特定人类群体在自然提供的各种可能性中进行选择的最根本的要素。"② 人们在使用"运河区域"这个词时，恐怕在心目中已经赋予它比空间区域更为丰富的内涵，这就是由运河带来的发达的经济、优越的文化以及相对统一的民众心态。

所以，从学术研究的角度，运河区域是一个以运河为规定性建立起来的区域，该"区域"具有明显的"生态文化"特征，既涉及河工及其所关涉的自然地理（水系、山川、湖泊等），又有关人文生态。在自然与人本、生态与文化的融合之中，运河区域成为物理空间的地理区域、人文生态的文化区域和人本主体的生活区域三区合一的区域。同时，在具体的研究过程中，其又是学科互鉴的跨学科区域。比之其他区域，运河区域的这种特性正是其突出的价值所在。

二 运河学的知识体系

作为学术研究的"新学科"，最早提出"运河学"这一概念的是进行中国大运河申遗的专家学者。此概念的提出，旨在强调大运河作为文化遗产的特殊性："大运河是自然与人创作的杰作，有着丰富的政治、经济、军事、文化内涵，在中国社会的不同方面发挥着重要作用，建立运河学学科有利于整合各方面成果，形成对运河的系统研究。"③ 事实上，"一种新概念的出现，既是人们对共同生活的外部环境变迁作出反应的记录，同时也反映了人们对此种变动努力进行的总体评估并逐渐形成重新控制的过程"。④ 所以，运河学概

---

① 朱金瑞：《区域性历史研究中的几个理论问题》，《中州学刊》1995 年第 3 期。
② 〔美〕杰弗里·马丁：《所有可能的世界：地理学思想史》，成一农等译，上海世纪出版集团，2008，第 249 页。
③ 罗哲文：《运河申遗应建立运河学》，《中国文化遗产》2011 年第 1 期。
④ 〔英〕雷蒙德·威廉斯：《文化与社会》，吴松江等译，北京大学出版社，1991，第 374 页。

念的产生，从宏观来看，应该被看作 20 世纪 90 年代以来中国社会科学专业化前提下，学界解释、叙述与解决运河问题的思想重构，这种结合带有一定社会改造的目的。

那么"运河学"是否可以成为学科？所谓学科，有两层含义，一是指相对独立的知识体系，二是指高等学校本科教育的专业设置。显然，运河学属于第一层含义，即与运河相关的人们的活动及其产生的经验，通过归纳、理解、抽象后形成的知识体系。在这个意义上，运河学是关于运河的专门学问。

从本质来看，运河学知识体系的概念和内涵相对明确。其概念即围绕运河形成的一整套研究、保护、利用的理论与方法。知识系统主要指建立在史实基础之上的关于运河的各方面知识及其有机联系，具体包括三个层次的内容。一是作为遗产与通道的运河"本体"及与其相关联的自然地理的内容，主要是指物化层面的运河；二是作为制度与历史现象及文化符号的"运河"，包括运河的历史地位，运河的政治功能、经济功能、文化功能、社会意义，运河与中国政治、经济格局变动的关系，运河的区域性差异与辐射意义，运河所反映出来的国家治理与发展的观念，运河引发或关联的经济、政治、文化、社会等内容；三是运河区域人群的生活方式、文化传承、社会心理等人文情态，即运河的主观性和活态化的内容。

运河学的知识体系内涵清晰，但内容丰富庞杂，其理论构建和方法运用具有极强的学科交叉性。目前，相关理论方法主要集中在历史学、地理学、文化遗产学等领域。历史学领域的制度史、经济史和社会史研究提炼了重要的有关运河特点、规律的内容。以漕粮、漕军、河工、河道等为对象的研究系统探讨了漕运、河道系统中不同组成部分的关系与结构。经济史研究以运河城镇发展、商人商帮和区域经济发展为主要内容，同时在财政史等宏观研究中也会涉及运河市场调控、交通运输等功能性价值分析。其中，江南区域经济史研究中对运河因素的分析最为细致、深刻，且在学界形成了广泛讨论，对解决中国历史发展和模式等问题都有创建性的意义。社会史、文化史学界，对运河流经区域，尤其是对明清时期运河区域的研究相对细致，多以人口、宗族、社区、信仰为对象，讨论漕运政治之下不同区域的社会发展脉络与结构性变化。这些成果的研究意识、领域、地域全部或者部分涉及运河之"本体、整体与地方"，研究内容互为借鉴，逐步深化，且每一类研究，都有意无意地对运河"空间坐标与历史标签"的身份进行了揭示，为运河学研究奠定了坚实基础。

　　地理学科对于运河河道开挖、变迁及其与自然水系的关系，历史时期运河区域的自然环境和人文环境，水资源保护，水利工程的环境影响评价，区域环境水利规划、水利经济等方面的研究，充分利用了环境水力学、环境水化学（水污染化学）、环境水生物学、环境水文学的理论基础。卫星遥感数据采集、湖泊水域采样分析等方法的运用，也在很大程度上丰富了运河学研究的科技内涵。

　　运河文化遗产学的研究在中国大运河申遗成功之后备受重视，形成了"发现并保存物质对象的真实性或真实状况"[①]的基本研究范式，主要围绕大运河物质形态本身讨论遗产的保护问题，在一定程度上，这种研究突出了大运河是国家文化符号的内容，但客观上忽略了人的主体性价值。在遗产思辨研究兴起的过程中，学界渐已形成从"以物为本"向"以人为本"回归的思想，即遗产不仅是物质遗存，更是与民众密切相关的文化实践。大运河文化遗产的评估体系在强调遗产历史、艺术、科学的基础上，也向注重文化遗产的文化价值以及不同社会群体与文化遗产关系的方向转化。事实上，运河文化的活化是物的活化，更是人的活化。另外，"廊道文化"理论，文化遗产分析中"文化线路"方法的运用也在运河旅游、规划等领域中成为常用的可资借鉴的理论与方法。

　　理论与方法的互鉴，必须以问题本身为依托，也就是说运河学研究理论和方法本身即是方法交叉、理论互鉴、问题拉动三个方面的融合。在可操作的层面或具体的研究中，以较大问题为中心和目标，以"问题拉动"不同学科本位意识之下的研究形成整体，将纯粹客观现象的解释、历史意义的解读、艺术价值的体现、客观规律的总结等内容进行多元综合，最终获得有关运河的整体性研究成果。当然，运河学的整体理论不是叙述和研究与运河相关的所有方面的历史和现实，不是把所有的事实和现象都一一研究清楚，而是要把人们的行为以及影响人的行为、影响人们行为结果的所有要素都视为整体性联系的事实，从其整体性联系去把握与理解历史和现实，去认识运河之于中国、之于民众的价值意义及其过程、结果。最终，运河学理论所包括的研究范围、特点、规律，运河学在人类文化和学术史上的价值，运河学的现实意义，运河学发展史等都在运河学所整合的学术理论与方法指引下一一呈现，

---

　　① 〔西〕萨尔瓦多·穆尼奥斯·比尼亚斯：《当代保护理论》，张鹏等译，同济大学出版社，2012，第72页。

并获得进一步深化。

在一定程度上，运河学可不可以成为一个学科，还要看相关资料能否支撑这门学问。① 首先是大运河基本文献，其内容极为丰富，可分为五类。一是专书。元代以来，流传至今的运河专书有 100 余种，内容涉及治河治水理论、运河河道开挖挑浚、运河工程建设维护、漕运及其管理体制、黄河与运河关系、运河区域生态环境与社会状况等多个方面。这些著作部分已经整理出版收录于《中国大运河文献集成》，或部分收入《续修四库全书》《四库全书存目丛书》《中华山水志丛刊》中。还有很多重要典籍，作为善本书藏于各大图书馆。二是政书类书。明清时期官修政包含多种运河方面的资料，如《明会典》《清会典》《大清会典则例》《大清会典事例》《续三通》《清三通》《古今图书集成》《清稗类钞》等，大都有河工水利、漕粮征运、钞关仓储等类目，集中保存了与运河有关的史料。三是史书方志。二十五史中的《河渠志》《食货志》《地理志》，明清《实录》中散落着大量"治运"人物事迹及河政河务方面材料。运河流经区域的省志、府志、州志、县志、镇志、乡土志、山水志、榷关志等，总量有数百种之多，内容涉及运河修治、河道变迁、漕粮征运、城市街区、商品交换、手工业门类、河务漕务管理、民风民俗等各个方面。四是文集笔记。明清时期的文人笔记常见的有五六百种之多，其中所记多与运河有关。明清小说有些以运河区域社会为背景，某些篇章直接描写运河沿线人物世事，可以为运河研究提供帮助。目前很多有价值的材料还没有进入研究领域。五是外国史料。元代以后，亚洲各国的使者商团，欧洲各国的传教士、商人、使臣经常沿大运河往返北京与沿海港口之间，留下了大量关于运河及运河区域社会的记述。这些著作虽然早已引起了学界的关注，但使用其中的材料研究中国运河与运河区域社会的论著并不多见。

其次是大运河档案文献。中国大运河档案文献数量巨大，完整系统地反映大运河决策、建设、运营的过程。据初步了解，现存与大运河有关的档案资料共 15000 余份，还有一小部分散存于其他西方国家。目前所知，第一历史档案馆清代奏折档案已经数字化，影像资料存于"清代宫中档奏折及军机处档折全文影像资料库"。国家图书馆、中国人民大学图书馆、天津市档案馆、山东省档案馆、江苏省档案馆等收藏 300 余份。关于大运河的历史舆图档案资料分别收藏在国家第一历史档案馆、北京大学图书馆、水科院水利史

---

① 《运河学笔谈：运河学研究方兴未艾》，《中国社会科学报》2016 年 6 月 8 日。

研究所、山东省档案馆、淮安市档案馆、镇江档案馆。另外，我国台湾地区"中央研究院"傅斯年图书馆"内阁大库档案影像资料库"中有若干份与运河相关的档案，还有几十种大运河明清舆图流失在欧美的博物馆和大学。

最后是运河区域民间文献。民间文献资料指契约、家谱、碑刻、科仪、日记、笔记、自传、年谱、课业文章、书函信札、生活杂记、商业文书、日用杂书、唱本剧本、法律文书、乡规乡约、善书、医书等，是大运河水利工程建设和区域社会发展的见证，也是区域民众生活状况的基本呈现。由于过于零散并疏于保护，这类资料的收集整理具有抢救性质。

综上，可以说有关运河研究的文献极盛，形成了重要且丰富的文化遗产。纵观几十年的运河研究成果，对这些文献史料进行了相对充分的利用，但也存在一定研究的空白。因此，对丰厚的学术研究进行回顾与总结，系统梳理各专业领域有关运河的理论及实证研究，是一项极富有价值的学术工作。在此基础之上，进一步讨论未来学术研究的方向也具有前瞻性的意义。

三　运河学研究的问题与路径

运河学研究涉及多个学科，但其并不是这些学科的简单相加，而是这些学科之中与运河相关内容的复合体，它的任务是对人们认识及活动中与运河相关的成果进行理论上的整合，以达至对运河总体的认识。在已有的研究中，这种认识基本在以下几种理论框架中展开。

一是功能论。以历史与现实为研究时段的运河研究，功能研究是其重点，其中"运河利弊二元论"和"运河盛衰决定论"是两个重要的立论基础。前者认为运河或是促进了经济的发展、南北的融合，或是破坏了自然河道的东西流向和自然环境；后者强调运河区域社会的发展以及运河的畅通与衰败相始终。目前这两种研究框架在很大程度上依然决定研究者的研究意识，指导其研究思路。而事实上，在此基础之上，还应将更多的精力放在揭示运河与中国社会的互动"机制"上面，解释运河存在所形成的社会内部的起承转合式的发展脉络。二是区域论。运河流经区域广阔、地域差异大，这在很大程度上造成运河研究的地域性特征明显。在可操作层面，注重差异、细化研究、类型化分析是最有效的研究方法，但同时更应该在比较视野下，探讨运河作为交通、市场、文化融合载体的整合意义，进行多角度的区域比较、探讨区域社会经济的变迁、地方文化所创造的"大历史"的轨迹。三是文化象征论。

运河文化遗产的保护和利用，是国势强盛和文化自信的反映，运河作为中华文化的一部分具有很强的象征意义，支撑着国家认同。这种意识的强化突出了运河文化的意义维度，但文化遗产之于民众和地方的价值却被弱化了。

未来对于运河学、大运河文化带建设的研究需要更纵深和多元化的研究内容与强烈的问题意识，而实现这一研究目标应具有三种研究视域。一是向内的视角，把"运河放入中国"。大运河与中国社会发展的关系，即运河的开挖、畅通与断流，如何影响甚至改变中国社会的发展和走向。既讨论运河的"社会性"价值与意义，又探讨中国社会的"运河性"特点与历史进程。在宏观层面分析作为水利工程、政治策略、经济文化传播通道、市场构建主体的大运河，如何在中古及其以后的时间序列和区域、跨区域的空间里实现功能的价值性延续，并就此形成了中国社会特殊的历史发展路径。重点讨论以下问题。第一，作为国家策略与制度的大运河，如何影响了中国古代社会的发展和进程。运河开挖、线路的改变、漕运、河工制度在不同历史时期的制定与变化，形成了中国古代社会怎样的发展脉络和整体趋势。第二，作为沟通渠道的大运河，如何在经济市场形成、商业模式建立、区域经济发展及文化融合沟通等方面，促进中国古代社会特性的形成。第三，作为工具与文化符号的大运河，如何影响着其流经的区域形成一套区域发展的内在运作机制、一种生活方式与社会文化，并进而形成中国古代社会的生活特质。

二是向外的视角，把"运河放入世界"。运河非中国独有，因此在很大程度上，对运河学的研究可以形成世界范围内的"共鸣"。事实上，讨论中国运河的独特性，需要立足于世界范围来观察，强化与国外相关学科的密切联系。世界视角可以解决两个层面的问题。其一，在比较研究中，以运河为对象，讨论中国社会及文化发展的路径。例如，彭慕兰、史蒂文·皮托克在比较18世纪世界范围内几个大首都的发展模式时曾提出这样的疑问："为什么巴黎或伦敦的成长，引发那么多暴动，北京、德里的成长引发的暴动却少那么多？"他随之得出的结论是明清帝国建造了巧妙而独特的运输系统（大运河），使首都得以利用远处过剩的稻米。① 其二，运河作为"一带一路"的连接点，具有重要的交通价值和国际战略地位。从国际视野出发，从社会发展、国家利益的角度讨论运河的价值，为提高中国国际地位、构建未来的国际秩序提供

---

① 〔美〕彭慕兰、史蒂文·皮托克：《贸易打造的世界》，黄中宪、吴莉苇译，上海人民出版社，2018，第111～113页。

历史和理论支持。

三是向前的视角，把"运河放入未来"。运河文化的延续性是民众智慧和文明不断聚集和层累的结果，作为"活的""在用"的文化遗产和文化本身，大运河并不是静态的文物，而是流动的文明史，是一种文化资源，并且这种资源一直在为人类服务。把运河放入未来在很大程度上阐明了大运河研究的主旨，即在大运河文化保护、利用与传承的关系中，最根本的问题在于传承。正如有学者所说，"申遗只是一种推动保护的方式，保护好大运河遗产、揭示和展示大运河遗产所蕴含的杰出的普遍价值以及深层次的中国文化特色并将之传承后代是这一运动的基本宗旨"。[①] 面向未来的运河学研究，在日渐成熟的用大数据方法搭建起的技术平台之上，研究者目光所及与心力所至，既应实现对大经大脉的足够疏通，也需包含对社会群体的"同情理解"。可能只有用"博学于文，行己有耻"的方式反思自我的研究，才能在疏通知远之中构建历史记忆，解释大运河在历史、当下乃至未来的作用。

---

① 朱光亚：《大运河的文化积淀及其在新世纪的命运——大运河遗产保护规划和申遗工作的回顾与体会》，《东南文化》2012 年第 5 期。

二　河工与水利

环境史视野下清代河工用秸影响研究[*]

高元杰^{**}

  黄运河工^①是清廷核心事务之一，是保障漕运系统和沿河百姓安全、维护政府运行和国家稳定的重要举措。黄运河工的根本保障是物料储备，正所谓"堤工全恃修防，而修防专资物料，是物料为河工第一要务"。^② 也就是说，物料是整个河防工作的重中之重。目前，学界对清代河工物料的数量、种类、采办方式、时空演变、社会影响等问题展开了初步研究，^③ 发现了其从柳枝到芦苇、秫秸^④的转变，但对转变之后的区域生态环境和民众生产生活的变化尚未进行深入探讨。本文以清代黄运地区^⑤为中心，从环境史角度考察河工物料

---

 * 本文为山东省高等学校人文社会科学研究计划项目"明清山东黄运地区水事纠纷问题研究"（项目编号：J17RA074）阶段性成果。本文原载于《史学月刊》2019 年第 2 期。

 ** 高元杰，历史学博士，聊城大学运河学研究院讲师，研究方向为明清运河史、生态环境史。

 ① 河工，指治理河道、防止水患的工程，本文特指治理黄河和运河的工程。为河工提供人力、物力的州县，本文称之为河工州县。

 ② 田文镜：《抚豫宣化录》卷二《条奏》，张民服点校，中州古籍出版社，1995，第 65 页。

 ③ 目前学界对清代黄运河工的研究主要集中在管理制度、财政经费以及重大治河案例上，有关物料的研究比较薄弱，主要有饶明奇：《论清代防洪工程所需物料立法的成就》，《人民黄河》2008 年第 4 期；李德楠：《试论明清时期河工用料的时空演变——以黄运地区的软料为中心》，《聊城大学学报》2008 年第 6 期；李德楠：《清代河工物料的采办及其社会影响》，《中州学刊》2010 年第 5 期；李德楠：《黄河治理与作物种植结构的变化——以光绪〈丰县志〉所载"免料始末"为中心》，《中国农史》2013 年第 2 期；陈瑞：《康雍乾时期河南河工研究》，硕士学位论文，郑州大学，2014；裴丹青：《清代河工研究》，博士学位论文，华东师范大学，2016。这些研究对物料的种类、数量、采办方式、时空演变、社会影响等问题做了初步探讨。值得一提的是美国学者彭慕兰（Kenneth Pomeranz）在《腹地的构建：华北内地的国家、社会和经济（1900—1937）》（"The Making of a Hinterland: State, Society and Economy in Inland North China, 1900—1937"）（博士学位论文，耶鲁大学，1988）第 435~445 页的"Appendix G""Appendix H"中估算了民国初年山东省黄运民埝每年对秫秸的需求量及其费用，并谈到了这一需求对民间燃料、肥料供应的影响及后果。

 ④ 秫秸，即高粱秸秆，"天下之人呼高粱为秫秫，呼其秸为秫秸，卒未有异也"（程瑶田：《九谷考·黍》，《丛书集成续编》第 165 册，上海书店出版社，1994 年影印本，第 597 页）。

 ⑤ 黄运地区，指以被山东运河、卫运河和明清废黄河所包围的三角地区为中心，以周边河工波及地区为外围的地区。该地区河工主要由河南、山东河道总督（简称"河东河道总督"或"东河总督"）管理。

的演变与区域生态植被变化的关系，以及河工物料采办对区域社会的影响。

一 "柳束危机"与秫秸成为河工正料

1. 柳株栽植与柳束"生不敷用"[①]

明清时期治河的重要目标是保证运河漕运的正常进行，为此明清政府不得不竭尽全力将黄河限定在夺淮入海的南徙河道上。[②] 这一做法有违顺水之性的治河原则，随着时间推移，海口（在今江苏省响水县）、清口（在今江苏省淮安市）等处日渐淤积，河道越来越高，河工越来越重。

明代前中期，黄运河工的重点是堤防的修筑和完善。治河名臣潘季驯指出："护堤之法，无如栽柳为最。"[③] 培土栽柳"系运河第一吃紧关键"，[④] 治河官员都认同这一观点。[⑤] 所以这一时期，明廷通过大规模植柳来巩固堤防，如成化十二年（1476），山东按察司副使陈善自"沙河[⑥]达临清，植柳百万，盘根环堤，浓荫蔽路"。[⑦] 弘治三年（1490），户部侍郎白昂治理张秋决口，"随河修堤二千余里，随堤植柳百万余株"。[⑧]

明代后期，随着黄河堤防的修筑成型，尤其是"两岸筑堤、束水攻沙"

---

① 康熙《曹县志》卷四《物产·木·柳》，康熙五十五年刻本，第 5 页，http://mylib.nlc.cn/web/guest/search/shuzifangzhi/medaDataDisplay? metaData. id = 1254352&metaData. lId = 1259236 &IdLib = 40283415347ed8bd0134833ed5d60004。

② 黄河必须由夺泗、夺淮的南徙河道入海，才能保证运河漕运的顺利进行。原因有二，一是黄河南流，运河在淮安就可以借助淮河和洪泽湖"蓄清敌黄"之力，接续水源；二是如果黄河北流，将在山东阳谷张秋镇等地截断运河，挟水入海，该地没有别的大河大湖为运河提供接续水源，这将导致运河的断流（黄河水泥沙含量过高，难以用作运河水源）。

③ 潘季驯：《河防一览》卷一〇《申明修守事宜疏》，《文渊阁四库全书》第 576 册，台北：台湾商务印书馆，1986 年影印本，第 333 页。

④ 潘季驯：《河防一览》卷三《河防险要·山东》，《文渊阁四库全书》第 576 册，台北：台湾商务印书馆，1986 年影印本，第 193 页。

⑤ 如叶方恒曾言："督夫培土栽柳，乃运河第一关键。"（叶方恒：《山东全河备考》卷二《河渠志下·坝闸建置事宜》，《四库全书存目丛书》史部第 224 册，齐鲁书社，1996 年影印本，第 414 页。）

⑥ 沙河，位于山东省滕县与江南省沛县接壤处。"成化七年，分治漕河。自通州至德州，郎中陆铺主之；德州至沙河，副使陈善主之；沛县至仪真、瓜洲，郎中郭昇主之。"（王琼：《漕河图志》，姚汉源、谭徐明点校，水利电力出版社，1990，第 171 页。）

⑦ 毕士瑜：《治河政绩碑》，康熙《阳谷县志》卷七《艺文三》第 93 册，《中国地方志集成·山东府县志辑》，凤凰出版社，2004 年影印本，第 142 页。

⑧ 王懊：《弘治庚戌治河记》，谢肇淛《北河纪》卷三《河工纪》，《文渊阁四库全书》第 576 册，商务印书馆，1986 年影印本，第 614 页。

策略的实行，堤防压力愈加吃紧。为防止黄河决口冲击运河、侵害祖陵，对物料的需求不断增加，植柳的目的逐渐转向提供物料。嘉靖时河南按察司副使陶谐"于沿河皆植柳木，以取柳稍之用"，"总理台臣奏请通行"。[①] 万历河臣万恭在《治水筌蹄》中专列"运河植柳护堤兼备埽料"[②] 一条。潘季驯也说栽植长柳，"既可捍水，且每岁有大枝可供埽料"。[③]

清初河患频仍。顺治七年（1650），河决封丘荆隆口及祥符朱源寨，北河郎中阎廷谟写道："今日之可虑者，不在水之复涨，而在料之已竭。"[④] 两年后荆隆决口堵塞，不久又决下游大王庙，旋筑旋决，至顺治十三年（1656）始塞。这次治河所需物料浩繁，柳株供不应求，清廷不得不下达栽柳劝惩条例："濒河州县新旧堤岸皆种榆柳，严禁放牧，各官栽柳自万株至三万株以上者，分别叙录，不及三千株并不栽种者，分别参处。"[⑤] 此后，又连年决口，连年兴工，柳束连年告急。

在此形势下，顺治十六年（1659）清廷责令"沿河州县于濒河处所各置柳园数区，或取之荒地，或就近民田，量给官价，每园安置徭堡夫数名，布种浇灌"。[⑥] 该命令收到了一定的效果，如曹县随后设立了冯家厂、侯家坝、石香炉、牛市屯等四处柳园，计地三顷八十二亩四分。[⑦] 又如宝应县柳园，一在槐楼湾河东，一在二里沟河西，"迨柳园种植成林，不复采民间柳矣"。[⑧] 也就是说，州县设置柳园在一定时期内起到了减轻民间采柳负担的作用。

康熙帝亲政后，将河工与漕运、三藩并列为三大政。康熙九年（1670），河决高家堰、清河王家营、曹县牛市屯等处，工用频繁，在河道总督罗多的

① 雷礼辑《国朝列卿纪》卷五二《兵部左右侍郎年表》"陶谐"，《续修四库全书》第523册，上海古籍出版社，2002年影印本，第105～106页。
② 万恭：《治水筌蹄》卷二《运河》，水利电力出版社，1985年整编本，第103～104页。
③ 潘季驯：《河防一览》卷四《修守事宜》，《文渊阁四库全书》第576册，台北：台湾商务印书馆，1986年影印本，第203页。
④ 阎廷谟：《张秋决口行漕说》，康熙《张秋志》卷九《艺文志一》，《中国地方志集成·乡镇志专辑》第29册，江苏古籍出版社，1992年影印本，第119页。
⑤ 乾隆《钦定大清会典则例》卷一三三《工部都水清吏司·河工三》，《文渊阁四库全书》第624册，商务印书馆，1986年影印本，第190页。
⑥ 康基田：《河渠纪闻》卷一三《国朝·顺治十六年》，《四库未收书辑刊》第1辑第29册，北京出版社，2000年影印本，第189页。
⑦ 光绪《曹县志》卷七《河防·附柳园》，《中国地方志集成·山东府县志辑》第84册，凤凰出版社，2004年影印本，第124页。
⑧ 民国《宝应县志》卷三《山川志·柳园》，《中国地方志集成·江苏府县志辑》第49册，江苏古籍出版社，1991年影印本，第52页。

建议下，黄运两河开始设立专官栽植柳株。① 康熙十五年（1676）夏，黄河倒灌洪泽湖，高家堰决口 34 处，宿迁白洋河等处也遭决口，河工大兴，物料紧张，清廷再次强调并细化柳株栽种劝惩条例。次年，靳辅上任，着力推行柳株劝惩条例。此后，在康熙朝河臣崔维雅、雍正朝河臣齐苏勒、嵇曾筠，乾隆朝河臣白钟山、康基田等人的倡议下，清廷又连发 9 条有关栽植柳株的劝惩条例，督促沿河州县文武官员努力种柳。②

但从相关记载看，植柳劝惩没能够长期维持。与靳辅同时期的学者薛凤祚批评道："往岁栽植护堤之柳，今安在乎？皆以守看无人，稽查废法，而斧斤牛羊凌没至尽耳。"③ 雍正朝河臣齐苏勒评价靳辅劝栽柳株的效果说："举行不过三五年而止。"④ 总之，由于每年河工岁修需柳浩繁、柳园管理不善、报捐之人弄虚作假、⑤ 新栽柳树生长缓慢、⑥ 遭受黄河冲刷损坏⑦等，柳株栽种始终处于"生不敌用"的状态。

河堤、柳园的柳株难以充足地提供物料，官府只能向民间摊派，致使民间各类树木一再遭受劫难。顺治十四年（1657），河南巡抚贾汉复论河工积弊时称："计河工之所需，自柳之外，余皆无用。今闻各夫下乡，无论坟内、门前，榆、柳、槐、杨，任意砍伐，即桃、杏果木，凭其摧折，毫无顾忌。"⑧康熙时山东峄县（今枣庄市峄城区）采柳，"而所伐皆槐、榆、桃、杏、梨、

---

① 傅泽洪辑录《行水金鉴》卷一三四《运河水》，《国学基本丛书》，商务印书馆，1936 年影印本，第 1949 页。

② 乾隆《钦定大清会典则例》卷一三三《工部都水清吏司·河工三》，《文渊阁四库全书》第 624 册，台北：商务印书馆，1986 年影印本，第 190～191 页。

③ 薛凤祚：《两河清汇》卷八《黄河》，《文渊阁四库全书》第 579 册，台北：台湾商务印书馆，1986 年影印本，第 483 页。

④ 傅泽洪辑录《续行水金鉴》卷六《河水》，《国学基本丛书》，商务印书馆，1936 年影印本，第 148 页。

⑤ 康基田：《河渠纪闻》卷二三《乾隆十九年》载："报捐之人，出资交弁丁代办，往往以细小嫩枝充数，幸邀议叙。查验之后，无人照管，渐次枯息，甚将官树伐种，成株之木，反致损伤，捐栽徒滋弊窦。"（《四库未收书辑刊》第 1 辑第 29 册，第 568 页。）

⑥ 朱国盛撰、徐标续撰《南河志》卷二《树株》载："即令遍种，三岁之间，仅堪拱把。"（《四库全书存目丛书》史部第 223 册，齐鲁书社，1996 年影印本，第 51 页。）

⑦ 白钟山：《豫东宣防录》卷六《乾隆五年》载："黄河南北柳园地亩，俱在河边，沙土虚松，一经水溜撞刷，即坍塌入河，柳株亦常带土随溜而去。"（《中国水利志丛刊》第 14 册，广陵书社，2006 年影印本，第 794 页。）

⑧ 贾汉复：《严厘河工积弊檄》，贺长龄辑，魏源编次，曹堉校勘《皇朝经世文编》卷一○三《工政九·河防八》，《魏源全集》第 18 册，岳麓书社，2004，第 527 页。

枣、桑、柘之属，其实非柳也"。① 康熙十二年（1673），河南巡抚佟凤彩疏言："去岁阳武险工，无柳可用，将民间桃、李、梨、杏尽行斫伐，方事堵御。"② 乾隆初年，城武（今山东省成武县）、定陶、菏泽三县上书抚院、布政司，"三县地方除柳枝采折无遗，杨木斩伐殆尽，尚不敷额"。③

由此看来，清初巨额的柳束需求，迫使清廷不断强调和实践栽植柳株的奖惩议叙之法，这在一定程度上缓解了物料供应的压力，但没有真正地解决问题。随着黄运河工的日渐繁重，巨量物料的采派，不但严重消耗了河工地区的柳株储备，还极大地影响了各种民间杂木的生长，破坏了黄运地区的林木植被。柳束的不足，迫使河工物料不得不退而求其次，在就地取材的原则下，江南南河开始利用其丰富的芦苇资源，豫东东河则将目光投向高粱秆。

2. 高粱种植与秫秸成为河工正料

高粱具有抗旱、耐涝、耐盐碱等特性，在平原、山丘、涝洼、盐碱等地均可种植，并且有较为稳定的产量，被誉为"铁杆庄稼""庄稼中的骆驼"。④而且高粱用途广泛，其米"有二种：粘者可和糯秫酿酒作饵；不粘者可以作糕煮粥。可以济荒，亦可养畜，梢可作帚，茎可织箔席、编篱、供爨，最有利于民者"。⑤ 因此，自明后期以降，高粱在北方地区得以广泛种植。

成淑君考察了顺治十年（1653）孔府在邹县（今山东省邹城市）、汶上、曹州（今山东省菏泽市牡丹区）等地20多个庄、厂的粮食作物种植情况，认为"至迟到明末，高粱的种植面积在鲁西、鲁北平原的部分地区已超过粟而跃居第二或第三的位置"。⑥ 不过这时高粱的占比尚不稳定，平均只有10%左右，但在此后的几十年时间里，这些孔府庄、厂的高粱种植面积占比不断上升，至康乾时期已稳定在了25%～30%。如曲阜县齐王庄的高粱种植面积，

① 乾隆《峄县志》卷五《漕渠志》，清乾隆二十六年刻本，第11页，http://mylib.nlc.cn/web/guest/search/shuzifangzhi/medaDataDisplay? metaData. id = 909531&metaData. lId = 914012&IdLib = 40283415347ed8bd0134833ed5d60004。
② 赵尔巽等：《清史稿》卷二七三《佟凤彩传》，中华书局，1976，第10038页。按，阳武，今属河南省原阳县。
③ 民国《定陶县志》卷三《赋役·免黄河夫料始末》，《中国地方志集成·山东府县志辑》第85册，凤凰出版社，2004年影印本，第346页。
④ 佟屏亚：《农作物史话》，中国青年出版社，1979，第53页。
⑤ 李时珍：《本草纲目》谷部第二三卷《蜀黍》，刘衡如、刘山永校注，华夏出版社，2008，第997页。
⑥ 成淑君：《明代山东农业开发研究》，齐鲁社，2006，第234页。

从顺治年间的 43 亩增长到了乾隆年间的 186 亩，涨幅达三倍多。①

在黄运地区，备受水灾侵扰的人们尤为看重高粱的抗涝能力。徐光启说："北方地不宜麦禾者，乃种此，尤宜下地。立秋后五日，虽水潦至一丈深，不能坏之。"又曰"北土最下地，极苦涝。土人多种蜀秫"。② 黄河沿线时常遭受洪灾，微地貌复杂，涝洼地分布广泛，十分适宜高粱的种植。乾隆初年，河南巡抚尹会一说："中州所植，高粮为盛，盖因地土平衍，蓄泄无备，雨水稍多，即虞淹浸，惟高粮质粗而秆长，较他谷为耐水，故种植者广。"③ 山东运河作为国家漕运咽喉，其完善的堤防造就了大面积的涝洼地。千里长堤纵贯南北，切断了运西积水东去的道路，每当夏秋雨季到来，坡水潴积在运河以西堤外和洼地中，常常形成长达数十里、宽达十数里的水面和大大小小的水泊。这些水泊夏秋水涨、冬春水消，难以耕种小麦、谷子、棉花，却十分适合高粱的生长。④ 如乾隆五十五年（1790）运河水大，运西积水难泄，山东巡抚觉罗长麟勘察发现："东昌附城地亩，本属低洼，即常年丰稔，此处亦有积水，向种高粱，并不播种秋麦。臣查勘时，见各农民乘筏泛舟，采取高粱，犹薄有收获。"⑤

除了这些适宜高粱生长的水环境条件外，高粱种植比例的提升跟河工正料用秸之间有着密切的关系，它们是在互动影响下共同发展的。

清代前期河工频繁，柳束产量、储量频频告危，砍伐祸及民间杂木。穷则思变，康熙中期以后，江南河工⑥率先设立苇荡营采运苇柴以补柳束之不足。到康雍之交，柳枝、荻苇已经并称河工第一要料。⑦ 但与江南不同，豫、东二省不但柳株不敷，苇草也不充裕，只得采用质量稍次而产量丰富的秫秸来代替。如雍正二年（1724），河臣嵇曾筠在奏折中说："柳枝、荻苇为河工第一要料。豫省堤园柳株岁久瘿枯，更兼连年险工，取用采伐殆尽。至荻苇

---

① 程方：《清代山东农业发展与民生研究》，博士学位论文，南开大学，2010，第 104 页。

② 《农政全书校注》卷二五《树艺》，石声汉校注，上海古籍出版社，1979，第 630～631 页。

③ 尹会一：《健余奏议》卷二《河南上疏一》，《四库禁毁书丛刊》史部第 40 册，北京出版社，1998 年影印本，第 28 页。按，高粮，即高粱。

④ 高元杰、郑民德：《清代会通河北段运西地区排涝暨水事纠纷问题探析——以会通河护堤保运为中心》，《中国农史》2015 年第 6 期。

⑤ 黎世序等纂修《续行水金鉴》卷一〇五《运河水》，商务印书馆，1937，第 2369 页。

⑥ 江南河工，即南河工，清雍正七年改河道总督为江南河道总督，专管防治江南（今江苏省、安徽省、上海市）境内的黄河与运河，时称总督为南河总督，所管诸河为南河。

⑦ 嵇曾筠：《防河奏议》卷一《条陈河工应行事宜》，《续修四库全书》第 494 册，上海古籍出版社，1996 年影印本，第 20 页。

一项，原非中州土产，旧例俱以谷草、秫秸代用。"① 可知使用秫秸充作河工物料始于康熙末年。

雍正五年（1727），经嵇曾筠奏请，对秫秸收储制度进行改革，原本为临时收购改为每年限期预备好次年的秫秸，并制定惩处办法。② 此后，秫秸在物料中所占比重越来越大。一些地方因不堪柳束压力，也主动要求改办秫秸，加快了河工正料从柳束到秫秸的转变。如乾隆六年（1741），河南省荥阳县被派办买柳梢 30 万斤，因当地素不产柳，无力采买，故具文详请改办秫秸，获得批准。③ 乾隆《修防琐志》记载："从前捆埽，十分之中，柳居其七，草居其三；今岁岁砍伐，柳枝所产渐少，大约十分之中，柳止一二分。北工则代柳以秸，南工则代柳以苇。"④

《修防琐志》称"南工则代柳以苇"，但实际上雍正以后，除了北工东河外，以盛产芦苇著称的南河也开始大量使用秫秸。如雍正六年（1728），嵇曾筠奏称："淮、徐旧时漕规内用有湖芦荻苇，今因湖地淤垫，不长此料，各厅久将正柴秫秸代用。"⑤ 乾隆二年（1737）上谕：徐州所属州县兼用秸苇，著为定例。⑥ 乾隆八年（1743），因"丰（砀）、铜（沛）二厅，以秸为正，而兼用苇"，苇柴转运艰难，且"苇、秸兼用，报销易致朦混"，经由河臣白钟山奏请丰砀、铜沛二厅"全办秫秸"。⑦ 又如南河睢南厅，因距离产苇的海套甚远，装运艰难，"向来埽工半资秫秸"。⑧

江南河工比豫东河工要繁重得多，自然用料也多，是以虽然丰县、砀山、铜山、沛县等地高粱种植也很茂盛，但遇到大工时，仍不敷用，于是有豫、东二省协济的定例。如乾隆三十一年（1766），铜沛厅韩家堂漫口六十余丈，当地的铜山、丰县、沛县、萧县、砀山等地"出产有限，不敷应用"，派"山

① 嵇曾筠：《防河奏议》卷一《条陈河工应行事宜》，《续修四库全书》第 494 册，上海古籍出版社，1996 年影印本，第 20 页。
② 黎世序等纂修《续行水金鉴》卷七《河水》，商务印书馆，1937，第 167 页。
③ 郑州市地方志编纂委员会编《郑州经济史料选编》，中州古籍出版社，1992，第 383 页。
④ 李世禄叙述《修防琐志》卷六《埽工》，《中国水利珍本丛书》第 2 辑第 2 种，中国水利工程学会，1936，第 174 ~ 175 页。
⑤ 清工部编《河东河工物料价值》，《中国大运河历史文献集成》第 9 册，国家图书馆出版社，2014 年影印本，第 5 页。
⑥ 黎世序等纂修《续行水金鉴》卷一〇《河水》，商务印书馆，1937，第 235 页。
⑦ 康基田：《河渠纪闻》卷二一《乾隆八年》，《四库未收书辑刊》第 1 辑第 29 册，第 523 页。
⑧ 贡震：《灵璧县河防志·漕规》，《中国地方志集成·安徽府县志辑》第 30 册，江苏古籍出版社，1998，第 106 页。

东省协济秫秸一百五十万束，河南协济秫秸三百五十万束"。① 这种互相协济的事例颇多，仅重大的，就有嘉庆元年（1796）山东协助江南收购堵口工料，嘉庆二十四年（1819）直隶（今河北省）、山东、江南协济武陟马营坝工秸料，等等。②

二 秫秸征派对农作物种植和农林生态的影响

大规模地使用秫秸作为河工正料，不但对派料州县的高粱种植和秫秸使用产生了巨大影响，而且深刻地影响了农业生态和民众生活。

1. 促成高粱的大面积种植

黄运地区高粱种植的盛行，一方面是黄运改造下的农业水环境适合高粱生长，另一方面是河工用秸繁重而持久的压力。很多州县迫于这一压力不得不努力地维持高粱种植在高比例上的长期稳定，李德楠考察了江南丰县和砀山、铜山在高粱种植上的差异，指出临河州县大量种植秫秸，"很大程度上是为完成国家规定的每年预备河工办料以及临时河工的物料摊派"③ 是很有道理的。

河工用秸对河工州县高粱种植的压力，可以从采割青秸一事上体现出来。乾隆四十六年（1781）六月，南河邳睢汛魏家庄大堤漫水，"旧料用完，采割青料应急"。④ 青料指的是还未成熟的高粱。这种事情不在少数，如乾隆五十一年（1786），与洪泽湖相邻的司家庄运河漫口，两江总督李世杰奏请"采割青秸，挽搭动用"。乾隆皇帝对此十分失望，他认为采青应用，事属难行，"若遽行采割，不特嫩而易折，做工既不得实用，而民间将次成熟之粮，不能刈获充食，仅得青料之价，亦属可惜"。⑤

虽然乾隆皇帝不赞同采青，但如果事态紧急，却仍是不得不用的办法，而且这种情况还经常出现。如嘉庆元年（1796）六月，单县黄河溢水，"维时

---

① 黎世序等纂修《续行水金鉴》卷一五《河水》，商务印书馆，1937，第353页。
② 黎世序等纂修《续行水金鉴》卷四四《河水》，商务印书馆，1937，第949～950页；黎世序等纂修《续行水金鉴》卷一〇六《运河水》，商务印书馆，1937，第2391页。
③ 李德楠：《黄河治理与作物种植结构的变化——以〈丰县志〉所载"免料始末"为中心》，《中国农史》2013年第2期。
④ 康基田：《河渠纪闻》卷二八《乾隆四十六年》，《四库未收书辑刊》第1辑第29册，第725页。
⑤ 《清高宗实录》卷一二六〇，乾隆五十一年闰七月乙亥，中华书局，1986，第945页。

秸料尚未登场，民间旧料无多，尽数买用之外，尚属不敷"，知县孙象坤"乃亲赴附近村庄，传集乡民耆老，谕以工程紧要，必得采青应用，当即按亩估计籽种，宽给价值"。① 又如光绪三年（1877），黄河黑堽口出险，"秸料未登，工员束手"，祥符县知县徐本华"力劝绅民砍青予值，而官料得以日夜继进"。②

出现这一问题的原因，在于没有储备足够的物料，事到临头，仓皇失措。因为高粱入秋后陆续成熟，相较于夏季伏汛的到来略为延后，③ 因此指望用当年收获的秋秸来制埽是不可靠的，这就要求在上一年收获后多加储备，以应付来年青黄不接的情况。总之，这反映出秋秸的大量需求对高粱种植的巨大压力。

河工用秸对高粱种植的压力有多大，决定于每年河工置办秋秸的数量。乾隆三十年（1765），河南巡抚阿思哈奏定办料章程，称"乾隆二十七、八、九等年，岁派俱在四千万斤上下"，到乾隆三十年，"通共应办正、加秸五千零五万斤"。④ 这一时期办秸没有定量，是随着每年工程险情不同而酌量增减的。

嘉庆以后，秸料堆贮规制逐渐明确起来。著名学者俞正燮对苇荡营柴的规制进行过辨析，指出，一堆柴（秸）的重量有 66000 斤（星使）、45000 斤（向例）、33750 斤（百龄）、50000 斤（黎世序）等四种说法。⑤ 他批评两江总督百龄的计算有误，33750 斤的说法不正确，其他三个数字则可能是"年时计算不同"⑥ 造成的差异。笔者以为，河道总督黎世序的每垛 50000 斤的说法应该是准确的，因为他明确了这个数字是秸料的，而其他三种说法则包含苇柴在内。到了嘉庆后期，出台了《钦定工部则例》，明确规定"每堆以五万斤为率"。⑦ 光绪初年，修订版《钦定工部则例》规定得更为具体："东河秸料

---

① 孙象坤：《莅单防河纪略》，民国《单县志》卷二三《艺文》，《中国地方志集成·山东府县志辑》第 81 册，凤凰出版社，2004 年影印本，第 631 页。
② 民国《德清县新志》卷八《人物志·徐本华》，《中国方志丛书·华中地方》第 60 号，台北：成文出版社，1970 年影印本，第 511 页。
③ 嘉庆《钦定工部则例》卷五〇《河工》载："每年七八月间发办秋秸，限十二月底全数到齐。"（海南出版社，2000 年影印本，第 229 页。）
④ 乾隆《续河南通志》卷二三《河渠志·河防》，《中国省志汇编》第 14 册，华文书局，1969，第 2250 页。
⑤ 安徽古籍丛书编审委员会编纂《俞正燮全集·癸巳存稿》第 2 册卷一一，黄山书社，2005，第 429 页。
⑥ 安徽古籍丛书编审委员会编纂《俞正燮全集·癸巳存稿》第 2 册卷一一，黄山书社，2005，第 429 页。
⑦ 嘉庆《钦定工部则例》卷四三《河工》，海南出版社，2000 年影印本，第 204 页。

每垛长六丈、宽一丈五尺、檐高一丈、脊高一丈五尺，重五万斤，不得稍有虚松。"①

那么每年需要储存多少垛才能满足河工需求？嘉庆《钦定工部则例》规定：豫省河工岁办秸料"每年以五千垛为率"。② 但在道光元年（1821）九月，署河东河道总督严烺奏称："以五千垛之料，分贮各工，不敷一岁修防之用。"他请求"于岁料五千垛外，预请添办备防秸料二千垛……其东省曹河、粮河两厅，事同一律，亦请于额贮岁料六百垛外，预备五百垛"。③ 严烺的奏请在道光二年（1822）九月获得批准。④ 可知在道光二年以前，东河岁办秸料为 5600 垛，道光二年以后增加为 8100 垛。据此计算，道光二年以前东河每年所办秸料重 2.8 亿斤，道光二年以后达到 4.05 亿斤，而这尚不包括南河所需。

这只是朝廷规定的最低储备，实际用料会大于这一数字。比如嘉庆二十五年（1820）武陟禹营坝堵口，"用料二万数千垛，浚河八百余里"，⑤ 用料在 10 亿斤以上；又如光绪十三年（1887）八月郑州石桥决口，至十五年（1889）十二月堵合，堵口所用秸料 2.8 万余垛，善后工程用秸料 1500 余垛，⑥ 用料总量达 15 亿斤。这些堵口秸料在当代仍留有显著的遗迹，20 世纪 90 年代的钻探调查，发现石桥口门"填料为秫秸、谷草、麻绳、木桩、竹缆、碎砖、土料等，冲刷深度 35 米"。⑦

这么多的秫秸是怎么征集的呢？据《豫河志》记载，郑州石桥堵口大工，除了各地河道部门的协济外，还进行了悬赏式的征集：

秸则非常之贵，荥泽兴工，每垛不过用银一百七十两，⑧ 今每垛贵贱均率需合银二百七十两，比较荥泽大工加贵不及十分之四。盖因开厂伊

---

① 光绪《钦定工部则例》卷三五《河工》，海南出版社，2000 年影印本，第 289 页。

② 嘉庆《钦定工部则例》卷四三《河工》，海南出版社，2000 年影印本，第 205 页。

③ 中国水利水电科学研究院水利史研究室编校《再续行水金鉴·黄河卷一·黄河二》，湖北人民出版社，2004，第 46 页。

④ 《清宣宗实录》卷四一，道光二年九月壬申朔，中华书局，1986 年影印本，第 725 页。

⑤ 黎世序等纂修《续行水金鉴》卷四五《河水》，商务印书馆，1937，第 974 页。

⑥ 刘于礼主编《河南黄河大事记 1840 年～1985 年》，河南黄河河务局，1993，第 21 页。

⑦ 马国彦等编著《黄河下游河道工程地质及淤积物物源分析》，黄河水利出版社，1997，第 126 页。

⑧ 按照嘉庆《钦定工部则例》规定，"豫、东二省采办岁料每垛例价帮价银应为 70 两"（嘉庆《钦定工部则例》卷四一，海南出版社，2000 年影印本，第 199 页。）

始，每垛料价虽只用百余两，而附近之料稀少，一经收买，即已茎束全无。十三年十二月间，本工采购，每垛价值已放至三百余两。山东远料来工，每垛合银五百两。曾经前署河臣李鹤年奏明有案。迨至次年四五月间，搜罗至千里内外之料，每垛放价竟至六百两之多，实为从前大工所罕有。[①]

这次堵口用于秸料的费用达 800 万两之巨。[②] 要之，此次是将两三年间方圆千里内外的秫秸搜罗一空，可以看出河工秸料需求对高粱种植的巨大压力。

怎样的种植量才能应付这一压力？据李令福统计，乾隆年间孔府汶上县美化庄高粱平均亩产为 172 斤，康熙中叶邹县（今山东省邹城市）毛家堂为 145 斤，下涧铺为 69 斤，曲阜齐王庄为 126 斤。[③] 汶上县美化庄地处土壤肥沃的汶河谷地，是少有的上等地，高粱产量高于平均水平。邹县下涧铺深受水灾影响，不是正常年景的情况，则与黄河泛滥时河工各县情况相似。因此，笔者以毛家堂、下涧铺和齐王庄产量的平均值每亩 133.33 斤作为河工州县（基本为黄泛区）高粱的亩产量。

知道了高粱的平均亩产，就可以估算出秫秸的平均亩产。根据现代调查，高粱籽粒和秸秆的重量比在 1∶1.30[④] ~ 1∶1.44[⑤]，那么每亩高粱出产秫秸在 155 斤上下。道光二年以前东河每年所需秸料 2.8 亿斤，需种植高粱 180 余万亩；此后东河每年所需秸料为 4.05 亿斤，相应的高粱种植面积则需 260 余万亩。

正是这一巨大压力，迫使康、雍、乾三朝黄运地区高粱种植面积急剧增加，并于嘉道以后在高比例水平上保持稳定。乾隆时孔府 20 个庄的高粱种植面积占比达到 30% 左右，即与此关系密切。如乾隆二十一年（1756），汶上

---

① 吴箎孙：《豫河志》卷一八《经费五》，《中华山水志丛刊·水志卷》第 21 册，线装书局，2004 年影印本，第 438 页。

② 按，石桥堵口共用秸料 2.9 万余垛，每垛"确核银二百七十两"，总用银超过 796.5 万两（吴箎孙：《豫河志》卷一八《经费五》，《中华山水志丛刊·水志卷》第 21 册，线装书局，2004 年影印本，第 438 页）。

③ 李令福：《清代山东省粮食亩产研究》，《中国历史地理论丛》1993 年第 2 期，第 194、195、197 页。

④ 李萌等：《中国农村可再生能源发展现状与开发模式调研——对四川省苍溪县和浙江省丽水市的调查》，张冠梓主编《国情调研（2010 ~ 2011）》上，山东人民出版社，2012，第 351 页。

⑤ 韩鲁佳等：《中国农作物秸秆资源及其利用现状》，《农业工程学报》2002 年第 3 期，第 87 页。

县美化庄往运河韩庄闸运送秫秸，需要大车三辆，该年美化庄种植高粱 237 亩，占该庄成熟地亩的 28.18%。[1]

不过孔府庄园分布在曲阜、汶上等少数州县，尚不能反映出河工物料对不同距离州县影响的不同（离河越近需要提供的物料越多）。由于无法得到清代黄运地区不同州县高粱种植面积的精确数据，我们用 1950 年和抗战前的相关数据来对清代的种植情况进行推测。[2]

河南省高粱种植显著地集中在老黄河和黄河一线，种植比例前十名的县有 8 个，前二十名的有 15 个在老黄河与黄河沿线，而外围州县种植比例随着与黄河距离的增大而明显降低。比如河南太康县，乾隆年间曾被列入"临河县"，物料派累，民不堪命，后经知县高上桂"面恳上宪，一概豁免"。[3] 又如河南林县（今林州市），道光十九年（1839）后连岁因工加派，办理河工物料，道光二十四年（1844）"县北各村立连庄会以抗之，获免征"。[4] 由此可知黄河河工大量征集秫秸对沿河州县农业种植结构的深远影响。

山东省的高粱种植分布相对均衡，主要分布在运河（包括南四湖和泗河流域）、黄河沿线，沂河、小清河和胶莱河沿线也有较广泛的分布。这些地方都是排水不畅、水患频仍之地，有着适宜高粱生长的水环境，同时这里也是河工繁重之地，[5] 办理巨量河工秸料的压力是这些地方大量种植高粱的重要原因。

2. 影响土壤肥力和林木植被的保持

（1）秸秆无法还田以保持土壤肥力

中国古代劳动人民很早就通过堆积、淹水、垫圈等方式，使秸秆以沤肥、堆肥、厩肥等形式还田，借以维持土壤肥力。如西汉氾胜之指出种芋时，在

---

[1] 中国社会科学院历史研究所编《曲阜孔府档案史料选编》第 3 编第 11 册《租税三》，齐鲁书社，1985，第 394、397 页。

[2] 我们认为，抗战前乃至新中国成立初山东、河南两省高粱种植情况深受数百年来持续河工压力的影响（直到 19 世纪 20 年代仍以秫秸为河工正料），虽然部分地区不同程度地受到如玉米种植等的影响，但高粱种植的比例与晚清民国时期相比不会有太大出入，可以依据这些统计数据进行可靠推测。

[3] 民国《太康县志》卷七《职官表》，《中国方志丛书·华北地方》第 466 号，台北：成文出版社，1976 年影印本，第 470 页。

[4] 民国《林县志》卷十六《大事表》，《中国方志丛书·华北地方》第 110 号，台北：成文出版社，1968 年影印本，第 1243 页。

[5] 如同治十一年（1872）河决，"所有秫秸料垛，分派济宁等十三州县购办"。参见丁宝桢《丁文诚公奏稿》卷九《侯工收支各款折》，黄万机等点校，贵州人民出版社，2012，第 1095 页。

区田中覆盖一尺五寸厚的豆萁（豆秸），然后将粪和湿土匀合后埋在上面，踏实、浇水，等豆萁腐烂以后，"芋生子，皆长三尺，一区收三石"。① 这是一种沤肥法。《齐民要术·杂说》中提到了"秸秆踏粪法"，"凡人家秋收治田后，场上所有穰、谷穄等，并须收贮一处。每日布牛脚下，三寸厚；每平旦收聚堆积之；还依前布之，经宿即堆聚"。② 这是隋唐时期北方地区广泛使用的一种厩肥法。③

明清时期，江南地区普遍采用这两种方法制作有机肥。《宝坻劝农书》中说："南方农家凡养牛、羊、豕属，每日出灰于栏中，使之践踏，有烂草、腐柴，皆拾而投之足下。粪多而栏满，则出而叠成堆矣。"④《沈氏农书》记载了江南堆肥中畜粪和秸秆的比例，认为这种踏粪肥料经济实惠，是贫家上好的肥田之物。⑤

秸秆通过沤肥、堆肥、厩肥等形式还田，是中国古代土地肥力长期稳定的重要保障之一。南宋农学家陈旉指出："若能时加新沃之土壤，以粪治之，则益精熟肥美，其力常新壮矣，抑何敝何衰之有。"⑥ 元代农学家王祯也认为："为农者，必储粪朽以粪之，则地力常新壮而收获不减。"⑦

但在明清华北地区，情况远不如江南乐观。袁黄有感于华北农民不知积肥，为了推广家乡经验，而作《宝坻劝农书》。只有在山西一带，有用麦秸等沤肥的做法，"大粪不可多得，则用麦秸及诸糠穗之属，掘一大坑实之。引雨水或河水灌满沤之，令恒湿。至春初翻倒一遍，候发热过，取起壅田"。⑧ 徐光启指出这是山西盛产煤炭，不用将秸秆拿去做燃料的缘故。

在黄运地区，最主要的作物秸秆之———秫秸被大量征用，⑨ 民间剩余的

---

① 万国鼎辑释《氾胜之书辑释》，农业出版社，1980，第164页。

② 《齐民要术译注》，缪启愉、缪桂龙译注，上海古籍出版社，2006，第21页。

③ 曾雄生的《中国农学史》分析了《杂说》和《齐民要术》的差异，指出《杂说》很可能是唐代掺杂之作，能够反映隋唐时期北方地区的农业生产技术（福建人民出版社，2012，第294页）。

④ 袁黄、程璇、王竹舫：《宝坻劝农书》，郑守森等校注，中国农业出版社，2000，第27页。

⑤ 张履祥辑补，陈恒力校释，王达参校，增订《补农书校释》，农业出版社，1983，第86~88页。

⑥ 《陈旉农书选读》，缪启愉选读，农业出版社，1981，第10页。

⑦ 《农书译注》，缪启愉、缪桂龙译注，齐鲁书社，2009，第71页。

⑧ 《徐光启全集·测量法义（外九种）》，李天纲点校，上海古籍出版社，2011，第446页。

⑨ 当时秫秸的收获方式是连根拔起，根都不留下，这是黄运河工征收秫秸的标准造成的。因为完整的秫秸能够在水中维持两三年之久，没有根部的秸秆几个月就会烂掉，所以规定了秫秸"宜整、宜带须页""忌切根"的标准（郑肇经：《河工学》，商务印书馆，1950，第253页）。

也要首先满足炊爨取暖、修盖房屋的需要，① 就使得这种传统的沤肥方式难以为继。在一些秫秸征派过多、民间燃料匮乏的地方，甚至将牲畜粪肥拿来充作燃料，这严重影响了农田土壤肥力的保持。

郭松义在使用孔府档案资料研究清代山东粮食产量的时候，发现"在某些田庄中，到清后期，亩产量有下降的趋势"。② 他认为"最大的原因，恐怕是由于自然变化，造成地力下降，产量减少之故"。③ 这一结论可能缘于清后期黄运地区自然灾害的严重而得出的，很有道理，然而河工大量用秸造成燃料、肥料匮乏，也是其重要原因之一。

（2）加剧了民间燃料的短缺与滥砍滥伐

秫秸是清代黄运地区最重要的燃料，如民国《茌平县志》中说，"（高粱）秸为农户主要燃料"。④民国《东平县志》中也说，"（高粱）秸高而坚实，为薪柴之上品，故种者颇多"。⑤ 清代内务府亦将秫秸作为重要燃料，如《钦定大清会典则例》中规定，各厩炊煮豆米"折给秫秸，每秫秸十五斤，抵折煤七斤八两、炭十二两"。⑥ 乾隆时河臣白钟山说："秫秸为民间炊爨之需，采办亦殊不易。"⑦

秫秸被大量征用，民间燃料匮乏，人们的补救措施主要是打柴（俗称"拾柴火"）。沉重而持久的燃料压力下，黄运地区野外的柴薪越来越少。乾隆《新泰县志》指出，当地"贫家但爬罗草根木叶给爨而已"。⑧ 乾隆时博平县知县朱坤记录下了他所看到的悲惨景象："何方林麓可樵苏？竟日提筐入得

---

① 农家收获的作物茎秆主要有麦秸、豆秸、秫秸和棉花秸，麦秸和豆秸主要用来喂养牲畜，棉花秸在鲁西北州县产量较多，秫秸是整个黄运地区最重要的燃料（《曲阜孔府档案》第11册，第7、48、84、97、101、125、130、152、161、187、254、259、266等页）。

② 郭松义：《清代山东粮食产量的估算》，蔡美彪主编《庆祝王钟翰先生八十寿辰学术论文集》，辽宁大学出版社，1993，第176页。

③ 郭松义：《清代山东粮食产量的估算》，蔡美彪主编《庆祝王钟翰先生八十寿辰学术论文集》，辽宁大学出版社，1993，第177页。

④ 民国《茌平县志》卷九《实业志·物产》，《中国地方志集成·山东府县志辑》第90册，凤凰出版社，2004年影印本，第352页。

⑤ 民国《东平县志》卷四《物产》，《中国地方志集成·山东府县志辑》第66册，凤凰出版社，2004年影印本，第30页。

⑥ 乾隆《钦定大清会典则例》卷一六六《内务府》，《文渊阁四库全书》第625册，商务印书馆，1986年影印本，第365~366页。

⑦ 白钟山：《豫东宣防录》卷六《乾隆五年》，《中国水利志丛刊》第14册，广陵书社，2006年影印本，第795页。

⑧ 乾隆《新泰县志》卷七《中国地方志集成·山东府县志辑》第66册，凤凰出版社，2004年影印本，第359页。

无？风雨昏黄举火晚，一般儿女泣寒无？"[①] 乾隆郯城知县王植看到民众饥寒难耐，不得不将屋顶上遮风挡雨的茅草抽下来烧火："屋上抽茅度冷灶，湖中扫糁慰饥喉。"[②] 清末临清也有类似的凄惨景象，如陈恩普有诗言："粮尽柴绝将何求？上年草梗不获收，伐木扫叶供灶头。今炊无谷伐无木，家家束手空仰屋。层材换钱草作薪，到处遍是拆屋人。撤椽拆瓦恨无声，一声一泪难为情。呜呼，毁屋愁，愁欲绝，灶下烟是心头血。"[③]

光绪二十二年（1896），李希霍芬在山东丘陵看到的景象让人痛心：山东西部，"这种采伐更加极致，因为连灌木都没有了，就连草都快被挖光了。在山上经常可以看到三三两两的人辛苦地拿着一种特制的工具在打草。一片地方只用一天的时间就能挖得干干净净。……打柴火几乎是中国人对山林的唯一利用"。[④] 宣统时日本林学博士本多静六同李希霍芬一样，对山东省极端的滥伐滥砍现象深感痛心："实际山东省山林状况，早已超过滥伐之程度。此等状态，无以名，名之曰悲惨状态而已。"他在演讲中阐释了林木植被破坏后的可怕后果："降雨之际，无枝叶以杀雨水落下之力，无落叶下草以阻雨水打击之害。故雨水直冲地面，溶解土壤，而成浊流。此等浊流，既无落叶薛苔以支持之、吸收之，一泻千里，即为暴流矣。其结果，山谷被削，山脚被冲，山崩石流，积于下方平地之河底，洪水既成，则田宅流失，人畜死伤之惨，亦随之而至矣。"[⑤]

本多静六将这一现象上升到了国运盛衰的高度，并非危言耸听。滥砍滥伐、植被破坏、水土流失、河流泛滥、河工大兴、物料征派、燃料匮乏，又回到滥砍滥伐，这是一个结成因果链的恶性循环，在传统的社会和技术条件下，情况只会越来越糟糕，生态越来越恶化，生活越来越难以维系，进而引发社会的动荡。

---

① 嘉庆《东昌府志》卷四八《艺文》，《中国地方志集成·山东府县志辑》第88册，凤凰出版社，2004年影印本，第214页。

② 乾隆《郯城县志》卷一一《艺文志》，《中国地方志集成·山东府县志辑》第59册，凤凰出版社，2004年影印本，第137页。

③ 民国《临清县志》卷十六《艺文志》，《中国地方志集成·山东府县志辑》第95册，凤凰出版社，2004年影印本，第419页。

④ E. 蒂森选编《李希霍芬中国旅行日记》，李岩、王彦会译，华林甫、于景涛审校，商务印书馆，2016，第129页。

⑤〔日〕本多静六：《山东省林相变化与国运之消长》，谢申图译，《学艺》（上海）第2卷第2期，1910年。

三 秫秸征派对民众生活和社会变迁的影响

河工物料的征派不但对农业生产和农林生态产生了深远的影响，而且对民众日常生活和社会变迁也有着巨大的影响。

1. 燃料危机影响了民众的日常生活

燃料匮乏引起的民众无底线地打柴拾荒不但加剧了农林生态环境的恶化，而且耗费了民众大量的精力和财力。燃料是否充足，关系着能否安然过冬，对于穷人来说，这是生死攸关的事情，因此打柴拾荒是他们日常生活中的重要事项。黄运地区的穷苦民众（尤其是妇女、儿童）不得不花费不计其数的时间来拾荒。① 这样的记载在史料中比比皆是。在这种情况下，寒冬之际能够为穷人捐施柴薪的就成了远近闻名的良善之家，受到地方官员的褒奖和推广，民国《茌平县志》中就记载了很多这样的人物，如前王屯有名王大鹏者，"严冬积薪门外，任贫民取用……一方感其德，公送匾额曰'望重里门'"；② 北庆庄人刘栋周"冬日积薪场中，屹如山，任贫丐取携……至今口碑宛在"。③ 不过以上善举虽温暖人心，对于广大黄运地区的普遍危机却没有什么帮助，对柴薪这一稀缺资源的抢夺，引起的更多是矛盾和冲突。④

有两个例子可以直观地展现物料采办的改变对民间生活的影响。雍正年间秫秸开始作为河工正料使用，当时每斤采购价格为六毫。仅仅数年之后，其显著地影响到了民间秫秸的价格。乾隆二年（1737），因豫、东二省秸料每斤六毫不敷采办，不得不降旨加至九毫，⑤ 也就是民间秫秸价格上升了一半。两年后，河南被水歉收，官价每束（十斤）九厘又不敷采办，"著每束增银五

---

① 彭慕兰在谈到这一问题时使用了"拾荒与生存"这样一个精准的小标题，他在书中还借此描述了围绕"抢棉"事件（一种拾荒行为，广泛发生于清末民国时期的鲁西地区，人们常常在棉花尚未成熟时就强行摘采）而形成的以"看青组织"和"棉业公会"为标志的民间秩序的重构，以及这些组织在引进政府精英和推广美棉种植中发挥的作用（彭慕兰：《腹地的构建：华北内地的国家、社会和经济（1853—1937）》，马俊亚译，社会科学文献出版社，2005，第52~115 页）。

② 民国《茌平县志》卷三《人物志》，《中国地方志集成·山东府县志辑》第 90 册，第 155 页。

③ 民国《茌平县志》卷三《人物志》，《中国地方志集成·山东府县志辑》第 90 册，第 174 页。

④ 彭慕兰：《腹地的构建：华北内地的国家、社会和经济（1853—1937）》，马俊亚译，社会科学文献出版社，2005，第 68~92 页。

⑤ 乾隆《钦定大清会典则例》卷一三二《工部》，《文渊阁四库全书》第 624 册，第 174 页。

厘，共成一分四厘之数"。① 大水歉收，导致秫秸采购价又上涨了一半多。大型河工总是发生在河决大水之后，总会造成严重减产，导致民间秸料价格上涨，② 但这样的加恩却不常有。

道光元年（1821），淮扬一带河工开始使用碎石，两江总督孙玉庭和南河总督黎世序在奏折中揭示了民间对这一改变的反应："从前淮、扬一带民间炊爨，每柴一担，须钱七百余文，八口之家，釜下之需倍难于釜上。自河工兼用碎石以后，民间柴价几减一半，于小民生计裨益无穷。"③ 河工只是兼用了碎石，民间柴价就降低了一半，可见河工对民众日常生活影响之大。不过，对于黄运地区的大部分地方而言，获取石料是极为困难的，晚清乃至民国时期这里的河工仍以秸料为主。如道光武城县令厉秀芳诗云："田庐欲保情殊急，秸料当储计不讹。终岁须知闲不得，半勤稼事半防河。"④ 1920 年出版的《濮阳河上记》说："正料虽有柴芦、秫秸之别，大致各工均以秫秸为多，濮工（1915 年）所用正料亦属此项。"⑤ 因此，在相当长的时期里，购买柴薪始终是民众日常开支的重要部分，打柴拾荒始终是民众日常生活的重要事项。

2. 沉重的夫役负担激化了社会矛盾

黄河是悬挂在沿河百姓头顶的达摩克利斯之剑，它的泛滥冲决会给民众带来灭顶之灾。为了防止灾难的发生，沿河百姓不得不承受沉重的物料负担。一旦河患发生，物料需求更加繁剧，河工州县百姓就要遭受洪水、物料两重灾祸。派料之弊大致可以总结为以下四条。

（1）民众采买物料时的赔垫之弊

最初地方官承办秫秸，"不论远近，概行派拨，亦不发给现价"，后来设立河铺，"皆先给价，而后交料"。⑥ 但即便这样，百姓仍苦累不堪，如乾隆初年的丰县，"每年派办秸料、柳、桩，动数百万，虽给价银，不能得半，赔

---

① 彭元瑞：《孚惠全书》卷一三《偏隅蠲缓二》，《续修四库全书》第 846 册，上海古籍出版社，1996 年影印本，第 355 页。

② 光绪《兴县续志》下卷《艺文》记载，嘉庆时开封"频年河患，秸、苘腾踊，十束千钱"（《中国地方志集成·山西府县志辑》第 23 册，凤凰出版社，2005 年影印本，第 237 页）。

③ 黎世序：《覆奏碎石坦坡情形疏》，贺长龄辑，魏源编次，曹堉校勘《皇朝经世文编》卷一〇二《工政八·河防七》，《魏源全集》第 18 册，第 485～486 页。

④ 道光《武城县志续编》卷一四《艺文下》，《中国地方志集成·山东府县志辑》第 18 册，凤凰出版社，2004 年影印本，第 499 页。

⑤ 徐世光：《濮阳河上记·乙编》，1920 年铅印本，第 1 页。

⑥ 康基田：《河渠纪闻》卷二一《乾隆七年》，《四库未收书辑刊》第 1 辑第 29 册，北京出版社，2000 年影印本，第 512 页。

垫运送，苦累不堪"。① 又如乾隆四十四年（1779），康基田辅佐阿桂治河，发现"频年河患，秸、苘腾踊，十束千钱，民不堪其苦"。②

尤其是当本地秫秸不足，只能到邻近州县购买的时候，常有囤积居奇的事情发生。如乾隆四、五两年（1739、1740）定陶县被派料"一百六十余万"，因"秫秸、谷草灾后并无所出，士民只得往邻近地方购买交纳，按照所发之价，赔垫已至十倍"。③ 又如乾隆七年（1742）石林口决，发银"丰、砀诸邑通行采买"，丰县"勉力采办，奈本地产秫无几，不得已各携重资，赴萧、砀产秫地方采买，讵有秫之家，借货居奇，增直数倍，其苦万状"。④ 此负担高于常规赋税钱粮，而且是在黄运洪灾之后民生疲敝之时，其影响之恶劣可想而知。

（2）民众长途运输之苦

对于秫秸这种体大笨重之物，长距离运输首选水路。如乾隆十八年（1753），河决铜山张家马路，朝廷令山东协助秫秸五百万斤，因陆运艰难，采取了让曹州、兖州二府将秫秸运抵单县黄冈河，"借徐州回空粮船载之，由黄河顺流下，直抵张工"⑤ 的办法。又如乾隆四十七年（1782），河决青龙冈，工用繁剧，河南巡抚富勒浑即"飞饬沿河州县赶紧采办，无论多寡，由水路源源接续运工"。⑥

但大多数派料州县水路不通，只能顾觅大车、驱驴赶牛前往。康基田指出："秸本粗重之物，购易运难，秋末冬初，农工已毕，车牛空闲之时，取用便宜，若迟至春初，存秸已少，又当农事方兴，车牛不暇，购运价倍于前，更恐备不如数，至伏汛抢险用缺，近地秸料搜括已尽，往往采办在一二百里外，运值不啻十倍。"⑦ 如雍正二年（1724），河南巡抚石文焯奏称，河南每

① 光绪《丰县志》卷四《职官类下》，《中国地方志集成·江苏府县志辑》第65册，江苏古籍出版社，1991年影印本，第63页。

② 蔡庚飏：《钦加三品卿衔予告太仆寺少卿衔康公传》，光绪《兴县续志》卷下《艺文》，《中国地方志集成·山西府县志辑》第23册，凤凰出版社，2005年影印本，第237页。

③ 民国《定陶县志》卷三《赋役志》，《中国地方志集成·山东府县志辑》第85册，凤凰出版社，2004年影印本，第345~346页。

④ 光绪《丰县志》卷五《赋役类》，《中国地方志集成·江苏府县志辑》第65册，江苏古籍出版社，1991年影印本，第84页。

⑤ 袁枚：《常德府知府吕君墓志铭》，民国《重修沐阳县志》卷十一《金石志》，《中国地方志集成·江苏府县志辑》第57册，江苏古籍出版社，1991年影印本，第295页。

⑥ 富勒浑：《奏报筹办大工料物折》，《宫中档乾隆朝奏折》第50辑，故宫博物院，1986年影印本，第833页。

⑦ 康基田：《河渠纪闻》卷一九《雍正八年》，《四库未收书辑刊》第1辑第29册，北京出版社，2000年影印本，第437页。

县一年办秋草数次，"每次不下三十万斤，除正项外，每运约赔五六百金，统计一年约赔数千金"。① 乾隆初年，定陶、菏泽、城武三县协济曹、单河工，"各县距工远者三四百里，近者一二百里"，"装载运送，道路泥泞，驴死牛毙不可数计"。② 道光二十一年（1841），河决祥符张湾，派买鄢陵物料二百垛，鄢陵去河二百余里，"民间运送守候，其所费几倍于地丁银两，因之民情拂戾，骚怨大作"。③ 总之，秋秸的长距离运输不但大量消耗民众钱财，而且占用秋收、春耕农作时间，损耗农业牲畜，对农业生产活动造成巨大危害。

（3）官府胥役收料时的刁难之弊

刁难纳税应役民众是古代官吏的通病，河厅官员自然不能幸免。官府对于纳户的刁难主要体现在以下三个方面。

其一，吏胥之滋扰。秸料的采派收购本由河厅官员负责，但河厅官员难以从工地脱身，且在地方上呼应不灵，"必假手于吏胥，由吏胥而及各行户，层层剥蚀"。④ 这些吏胥下乡，多有滋扰之弊。如乾隆十八年（1753），因堵塞张家马路决口，灵璧县办料三十余万束，其间县役乡保通同舞弊，千态万状："其买也，沿门科派，贫民无可措交，则如其所派之价出钱以免，此私囊之一饱也。……正额之内必缺其半，预括浮收之数以取盈，而未发之半价已先入己，此私囊之一饱也。……甚至奸棍串同书役，则掣取空票，而重价以售乡愚，豪富勾通乡保，则隐漏门牌，而苦累偏归穷户。"⑤

其二，河官之重秤。乾隆初年定陶、菏泽、城武三县协济曹、单河工，收料吏胥"舞弊欺生，闻有八九斤始算一斤者"。⑥ 乾隆八年（1743），尹继善条陈："胥吏阳奉阴违，扰累不免，甚至民有倍收之累，工无半到之秸。"⑦

---

① 吴赟孙：《豫河志》卷一四《经费一》，《中华山水志丛刊·水志卷》第 21 册，装线书局，2004 年影印本，第 403 页。

② 民国《定陶县志》卷三《赋役志》，《中国地方志集成·山东府县志辑》第 85 册，凤凰出版社，2004 年影印本，第 346 页。

③ 民国《鄢陵县志》卷十《政治志》，《中国方志丛书·华北地方》第 458 册，台北：成文出版社，1976 年影印本，第 854 页。

④ 雍正《河南通志》卷一六《河防五》，《中国省志汇编》第 14 册《河南通志续通志》，华文书局，1969 年影印本，第 338 页。

⑤ 贡震：《灵璧县河防志·漕规》，《中国地方志集成·安徽府县志辑》第 30 册，江苏古籍出版社，1998，第 106 页。

⑥ 民国《定陶县志》卷三《赋役志》，《中国地方志集成·山东府县志辑》第 85 册，凤凰出版社，2004 年影印本，第 346 页。

⑦ 康基田：《河渠纪闻》卷二一《乾隆八年》，《四库未收书辑刊》第 1 辑第 29 册，北京出版社，2000 年影印本，第 523 页。

贡震在《灵璧县河防志》中揭露了收料之弊："其收也，任意浮多，远地苦于运送，则计其所浮之直，出钱以偿，此私囊之又一饱也……正额之外尚余其半，剩有不尽之数，以折干而已，发之半价，仍复收回，此私囊之又一饱也。……查点其数目，或三四束，或五六束，牵算十斤，名为买，而实则夺，或六千余束，或七千余束，虚堆一万方，虽有而数则无，民既受其累矣，官亦何所利焉。"① 乾隆四十八年（1783），济宁运河同知"承买抢修秸料十六万六千六百六十斤……共派三十二万余斤，并派及嘉祥等处"。② 济宁举人孙扩图描述派秸之弊："始而力田之农与有田五亩以上之绅士，派每亩斤，既而采派并行，则肆工市贾皆在派中，兼之胥役奉行不善，交纳本色则十倍秤收，折纳钱文则一母十子。"③

其三，纳户之守候。经历了吏胥滋扰浮派，千难万苦、长途跋涉到达河干，也不意味着苦差的结束。总有一些不法吏胥肆意索取贿赂，不贿赂就不收料，让纳户守候无期，走投无路。如《灵璧县河防志》中记："运料之户……黄河无亲故之投，露宿草间，风栖堤畔，交卸无日，守候须时，裹粮已空，负刍不继，哀怜甫告，呵叱立加，百姓之膏血已结，若辈之气焰方虐。"④ 道光二十一年（1841），鄢陵协济祥符张湾决口，"（秸料）运送工次，吏役因而刁难，勒掯不收，以致守候时日，则民间受累无穷"。⑤

又如乾隆二十六年（1761），大学士刘统勋视察开封杨桥决口，发现决口"数十步外，秸料山积，牛马杂沓，系车辕下。人则或立或坐，或卧复起，皆戚戚聚语，甚有泣者"。刘统勋询问缘由，得知他们"来已数日，远者四五百里、二三百里不等，一车或四牛、或三两牛，或杂羸马，一日口食及牛马蒭草，至减得银两许，日久费无所出，复不知何日得返，是以惧且泣耳"。刘统勋询问为何不交官，则杂曰："此岸秸料，某县丞主之，每车索使费赊，众无

---

① 贡震：《灵璧县河防志·漕规》，《中国地方志集成·安徽府县志辑》第 30 册，江苏古籍出版社，1998，第 106 页。

② 道光《济宁直隶州志》卷六《职官志七》，《中国地方志集成·山东府县志辑》第 76 册，凤凰出版社，2004 年影印本，第 445 页。

③ 孙扩图：《兰河院禁派秸料记》，道光《济宁直隶州志》卷九《艺文志》，《中国地方志集成·山东府县志辑》第 77 册，第 96 页。

④ 贡震：《灵璧县河防志·漕规》，《中国地方志集成·安徽府县志辑》第 30 册，江苏古籍出版社，1998，第 106~107 页。

⑤ 民国《鄢陵县志》卷十《政治志》，《中国方志丛书·华北地方》第 458 册，台北：成文出版社，1976 年影印本，第 854 页。

以应故也。"① 虽然在刘统勋的严厉惩处下事情得以解决，但这只是著名清官的个案，对于别时别地的类似事件并无作用。例如，洪亮吉在叙述完刘统勋的事迹后，接着写道，乾隆四十二年（1777）睢州河决，一个从荥泽来的"苍白叟"说道，"十日前，以两牛一车驼秸料抵工所，某主簿监收，索重费不得，遂痛抑秸料斤两，云止九十七斤，余不敢争也"。②

（4）包纳、包料之弊

因为外出采买、长途运输乃至交卸守候都要耗费民众大量时间，为了避免荒废农业，很多人不得不采用包纳的方式。所谓包纳，又称揽纳，是歇家的一种，是一种在赋役交接的各个环节提供住宿、餐饮、贸易、运输、贮存、代办、承包等服务的带有官方色彩的中间商。③ 包纳商的本质是逐利，他们参与物料运解事务自然是为了利润，这些最后都要落在民众头上。

雍正时，河南布政使田文镜指责摊派州县办料时的弊端云："一经摊派，其中便有蠹役、土棍，或受贿那易，李代桃僵，或勒价包揽，以一科十。州、县虽甚廉明，亦不能逐细查察，而官民已不胜其累矣。"④ 乾隆初年负责山东黄河事务的陈法对包纳之弊看得十分透彻，他说："民以牛车运料，远至百余里，人畜往返五六日，雨雪又倍。包料者为计其所费，而索市卖之值，是以一斤而有数斤之费也。"⑤ 为什么不禁止包纳？陈法解释道："民有料少而道远，以包纳为便，今催料者必自封投柜，民反困也。"⑥ 乾隆三十年（1765），河南巡抚阿思哈奏称民众运料之累："零星小户，出料有限，离工路远，必须雇车装载，人工饭食，牲口喂养，沿途既须盘揽，到次又有守候，在在多费，旷业费时，遂有一等无藉之人，名曰料头，出而包办，讲定料价、运价并一切使费，层层折干，何啻数倍，而百姓较之自行运交，究为省便，以致甘心吃亏，虽向年俱经屡禁，无如别无良法，奸民得志，遂尔公行无忌。"⑦ 要之，

---

① 《洪亮吉集》第 3 册，刘德权点校，中华书局，2001，第 1028～1029 页。
② 《洪亮吉集》第 3 册，刘德权点校，中华书局，2001，第 1029 页。
③ 胡铁球：《明清歇家研究》，上海古籍出版社，2015，第 14 页。
④ 田文镜：《议州县河员分办工料疏》，贺长龄辑，魏源编次，曹埁校勘《皇朝经世文编》卷一〇三《工政九·河防八》，《魏源全集》第 18 册，第 525 页。
⑤ 陈法：《定斋河工疏牍》，戴文年等主编《西南稀见丛书文献》第 24 卷，兰州大学出版社，2003，第 122～123 页。
⑥ 陈法：《定斋河工疏牍》，戴文年等主编《西南稀见丛书文献》第 24 卷，兰州大学出版社，2003，第 122 页。
⑦ 乾隆《续河南通志》卷二三《河渠志·河防》，华文书局，1969，第 2247 页。

纳户在与官府打交道过程中承受着诸多苦累与无奈，这就逼迫他们转向雇用包纳以求省心省力，官府和包纳也乐于以此方式获得更多利润，甚至官商勾结，进一步压榨纳户钱粮。因此，即便能够明辨包纳之害也没有办法杜绝。

总之，在秸料征收的各个环节都存在弊端，这对于河决后的受灾群黎而言无疑是雪上加霜。所以，征派秸料常常会激发社会矛盾，甚至引起变乱。如乾隆四十三年（1778）河决仪封，堵而复决，前后五次，历时二载，派料派到了600里外的东昌府恩县，往返大工长达千里，极难负担，出现了抗工之事。"左家庄劣监左都等，敢于抗违不办，且把持邻近之小村庄，一体抗阻，屡催不理。及该县亲往督催，左都等敢于抗违如故，甚至聚众夺犯伤差，并掷伤县令，不法已极，其情罪甚为可恶。"[①] 左都等人的下场是很悲惨的，"首犯左都、马现，实不可稍稽显戮，自应立时正法示众，以昭炯戒。其周普等各犯，并著三法司覆拟速奏。仍著该抚将未获之三犯，严拿务获，审明另结"。[①] 又如嘉庆二十四年（1819），河决武陟，需办秸料，催督甚急，"几有激变者"。[②] 道光时，林县因连岁办理河工物料，"县北各村立连庄会以抗之，获免征"。[③] 光绪时，夏邑因征办秸料"激成民变"。[④]

四　结　语

环境史研究立足于人类与自然相互作用的界面，不仅考察人类作用下自然环境的变迁，而且考察自然环境影响和参与下的人类生存状态及其发展变化。黄运河工是明清政府的核心事务之一，是当时人们改造自然并且应付自然环境反作用的主要手段，是帝制晚期中国东部平原环境大改变的重要因素。物料是黄运河工的核心内容，能够充分体现人类社会与自然环境的互动影响。

河工物料的演变可以清晰地反映黄运地区自然植被的变化。在明代，自然植被以及官司栽种的柳株尚能满足河工所需。清初河工繁剧，物料已经频频告急，除柳株生不足用外，民间和山中杂木也被大量砍伐。柳株的匮乏迫使清廷不得不改用数量更多、更为易得但质量差得多的秋秸。高粱的广泛种植得益于

---

① 《清高宗实录》卷一〇七八，乾隆四十四年三月己亥条，第488页。

② 《新修潼川府志校注》卷二二《人物志二》，何向东等校注，巴蜀书社，2007，第890页。

③ 民国《林县志》卷十六《大事表》，《中国方志丛书·华北地方》第一一〇号，台北：成文出版社，1968年影印本，第1243页。

④ 张佩纶：《涧于集》，《清代诗文集汇编》第768册，上海古籍出版社，2010年影印本，第527页。

黄运河工改造的区域水环境，而河工使用秫秸反过来又进一步推动和巩固了高粱在农业生产结构中的种植比例。作为民间炊爨取暖、修缮房屋乃至秸秆还田的主要原料，秫秸的大量征用对民众生活和农业生产都产生了深远的影响。

这些影响可以归纳为相互联系的社会生活和自然环境（包括农业生态）两个方面。在社会生活方面，物料征派迫使民众花费大量的时间和金钱来买料运料，秫秸匮乏造成的燃料危机也迫使他们花费大量时间和金钱来收集或购买柴薪，增加了他们的生活成本；秸秆、肥料还田的减少以及水土流失导致的土壤肥力下降，则减少了他们的收入，使他们更加贫困，缺乏抗灾能力。在自然环境和农业生态方面，物料征派和燃料的匮乏加剧了民众对山林荒野植被的破坏，而由此造成的水土流失和山洪暴发愈加严重，不断威胁着黄运安全，形成新的河工。如此周而复始，恶性循环，明清时期黄运腹地农村不能像运河沿岸城镇那样发展起来，反而不断贫困，最终成为孕育暴动渊薮的一个重要原因。

济漕与否：明清卫河水利用与沿岸水稻种植变迁研究*

——以辉县为中心的考察

孟祥晓**

明清时期，自明成祖建都北京之后，数百万石的南方漕粮需经过运河运往北京，满足京师皇室及庞大官僚群体生活所需，所以漕运关系到明清政府的经济命脉，在整个国家社会体系中占有极其重要的地位。凡是与漕运有关的事务，都必须以漕运为中心。国之大计在于漕运，在这样的背景下，政府对漕运的任何变动均会对相关地区产生不可避免的影响。卫河（见图1）因在临清汇入运河，除了担负河南及沿岸州县漕粮北运任务之外，更是临清以北运河正常通航的水源保障，甚至在某些特殊时期成为南粮北运的直接承担者。因而，明清政府的漕运政策在卫河流域各地留下了深深的印记，卫河流域的政治、经济、文化亦表现出明显的漕运地域特色。

关于明清时期的漕运问题，学界成果颇为丰富，[①] 但这些成果多侧重运河漕运，或与运河漕运相关的方面，而很少从全局视角将与运河关联的其他河流纳入进来。就卫河而言，已有成果则主要从水利开发与利用等方面着眼，[②]

---

* 本文原载于《中国农史》2019年第6期。

** 孟祥晓，河南师范大学历史文化学院副教授，硕士生导师，历史学博士，研究方向为中国历史地理、明清史。

① 如彭云鹤《明清漕运史》，首都师范大学出版社，1995；吴琦等《清代漕粮征派与地方社会秩序》，中国社会科学出版社，2017；李文治、江太新《清代漕运》，中华书局，1995；成刚《明代漕运管理初探》，《财经研究》1993年第7期；倪玉平《漕粮海运与清代社会变迁》，《江淮论坛》2002年第4期；杨杭军《嘉道时期漕运旗丁的若干问题》，《河南师范大学学报》1998年第2期；〔日〕松浦章《清代内河水运史研究》，董科译，江苏人民出版社，2010；王永锋《明清豫北地区水利研究》，硕士学位论文，河南大学，2015；等等。

② 如程森《国家漕运与地方水利：明清豫北丹河下游地区的水利开发与水资源利用》，《中国农史》2010年第2期；王婧《明清时期卫河漕运治理与灌溉水利开发》，《河南师范大学学报》2012年第1期。

对于漕运如何影响卫河，卫河又如何影响沿岸地方社会的诸多面向，尚无专门讨论。故本文以水稻种植历史悠久的辉县为中心，通过对漕运方式的改变引发政府对卫河用水的限制与否，以及由此影响沿岸水稻种植盈缩的互动研究，探讨国家政策对地方社会影响的关联性与复杂性。

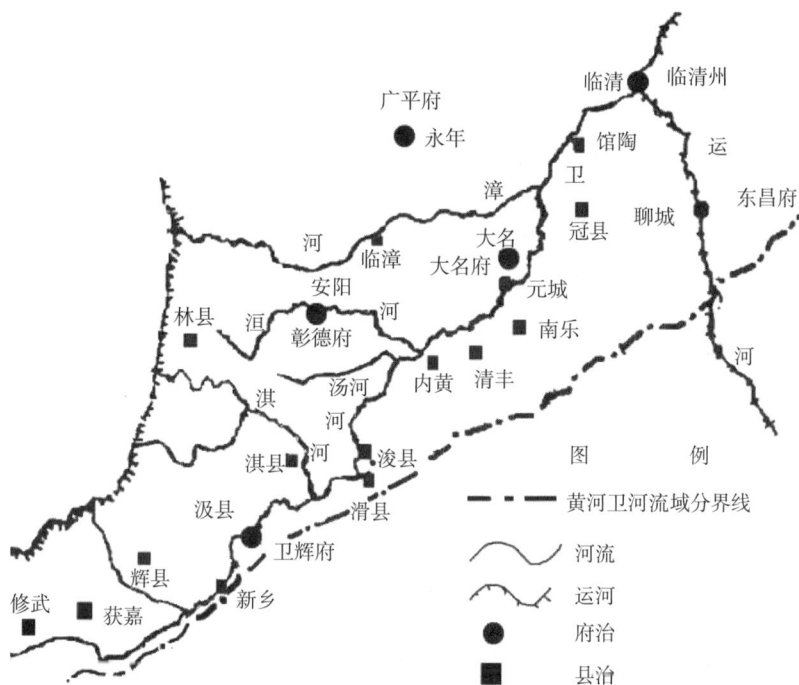

图 1 明清卫河流域

资料来源：本图系根据谭其骧《中国历史地图集》（清代，1820 年）改绘。

水是农业生产的重要保证，水源的丰富程度影响地方农作物的种植结构与发展。明清时期，因卫河的特殊地位——既关系着运河的水源补给及漕运安全，又担负辉县等地水稻种植的重任，故当水源充足、运河漕运畅通之时，两者相安无事。随着气候干旱程度加剧和运河漕粮任务增加，本就水源不足的临清以北河道来水更加匮乏，明清政府只能开源节流并用：一方面加强对卫河上游用水的限制，另一方面多方引水入卫以济运河。这导致卫河上游用水规则发生变化，并对当地水稻种植产生巨大影响。政府对卫河用水的控制力度犹如一只大手，掌握着沿岸水稻发展的咽喉。当水源紧张影响运河漕粮运输时，政府严控卫河用水，需水较多的水稻种植就会受到制约，百姓不得不节约水量，种植耐旱作物，甚至引发社会矛盾。反之，当水源充足时，卫河沿岸水稻种植就能有所发展，故卫河流域的水稻种植表现出与政府水源政策交错的起伏状态。

一 明以前卫河上游辉县的水稻种植

辉县百泉系卫河的源头，因其附近土壤肥沃，又有百泉诸泉水灌溉，是以此地早就有水稻种植的传统。辉县"谷之属，稻、粳稻、糯稻、旱稻名品最多"。① 其中，历来有名的辉县香稻是我国水稻名贵品种之一。而香稻的主要产区，包括楼银、八盘磨、西王庄、三小营、中小营等村庄，这些地方靠近百泉河，泉水充足，土壤肥沃，种植历史极为悠久。

考稽百泉灌溉史，唐碑"百门陂碑铭"有"吐纳堤防，周流稼穑"的记载。② 可见，引水灌田，唐代已很发达，据《元和郡县图志》记载，辉县百泉附近种植的稻米，"明白香洁，异于他稻，魏、齐以来，常以荐御"。③ 历经北魏、北齐、唐代至宋代，从未间断。辉县香稻大约从北宋开始就成为"贡品"，可见其质量之优。在原来种植的基础上，辉县水稻的种植面积不断扩大，宋仁宗时"共城有稻田以供尚食，水利有余，而民不与焉，使岁溉之外，与百姓共之"。④ "宋熙宁六年，内侍程昉言：'得共城县旧河漕，若疏导入三渡河，可灌西坑稻田'，即此。《志》云：三渡河在县西四里。源出百泉，南流入卫。"⑤ 可见，辉县水稻种植走向兴盛，始于宋代，不仅作为上供皇帝的贡品，在民间亦有所发展。

元朝世祖年间，卫辉路守王昌龄在任时，开凿渠道，增辟稻田，"政务宽平，百姓流移皆复业，泉水自辉州流会淇水，秋潦辄溢，田庐一空，公筑堤以御之，又于清水泉创开沟渠，灌田数百顷"，⑥ 说明辉县境内水稻种植规模已相当可观。

---

① 周际华修，戴铭纂《辉县志》卷四《地理·物产》，光绪十四年郭藻、二十一年易钊两次补刻本，国家图书馆特色资源（"方志丛书"），第35页。后文出自本志者均为此版本。

② 辉县志编辑委员会编《辉县志》第2卷第11章"水利"，石家庄日报社，1959，第293页。

③ 李吉甫：《元和郡县图志》卷十六，中华书局，1983，第462页。

④ 范仲淹：《范文正公集》卷十三《太常少卿直昭文馆知广州军州事贾公墓志铭》，《四部丛刊初编》，上海商务印书馆，涵芬楼影印本，1929，第6页。

⑤ 顾祖禹：《读史方舆纪要》卷四十九《河南四》，贺次君、施和金点校，中华书局，2005，第2313页。

⑥ 周际华修，戴铭纂《辉县志》卷十《循政·名宦续纪》，第10页。

二　明中前期自由用水与辉县水稻种植的发展

　　明朝中前期，一方面，气候相对湿润，降水丰富，卫河接纳漳河、洹河、淇河、汤河等河流的来水后，水量尚能保证运河的正常通航。另一方面，明代中前期由于漕运多实行海运，即便偶尔黄河冲决进而阻塞运道时实行河运，由卫河北上，[①] 亦未出现严重的阻浅事件，是故漕运尚属平稳，没有受到水量不足之威胁，卫河各地百姓可以自由利用卫水灌溉，发展水稻种植，文献中有许多利用卫河及其支流进行灌溉发展农业的记载。如在明初的时候，卫河上游的小丹河附近普遍有引丹水灌溉农田，种植竹木、田园的情况，"丹河在（怀庆）府城东北一十五里，源出泽州界内，穿太行名曰丹口，南流三十里入沁河。近河多竹木、田园，皆引此水灌溉，为利最博"。[②] 表明当时利用丹河水的主要目的不是济漕，而是农业灌溉，发展生产。

　　卫河源头辉县等地在原有水利设施的基础上，亦在积极增修水利设施，发展水稻种植，变害为利。如明嘉靖三年（1524）任辉县知县的许珀曾"开运门河，灌田数百顷"。同时期的敖宗庆"官参议，分守河北，为辉建三石闸，开稻田数百顷"。[③] 为了减少雨涝对稻作的影响，嘉靖二十三年（1544）任辉县知县的郭淳开始相继修建五闸，以利稻田灌溉，"稻田所堰，自百泉之西分流南注为三渡河，下注云门约十五里皆昔粳稻地，后为霖潦淤塞，渐至荒废。嘉靖乙巳知县郭淳相度原隰，经画修复"。[④] 对当地的水利设施进行修复，其创建的闸渠，影响深远，"创建闸渠，首兴水利，百姓至今赖之"。[⑤] 从嘉靖二十四年（1545）到嘉靖三十八（1559）年，当地相继改建仁、义、礼、智、信五闸，发展水稻生产。[⑥] 直到万历三年（1575）的时候，辉县知县聂良杞仍然在"开垦六渠荒田，种稻三百余顷，民至今享其利"。[⑦] 所以，至少在明万历前期，卫河上游都在大力利用卫河水源发展当地水稻种植，表

---

① 孟祥晓：《明清时期卫河与沿岸中小城镇的变迁——以道口镇为例》，《中原文化研究》2018年第2期。
② 李贤等：《大明一统志》卷二十八《怀庆府·山川》，三秦出版社，1990年影印本，第487页。
③ 周际华修，戴铭纂《辉县志》卷十《循政·名宦续纪》，第4页。
④ 周际华修，戴铭纂《辉县志》卷七《渠田·隄堰》，第17页。
⑤ 周际华修，戴铭纂《辉县志》卷十《循政·名宦续纪》，第6页。
⑥ 辉县市史志编纂委员会编《辉县市志》，中州古籍出版社，1992，第13页。
⑦ 周际华修，戴铭纂《辉县志》卷十《循政·名宦续纪》，第6页。

明沿岸各地的用水尚处于无严格限制的状态。

因为明代运河尚能正常通航，对接济水源的卫河管控比较宽松，是故卫河上游辉县诸泉水以灌溉稻田、发展农业为主。通过历任知县等人的努力，水利勃兴，扩大稻田种植面积，促进当地稻田产量的增加。

明朝初期，受元末战乱破坏之影响，辉县水稻一度绝迹，直到嘉靖年间，政府开始大力兴修水利，疏浚河道，开凿支渠等，其相关记载上文已述。重要的是，每一项水利工程建成之后均可增加"数百顷"[①] 面积的水稻种植。虽然如此，但毕竟辉县地处太行山区，河道短促，坡陡流急，一旦大雨淫潦，山水下泄，就会淤塞河道，造成洪水泛滥，因而稻田经常被淹而荒废，故为保证稻田种植，变害为利，嘉靖年间的辉县知县郭淳等又在该县百泉附近重新经画，相继修建了一些渠堰和石闸，以保护稻田。这些水利设施的兴修，在某种程度上减轻了水患对稻田的影响，使当地水稻种植有了一定保障。

自嘉靖二十四年开始，为发展当地水稻种植，辉县卫河上游开始修建水闸，以资稻田水利。嘉靖二十四年，创建马家桥上闸，后更名仁字闸。嘉靖三十年（1551）创马家桥下闸，后更名义字闸。又建张家湾闸，后更名礼字闸。建稻田所闸，后更名智字闸。嘉靖三十八年创建裴家闸，后更名信字闸。[②] 五闸的修建初衷，完全是为了蓄水灌田，发展当地水稻种植。因为卫河上游泉水汇集，水流量小，"辉县之搠刀泉发源于苏门山麓，从地星泛，其脉甚细，汇为一池，潦不溢而旱亦不绝，民田资其灌溉，为水无多，故建五闸以蓄之，至其下行三十里至合河镇，有丹河来汇，其流始大，至于卫辉是名卫河，卫河至淇县而有淇水合之，又至漳德而有洹水合之，故能迂回曲折达于临清，是则卫河固藉丹淇洹水而始盛，搠刀之泉特卫河一勺，灌田有余而济漕不足也"。[③] 所以，当五闸建成之后，有力地保证了辉县水稻的迅速发展。"按卫水发源苏门山麓，下趋最易，濒水之田屡患淹没，自知县郭淳始建上闸，分守少参敖公……复建四闸，壅水分田，艺以粳稻，盖自是而邑之荒芜辟，水利兴，地无沮洳之患，民免赔粮之苦矣。明万历戊寅，知县聂良杞复虑五闸修理无法，反于漕政有妨，乃建立条格，刻石闸上。遵奉户部议，单

---

① 周际华修，戴铭纂《辉县志》卷十《循政·名宦续纪》，第4页。
② 辉县市史志编纂委员会编《辉县市志》，中州古籍出版社，1992，第13页。
③ 周际华修，戴铭纂《辉县志》卷七《渠田·隄堰》，第8页。

以时启闭，庶几官民两便，万世可行。"① 更为重要的是，五闸建成之后，既解决了水患，又提高了灌溉能力，使辉县百泉附近的水稻种植达到一个高峰。这可以从知县聂良杞时开垦荒田种稻的规模略窥一二，万历三年（1575）"开垦六渠荒田，种稻三百余顷，民至今享其利"。② 一次开荒即多种植 300 余顷水稻，五闸的灌溉面积可以想见。

正是在这样的背景下，辉县境内百泉周围水稻种植在明嘉靖年间满目皆是，众多的渠水灌溉着大面积的稻田，卫河之源"引以灌田，其利甚溥"。莲花泉源发于小营，"至南运门流入卫河，灌田十余顷"，③ 另有清辉泉、清水泉灌田十顷至数十顷不等。"老鬲陂，在县西南十五里，地可种稻，旧未有引水之渠，即旱地亦鲜有秋。万历戊寅知县聂良杞为之经画，……开渠一道，……灌田十余顷，"另开有花木村等渠，长十余里，亦"灌田十余顷"，④ 说明太行山内存在众多的泉流河道，很早就作为发展当地农业的水源，引水灌田。上述开渠灌田的资料表明，至迟到明万历年间，政府对卫河上游之水的控制尚不严格，究其原因，当与此时卫河水量丰富、接济运河之水充裕有关，这有力地促进了辉县等地水稻种植的快速发展。

三　明万历后限水议起与辉县水稻种植的维持

明朝万历中后期，随着运河漕运用水的增加，补给运河水量的任务愈显重要，故卫河上游建闸以灌溉稻田的做法引起政府关注，"卫水，在县城北。源出苏门山，谓之搠刀泉，南流入新乡县境。《宋志》卫河源出百门泉，是也。《漕河考》：卫河自山东临清而下，每虞浅涩，盖因发源之处，建有仁、义、礼、智、信五闸，壅泉灌溉民田，以致水不下流。合于粮运时将五闸封闭，俾水尽归运河，余月或从民便云"。⑤ 虽然如此，但用水紧缺程度似乎并不严重，因为卫河各地槔桔、辘轳灌溉仍然随处可见。"卫自苏门以来受汤、淇诸水，流亦不细。惟是北则高平善友村一带槔桔相属，而南则廓国以下辘

① 周际华修，戴铭纂《辉县志》卷七《渠田·隄堰》，第 6 页。
② 周际华修，戴铭纂《辉县志》卷十《循政·名宦续纪》，第 6 页。
③ 周际华修，戴铭纂《辉县志》卷七《渠田·泉源》，第 1 页。
④ 周际华修，戴铭纂《辉县志》卷七《渠田·泉源》，第 4 页。
⑤ 顾祖禹：《读史方舆纪要》卷四十九《河南四》，贺次君、施和金点校，中华书局，2005，第 2313 页。

轳之声不绝，遂致春夏亢旱，或有浅涩。诚会议定舲艎期至所在，戒园丁田叟暂各封渠，过毕复灌。如此则官与民两无所害。"① 只是在春夏亢旱时，建议暂停灌溉，以利漕运。不过此举也仅系一种倡议，并未得到实际的执行。

万历二十八年（1600）漳河北流汇滏以后，卫河水量骤减，河运常有浅阻，朝廷大臣提出引漳、引黄等不同方案，以增加济运水量，但政治的腐败、社会的动乱使这些措施均未能实行。如泰昌元年（1620）十二月，总河侍郎王佐言："卫河流塞，惟挽漳、引沁、辟丹三策。挽漳难，而引沁多患。丹水则虽势与沁同，而丹口既辟，自修武而下皆成安流，建闸筑堰，可垂永利。"制可，亦未能行。崇祯十三年（1640），总河侍郎张国维言："卫河合漳、沁、淇、洹诸水，北流抵临清，会闸河以济运。自漳河他徙，卫流遂弱，挽漳引沁之议，建而未行。宜导辉县泉源，且酌引漳、沁、辟丹水，疏通滏、洹、淇三水之利害得失，命河南抚、按勘议以闻。"② 虽然方案未能实施，但足以说明当时利用卫河水源济运已有不足之兆。只是时值明末，社会动荡，政府危机加深，明廷已无暇实施较大规模的水利工程。在此情况下，只能通过控制卫河沿岸州县用水，以确保漕运通畅。

伴随运河水量的减少，尤其当济宁以北运河段因水源较少、水量不足，严重影响南北漕船的顺利通行时，政府开始强化对运河水源的管理。为使漕船北上南下顺利通航，保证此段水源即为保障漕运，政府开始严格限制水量本不丰沛的卫河用水情况，因为此段运河水的来源主要来自卫河水系。如隆庆元年（1567）题准：河南辉县苏门山百门等泉，乃卫河发源，及小滩一带运河，赖以接济。如有豪横，阻绝泉源、引灌私田，照依山东阻绝泉源事例问罪。③ "明万历戊寅，知县聂良杞复虑五闸修理无法，反与漕政有妨，乃建立条格，刻石闸上。尊奉户部议，单以时启闭，庶几官民两便，万世可行。"④ 若有违犯用水制度者，则置之重法予以严惩，以至于某些官员以此为幌子滥用职权，欺压百姓。明嘉靖年间就发生了"户部某肆虐于辉，罗织辉民有水田者百余人，欲尽诬以法"⑤ 的事件，该材料虽未言明"诬以法"的原因，

---

① 陈伟纂修，吴大镛续纂《续元城县志》卷六《杂文》，同治十一年续刻本，《中国地方志集成·续元城县志》，上海书店，2006，第85页。

② 张廷玉《明史》卷八十七《河渠五》，中华书局，1974，第2130页。

③ 申时行等重修《大明会典》卷一九八《黄河钱粮》，商务印书馆，民国25年，第3991页。

④ 周际华修，戴铭纂《辉县志》卷七《渠田·隄堰》，第6页。

⑤ 周际华修，戴铭纂《辉县志》卷十《循政·名宦续纪》，第12页。

但从罗织的人员身份尽为有水田者来看，很可能与利用卫河水灌溉稻田有关，后虽经卫辉府知府张昇"白抚按奏其事"，多方拯救方得获释，但从户部官员以此为借口，罗织罪名之事，足见当时政府对卫河水利用的重视程度。

总之，自明朝中后期开始，尤其是漳河北徙入滏之后，卫河补给运河的水量大大减少，影响到漕运的畅通与安全，卫河用水始有紧张之虞。但明政府并未即刻限制卫河上游用水，而是先采取各种措施引黄、引沁、引丹等入卫济运，在效果均不理想的情况下，才开始实行在运河水浅漕舟通过之时暂时闭闸的办法，然并没有形成固定制度。无论如何，明代卫河的用水相对自由，只是到了明朝末期，卫河用水才逐渐有紧张之趋势，开始限制任意灌溉私田，出现对上游用水管理的提议，如前所引明崇祯十三年总河侍郎张国维言：自万历间漳卫他徙，河流遂弱，宜疏辉县泉源并酌引漳沁以济运，不果行。[①] 虽然方案未能实施，但能说明当时卫河水源济运已有不足之兆。

在保漕济运政策下，卫河上游之种稻百姓在天旱稻田需水时，也只能看着禾苗枯槁，望水兴叹，"连年以来，五六七月之间，天多亢旱，霖雨全无，对此泉流，不敢灌溉，禾苗枯槁无救，难望半收"。[②] 即便如此，也不敢冒险违犯用水规定灌田。显然，明末开始的卫河用水限制，制约了辉县稻田的继续增长。

四　清初至乾隆朝严控用水与辉县水稻种植的衰落

明亡清兴之后，运河漕运依然为政府头等大事，为了保证运河畅通，清政府沿袭明朝限制用水的措施，只是或缘降水等因素不同，明朝官与民争水的矛盾并不严重，而到了清朝则日渐突出，这可能与卫河沿岸灌溉面积的增加，气候变化、降水减少导致卫河水量不足有关。为调节官民之间的用水矛盾，政府不断调整卫河上游用水管控方案，但总体呈加强之势。

清初，卫河上游辉县五闸附近的用水方案并不固定。顺治五年（1648）"每年二三月间听民用水，四月以后即将闸板尽启封贮渠口堵塞，俟运务完日

[①] 徐子尚修，张树梅纂《临清县志·疆域志五》，台北：成文出版社，民国23年铅印本，第23页。

[②] 周际华修，戴铭纂《辉县志》卷七《渠田·隄堰》，第12页。

听民自便"。① 此时的官民用水矛盾尚不突出，只在运务执行时段济运，其他时间听民自便。然而到了康熙二十三年（1684），辉县天气久旱，卫河水量锐减，沿岸百姓私下泄水以灌溉，漕运愈发艰难时，河臣靳辅上奏朝廷，在"每年五六七月之间，万金之渠封闭而水不许入，搁刀之闸启板而水不许蓄，其利全归之漕"，② 则变为全水归漕以济运。这对豫北地区的农业生产尤其是水稻生产的打击是十分严重的，不仅水田荒废，地力下降，百姓收入锐减，以至于百姓流亡，社会动荡。康熙二十七年（1688），为解决辉县灌田需求，该县知县滑彬不辞劳苦，"遍历五闸，多方筹画，初议以四日济漕一日灌田，又虑用水不敷，复定以竹篓载石永堵闸口……"③ 随后，滑彬呈奏上司，"五日之内得邀一日放水救田"，实行"官四民一"比例，以期实现灌溉与漕运两相兼顾。但仅仅执行了三年，康熙三十年（1691）他又提出"官三民一"比例，即"每年三月初一日起，至五月十五日止，令各闸三日放水济运，一日下板灌田。五月以后，听民自便"。④ 可见，即便在运漕之时，亦在保证漕运用水的前提下，适当增加沿岸各地的灌溉用水时间，以期二者兼顾。

　　直到清代雍正年间，此问题还一直困扰着清政府。雍正三年（1725）六月户部尚书蒋廷锡为漕运全资水利条列五事时，详细分析了当时的情况，希望恢复分漳入卫之故道，以资卫河水量之不足。"查卫水出辉县之西门，其泉甚细，虽东引淇汤洹之水，而三水亦皆微弱，故河南漕艘至卫辉水次受兑，至于馆陶，每苦浅阻。又北九十里至临清与会通河合，诸闸正皆封闭蓄水以待南漕，其流入卫者不过于南漕放闸时顺下分寸之间耳，其自临清至青县仍仅卫水一流供运耳。考元河渠诸书云'卫水至山东馆陶间漳水合焉……'，故卫河之流势常充盛，运道无浅涩之阻。"⑤ 明永乐时，漳水入卫之道淤塞，宣德八年御史林廷举按元时故道重新凿通后，"置闸遏水转入于卫，嗣后卫水增，漕舟便利"。⑥ 至万历二十八年（1600）漳水北注，卫水大减，给事中王

---

① 杨锡绂编纂《漕运则例纂》卷一二《漕运河道·卫河挑浚》，乾隆三十二年刻本，第 29 页。

② 周际华修，戴铭纂《辉县志》卷七《渠田·隄堰》，第 8 页。

③ 辉县市史志编纂委员会编《辉县市志》，中州古籍出版社，1992，第 890 页。

④ 严烺：《查明百泉丹洹闸坝情形疏》，盛康辑《皇朝经世文续编》卷一一二，《近代中国史料丛刊》，台湾：文海出版社，1970。

⑤ 赵知希纂《馆陶县志》卷二《山川》，《中国地方志集成·河北府县志辑》，雍正十二年刻本，上海书店，2006，第 14 页。

⑥ 赵知希纂《馆陶县志》卷二《山川》，《中国地方志集成·河北府县志辑》，雍正十二年刻本，上海书店，2006，第 15 页。

德宅又上言开渠引漳入卫。此后至清康熙三十七年（1698）间，漳水频繁泛滥改道，有时会分流由馆陶注入卫河，有时则由曲周仍旧入滏，变幻无常，来去无定。康熙四十七八年间，"漳水之北道淤塞，而全漳之水复由故道，即今馆陶县境西南五十里漳神庙南之漳河口是也"。① 正因为漳河经常在馆陶以下附近入卫，所以馆陶以下河段并无浅阻之虞，水浅阻漕的是馆陶以上的卫河河段，"河南漕艘之阻滞，阻于卫未合漳之上流，而非在馆陶已合漳之下流也，考旧日豫粮受兑原在馆陶之窝头镇，后渐移至上流之小滩镇，又移至卫辉府，此当事以受兑之便而屡移，阻滞或遂不能免耳"。② 是故馆陶以上的卫河沿岸诸州县的用水限制更为严格，矛盾也更为突出。

严格的用水限制影响到当地农田的灌溉，是故天长日久便出现基层官吏如"闸夫卖水阻运"③ 等违规用水现象，为此，雍正五年（1727）复设河北守道修防小丹河等水利。巡抚田文镜"请于河北彰、怀、卫三府复设守道一员，统辖三府，稽察吏治，并责巡防，仍照管河道之例，加以兵备职衔，将河北一带堤工埽坝、厅汛各员、河兵堡夫并一应钱粮，令就近督率。修防小丹河等水利，一并令其巡查。此外，再有零星小泉，可济漕运者，俱令斟酌疏通，汇流入卫，以济漕运，并稽查民间截流盗水之弊"。④ 在开始寻找更多水源的同时，也加大了对上游截流盗水的稽察力度。乾隆二年（1737）安徽布政使晏斯盛又有分沁入卫之请。⑤ 可见自雍正以后，卫河水量已开始出现快速减少的趋势，并对漕运产生了消极影响。为保障漕运安全，才会提出上述增加卫河水量的诸多建议。

乾隆十五年（1750），清政府又规定粮船运往北京之前，不许开启闸门。直到粮船行走过山东临清，才允许开闸。说明此时卫河水量已远远不能满足航运的要求，故要求以漕运为先。乾隆三十年（1765），因五月以后正值民间插秧，在南河总督李宏的建议下，官民用水办法又调整为"二日济运，一日

---

① 赵知希纂《馆陶县志》卷二《山川》，《中国地方志集成·河北府县志辑》，雍正十二年刻本，上海书店，2006，第16页。
② 赵知希纂《馆陶县志》卷二《山川》，《中国地方志集成·河北府县志辑》，雍正十二年刻本，上海书店，2006，第17页。
③ 赵尔巽等：《清史稿》卷三一〇列传九十七《嵇曾筠》，中华书局，1976，第10624页。
④ 吴乔龄、李栋纂修《获嘉县志》卷八《河渠》，台北：成文出版社，乾隆二十一年影印本，第387页。
⑤ 吴乔龄、李栋纂修《获嘉县志》卷八《河渠》，台北：成文出版社，乾隆二十一年影印本，第389页。

灌田"，"向例重抵临清日，封闭民渠，使泉流尽由官渠入卫。五月以后，民间插秧需水，二日济运，一日灌田，按期互相启闭。六七月间，听民自便"。① 道光初年，随着漕运用水的进一步紧张，又将闭闸济运的时间分为两个阶段，时长增加到四个月，"每年三月初一日至五月十五日，又自九月二十日至十月三十日用竹笼装石堵塞九道堰口，逼水入小丹河下达卫河中流。水深以四尺五寸为度，并留涓滴之水以灌民田，漕运事竣，听民自便"。② 道光二十年（1840）在天气干旱的时候，甚至要求暂闭民渠民闸，以利漕运，不再是二者兼顾，而是"漕运尤重于民田"了。③ 可见，卫河上游的用水规则并未形成长期固定的"官三民一"制度。④ 其实清初实行过的"官四民一"或者"官三民一"、"官二民一"均非固定，而是根据不同时期的漕运用水情况，处于不断变动调整之中，"官民两便"只是"漕运优先"的借口而已。

随着明末至清初自然及社会环境的变化，运河用水越来越紧张。清乾隆之前无论实行怎样的用水规则，"官三民一"也好，"官四民一"也罢，基本还能维持漕运与灌溉兼顾，所以清初辉县的水稻种植在曲折中缓慢发展。如顺治七年（1650）辉县知县佟国玺"崇学校，课农桑，民贫不能开垦者给以牛种，劝令复业。邑遭水患，五闸冲决，公亲督修筑，水归故道，稻田之利复兴"。⑤ 清初辉县还曾开启新的泉眼，百泉陂面积扩展为五十亩。辉县稻田占耕地总面积的十分之二，主要依靠百泉之水灌溉，"稻田则十居其二，皆借此泉源之水以为灌溉"。⑥ 但增加的面积已难与明代时相比。通过将百泉河一水三分的办法，中间济运，两边灌田，"斗门，在马家桥下即仁字闸西边，雍正五年侍郎何国琮奏准在百泉河源高处建立三斗门，中深一丈一尺，阔一丈六尺以济漕，旁深一丈五寸。东阔五尺四寸，西阔四尺五寸以溉田。听水分

---

① 李宏：《查办豫省泉源河道疏》，贺长龄辑，魏源编次，曹堉校勘《皇朝经世文编》卷九十九，中华书局，1992，第351页。
② 严烺：《查明百泉丹洹闸坝情形疏》，盛康辑《皇朝经世文续编》卷一一二，《近代中国史料丛刊》，台北文海出版有限公司，1970。
③ 周魁一等：《二十五史河渠志注释》，中国书店出版社，1990，第582页。
④ 程森在承认康熙时形成"官三民一"用水制度的同时，又指出之后仍有变化，他认为这是民众对国家漕运力量作出的让步，见程森《国家漕运与地方水利：明清豫北丹河下游地区的水利开发与水资源利用》，《中国农史》2010年第2期。王婧则指出嘉道之前政府尚能兼顾漕运与灌溉，之后则变成漕运重于民田，这是一个循序渐进的过程，见王婧《明清时期卫河漕运治理与灌溉水利开发》，《河南师范大学学报》2012年第1期。
⑤ 周际华修，戴铭纂《辉县志》卷十《循政·名宦续纪》，第4页。
⑥ 王凤生：《河北采风录》第二册，《辉县水道图说》，道光六年刻本，第30页。

流，复各建石岸，防水泄漏"。① 基本还能维持原有稻田的灌溉，但是很显然，欲再扩大稻田种植面积已非易事。

当卫河流量减弱，运河漕运事繁，水浅阻运经常发生时，清政府只能牺牲百姓利益，严格卫河上游的用水规则，甚至完全闭闸，不许灌溉。所以，清代对卫河上游各地用水实行的严格限制，阻碍了辉县水稻种植的继续发展。康熙年间辉县五闸附近还能"蓄水灌溉田地约三百顷"，② 但雍正十二年（1734），则仅剩"水地一百三十二顷零"。③ 因为稻田的税赋要比旱作高出很多，所缴赋税"旱田每亩银六分一厘，水田赋税则为每亩九分二厘到一钱八分四厘不等"。④ 水田要比旱田多出三分之一，百姓负担沉重，但又为用水规则所限，"五闸地赋三上而当用水时恒为巡役所挠"，⑤ 如果不能保证稻田灌溉，势必影响稻田收成。当需水灌溉之时，又适值济运之际而不能灌田，一边是高额税赋，一边是无法用水灌田，两难的境地以致当地百姓发出这样的呼喊："种一亩地，纳三亩地粮，本为水田膏腴，多有出息。今禁阻不许用水，颗粒无收，民命安能存活？……大人为国为民乞为小民陈奏下情，将稻田减去重赋，情愿仍种旱田，谁肯捐生偷水……"⑥ 现实的无奈使百姓美好的愿望化为泡影，"搠刀泉旁之田，原仿江南开垦种稻，粮倍寻常。自禁水后无水，既不便种稻，低洼又不宜豆谷，年年包赔重粮"。⑦ 如此一来，种植水稻成了一种沉重的负担，谁还愿意去增加种植面积呢？

因卫河上游灌田用水限制严格，故辉县水稻种植遭受沉重打击，百姓生活日益困顿，"闸堰屡启，泉水直泻，地涸苗枯，赀种并失……水田洼下之地，菽、麦、禾、黍化作蒲，又两失之矣。因是民生日困，逋负日多"。⑧ 原本利益较厚的水稻种植变得无利可图，徒留其害，"兴复三百年之地利，莫大于百泉水田。以一亩征三倍之粮，而上关国糈，下系民生，一旦涓滴禁止，遂使田荒赔赋，利去而民受其害，久已鲜任劳而兴之者"。⑨ 此种情况对当地

---

① 周际华修，戴铭篆《辉县志》卷七《渠田·陡堰》，第5页。
② 福趾：《钦定户部漕运全书》卷四三《漕运河道·卫河挑浚》，光绪年间刻本，第3页。
③ 周际华修，戴铭篆《辉县志》卷七《渠田·河夫·附录详文》，第18页。
④ 尹会一：《请减水田重粮疏》，《尹少宰奏议》卷四《河南疏三》，中华书局，1985，第32页。
⑤ 周际华修，戴铭篆《辉县志》卷十《循政·名宦续纪》，第12页。
⑥ 周际华修，戴铭篆《辉县志》卷七《渠田·河渠》，第2~3页。
⑦ 周际华修，戴铭篆《辉县志》卷七《渠田·陡堰》，第12页。
⑧ 周际华修，戴铭篆《辉县志》卷十六《艺文志》，第146~147页。
⑨ 辉县市史志编纂委员会编《辉县市志》，中州古籍出版社，1992，第890页。

水稻种植及百姓生活的打击可以想见。更为严重的是，乾隆年间一些本为稻田的地方，因为缺少了灌溉水源而不得不放弃水田，改作旱田，"兹据署布政使管河道胡绍芬详称辉县百泉为卫河之源，向来建有仁、义、礼、智、信五闸，两旁治为水田，收获倍多，粮则亦重。但水田之中地势有高下之不同，得水有远近之各异，是以水田完粮，有照旱地额则，每亩完银六分一厘零者，有每亩完银九分二厘及一钱二分三厘以至一钱八分四厘零者，照额输将，历来已久。嗣因卫河淤浅，漕船阻滞，于雍正四年（1726）间改筑官民三渠，即挖取渠内之土修筑堤岸，因致渠深地高，近闸之两旁地亩难以得水，故有水田改作旱田之处"。① 因卫河挖渠内之土筑堤，堤岸增高之后致使五闸附近的水田难以得水变为旱作之田。可见，在限制用水的背景下，辉县稻田的种植面积在日趋减少。

为了争水灌田，还经常发生村庄之间的用水纠纷，"云门堰，在县西南十五里云门社，当卫水下流，地本卑湿。旧有稻田，岁久沟塍湮废。每遇秋淋，禾尽淹没。嘉靖甲申知县许琯乃疏浚溪渠，导万泉之水自九圣营引入其地，悉复故迹，遂成沃壤。……乾隆五十八年知县高上桂因秀才庄、北云门二村争水灌田，经上宪委员会勘，立定章程，刊刻碑记，永杜争端。道光六年知县周际华督率二村夫力重疏之，泉水畅流，争控遂止，立有碑记"。②

总之，随着清初对卫河上游用水限制越来越严，小民百姓毕竟不具备扭转政府政策的力量，只能放弃或减少水稻种植，辉县的水稻种植由此进入一个低谷时期。

五　道咸以降听民利用与辉县水稻种植的恢复

道咸以后，社会动荡，黄河决口泛滥时常冲坏运道，运河漕运成本上升。在此背景下，清朝开始试行海运，或进行漕粮改折，同治十一年（1872）李鸿章提出："近世治河兼言利运，遂致两难，卒无长策。事穷则变，变则通，今沿海数千里洋舶骈集，为千古以来创局，正不妨借海道转输，由沪解津，

---

① 中国科学院地理科学与资源研究所、中国第一历史档案馆编《清代奏折汇编——农业·环境》，乾隆二年十月二十六日署理河南巡抚尹会一奏，商务印书馆，2005，第17页。
② 周际华修，戴铭纂《辉县志》卷七《渠田·隄堰》，第17页。

较为便速。"① 从此以后，漕运便由内河航运改为了海运，卫河的漕运作用逐渐减弱，政府当然不再需要卫河济运，对卫河的管控亦日趋放松，改由听民利用，是故清代后期，辉县稻田的种植面积又有一定的恢复和增加。

辉县在原有五闸的基础上，又通过增加水闸，扩大稻田种植。《创建公溥闸碑记》载："……块村营西临御河，源出苏门。明嘉靖时创建仁、义、礼、智、信五闸。清光绪三十二年又增廉让闸一道，灌田约共数百顷。信字闸在裴家庄属辉境，块村营宋世平先生与辉令力争始获同南云门小营享其利，迄今三百余年矣。然夏秋之间稻田需水，不容他泄。倘或雨泽愆期，凡属旱田，微特秋禾枯槁，即麦亦难播种。块村营与阎家庄、吴家庄约众公议，相度地势，在块村营西南隅建修公溥闸一道，……民国二年五月……至六年七月而工竣……自是旱涝有备，地皆沃壤。"② 可见至民国初年对卫河水的利用完全放开，沿河地方可以依实际需要来分配。清末时辉县的水稻种植仍保持一定规模，其中粳稻、糯稻等品种依然在民国时闻名全省，"河北少水田，唯辉县有水田五十余顷，岁获稻八、九千石，米质之佳，可比郑县，销于本境者半，销于安阳等处者半。以其产额寡，故众颇重视之"，③ 其成为人们喜爱的稻米品种。

洹河上之万金渠自漕粮改折，停止济运之后，附近水稻的种植也有所扩大。万金渠原名高平渠，创自唐朝李景，自高平作堰，引洹水入渠。"明万历时始建石闸，旁修石堰，但止近闸一节，未曾全堰皆石。康熙间，因以济运为急……其后漕米折色，停止济运，并此四十五日封闸规则，亦遂作废，而民田灌溉愈益疏畅。惟是渠堰，历年堵塞，全用土石，若逢山洪暴发，堰既被冲，每年须用多人堵筑堰口，颇为民累。光绪八年，彰德分府、安阳分县会同勘验，谕饬在渠人等捐款，将全堰尽筑以石，以为一劳永逸之计，斯时全洹流量，胥归渠内，沿渠村庄，虽素日不沾水利者，至此亦开支渠引以灌田。"④ 经过整修，使原来不沾水利的地方，亦能引水灌田，增加了灌溉面积。

不过，在当时干旱加剧的背景下，用水矛盾更加突出，所以卫河上游关

---

① 赵尔巽等：《清史稿》卷一二九《河渠志》，中华书局，1976，第3791页。
② 韩邦孚监修，田芸生总编《新乡县续志》卷一《河渠》，民国12年影印本，台北：成文出版社，1976，第66页。
③ 河南省地方史志编纂委员会、河南省档案馆编《河南新志》卷四，中州古籍出版社，1990，第180页。
④ 方策、王幼侨修，裴希度等纂《续安阳县志》卷三《地理志》，民国22年铅印本，第1174页。

于取水用水以及由此引发纠纷的事件显著增多。在国家权力退出卫河管理之后，为了便利灌溉，发展当地农业，新乡县临河居民在卫河边挖井等，"祝公井在合河镇卫河东岸，乃增生朱景福之故园。咸丰年间大旱，朱姓淘井以沙底不成，拟临河掘井，恐人阻挠，因请于公。公曰：'卫河渊源，不尽不竭，虽便运粮亦宜利人。临河掘井，用水不多，济人不少，但掘无防。'井成，朱姓泐石志之曰祝公井"。① 正因为临河挖井易引起纠纷，故该井因祝公深明大义而取名为祝公井。辉县为了发展原本就用水紧张的稻作农业，卫源之地经常为用水而产生纠纷，卫河水源成为争夺的对象，甚至"擅开沟渠，利己损人"，②"互相争执，涉讼频年，案几盈尺"，③ 为解决争端，往往勒碑为据，留下许多水利碑刻，至今依然矗立在卫河沿岸各地。这些因用水而出现的矛盾，一方面说明清代中后期水源的紧张，另一方面也说明国家退出对卫河严格管控之后，辉县水稻种植面积又有所恢复甚至增加，对灌溉用水需求量大增的事实。水量减少而需求较大，又处于自由的用水状态，自然容易产生争端。

总之，入清以后，济漕与灌溉矛盾突出，卫河用水问题骤然凸显，国家与地方社会进行了多次博弈，官民用水比例也不断在更改，但基本还能做到漕运与灌溉尽可能兼顾。嘉道之时，由于社会动荡，政治腐败，加上对水利设施的维护难以保证等因素的影响，民用灌溉完全被迫让位于漕运用水，这其实并非完全"是民众对于国家力量所作出的让步，甚至是一种自我牺牲和无奈"。④ 封建制度的性质决定了百姓的地位，当百姓利益与统治阶级的利益相悖时，力量对比的悬殊使民众不得不让位于政府力量，这恰恰体现了封建社会是为统治阶级利益服务的本质。不过，随着漕粮海运及改折等一系列的变革，国家无须再用卫水济运，卫河流域各地的灌溉用水又有了保障，水稻种植又渐恢复。可见，随着清政府对卫河用水管控的严格与放松，卫河沿岸各地的水稻种植亦经历了一个从曲折发展到坠入低谷，再到清末稍有起色的发展历程，其起伏状态与清政府对卫河上游用水的态度息息相关。

---

① 韩邦孚监修，田芸生总编《新乡县续志》卷二《名迹》，民国 12 年影印本，第 238 页。
② 韩邦孚监修，田芸生总编《新乡县续志》卷一《河渠》，民国 12 年影印本，第 64 页。
③ 韩邦孚监修，田芸生总编《新乡县续志》卷一《河渠》，民国 12 年影印本，第 67 页。
④ 程森：《国家漕运与地方水利：明清豫北丹河下游地区的水利开发与水资源利用》，《中国农史》2010 年第 2 期。

六　结　语

通过对明清时期辉县百泉地区水稻种植发展演变的考察，笔者发现，辉县水稻种植规模经历了从明嘉靖以后逐渐达到高峰，到清初的高位持续后逐渐衰减，从清嘉道以后以至清末又缓慢恢复这样一个过程。在这个过程中，国家用水制度对辉县水稻种植的影响十分明显。明代卫河与运河的水资源相对丰富，能够保证漕运船只的安全通行，虽然自明朝中后期开始，也有引沁、引漳、引丹、引黄等不同的补卫济运提议，但真正长期贯彻执行下来的并不多，在这样的情况下，并没出现严重的缺水现象。所以，也就不存在政府对卫河用水的控制。直到明朝后期，在干旱气候的背景下，卫河用水紧张的现象日趋明显，但时值明末，社会动荡，政府自然也无暇顾及于此。

入清之后，虽然存在济运与灌田的矛盾，但尚不尖锐，所以辉县的水稻种植仍能在明末的基础上有所发展，只是规模已大不如前。随着用水矛盾的加剧，到雍正朝之后，政府对卫河上游各地的用水控制越来越严，严重影响和制约了辉县稻作农业的发展。朝廷为了保证漕运，地方百姓为了争取灌溉，利益之不同必然产生矛盾，当二者不可兼顾、矛盾难以调和时，百姓的利益只能让位于政府漕运，因为在封建专制的国家机器面前，小农经济的力量非常弱小，因而在用水之争中往往是农民的利益受到损害。清代百泉五闸的使用，暂时调节了官民用水，但无法根本解决水资源短缺的问题。因为国家并未充分认识到，卫河水源不足的根本原因不是灌溉水利分水所致，而是上游太行山区生态环境的恶化。[①] 所以，辉县的水稻种植进入低谷也就是必然的。清代中后期，随着漕粮改折和运河淤浅漕粮海运之后，政府放松了对卫河水源的管控，沿河百姓又可以自由灌溉，发展稻作农业，辉县的水稻种植又有了一定的恢复和发展。不过，生态环境的破坏、气候的变化影响着上游的来水，卫河水量日趋减少，已很难达到之前的规模。总之，明清时期卫河流域辉县等地水稻种植的发展演变反映了国家漕运政策、补给水源河流与沿岸地方农业发展之间的联系与互动，展示了国家与地方社会动态关系的复杂性。

---

① 王婧：《明清时期卫河漕运治理与灌溉水利开发》，《河南师范大学学报》（哲学社会科学版）2012 年第 1 期。

参考文献

彭云鹤：《明清漕运史》，首都师范大学出版社，1995。

吴琦等：《清代漕粮征派与地方社会秩序》，中国社会科学出版社，2017。

李文治、江太新：《清代漕运》，中华书局，1995。

成刚：《明代漕运管理初探》，《财经研究》1993 年第 7 期。

倪玉平：《漕粮海运与清代社会变迁》，《江淮论坛》2002 年第 4 期。

杨杭军：《嘉道时期漕运旗丁的若干问题》，《河南师范大学学报》1998 年第 2 期。

〔日〕松浦章：《清代内河航运史研究》，江苏人民出版社，2010。

王永锋：《明清豫北地区水利研究》，硕士学位论文，河南大学，2015。

浙东运河考辨[*]

——兼论宁绍平原区域水环境结构及水利形势

孙竞昊^{**}

一 "浙东运河"称谓辩证

今天所说的"大运河"通常指"京杭运河"。尽管运河的开凿和使用在中国由来已久,全国范围的大运河在隋唐时期即已出现,但是北京在元朝成为王朝国家的首都后纵贯东部的南北大运河才成型。延至明、清两代,北京是漕运的北方终点,杭州则被当作南方的起点,杭州至宁波一线至多看作京杭运河的延伸。如何看待"京杭运河"成为约定俗成的名称,关联到如何对待被分割开的浙东运河的问题。这里牵扯的不仅仅是名称之别,而且涉及浙东水系与环境发展历程的认知差异。

1. 约定俗成之"名":"京杭运河"与"浙东运河"

首先涉及的是运河的定义。陈桥驿考辨了中文"运河"及其英文对应词"canal"的词意以及历史上实际存在的状态,认为运河是对人工水道的通用词语,具有航运、灌溉、排涝和泄洪多种功能,但其中文与英文的词源都是"中古"以后的事。中国历史上出现的具备运河功能之实的早期人工水道,时名多冠诸水、沟、渠、河、渎等,并以区域作为前缀,如早期的邗沟、鸿沟、灵渠、荷水、百尺渎等。"运河"一词首次出现在《新唐书》中,之后在《宋史·河渠志》中频繁出现。^① 但是,宋以来的人工河道并不尽以运河名

---

* 本文为上海市哲学社会科学基金项目(项目编号:2011BLS003)成果之一。本文撰写及校改得到以下学术同人的帮助:邱志荣、宫云维、李德楠、胡克诚、张权、赵卓、陈涛、马峰燕、茹静文等。特此鸣谢! 本文原载于《社会科学战线》2019年第12期。

** 孙竞昊,华东师范大学历史学系教授,浙江大学江南区域史研究中心主任,研究方向为明清史。

① 陈桥驿主编《中国运河开发史》,中华书局,2008,第5~8页。

之。沟通南北的全国性的运河体系"大运河"即便到了元明清时期，各段也很少用运河冠名，如北方段的"济州河""通惠河""会通河"等。

英文世界用"Grand Canal"指中国隋代以来的全国性运河体系。[①] 那么杭州何以被视为大运河南方的终端？陈桥驿认为是隋炀帝的著名故事使得后来历史记忆中的运河在南方终止于杭州，而不是实际的终点宁波。[②] 如果把元明清时期的南北大运河称作京杭运河，如何看待这期间浙东地区的运道一线？与陈桥驿的观察有别，姚汉源从工程、设施的角度，在其皇皇巨著《京杭运河史》中，把元明清时期的南北大运河界定于北京—杭州，但专辟了附录一章，考察浙东运河。[③] 明显的区别在于是把浙东地区的运道作为大运河的一个有机部分，还是大运河南端的一个延伸段。陈桥驿列举了国外中国历史研究专家的看法，如美国学者施坚雅、曼苏恩夫妇20世纪80年代通过田野调查，认为有人工开凿的余姚江也应该视为运河。同样在浙东做过调查的日本学者斯波义信通过对宁波及其腹地的研究持相同看法。[④] 而英国学者李约瑟在其主编的巨制《中国科学技术史》中把浙东的人工河道称作"通到宁波的延续支渠"。[⑤] 曾经做过李约瑟助手的加拿大学者卜正民鉴于隋唐以来大运河在浙东地区的延伸段，从而把宁波作为大运河的实际南端终点，连接海外贸易航线。[⑥]

其实，"浙东运河"一词本身并不明确。陈桥驿认为"浙东运河"并无"权威出处"，只是因为这一段运河"位处浙东，才在近百年中出现此名"，或对应于《宋史·河渠志》所云"浙西运河"之名。[⑦] 邱志荣、陈鹏儿认为，最早从春秋时代越国的"山阴故水道"开始，浙东地区的人工运道在历史上存在不同的称谓，如"漕渠""运道塘""运河""官塘"，直到民国时期

① "Grand Canal"除了指中国的大运河外，还指威尼斯的运河，参见新版《大英百科全书》，https://www.britannica.com/topic/Grand-Canal-Venice-Italy。

② 陈桥驿主编《中国运河开发史》，中华书局，2008，第1页。

③ 姚汉源：《京杭运河史》附录1《浙东运河史考略》，中国水利水电出版社，1998，第736页。

④ 陈桥驿主编《中国运河开发史》，中华书局，2008，第1~2页；Susan Mann, *Local Merchants and the Chinese Bu-reaucracy*, California: Stanford University Press, 1987, pp. 1750-1950。

⑤ 〔英〕李约瑟主编《中国科学技术史》第4卷《物理学及相关技术》第3分册《土木工程与航海技术》，科学出版社、上海古籍出版社，2015，第361~362页。

⑥ 〔加拿大〕卜正民：《家族传承与文化霸权：1368年至1911年的宁波士绅》，孙竞昊译，《中国社会经济史研究》2003年第4期。

⑦ 陈桥驿主编《中国运河开发史》，中华书局，2008，第2页脚注4。"浙东""浙西"乃唐代方镇名，为"浙江东路""浙江西路"的简称；浙东运河为西起西兴镇至通明坝的几段内河的总称，浙西运河实为江南河。参见中国历史大辞典·历史地理卷编纂委员会《中国历史大辞典·历史地理卷》，上海辞书出版社，1996，第770~771页。

"浙东运河"一词才比较普遍。① 即便今天,各种文献对"浙东运河""杭甬运河""西兴运河"等名称还在混用,尽管浙东"古代漕运要道"的西端起点西兴早已不通航,而西自杭州艮山镇的现代运河在到达绍兴钱清镇之前走的是新的行径路线,以东则与故运道大略相同。② 所以,对浙东运河及其历史地位的勘定不能纠结于名称的歧义,而须在历史进程里细致考稽浙东地区运河的实际存在状况。

2. 歧义之源:对"浙东运河"实体的认知

历史上的"浙东运河"究竟落在哪个比较固定的河道?比较集中的看法,是晋以来由萧山西兴至绍兴曹娥堰的西兴运河。姚汉源在对浙江水路的勾勒中这样定义:"自西兴东至宁波称浙东运河,长约400里。中间过钱清江至绍兴城,自绍兴东过曹娥江(东小江)至上虞旧城,再东北至余姚县,接余姚江,东至宁波。"③ 但是,杭州—宁波的若干局部段落是否可视作运河也存在争议。即便后来主张将浙东运河纳进大运河的陈桥驿在20世纪80年代初即指出:"通明以东的一段,即姚江和甬江,乃是天然河流,不能认为是浙东运河的河道。"浙东运河系介于钱塘江和姚江之间的几段相互连接的内陆河渠的集合,根据各种历史文献归纳,应该在250里左右。④ 说明他与后来认可曼苏恩的态度并不前后完全协和。这里涉及关于运河何时从上虞沟通余姚江、甬江从而全线贯通的不同看法:三国、西晋、东晋、唐代甚至北宋。

关于浙东地区的运河与北京—杭州3000余里的运河在历史上的关系,主张把浙东运河作为大运河一段的论者,喜欢援引清乾隆五十五年(1790)《九省运河泉源水利情形图》里把绍兴府界定为大运河的南部终端。但值得注意的是,该文本同时把湖北、湖南之交的洞庭湖视为西部起点。⑤ 而在这之前,清康熙三十九至四十七年(1700—1708)担任河道总督的张鹏翮,在其所撰《治河全书》中把《运河全图》列于二十几种河图之首,以杭州府河作为运河南部顶端。⑥ 多数历史文献包括各种水道图册里,都把元明清期间北京(通州)至杭州一线视为大运河,尽管其间的各个段落有不同的名称,甚至同一

---

① 邱志荣、陈鹏儿:《浙东运河史》(上卷),中国文史出版社,2014,第1~2页。
② 施存龙:《浙东运河应划作中国大运河东段》,《水运科学研究》2008年第4期。
③ 姚汉源:《京杭运河史》,中国水利水电出版社,1998,第736页。
④ 陈桥驿:《浙东运河的变迁》,《吴越文化论丛》,中华书局,1999,第346页。
⑤ 佚名:《九省运河泉源水利情形图》,浙江古籍出版社,2006。
⑥ 张鹏翮:《运河全图》,中国地图出版社,2011。

段落在不同时期也有不同的名称。

其实，中国王朝国家的大运河不仅仅是运道本身，更多的是与"国计民生"连在一起。大运河主要职能体现在国家以漕运为旨趣的水路运输及其相关水利设施的兴建、维持和航道的管理上。运河被称为漕河、漕渠，转漕即用舟楫运输漕粮和征收的其他物品，商运或民运实际上也是运河功能的体现。所以，对浙东运河的定位既要着眼于开凿的工程和通航的设施角度，还需要置于整个王朝国家的经济与政治机制的视域内。另外，宁波是"海上丝绸之路"的重要港口，浙东运河在纵贯中国东部的国际交流中的作用不应忽视。

因循上述思路，本文以浙东运道水系的变迁为切入点，勘查浙东地区运河的历史沿革过程，以期在对其"名"与"实"的辨析关系中取得趋于明晰的认识。迄今为止，在浙东地区运河及相关环境的既有研究中，学界前辈中以陈桥驿为代表的历史地理专家和以姚汉源为代表的水利史专家做了开创性的工作。绍兴学者邱志荣、陈鹏儿在陈桥驿主编的《中国运河开发史》一书中承担了"浙东运河史研究"的章节，并进而出版了专著《浙东运河史》（上卷），充分吸纳了既有相关研究成果，其是关于浙东水利、水系与环境历史的综合性作品。但同其他相关著述一样，它们在整体勾勒、呈现浙东运河的轨迹上不够明朗，对一些具体问题的解释也有牵强之憾，为本文的尝试留下了一定的空间。

二 浙东地区的自然环境与水利工程的历史特点

人类社会生产和生活首先受到区域自然环境的制约。诸种自然条件和因素最早规范了水利设施及其功能的类型和性质，当然水利工程的兴衰和轨迹又受到社会政治的牵制。浙东地区人工水道和水利工程的特点、经历和命运亦如此。

1. 自然环境特色：依山面海的水乡泽国

所谓的浙东运河由西到东横亘宁绍平原，延绵 150 余公里。以曹娥江为界，西部是以绍兴为中心的山会平原，东部是甬江干支流冲积而成的宁（波）镇（海）平原。[①] 整个地势大致由西向东缓缓嵌入杭州湾和东南陆架。宁绍平原处于会稽山、四明山北麓和钱塘江、杭州湾（后海）南岸之间，北部为

---

① 浙江省水利志编纂委员会编《浙江省水利志》，中华书局，1998，第 105～106 页。

海积平原，南部为冲积扇平原，以及间杂在丘陵、山麓中的盆（谷）地和台地。① 在行政上位于今天的绍兴市和宁波市境内，明清两代辖于绍兴、宁波两府下的萧山、山阴、会稽、上虞、余姚、慈溪、鄞县、镇海八县。②

位于东南沿海的宁绍平原，纬度较低，属于亚热带季风气候，热度高，降雨量大，平均年降雨量 1100～1300 毫米，集中在 5～6 月、8～9 月，同时还受到台风所带来的暴风雨的影响。③ 受地理位置、气候等因素影响，这一地区突出的特征是水资源丰沛，地表水系密布，容易发生水灾，而且时与旱灾交替发生。④

从南部山地冲向杭州湾区的溪流、江河主要有钱塘江、浦阳江、平水江（即若耶溪，南宋以来的山阴、会稽两县与绍兴府城合城而治，以此分界）、曹娥江、通明河、余姚江、甬江。大致以上虞境内的余姚江与通明河交接处为界，以西即流经萧绍平原地区的江河基本沿着地势呈由南向北或偏东北流，以东的江河大都自西向东流，主要源自南部大致呈东南—西北走向的会稽山脉为主的一系列山地、丘陵。而宁波最东部地区濒傍东海，港湾纵深，岛屿众多，具备优良的天然海港条件，并形成了海岸地貌。⑤

较大的溪流形成河谷平原，并自南向北递次形成冲积扇平原，直至汇入滨海湿地、沼泽。历史上这些江河与逆向扑来的海潮激荡而冲刷出的洼地成为湖盆，并进而积水而成湖泊，但湖水低浅，容易满溢泛滥。在这样的湖泽地貌里，即便在东汉至北宋鉴湖的兴盛时期，湖中也有孤丘凸起。所以，所谓的宁绍平原从本源上说是面积大小不等的、断断续续连接而成的平原集合，而充足的水资源是影响区域环境的要素。如此，决定了以发展农业、定居生活为旨趣的对宁绍平原的开发，也即治水的过程。

---

① 朱丽东主编《简明浙江地理教程》，武汉大学出版社，2012，第 232 页。
② 陈桥驿、吕以春、乐祖谋：《论历史时期宁绍平原的湖泊演变》，《地理研究》1984 年第 3 期。宁、绍地区的行政区划多有变化，参见徐规、陈桥驿《浙江分县简志》上册，浙江人民出版社，1983。
③ 陈桥驿：《浙江地理简志》，浙江人民出版社，1985，第 93～95 页。当然，如竺可桢在《中国近五千年来气候变迁的初步研究》（《考古学报》1972 年第 1 期）中所分析的，中国各区域历史时期气候变化也是显著的。以绍兴地区为例，可参见孔学祥、陈红梅《绍兴二千五百年气候变迁》，浙江大学出版社，2012。
④ 根据历史文献上相关数据的统计，浙江境内的水灾集中出现在农历五、六、七、八这 4 个月，参见陈桥驿《浙江灾异简志》，浙江人民出版社，1991，第 5 页。
⑤ 叶玮主编《浙江地理》，北京师范大学出版社，2013，第 208 页。

2. 水利形势沿革与水利工程特色：水环境综合开发与治理中的运河

后来成为宁绍平原的古代越地的地貌和地文状况与史前阶段的变迁和海侵有关。距今大约 11000 年前，海面已经升至当下的高度，在距今约 7000 年前的第四纪的最后一次海侵中，宁绍平原盐渍化，从事采集、渔猎、初级农业的原始人群部落出走。① 其中被称为"越"的族群在稽北"山居"繁衍，"随陵陆而耕种，或逐禽鹿而给食"。②

钱塘江南岸的海岸线在距今五六千年来变动不是太大，③ 为北部平原的开发提供了前提。越人北下到稽北丘陵的冲积扇，进而进入平原，开始定居并发展农业，应该不早于公元前 6 世纪，以《越绝书》所载越王勾践的故事为标志："句践徙治山北，引属东海，内、外越别封削焉。"④ 勾践复国称霸的过程是以平原开发为基础的，正如大夫范蠡的建言："今大王欲国树都，并敌国之境。不处平易之都，据四达之地，将焉立霸王之业？"⑤

对于北部平原的开发，从一开始便是对水环境的综合治理和利用。首先要解决防洪、排涝、挡潮等难题，因为自南向北泄入后海的潮汐性河流受到海潮顶托，造成沼泽成片，瘴气弥漫。西部的萧绍地区如此，东部的宁波地区亦如此："明为州，濒海枕江，水难蓄而善泄，岁小旱则池、井皆竭。"⑥ 首要的水利任务是把漫溢的咸水导回大海，并筑堤御咸，建塘蓄淡，防、治内涝，发展农耕，也即践行大夫计倪应对勾践的建议："省赋敛，劝农桑。饥馑在问，或水或塘。因熟积以备四方。"⑦ 作为"以舟为车，以楫为马"之地，进一步的水利措施是改善水运条件，提高以贸易运输、行政管理、军事战略为目的的航运水平，从此也奠立了宁绍地区发展水利、改造环境的综合治理特点。

这种重视水利的传统延绵下来："其民勤于身，俭于家，奉祭祀，力沟洫，有禹之遗风焉。"⑧ 陈桥驿回顾了山会平原上整治稽北山丘北流江河的几

---

① 李孝聪：《中国区域历史地理》，北京大学出版社，2004，第 298 页。
② 张觉校注《吴越春秋校注》卷六《越王无余外传第六》，岳麓书社，2006，第 172 页。
③ 据考，"距今五六千年以来，海面变化不大，河口两岸平原地貌和海岸线的变化，主要是江流、潮浪对泥沙冲蚀淤积的结果"，参见戴泽蘅主编《钱塘江志》，方志出版社，1998，第 65 页。
④ 李步嘉校《越绝书校释》卷八《越绝外传记地传第十》，中华书局，2013，第 222 页。
⑤ 张觉校注《吴越春秋校注》卷八《句践归国外传》，中华书局，2013，第 206～207 页。
⑥ 舒亶：《西湖引水记》，张津等撰《乾道四明图经》卷一《水利》，台北：成文出版社，1983，第 5a 页。
⑦ 李步嘉校《越绝书校释》卷四《越绝计倪内经第五》，中华书局，2013，第 110 页。
⑧ 胡矩修、方万里、罗濬等：宝庆《四明志》卷一《风俗》，转引自已经佚失的《会稽志》，第 16 页 b。

个阶段，认为大禹治水的疏导方式贯穿始终，即基本上没有改变既有的水势，而是根据环境的变化和社会的需求调整水利工程的重心和策略。① 即便政府主导的人工河道，也是综合性治水的一环。这是历代水利事业的有志之士对水资源丰沛、水利形势复杂的体认。

总体上说，与干燥的北方相比，南方的人工水道不在于竭力开掘、汇集水资源，而在于理顺、调配自然水系，对水文、地理原貌的改造幅度和程度相对较小。宁绍地区不仅东部基本使用自然水系，西部人工河段也尽可能利用既有河流和湖泊水道，所以通航需要人工修浚的力度小。姚汉源以下关于浙东运河"不如京杭运河通用"缘由的分析颇中肯綮：

> 一因人工开凿段不长，工程规模不大，历史上工程记载不清楚；二因浙东堰埭特多，渠化河段不少，各河段有的是局部渠化，也有的是连续渠化，历史记载亦不甚明；三因余姚以东及曹娥江上游亦有局部渠化，有渠化段是否即算运河，看法不一。以致运河范围颇有不同说法。②

因循姚汉源的思路，李云鹏从工程技术上分析了浙东运河体系的水利特性。因为"充分利用了自然水系和自然径流"，工程量小，维系的力度也小，所以可以长期保持稳定的运行状况。但是，区域内山区型河流洪枯变化大，而与运河相交的河段多是潮汐性河流。为了保持运道的水位、水量、水流等因素相对稳定的水运条件，浙东以运河为主轴的水利设施必须具备"控制工程特性"，集中体现在人工河道与自然水系相交处的堰坝及闸坝的兴建和维持上。③

3. 浙东运河与浙东区域基于自然环境的相对独立性问题

是否把浙东运河纳入以"京杭运河"为主干的全国性大运河系统，其实还要从王朝国家的视域看待浙东运河交通运输的角色，这势必关涉到宁绍地区运河在全国性运河系统中的独立性程度，而这也与该区域经济和社会的独立性有关。

从源头上追溯，崛起前的传统越地，"南至于句无，北至于御儿，东至于

---

① 陈桥驿：《序》，洪慧良、祁万荣《绍兴农业发展史略》，杭州大学出版社，1991，第7~8页。
② 姚汉源：《京杭运河史》，中国水利水电出版社，1998，第738页。
③ 李云鹏：《论浙东运河的水利特性》，《中国水利》2013年第18期。

鄞，西至于姑蔑，广运百里"。① 无论从地缘上还是文化上，越地都被以中原为中心的文明视为非正统，如《管子》中所说："越之水重浊而泊，故其民愚极而垢。"② 春秋末期吴、越相争几十年，最后勾践派大军乘舟从内河和海路伐吴，兼居吴越之地，北控江淮，并逐鹿中原："当是时，越兵横行于江、淮东，诸侯毕贺，号称霸王。"③ 越作为一个跨区域性的大国延续到战国后期，但浙东依旧是越人传统的经济和文化中心。越与吴各有其地域个性，但有分有合，具有共同的部落血缘与文化渊源："夫吴之与越也，接土邻境，壤交通属，习俗同，言语通。"④ 在秦统一之后的多数历史时段中，越地或者"吴越"是大一统国家里的一个区域，或者是一方割据政权，有很强的疏离中原政权的地域特色。

自隋唐出现全国性的大运河网络以来，王朝国家对地方的经济统御力大为加强，而包括浙东在内的大江南成为财赋收入的重地。以漕运为主要内容，大运河把北方的政治、军事中心区域与南方的经济、文化中心区域连在一起。但宁绍地区除了在偏居东南的南宋居于一个重要位置外，浙东基本上被排除在江南的核心地区之外。六朝以来以长江三角洲、太湖平原为地理核心的江南具有缘于经济、市场机制的一体化特征；与浙东有钱塘江一江之隔的浙西平原即明清时期杭、嘉、湖诸府所辖的地区，更多的是与江南其他区域互动。而浙东的宁绍平原在经济上却被边缘化，纵然其在文化上依然保持着蓬勃的独特生命力。

大运河在明清时期成为王朝的生命线。虽然如同"浙东运河"，"京杭（大）运河"也是个现代名词，但无论在士人著述还是在通俗文艺里，大运河是作为漕运主干的京杭一线的，而其他人工航道属于地方性的运河。清代大运河自北向南分为七段：通惠河（北京至通州）、北运河（北运河又称"白河""潞河"，通州至天津）、南运河（南运河又称"卫河""御河"，天津至临清）、会通河或山东运河（临清至徐州）、中河（徐州至淮安，1687 年前用黄河行漕）、里运河或淮扬运河（淮安至扬州）、江南运河或转运河（镇江至杭州）。⑤

---

① 《国语》卷二〇《越语上》，上海古籍出版社，1982，第 635 页。
② 李山译注《管子》卷十四《水地》，中华书局，2016，第 217～218 页。
③ 《史记》卷四十一《越王勾践世家第十一》，中华书局，1982，第 1746 页。
④ 高诱注《吕氏春秋》卷二十三《贵直论·直谏》，上海古籍出版社，1989，第 205～206 页。
⑤ 李德楠：《京杭运河江北段工程与地名》，中国社会出版社，2016。

这些河段开凿时间不一，其中杭嘉湖平原上的江南运河历史悠久，从镇江至杭州，长200余公里，苏州以北称为丹徒运河，以南称为浙江运河。钱塘江是区隔江南与宁绍联系的重要界标。由于泥沙淤积，至明中后期，杭州城中运河乃至整条江南运河已与钱塘江隔离，明末已经没有京杭运河与钱塘江通航的记录，[①] 而浙东运河沟通钱塘江的西兴堰因为钱塘江主槽北移等也至晚在明初即废弃。[②] 所以无论是江南运河还是浙东运河，是否单独或共同沟通钱塘江自然会影响到宁绍地区的交通与经济是否具备超区域性的能力。事实上，如后文所示，浙东运河及浙东的经济与政治地位在南宋一度臻至巅峰后，便难再具有全国性的影响力。

三　区域基础水利体系中的浙东运河

基于前述的认识，对浙东运河或宁绍平原上的人工运道的观察必须置于复杂的水利格局里，而且在变化着的历史脉络里考察运河的开凿、疏通、维护及运行历程，归纳其轨迹和特色，同时还需考虑政权转换、政区沿革等制约因素，以及与其相关的经济发展的程度与形态。

1. 先秦时代区域的早期开发与人工运道:山阴故水道

浙东地区的运河滥觞于春秋末期，是越地开发、越国建国、称霸宏业的关键一环。而之前的历史，如《越绝书》称，从大禹所封的“越之先君无余”至勾践的祖父夫镡，历经“千余岁”，“久远，世不可纪也”。到了勾践，才“大霸称王”。[③] 而连接起南北向溪谷河流的“山阴故水道”可以看作后来浙东运河的先驱。

《越绝书》谈及勾践开河修渠云：“练塘者，句践时采锡山为炭，称炭聚，载从炭渎至练塘。各因事明之，去县五十里。”这个“炭渎”应有人工整修。以勾践建造的都城（即后来的绍兴城）为中心，“山阴古故陆道，出东郭，随直渎阳春亭；山阴故水道，出东郭，从郡阳春亭。去县五十里”。在这个交通系统中，水路是干线，正如《越绝书》杜撰勾践应对孔子教喻的一段话：“夫

---

① 孙忠焕主编《杭州运河史》，中国社会科学出版社，2011，序，第1页。

② 乾隆年间的《萧山县志》把“运河”当作一个无关紧要的“山川”之一：“《宋史·汪纲传》：萧山有名运河，西通钱塘。今运河不通江。”参见乾隆《萧山县志》卷一三，清乾隆十六年刻本，第15页a。

③ 李步嘉校《越绝书校释》卷八《越绝外传记地传第十》，中华书局，2013，第221～222页。

越性脆而愚，水行而山处，以船为车，以楫为马，往若飘风，去则难从，锐兵任死，越之常性也。"① 关于这条与陆路平行的水路，尽管具体位置，包括其后来的遗迹因为文献匮乏而难以取得一致的学术意见，但大家都倾向于它是从绍兴城到曹娥江方向的一条东西向的人工河道。② 正因为有了东西向的水路及陆路，把南北向的自然水道连接了起来，航运网络得以四通八达，越国终于在勾践在位的短短几十年里（"十年生聚，十年教训"）从一个山丘部落崛起。

从工程的角度判断，作为交通作用的陆道很可能也是沿运河北岸筑建的堤塘，既有助于挡潮拒咸，也和运道一起在与南北向的河流的交叉口上设立涵闸或闸桥一类设施，调节南北水位，阻遏潮汐波动幅度。所以，山阴故水道及其他人工的渠化水体重在排洪放涝和蓄淡灌溉，保障生活、生产安全，有利于拓展垦殖，将咸水四溢的沼泽改造成为新式农业耕种的肥美水田。以围堤建塘为中心的水利建设很快带来了经济效益，在大大小小粮食生产基地的堤塘中，"富中大塘者，句践治以为义田，为肥饶，谓之富中，去县二十里二十二步"。③

当时主要开发的是后来称为山会平原的西部区域，余姚江以东依然发展程度较低，而且勾践的眼光投向北方。他迁都琅琊，带走大量军民，越地人口减少，影响了经济发展。④ 从公元前 473 年勾践灭吴，越国在战国时期虽然势力有所盈虚，但依然是个以吴越为基地的强国。公元前 306 年，越王无疆"伐楚。楚人大败之，乘胜尽取吴故地，东至于浙江。越以此散，诸公族争立，或为王，或为君，滨于海上，朝服于楚"。⑤ 浙东从此进入一个较长时期的发展迟滞状态。

---

① 李步嘉校《越绝书校释》卷八《越绝外传记地传第十》，中华书局，2013，第 222、226、229 页。

② 姚汉源指出："可能是自城阳春亭 50 里，更别有水道远航，似即后浙东运河一段。"参见姚汉源《京杭运河史》，中国水利水电出版社，1998，第 736 ~ 737 页。陈桥驿认为可能没通到曹娥江，参见车越乔、陈桥驿《绍兴历史地理》，上海书店出版社，2001，第 182 页。

③ 李步嘉校《越绝书校释》卷八《越绝外传记地传第十》，中华书局，2013，第 226 页。据考，富中大塘位于山会平原东部，有 6 万亩良田，参见陈鹏儿、沈寿则、邱志荣《春秋绍兴水利初探》，盛鸿郎主编《鉴湖与绍兴水利》，中国书店，1991，第 119 页。

④ 陈桥驿：《历史时期绍兴城市的形成和发展》，《吴越文化论丛》，中华书局，1999，第 360 ~ 362 页。

⑤ 《资治通鉴》卷二《周纪二》，中华书局，2011，第 64 页。

2. 秦汉、南朝时期统一与分裂变换中浙东区域水利结构的形成：运河航道与鉴湖体系

秦、汉两朝作为中国帝制形态的奠基时期，政治与经济中心在北方；中央政府与地方政府的行政构架成型。为了防止地方离心、割据态势，借助交通手段进行统合是一种有效的途径。当然，在浙东，根据其特殊的环境，运道的兴修与维护始终是综合水利治理的一部分。而之后分裂的六朝时期，长江中下游的经济发展超过了连绵战乱、环境恶化的黄河流域，浙东的运河航道也在趋于稳定的区域水利体系和机制中俨然成型。

（1）秦汉大一统建制对浙东交通条件的制约

秦统一后，"定荆江南地，降越君，置会稽郡"，[①] 统长江以南吴、越故土，但郡治设于吴县（苏州），而原来的越国中心地区成为山阴县。这时的一件大事是公元前 210 年秦始皇巡幸会稽，这是他五次出巡中的最后一次。依据《越绝书》等记载，《史记》所勾勒的这次往返路线为："……过丹阳，至钱唐。临浙江，水波恶，乃西百二十里从狭中渡。上会稽，祭大禹，望于南海，而立石刻颂秦德……还过吴，从江乘渡。并海上，北至琅琊。"[②] 丹阳县（今江宁区、镇江市一带）到钱唐（今杭州一带）的路线也即后来江南运河的前身。[③] 鉴于当时吴国故地交通四通八达，新修航道工程有限。但在杭州一带无法过钱塘江，史籍中也不见杭州至绍兴一带直航的记载。李志庭认为应该是沿塘北岸西行至今富阳一带过钱塘江，然后沿浦阳江上达今诸暨一带，再经枫桥、古博岭，循若耶溪北下而至绍兴。[④]

无论秦始皇东巡会稽——"颂秦德"、易风俗，还是大致延续到整个西汉时期的吴、越合并建制，都显示了中央集权帝国对地理交通相对隔绝的越故地的警惕。[⑤] 其实，秦的管辖并没有囊括最东部的海疆及离岛，早在"秦始皇

① 《史记》卷六《秦始皇本纪》，中华书局，1982，第 234 页。
② 《史记》卷六《秦始皇本纪》，中华书局，1982，第 260 页。关于文献中的古地名及路线考证，参见嵇果煌《中国三千年运河史》，中国大百科全书出版社，2008，第 214～219 页。
③ 学界久有江南运河形成于秦统一时期的说法，参见魏嵩山、王文楚《江南运河的形成及其演变过程》，朱东润、李俊民、罗竹风主编《中华文史论丛》第 10 辑，上海古籍出版社，1979，第 303～318 页。
④ 李志庭：《开发五泄名胜及秦始皇东巡道路的建议》，转引自童隆福主编《浙江航运史（古近代部分）》，人民交通出版社，1993，第 24 页。
⑤ 林剑鸣：《秦史稿》，上海人民出版社，1981，第 399～400 页；李磊：《吴越边疆与皇帝权威——秦始皇三十七年东巡会稽史事钩沉》，《学术月刊》2016 年第 10 期。

并楚，百越叛去，东名大越为山阴"。① 所以他在东巡时，"因徙天下有罪適吏民，置海南故大越处，以备东海外越"。②

汉初以来，包括一度在部分地区实行分封制的地方行政建制变动不居。汉景帝四年（前153）恢复秦时吴越合治的会稽郡建制，一直维系到东汉中期。地理上相对隔离的吴越故地合而治之带来了管理上的困难，分郡而治的议论屡兴。后汉顺帝四年（129），"阳羡令周喜上书，以吴、越二国，周旋一万一千里，以浙江山川险绝，求得分置"。③ 终于"分会稽为吴郡"。④ 以钱塘江为界，江之北为吴郡；江之南之浙东地区为会稽郡，山阴为郡治。

浙东地区的水道格局与越国后期相比应该没有太大的变化。或有局部性的改善，这与秦代因移民造成人口减少、经济发展迟滞有关。生活在西汉中前期的司马迁观察到："楚越之地，地广人稀，饭稻羹鱼，或火耕而水耨，果隋蠃蛤，不待贾而足，地势饶食，无饥馑之患，以故呰窳偷生，无积聚而多贫。是故江淮以南无冻饿之人，亦无千金之家。"但他同时也说："浙江南则越。夫吴自阖庐、春申、王濞三人招致天下之喜游子弟，东有海盐之饶，章山之铜，三江、五湖之利，亦江东一都会也。"⑤ 而这些"饶""利"因素，直到东汉中期山会平原上鉴湖体系形成，才被充分开发利用，促使浙东地区复兴和发展。

（2）东汉时期鉴湖体系的出现

鉴湖出现之前比较突出的一个水利举措是回涌湖工程，最早记于《南史·谢灵运传》："会稽东郭有回踵湖，灵运求决以为田，文帝令州郡履行。"⑥ 功用为杀水势以泄洪，如南宋嘉泰《会稽志》载："旧经云：汉马臻所筑，以防若耶溪溪水暴至，以塘湾回，故曰回涌。"⑦

鉴湖在历史上有多个名称，如长湖、庆湖、镜湖，相传由"会稽太守"马臻于东汉顺帝永和五年（140）修建，系对山会平原的水环境因地制宜地整

---

① 李步嘉校《越绝书校释》卷二《越绝外传记吴地传第三》，中华书局，2013，第40页。
② 李步嘉校《越绝书校释》卷八《越绝外传记地传第十》，中华书局，2013，第230页。文献显示先秦时代有东海以南、以东的外越，参见傅振照《绍兴史纲（越国部分）》，百家出版社，2002，第319～326页。
③ 李吉甫《元和郡县图志》卷二十六《江南道二》，贺次君点校，中华书局，2013，第617页。
④ 《后汉书》卷六《孝顺孝冲孝质帝纪》，中华书局，1982，第257页。
⑤ 《史记》卷一二九《货殖列传第六十九》，中华书局，1982，第3267页。
⑥ 《南史》卷一九《列传第九·谢灵运》，中华书局，1975，第541页。
⑦ 嘉泰《会稽志》卷十《湖》，施宿、张淏等撰，李能成点校《（南宋）会稽二志点校》，安徽文艺出版社，2012，第186页。

治，通过围堤筑塘、防洪排涝、御咸蓄淡以发展农业生产，改善生活环境。三个多世纪后，南朝刘宋时期曾担任"会稽太守"的山阴人孔灵符首次将这段旧事写入文献："汉顺帝永和五年，会稽太守马臻创立镜湖，在会稽、山阴两县界。筑塘蓄水，高丈余，田又高海丈余。若水少则泄湖灌田，如水多则开湖泄田中水入海，所以无凶年。堤塘周回三百一十里，溉田九千余顷。"① 根据稀散的历史信息可以勾画出鉴湖轮廓：湖的南面是自然状态的稽北丘陵，人工修凿的工程不大；北面的主体应该是人工修筑的堤坝。如陈桥驿所分析的，后来鉴湖所在的地带南部高于北部，直接注入后海的曹娥江、浦阳江等潮汐河流易暴发山洪，而河道里汹涌的海水倒灌也漫入其他众多河流，洼地存在很多洪水季节泛滥的积水，出现无数大大小小的湖泊，有的与后海相连，在马臻之前就应该存在陆陆续续的大小整修过程，所以，"鉴湖是属于湖泊蓄洪和洼地蓄洪一类的水利工程，并非开凿而成，工程的主要部分是围堤"。② 如此，西至钱清江，东至曹娥江，围堤汇聚了会稽山地流出的"三十六源之水"。这个东西狭长的湖以会稽郡城的稽山桥为界线，分东、西两湖。据今人考证，西湖堤约 26 公里，因为地表高低不平、水流湍急，工程应该比较大；东湖堤大约 30 公里，应该与山阴故水道的位置重合，可能部分地利用了山阴故水道遗存的河道故址。总面积超过 170 平方公里，但并非连贯一体，堤内水域因凹凸不平的湖底而深浅不一，众多孤丘高于湖面，还有枯水季节的浅滩、时而出没水面的岗阜。③

鉴湖作为一个农田水利工程促使平原迅速从浅海滩涂中凸起，生态条件的改善使得浙东再次成为富庶的农业区。但是，"创湖之始，多淹冢宅。有千余人怨诉于台，臻遂被刑于市"。④ 鉴湖泽被后世，如南宋士大夫王十朋所誉："杭之有西湖，犹人之有眉目；越之有鉴湖，犹人之有肠胃。"⑤ 唐开元年间（713—741）在鉴湖畔为马臻立祠，宋嘉祐四年（1059）谥封利济王，重修陵墓和牌坊。今绍兴市郊尚存马臻墓、马太守庙等纪念建筑。⑥

---

① 孔灵符：《会稽记》，李昉等《太平御览》卷六十六，中华书局，1960，第 315 页。陈桥驿认为"如水多则开湖泄田中水入海"一句中用"闭湖"更合宜，参见车越乔、陈桥驿《绍兴历史地理》，上海书店出版社，2001，第 125 页脚注 2。
② 陈桥驿：《古代鉴湖兴废与山会平原农田水利》，《地理学报》1962 年第 3 期。
③ 盛鸿郎、邱志荣：《古鉴湖新证》，盛鸿郎主编《鉴湖与绍兴水利》，中国书店，1991，第 27 页。
④ 孔灵符：《会稽记》，李昉等《太平御览》卷六十六，中华书局，1960，第 315 页。
⑤ 《王十朋全集·文集》卷二十三《鉴湖说上》，上海古籍出版社，1998，第 971 页。
⑥ 李永鑫主编《绍兴通史》第 2 卷，浙江人民出版社，2012，第 250～251 页。

北魏地理学家郦道元描写"浙江水"："浙江又东北得长湖口，湖广五里，东西百三十里，沿湖开水门六十九所，下溉田万顷，北泻长江。"① 陈桥驿按："长湖口"为鉴湖。"水门"系斗门、阴沟、桥闸一类的排灌设施，用以节水量、水位，即通过增高堤坝、完善涵闸设备使得鉴湖像之前的山阴故水道一样，兼具通渠、航运等多种功能。南宋嘉泰《会稽志》云："夫斗门、堰、闸、阴沟之为泄水均也。"其中在会稽县境内运河上的堰埭建设"为堰者十有五……在官塘者十有三"。② 鉴湖的形成在改进北部平原的水上交通条件的同时，也因为围堤而使得回水上溯，提高了稽北山地河流的水位，便利了南部冲积扇地带的水上运输。

鉴湖一直是浙东航运的主干航道之一，虽然西线（山阴县）的航线后为西兴运河所取代，而东线（会稽县）仍大略采用鉴湖水系航线（河道在湖堤下），并延承至现代。从工程上说，姚汉源的观察是妥当的："东汉至南北朝时，江浙开发迅猛，水道以渠化天然河道为主，大规模开凿仍少。渠化以堰埭、斗、闸等建筑为主。"③

（3）南北朝分裂时期浙东运河的成型

汉末至六朝期间，通过鉴湖水利网络的综合功用，以及水门、塘堤等基础设施的不断完善，山会平原或宁绍平原生产、生活的环境结构趋于稳定。虽然政权、政区变换频繁，浙东的地位因其环境改造带来的经济繁荣而有所提高，水、陆运输繁忙，这期间引人注目的大事是作为漕渠的西兴运河的凿修。

与鉴湖一样，西兴运河也缺乏原始记载。相传东晋永嘉元年至三年（307—309），会稽内史、山阴人贺循傍依鉴湖围堤凿渠溉田，首开西兴运河，最早见南宋嘉泰《会稽志》："运河，在府西一里，属山阴县。自会稽东流县界五十余里，入萧山县。旧经云：晋司徒贺循临郡，凿此以溉田。"④ 该运河

---

① 陈桥驿译注，王东补注《水经注》卷四十《浙江水》，中华书局，2016，第337页。

② 嘉泰《会稽志》卷十三《镜湖》，施宿、张淏等撰，李能成点校《（南宋）会稽二志点校》，安徽文艺出版社，2012，第245页。

③ 姚汉源：《京杭运河史》，中国水利水电出版社，1998，第737页。

④ 嘉泰《会稽志》卷十《水·运河》，施宿、张淏等撰，李能成点校《（南宋）会稽二志点校》，安徽文艺出版社，2012，第177页。《晋书》卷六十八《贺循列传》载："及（陈）敏破，征东将军周馥上循领会稽相，寻除吴国内史，公车征贤良，皆不就。元帝为安东将军，复上循为吴国内史……"《晋书》虽然提到他的山阴籍贯，但并未提到其在会稽任职。李志庭、楼毅生认为他利用影响促成运河的修筑，参见李志庭、楼毅生《运河与杭州》，唐宋运河考察队编《运河访古》，上海人民出版社，第327页。

西起钱塘江南岸的西陵（今萧山西兴街道），往东经钱清、柯桥，至会稽郡城，通贯宁绍平原的西部，也即山阴境内。南宋宝庆《会稽续志》也记载运河："自萧山县西兴六十里，至钱清堰，渡堰迤逦至府城，凡一百五里。"①

宁绍平原东部的会稽境内的河段由对鉴湖航道的修缮而来，运道在东湖的北堤内。至于曹娥江以东的姚江、甬江航道，虽然大致是天然水路，但迟至汉初已有通航余姚江的迹象。《史记》记汉武帝元鼎六年（前111）派军征伐闽越国（前202—前110）的"东越王"余善，其中一支由将军韩说率领的主力军"出句章，浮海从东方往"，② 即从甬江出海。《汉书》载秦、汉制下会稽郡的句章县（今宁波鄞江南岸）："渠水东入海。"③ 渠水指经过人工渠化的余姚江、甬江。④ 如此，经过西晋西兴运河的开凿和以后东晋、南朝几代对天然河道的渠化（堰埭、斗门、水闸），形成了横贯钱塘江、曹娥江、姚江、甬江200余公里的浙东运河雏形。运道与鉴湖湖堤相距近，船只往往靠堤航行。因为连接了钱塘江，内河航运功能变得显著，但畅通程度受到渠化堰埭的制约，得靠牲畜之力转动绞车拖船过坝，所谓牛埭，颇费盘驳之累。

总体上说，因为源于稽北丘陵的自北向南的水流经过鉴湖湖堤交界处的涵闸系统进行渠化排水，而与湖堤平行的运河河道，增强了复设涵闸的能量。南北向河流水量、水向、水位的调节功能的增强便利了鉴湖等水泊的排涝和蓄水，从而发挥了以鉴湖为基本构架的宁绍平原的渠系网络的效用，使得鉴湖在六朝时进入全盛期。而且，随着环境的变迁，逐步形成的替代鉴湖水系的山会地区运河水系，在南宋鉴湖湮废后直接接纳稽北诸水。⑤

清乾隆《绍兴府志》引述前代屡屡传颂的运河之功，"虽旱不涸，至今民饱其利"，⑥ 点出了疏凿之目的依旧在于农业生产与生活的综合水利功用，尽管在不同时期由于社会需求的不同其扮演的角色有所变化。从东汉至南朝，内河通航的基础工程的强度不大，特别是宁绍平原东部的河道仍以渠化天然水路为主。

---

① 宝庆《会稽续志》卷四《水·运河》，施宿、张淏等撰，李能成点校《（南宋）会稽二志点校》，安徽文艺出版社，2012，第439页。
② 《史记》卷一一四《东越列传第五十四》，中华书局，1982，第2982~2983页。
③ 《汉书》卷二十六上《地理志第八上》，中华书局，1983，第1591页。
④ 王先谦：《汉书补注》卷八《地理志上》，上海古籍出版社，2008，第2507页。
⑤ 陈鹏儿：《绍兴平原现代河网水系形成的探讨》，《浙江水利科技》1981年第4期。
⑥ 乾隆《绍兴府志》卷一四《水利一》，乾隆五十七年刻本，第10页b。

3. 隋唐五代十国及两宋时期全国运河网络中鉴湖的起伏与西兴运河的鼎盛

六朝时期长江中下游地区成为中国（China Proper）的经济中心，但贯通南北的全国性运河直到隋朝才成型。唐代广修海塘使得山会平原减少了海潮侵蚀的危害，有利于内河水利、水运体系的稳定。承继五代十国时期江南区域急遽发展的步伐，两宋特别是南宋时期浙东的水利与经济事业是王朝国家战略部署的重心所在，而且运河体系因鉴湖体系的瓦解而壮大起来。

（1）隋唐全国运河系统对浙东水利以及区域建制的影响

隋炀帝开凿通济渠、永济渠，又于大业六年（610）冬，"敕穿江南河，自京口（今镇江）至余杭（杭州），八百余里，广十余丈，使可通龙舟，并置驿宫、草顿，欲东巡会稽"，[①] 形成了一条以洛阳为中心，北通涿郡、西连长安、南至余杭的全国性水运大动脉。从京口至余杭全长 330 公里的江南运河虽然不是首凿，但的确因隋炀帝的决断进行了全面的疏通而成为一条水上通衢，并在杭州与西兴运河隔江相望，而浙东的地位在国家战略布局中变得重要起来。在隋初地方制度的变革中有改郡为州的举措，大业元年（605）置越州，但"越州"与"会稽郡"几曾反复。从乾元元年（758）开始，"越州"的名称大致延递到北宋。[②]

随着区域经济重要性的提高，包括运河在内的浙东平原的水系、环境的整治得到重视。这期间水利形势最主要的变化，是隋唐国家政权强有力地在宁绍平原北部进行钱塘江或后海海塘防御工程建设。大约到了唐中后期，随着海塘的修筑或增修，西起萧山、东迄上虞的海塘连成一线，形成了比较完整的防潮工程体系。[③] 由于它们横亘在古代山会平原的北部，所以也称为北塘。西面的一段，在刚刚析出的山阴地界上，"界塘在（山阴）县西四十七里，唐垂拱二年（686）始筑，为堤五十里，阔九尺，与萧山县分界，故曰界塘"。往东，在会稽境内，"（会稽）东北四十里有防海塘，自上虞江抵山阴百余里，以蓄水溉田。开元十年（722），令李俊之增修。大历十年（775）

---

① 《资治通鉴》卷一八一《隋纪五》，中华书局，2011，第 5759 页。

② 李吉甫：《元和郡县图志》卷二十六《江南道二》，贺次君点校，中华书局，2013，第 617～618 页。历史时期政区的名字常有变化，如唐代绍兴地区的演变：会稽郡（618—619）—越州（619—742）—会稽郡（742—758）—越郡（758—907）；宁波地区的沿革：鄞州（621—625）—鄮县（625—738）—明州（738—742）—余姚郡（742—758）—明州（758—907）。参见郭声波《唐代浙东地区行政区划沿革》，罗卫东、范今朝主编《庆贺陈桥驿先生九十华诞学术论文集》，浙江大学出版社，2014，第 171～175 页。

③ 陈桥驿：《古代鉴湖兴废与山会平原农业水利》，《地理学报》1962 年第 3 期。

观察使皇甫温、大和六年（832）令李左次又增修之"。① 五代十国时期，吴越王钱镠（852—932）耗用大量人力、物力防治钱塘江潮患，修筑江塘 50 多公里，史称"钱氏捍海塘"②。经过两个多世纪的努力，山会平原后海沿岸的海塘体系基本形成，除钱清江口外，山会平原东部内河大凡与后海隔绝。但再往东至镇海一线，海塘建设零零星星，没有连成一体，直到明代才全线封闭。后海海塘有效地取代了鉴湖防潮、释咸、蓄淡、泄洪的功能，促进了鉴湖水体的北移。但同时，内河排向钱塘江的流路变得复杂、不畅，泥沙沉积也加剧了钱塘江江口的淤浅。③

唐及吴越国政权还致力于在平原上维修鉴湖、疏治河网的多项其他水利建设。在鉴湖及运河沿岸的堤塘，起到了调蓄山水的效用。尽管内河上的塘堤多为宋以后修筑，但西兴塘"在萧山县西十里。五代时钱镠始筑以遏海潮，内障江水"。④ 而鉴湖与运河上的堤塘被称为官塘，又因与建于山会平原北部之北塘相对应而称为南塘，大致走向为绍兴东至上虞的山阴故水道旧辙。于是，以越州郡城为中心，形成西至浦阳江、东至曹娥江的鉴湖湖堤。⑤ 另一个突出的变化是新运道的开拓。《新唐书》载："（山阴）北五里有新河，西北十里有运道塘，皆元和十年观察使孟简开。"⑥ 新河应是运河派生支河，与绍兴城内外的河道改进有关。⑦ 运道塘，自绍兴西郭直至萧山，筑于西兴运河南岸，是为了便利运河航运而建的一条堤塘，系绍兴至钱清间沿运河的石砌"纤道"，经明、清时修缮，遗迹至今可见。⑧

而宁绍平原东部的水利，即越州东境因为海上贸易的发达而得到进一步的开发，这归结于交通因素的刺激。同时，甬江盆地的排水造田也促使这一

---

① 《新唐书》卷四十一《地理志五》，中华书局，1975，第 1061 页。

② 吴任臣：《十国春秋》卷七十八《吴越二·武肃王世家下》，中华书局，1983，第 1085 页。

③ 〔日〕斯波义信：《环境与水利之相互关系：由唐至清的杭州湾南岸地区》，刘翠溶、〔英〕伊懋可主编《积渐所至：中国环境史论文集》，台北：中研院经济研究所，2000，第 282 页。

④ 穆彰阿、潘锡恩等纂修嘉庆《大清一统志》卷二九四《绍兴府一·堤堰》，《续修四库全书》第 619 册，上海古籍出版社，1996，第 120 页。

⑤ 《曾巩集》卷十三《越州鉴湖图序》，陈杏珍、晁继周点校，中华书局，1984，第 205 页。

⑥ 《新唐书》卷四一《地理志五》。又见史载："山阴北五里有新河，西北十里有运进塘。"参见嘉庆《山阴县志》卷四《水》，嘉庆八年刻本，第 1 页 b 至第 2 页 a。

⑦ 顾祖禹将"新河"纳入运河系统："新河，在城西北二里，唐元和中观察使孟简所开。"参见顾祖禹《读史方舆纪要》卷九十二《浙江四·绍兴府》，贺次君、施和金点校，中华书局，2017，第 4213 页。

⑧ 叶建华：《浙江通史》第 8 册，浙江人民出版社，2005，第 73～74 页。

地区从越州分离出来。① 其中影响最大的水利工程，为唐大和七年（833）建于"（鄞）县西南五十里"的它山堰，截断鄞江（甬江上游主要支流之一）与海潮，拒咸，蓄淡，引流，排洪，"渠流入城市，缭乡村，以漕，以灌，其利甚博"。② 它山堰长期得到维护和修缮，其扼控宁镇平原东部水利的功能延续下来。

浙东运河的入海口发展起了海港经济，宁波成为隋唐时期海道辐辏之所。清初顾祖禹简明地回顾了"控海据山，为浙东门户"的宁波的行政区划沿革：

> 宁波府，禹贡扬州之城，春秋时越地。秦属会稽郡，汉以后因之。隋平陈属吴州，大业初属越州，寻属会稽郡。唐武德四年置鄞州，八年州废。开元二十六年复置明州，天宝初曰余姚郡，乾元初复为明州。五代时因之。宋仍曰明州，庆元二年升州为庆元府。元至元中改为庆元路。明初曰明州府，洪武十四年改为宁波府。③

唐代宁波迅速崛起在建制上的一个表现是，唐开元二十六年（738）最初把鄞县（包含秦汉时期的鄞、鄮、句章三县）分为慈溪、翁山（今舟山定海）、奉化、鄮县四个县，设立行政级别与越州相同的明州并由其统辖。④ 这种上升态势的政区变迁显然是水利开发、交通发达所带动的地区性经济发展的一个体现。

（2）两宋时期鉴湖的湮废与浙东运河的鼎盛

两宋时代，浙东水利事业迅速发展，山会平原的环境结构发生了深刻变化。随着后海海塘的建设和区域农田水利河湖网的改进，鉴湖原有的作用缩减，而政府面对急剧增长的人口的围垦疏于控制。另外，稽北丘陵植被也因其可作为手工业的燃料或原料遭到砍伐，⑤ 且越来越多的山民从事茶叶、水果、竹木等经济作物种植，导致水土大量流失，加重了溪流性河流带来的泥

---

① 〔日〕斯波义信：《宋代江南经济史研究》，江苏人民出版社，2001，第479～483页。
② 宝庆《四明志》卷一二《鄞县志卷第一·叙水》，转引自已经佚失的《会稽志》，第29页 b。成书于明崇祯年间的《四明它山水利备览》作了工程技术的详尽描述和分析。
③ 顾祖禹：《读史方舆纪要》卷九十二《浙江四·绍兴府》，贺次君、施和金点校，中华书局，2017，第4237～4238页。
④ 傅璇琮主编《宁波通史》第1册，宁波出版社，2009，第190页。
⑤ 张金池等：《京杭大运河沿线生态环境变迁》，科学出版社，2012，第185页。

沙淤积。① 鉴湖不断出现滩涂，并且有淤浅的现象。南宋时期北方人口南迁的一波波浪潮所带来的人稠地狭的危机益发严重，② 基于"地广人稀"的鉴湖体系终于在 12 世纪初叶瓦解。③

鉴湖本来拦蓄水量、调控水位的区域整体功能殆尽，大量积水逐渐随着鉴湖湖底的淤浅而转移到山会平原北部自然与人工的河湖、沟渠里，辗转滞泻，加重了调蓄负荷，"是以民常于春时重被水潦之害。至夏秋之间，雨或愆期，又无潴蓄之水为灌溉之利"。④ 由于鉴湖废弃后原先的"三十六源之水"直接注入运河为主的系统，西兴运河的综合水利功能，以及与原东鉴湖运道连接而成的浙东航道地位更加突出，经过大力整修与完善，比较规范的浙东运河终于成熟，并渐臻鼎盛阶段。

启动浙东水利形势变迁的另一个肇因是宋室南迁临安，杭州成为两浙的中心城市。隋初重臣杨素始创杭州城，先在余杭（今杭州西），开皇十年（590）"移居钱塘城，十一年复移州于柳浦西"。⑤ 柳浦在今杭州江干凤凰山东麓。三迁州治，依山筑城，原因就在于其与西兴仅一江之隔，既是江南运河的终点，也是浙东运河的起点。吴越国祚命近百年，江南、浙东进一步开发。钱镠大力经营首都杭州，使得杭州超过了越州，北宋的财政越来越依赖东南财富。靖康之变后，越州在 1131 年因高宗年号从建炎改元绍兴，升为府，从此作为地名沿用下来。同年稍后，高宗因"会稽漕运不济"而"移跸临安"。虽然重要性被杭州取代，但绍兴仍然是陆游所称的"股肱近藩，称东诸侯之首"。⑥ 宋人记载："自临安至于京口，千里而远，舟车之经从，邮递之络绎，漕运之转输，军期之传送，未有不由此途者。"⑦ 在以首都杭州为中心四通八达的交通网络中，除东自钱塘入海外，内河漕运则"秀（嘉兴）、常、湖州、江阴军、平江府（苏州）系平河行运，衢、婺（金华）、严（建

---

① 关于唐宋元明清阶段的绍兴山地副业生产及其对植被、环境的影响，参见卓贵德、赵水阳、周永亮《绍兴农业史》，中华书局，2004，第 122~127、150~153 页。
② 何忠礼、徐吉军：《南宋史稿》，杭州大学出版社，1999，第 477~481 页。
③ 侯慧粦：《鉴湖与湘湖》，盛鸿郎主编《鉴湖与绍兴水利》，中国书店，1991，第 70~71 页。
④ 徐次铎：《复鉴湖议》，嘉泰《会稽志》卷十三《镜湖》，施宿、张淏等撰，李能成点校《（南宋）会稽二志点校》，安徽文艺出版社，2012，第 245 页。
⑤ 乐史：《太平寰宇记》卷九十三《江南东道五》，中华书局，2007，第 1861 页。
⑥ 《陆游集·渭南文集》卷十四《〈嘉泰〉会稽志序》，中华书局，1976，第 2105 页。
⑦ 徐松：《宋会要辑稿·方域十》，刘琳等校点，上海古籍出版社，2014，第 9467 页。

德）州系自溪入江，明州、绍兴府运河车堰渡江"。[1]

宁绍平原作为重要的经济基地决定了浙东运河的重要性，而且从战略上讲其还是东通宁波出海的主要航道，所以堰坝、斗门、闸及水门等的修建，以及日常的疏浚、维修、管理用力最勤。由于复杂多样的地貌、水环境的制约，以及钱塘江涌潮的影响，浙东运河从来不是一个完整的河道，其通航能力具有河段不同、潮时不同的特性。在南宋鼎盛时期，从西向东大致划分以下几个河段，而且浙东运河大致格局一直延续到 20 世纪中叶。

第一，萧山、山阴境内的西兴运河，其西部因为水位高于钱清江，所以过堰必须遵循每日潮起潮落的时间节奏，之后在山阴的运道比较稳定。

第二，以曹娥江为分界的会稽、上虞段在原鉴湖衰落后称为漕河，明以来称为官河。鉴湖衰落的后果是不贯通的湖泊群落，湖内外存在水位差，所以不少河段需要拖拉盘驳。而曹娥江与余姚江段的自然地理条件恶劣，运河过曹娥江后，在上虞与余姚河的交界处，分两支进入余姚段。

第三，往东的最后一段，航运采余姚江等自然河流直到明州（宁波），出定海入海。因为大船需要乘潮航行，所以余姚江至海滨的多个自然河道需要人工渠化和疏凿。[2]

如前所述，浙东运河所穿越连接的钱塘江、浦阳江、曹娥江、余姚江源自溪流型江河，落差较大，运道水位在很大程度上有赖闸、堰[3]维持。而且，虽然有海塘存在，这些江河还是受到潮汐倒灌影响，很多时候需要候潮通航。所以，整个行程可谓："三江重复，百怪垂涎。七堰相望，万牛回首。"[4] 日本僧人成寻（1011—1081）记载了 1072 年过钱清堰的过程："六日……未时，至钱清堰。以牛轮绳越船，最希有也。左右各以牛二头卷上船陆，船人人多从浮桥渡。以小船十艘造浮桥。大河一町许。"[5] 南宋士人有十分生动的刻画：

---

[1] 徐松：《宋会要辑稿·食货四七》，刘琳等校点，上海古籍出版社，2014，第 7066 页。

[2] 参见邱志荣、陈鹏儿《浙东运河史》（上卷），中国文史出版社，2014，第 13、270、304～306 页。关于运河的长度，文献记载不尽一致，参见陈桥驿《浙东运河的变迁》，唐宋运河考察队编《运河访古》，上海人民出版社，1986，第 34 页。

[3] 著名的堰坝从西到东有西兴堰、钱清北堰、钱清南堰、都泗堰、曹娥堰、梁湖堰、通明堰、西渡堰，参见嘉泰《会稽志》卷四《堰》，施宿、张淏等撰，李能成点校《（南宋）会稽二志点校》，安徽文艺出版社，2012，第 78～81 页。

[4] 蔡肇：《明州谢上表》，嘉泰《会稽志》卷十《水·通明江》，施宿、张淏等撰，李能成点校《（南宋）会稽二志点校》，安徽文艺出版社，2012，第 185 页。

[5] 〔日〕成寻：《新校参天台五台山记》，王丽萍点校，上海古籍出版社，2009，第 40 页。

"堰限江河,津通漕输。航瓯舶闽,浮鄞达吴;浪桨风帆,千艘万舻;大武挽纤,五丁噪呼;榜人奏功,千里须臾。"①

其中最东部的西渡堰,是宁波嵌入浙东运河的津口。南宋宝庆《四明志》载:"西渡,望京门西二十里,往慈溪路……逾西渡堰,入慈溪江,舟行历慈溪、余姚,以至上虞之通明堰,率视潮候。"② 稍后的开庆《四明续志》也载:西渡堰"东距望京门二十里,西入慈溪江。舳舻相衔,上下堰无虚日,盖明、越往来者必经由之地"。③

宁波水利事业虽然可以追溯到秦汉时期,但数量少,"分布呈点状式",到唐宋时代才有明显起色。尤其在南宋至元朝,不仅工程数量猛增,而且形成了初步的水利网络。④ 浙东运河不但通过宁波沟通海上贸易线,而且与其他天然或渠化的水系一道成为区域经济与生活的生命线,并在不同的国家政权的版图里发挥着不同的超区域影响力。

4. 元明清时期帝国大运河体系下浙东运河的起伏

随着元帝国的建立,浙东作为一个割据政权经济中心的风光不再。元朝政权重新疏凿的京杭一线运河一度成为漕运的重要渠道,但依然以海运为主。明初漕粮转输也依靠海运,但随着永乐年间大运河的全线开通和河运体制的完善而基本废弃。承载主要漕运的南北大运河成为明、清两朝的命脉,于是通往北京的各段都有大规模的修建和维护。处在北方政治中心和江南经济中心之外的宁绍平原上,浙东运河作为区域性的运道一直全部或部分地发挥着既有的运输与水利功能,这期间浙东水利形势和航道状况的最大变化缘自作为区域性水利枢纽的三江闸体系的建立。

历史上钱塘江主槽的入海口一直在南大门与北大门之间摆动,并长期占据南大门。从南宋嘉定十二年(1219)开始由南大门向北大门转移,时断时续,并在自然与人工的交互作用下有所反复,至清乾隆二十年(1755)前后主槽便稳定在北大门。⑤ 萧绍海岸线向西北扩移,滩涂随之扩大,沿海地势增

① 王十朋:《会稽风俗赋并序》,悔堂老人《越中杂识》,浙江人民出版社,1983,第206页。
② 宝庆《四明志》卷四《叙水》,清咸丰四年刻本,第15页b至第16页a。
③ 吴潜修、梅应发等:开庆《四明续志》卷三《水利》,清咸丰四年刻本,第6页b。
④ 杨章宏:《历史时期宁绍地区的土地开发及利用》,《历史地理》第3辑,上海人民出版社,1983,第131~137页;成岳冲:《论宋元宁波地区主干水利工程的分布与定型》,《浙江学刊》1993年第6期。陆敏珍列出了唐宋时期宁波地区的近70处较大的水利工程,参见包伟民主编《浙江区域史研究》,杭州出版社,2003,第73~81页。
⑤ 车越乔、陈桥驿:《绍兴历史地理》,上海书店出版社,2001,第37~40页。

高，地表凸凹不一，既有碍于淡水北泄，也易使咸卤之水倒灌。加之鉴湖等湖泽的围垦，造成大小农田、洼地、水泊、塘陂阡陌纵横的地貌，尤其在北部滨海平原出现经常性的农业水源紧缺，所以就有了从南宋到明中期长达三个世纪之久的浦阳江改道，即其干道由原来向西汇进钱塘江，改为在临浦以北走东北流向，汇入西小江（钱清江）。但河床并不规则，支流漫溢；而主流在三江口入海，受到潮汐拨动。① 所以，其为山会平原带来水源的同时，也带来频繁的洪、涝、旱、潮以及泥沙淤积等灾害，还产生地域之间复杂的水利纠纷。整修的合理趋势是从单纯地建塘遏潮到改进塘闸，疏浚河道。②

浦阳江借道钱清江给运河航运带来了新的挑战。本来，"钱清江者，自三江口来，西过诸暨约三百余里，阔十余丈。运河午贯其中，高于江水丈余，故南北皆筑堰止水。别设浮桥渡行旅。大舟例剥载，小舟则拖堰而过"。③ 钱清江船舶需要候潮过钱清堰。18 世纪中叶山阴知县舒瞻回溯前代水运的困难："钱清故运河，（西小）江水挟海潮横厉其中，不得不设坝（即钱清堰）。每淫雨积日，山洪骤涨，大为内地患。今越人但知钱清不治田禾，在山、会、萧三县皆受其殃，而不知舟楫之厄于洪涛，行旅俱不敢出其间。"④ 而当浦阳江分流回归钱塘旧道时，钱清江由于径流量剧减而缺少冲刷力，加之海潮携沙上溯，河床快速淤高，到成化初年（1465）已与运河持平，次年钱清堰因"江已湮废"遂被拆除，"舟行由运河直抵西兴"。⑤ 但因为钱清江受到三江口潮汐运动而水位变动不居，运河水位、水量的频繁波动造成水运条件恶化，也加剧了整个区域水利形势的不稳定。

如何处理浦阳江与钱清江的关系这一关键问题，明成化年间（1465—1487）绍兴知府戴琥的举措为其转折点。戴琥拆除浦阳江下游北上汇入钱塘江的碛堰，使浦阳江下游悉数复归故道，并修筑麻溪坝阻挡水进钱清江。但"正德以来商舟欲取便，乃开坝建闸，甚为邑害"。⑥ 嘉靖十六年（1537）绍

① 黄强：《萧绍平原河湖水利体系变迁与湘湖兴废之关系研究（1112—1927）》，硕士学位论文，上海师范大学，2012，第 34～36 页。

② 陈鹏儿：《古代浦阳江下游改道与山会平原农田水利》，盛鸿郎主编《鉴湖与绍兴水利》，中国书店，1991，第 158～159 页。

③ 黄宗羲：《余姚至省下路程沿革记》，《黄梨洲文集》，中华书局，1959，第 390～391 页。

④ 舒瞻：《重修明绍兴太守汤公祠堂碑文》，《闸务全书·续刻》第 1 卷《图说碑记》，冯建荣主编《绍兴水利文献丛集》，广陵书社，2014，第 79 页。

⑤ 万历《绍兴府志》卷一《疆域志·镇》，万历十五年刻本，第 18 页 b。

⑥ 万历《绍兴府志》卷一七《水利志二》，万历十五年刻本，第 16 页 a。

兴知府汤绍恩重新打通碛堰，并切实堵塞通往钱清江的麻溪、临浦诸坝，彻底断绝浦阳江与山会平原的关联。① 在钱塘江、钱清江、曹娥江交汇处的三江口建复合泄蓄水闸，"嗣后河、海划分为二。潮患即息，闸以内无复望洋之叹"。② 钱清江以南的淡水河水系（从汉代永和以来以玉山斗门为山会平原水利枢纽③）和以北的沿海淡水内河水系得以统合起来，即成为控制内水与外海联系的咽喉，总揽区域水利全局，重新确立山会平原的基本水环境结构，基本消除了长期海潮浸漫平原带来的潮洪咸渍问题。"嗣是而捍御有备，早则闭以蓄之，田足于灌溉；涝则启以泄之，稼不至浸淫。三邑之民，安居乐业，而输将自亟。"④

区域水系的水位和水量趋于稳定，整体水利形势和环境结构得以改善，不仅减少了各种自然灾害，而且因为钱清江等众多河流成为比较容易控制的内河，有利于运河和其他人工与自然河道通航。⑤ 汤绍恩还把成化十二年（1476）戴琥原来在府城佑圣观前的府河设立的根据各处地势的高低和季节的不同进行涵闸启闭的"山会水则碑"移置三江闸下，作为运行表针，通过对三江口水位的控制来实现对内河水网水量的调节。⑥ "山会水则碑"规定："收稻时，宜在下则上五寸，再下恐妨舟楫矣。"⑦ 如此，因为山会海塘封闭、浦阳江主干回归钱塘江古道，钱清江水势、水量锐减，流程无复险阻，加上通过三江闸前和绍兴城边的两块水则对水位的调控，水运所需要的稳定水量要求得以保证，而且河、运水位差不复存在，曹娥江以西的运道变得十分平直。万历《绍兴府志》这样描述运河："运河，自西兴抵曹娥，横亘二百余里，历三县。萧山至钱清，长五十里。东入山阴，经府城中，至小江桥，长

① 全祖望在《答山阴令舒树田水道札》里写道："嗣是以后，钱清有江之名，而实则不复为江。可以引江之利，而不受其害。居民亦几忘其为三江之一也。"参见全祖望《鲒埼亭集》卷三十四第 4 册，商务印书馆，1936，第 437 页。
② 程鸣九：《闸务全书》上卷《郡守汤公新建塘闸实迹》，冯建荣主编《绍兴水利文献丛集》，广陵书社，2014，第 26 页。
③ 邱志荣主编《绍兴三江研究文集》，中国文史出版社，2016，第 72~76 页。
④ 程鸣九：《闸务全书》上卷，"序一"，冯建荣主编《绍兴水利文献丛集》，广陵书社，2014，第 10 页。
⑤ 李云鹏、谭徐明、刘建刚：《三江闸及其在浙东运河工程体系中的地位》，《中国水利水电科学研究院学报》2011 年第 2 期。
⑥ 陈桥驿：《戴琥"山会水则"》，《中国水利》1983 年第 2 期。
⑦ 万历·《绍兴府志》卷一七《水利志二》，万历十五年刻本，第 23 页 a。

五十五里。又东入会稽，长一百里。"①

曹娥江以东的运河段，接上余姚江后，依然带有非常鲜明的自然水系色彩，除堰闸和局部支线变迁外，运河干线基本保持不变。但以余姚江为主体的多支河流和溪水分叉、交错，终至镇海县城东招宝山脚入海，细碎工程繁多，包括河道渠化、疏浚、堰坝建设等，如姚汉源所述："变动较多，如改建通明北堰，开十八里河等，增建江口坝，以及以箐江新河水道替代运河等。"②不过，大都规模有限，以致文献阙如如斯："鄞之水，利在河渠。然河渠不知凿自何时。"③ 以上主要从工程与技术的角度，梳理了在区域与国家之社会与政治变迁的背景下，浙东运河或宁绍平原上的运道及其相关的水利形势与环境的变迁。概括之，从时间上说，运河修筑历程悠久，并不是直线性发展，而是与区域社会政治变迁紧密关联；从空间上说，在很大程度上受到自然地理的制约，运河存在多个形态截然不同的河段，特别是与山东会通河等北方运河段相比，不少河段属天然水系或稍加整治的水路；从功能上说，运河是区域综合水利治理中的一环，在不同的时空扮演的角色不同，绝不限于航运；即便从交通的角度，运河的命运与区域整体水系密切相关，还与其他自然的或稍加渠化和疏浚的河、湖一起，构成了稠密的区域水路网络。但对"浙东运河"的整体把握，还需放在区域与国家社会治理和统治战略更为宏观的视野里进行综合考量。

四　浙东运河航运之历史定位

宁绍平原与运河相关的水利工程提供了通航的物质和技术基础，但检验人工运道本身的主要标准是交通运输。在中国古代，运输不限于贸易与经济活动范畴，而更多地带有赋税、财政、分配等政府行为的烙印。所以，漕运、关税、政府管理都是考量的重要指标，这需要进一步历时性梳理浙东运河在区域与国家财政分配格局及经济结构中的定位及影响演变的轨迹。

1. 浙东早期人工河道的交通辅助作用与国家政权的高度重视

从春秋末期的山阴故水道，到东汉时期的鉴湖，再到六朝时期的西兴运

---

① 万历《绍兴府志》卷七《山川志四》，万历十五年刻本，第 14 页 b 至第 15 页 a。

② 姚汉源：《京杭运河史》，中国水利水电出版社，1998，第 736 页。

③ 雍正《宁波府志》卷一四《河渠》，雍正十一年刻本，第 13 页 a。

河，人工运道是以农田水利为主要目的的区域综合开发的一个有机部分。然而，运道居于次要位置的航运功能也不可忽视，因为这不仅源自生活和贸易活动的需要，更主要地受到王朝国家经济—政治统合的驱动。

大一统帝国的建立及维持，需要全国性的水、陆网络及驿道。东汉班固作《两都赋》谈到西都长安："东郊则有通沟大漕，溃渭洞河，泛舟山东，控引淮、湖，与海通波。"[1] 东西向的内河运道体系连接到东南沿海并通向海洋。不过，总的来说，即便东汉以来鉴湖成型，其航运功能如陈志坚所言是次要的，且只能算作更多地服务于地方需要的"内向型河"，因为两汉时期国家对浙东地区的需求不大，可以纳税的财政人口对国家来说无足轻重。[2]

南北朝时，"丹徒水道入通吴、会，孙权初镇之"。[3] 继而由于新修的西兴运河连通了钱塘江，六朝时期浙东运河从"内向型"变为"外向型"，但依陈志坚所论还是一个区域性的运河。[4] 然而，这个观点的预设是把以中原为政治中心的大一统王朝看成常态，而把"割据"或"分裂"的政权形式看成非常态。其实，我们应该充分重视浙东水路的漕运在六朝国家财政体系中的地位。南朝名士、《宋书》作者沈约有一段评论："江南之为国盛矣，虽南包象浦，西括邛山，至于外奉贡赋，内充府实，止于荆、扬二州……既扬部分析，境极江南，考之汉域，惟丹阳、会稽而已……会土带海傍湖，良畴亦数十万顷，膏腴上地，亩直一金，鄠、杜之间，不能比也。"[5] 正是由于东南沿海的发展，南朝宋孝建元年（454），分浙东五郡置东扬州，治会稽。大明三年（459），以东扬州为扬州，徙治会稽。冀朝鼎把取自"基本经济区"的漕运看作决定统一与分裂的基础，指出分裂时期相争的统治者"往往借助水利工程的建设来加强其力量"；而"这种建设性活动的竞争"通常催生新的基本经济区。[6]

田余庆关于区域发展在中国历史分与合的复杂过程中作用的看法十分中肯："辉煌的文治武功，灿然可观的典章制度，尽管多出现于国家统一时期，

---

① 《后汉书》卷四十上《班彪列传第三十上》，中华书局，1982，第1338页。
② 陈志坚：《杭州初史论稿》，杭州出版社，2010，第322~323页。
③ 《南齐书》卷十四《州郡志上》"南徐州"条，中华书局，1972，第246页。
④ 陈志坚：《杭州初史论稿》，杭州出版社，2010，第324~327页。
⑤ 《宋书》卷五十四《孔季恭、羊玄保、沈昙庆》，中华书局，1974，第1540页。
⑥ 冀朝鼎：《中国历史上的基本经济区与水利事业的发展》，朱诗鳌译，中国社会科学出版社，1981，第10~12页。

但是地区的经济、文化发展却往往在南北分裂时期更为显著。"正是在所谓的分裂时期，在传统"中国"的版图上，经济中心完成了南移的过程。也正如他所说，"分裂"时期地区经济和文化的发展，为以后的"统一"提供更高的基础；把南方区域性的运河"作进一步修整，并连通北方水系而构成大运河，使之发挥全国性效益，还得靠统一国家的作用"。① 而大一统的国家，却对有地方"分裂"倾向的势头有所警惕和防范。早在《史记》就有这样的记载："秦始皇帝常曰：'东南有天子气'，于是因东游以厌之。"② 隋文帝杨坚曾诏令："吴、越之人，往承弊俗，所在之处，私造大船，因相聚结，致有侵害。其江南诸州，人间有船长三丈已上，悉括入官。"③ 他早在587年征服江南时，疏凿了淮河至长江的一段运河（"山阳渎"）。④ 而隋炀帝重整大运河，南巡江南，更重要的是动员、组织民力、物力，巩固大一统帝国。⑤ 所以，运河等交通工具在经济上与政治上关系到区域的发展与稳定，地处东南一隅的浙东又在分裂与统一的王朝更迭里颇具独立性格。⑥

运道关系到国计民生，管理非常重要，而且其还是政府的一笔可观的收入。鉴于浙东运河的工程特性，堰埭津渡的作用特别突出，南朝时期政府在公营的堰渡广设机构，派员经营、收费。如在西兴堰征收牛埭税是个比较典型的案例：

> 六朝时谓之西陵牛埭，以舟过堰用牛挽之也……齐永明六年西陵戍主杜元懿言："吴兴无秋，会稽丰登，商旅往来，倍多常岁。西陵牛埭税，官格日三千五百，如臣所见，日课增倍，并浦阳、南北津、柳浦四埭，乞为官领摄，一年格外可长四百余万。"会稽太守顾宪之极言其不可，乃止。盖西陵在平时为行旅辏集之地，有事则为战争之冲，故是时

① 田余庆：《运河访古》前言，载唐宋运河考察队编《运河访古》，上海人民出版社，1986，第3、5页。
② 《史记》卷八《高祖本纪第八》，中华书局，1982，第348页。
③ 《隋书》卷二《帝纪·高祖下》，中华书局，1973，第43页。
④ 《隋书》卷一《帝纪·高祖上》，中华书局，1973，第25页。
⑤ 〔美〕黄仁宇：《明代的漕运》，张皓、张升译，新星出版社，2005，第7~11页。
⑥ 明清之际，"鲁王监国"于绍兴，浙东1645~1651年出现此起彼伏的士民抗清武装斗争，参见谢国桢《南明史略》，上海人民出版社，1988，第107~122页。

戌主与税官并设也。①

总体来说，迄至隋唐全国性大运河出现以前，无论是统一，还是分裂时期，浙东运河虽然受到国家的重视，但其影响还是区域性的，这也制约了其交通功能的发展。

2. 隋唐宋时期全国性漕运及中外贸易中充满活力的浙东运河

浙东运河在元代贯通南北的京杭运河出现之前，就已经起国内外跨区域运输作用，即在隋唐时期全线参与大运河国内远程漕运、驿递通信以及商业客、货运输，并在海外贸易上发挥重要作用，更于南宋时期成为朝廷的生命线。

史载："隋炀帝大业元年，更令开导，名通济渠。西通河洛，南达江淮。炀帝巡幸，每泛舟而往江都焉。其交、广、荆、益、扬、越等州，运漕商旅，往来不绝。"② 尤其是开凿江南运河，贯通南北，钱塘江流域及以东的宁绍平原的货物抵达中原。自此，历唐、五代十国、北宋，包括浙东在内的漕粮等货物过钱塘江后，入江南运河，然后循漕渠、淮河、汴水、黄河至于洛阳及其他北方地区。

国家主导的长途输送漕粮和商品的运河交通功能的增强，基于长江中下游的经济发展。韩愈曾说："今赋出于天下，江南居十九。"③ 安史之乱是个重要的转折点："大宝之后，中原释耒，辇越而衣，漕吴而食。"④《新唐书》也载："江、淮田一善熟，则旁资数道，故天下大计，仰于东南。"⑤ 吴越国纳土归宋时，"两浙既献地，岁运米四百万石"。⑥ 宋代北部领土收缩，漕粮主要来自东南，漕运空前，"两浙之富，国用所恃"。⑦ 包括浙东在内的大江南地区成为国家财政与经济的保证。

---

① 顾祖禹：《读史方舆纪要》卷九十二《浙江四·绍兴府》，转引自《资治通鉴》卷一三六《齐纪二》，中华书局，2011，第4356页。

② 杜佑：《通典》卷一七七《州郡七·洛州》，王文锦等点校，中华书局，1988，第4657页。

③ 韩愈：《送陆歙州诗序》，周绍良主编《全唐文新编》卷五五五，吉林文史出版社，2000，第6394页。

④ 吕温：《故太子少保赠尚书左仆射京兆韦府君神道碑》，《全唐文》卷六三〇，中华书局，1983，第6357页。

⑤ 《新唐书》卷一六五《权德舆传》，中华书局，1975，第5076页。

⑥ 《宋史》卷175《食货上三》，中华书局，2016，第4250页。

⑦ 《苏轼文集》卷三十二《进单锷吴中水利书状》第3册，孔凡礼点校，中华书局，1986，第916~917页。

　　而到了与女真金国大致以淮河为界的南宋时期，离前线较远的两浙成了朝廷经济与政治最为倚重的畿辅之地。南宋初年，两浙路一分为二，东路治绍兴府。"（山阴）城外之河曰运河……宋绍兴年间，运漕之河也。"① 在通往临安的漕运线上，"明州、绍兴府运河车堰渡江"。② 运河交通的发达与区域市场经济连在一起。嘉泰《会稽志》记载了一处寺庙的商业活动：开元寺"在府东南二里一百七十步……岁正月几望为灯市，傍十数郡及海外商估皆集玉帛、珠犀、名香、珍药、组绣、髹藤之器，山积云委，眩耀人目。法书名画、钟鼎彝器、玩好奇物，亦间出焉"。③

　　浙东运河承载着熙熙攘攘的中外官、民、商的客、货运业。④ "东南郡邑无不通水，故天下货利，舟楫居多。"⑤ 杜甫《解闷》诗之二有这样的句子："商胡离别下扬州，忆上西陵故驿楼。"宋代很著名的一例是前述神宗时期日僧成寻1072年搭乘宋船，他本人描写了运河沿岸的风物人情。而南宋建炎三年（1129）金兵南下，高宗沿浙东运河逃跑，出海到温州。次年返回，从明州定海港驶入，但海舟自余姚江上航只能到余姚县，于是换乘内河船只到达越州。⑥ 而陆游的日记，详细记载了南宋乾道五年（1169）自己从越州出发，乘船在浙东运河上先后经萧山，过钱塘江，转江南运河，再西向逆长江到四川赴任的经历。⑦

　　正因为运道重要，政府才重视管理和监督。白居易《钱唐湖石记》讲到了江南运河与西湖的管理，其中诸种体制与规定的设置旨在确保通航的基本条件。⑧ 两宋时代沿浙东等运道设堰营，有兵士把守。南宋孝宗乾道三年（1167），面对运河西端与钱塘江道渐远，"江沙壅塞"，大臣提出建议："募人自西兴至大江，疏沙河二十里，并浚闸里运河十三里，通便纲运，民旅皆利。复恐潮水不定，复有填淤，且通江六堰，纲运至多，宜差注指使一人，

① 嘉庆《山阴县志》卷四《水》，嘉庆八年刻本，第1页b。
② 徐松：《宋会要辑稿·食货四七》，刘琳等校点，上海古籍出版社，2014，第7066页。
③ 嘉泰《会稽志》卷七《寺院》，施宿、张淏等撰，李能成点校《（南宋）会稽二志点校》，安徽文艺出版社，2012，第120页。
④ 关于浙东运河通航能力，参见邱志荣、陈鹏儿依据嘉泰《会稽志》相关资料对各段历程与运载量的估算（邱志荣、陈鹏儿：《浙东运河史》（上卷），中国文史出版社，2014，第306页）。
⑤ 李肇：《唐国史补》卷下《唐国史补·因话录》，古典文学出版社，1957，第62页。
⑥ 李心传：《建炎以来系年要录》卷三十二，中华书局，2013，第629页。
⑦ 陆游：《入蜀记》，中华书局，1985，第1~2页。
⑧ 白居易：《白居易集》卷六十八《钱唐湖石记》，顾学颉点校，中华书局，1979，第1431~1433页。

专以'开撩西兴沙河'系衔，及发捍江兵士五十名，专充开撩沙浦，不得杂役，仍从本府起立营屋居之。"① 比较正式的管理体制的设立是宋朝政权大力发展水利事业的体现。②

涉及浙东的交通中，还值得注意的是杭州湾或后海与运河平行的水路的兴衰。唐代钱塘江入海基本畅通，但到了宋以后则集中走浙东运河通往明州的航线。这是因为钱塘江主槽趋北，海宁以南一片片沦为滩涂，出海口日渐岸狭势逼，沙滩众多，杭州湾海道航行变得不安全。③ 北宋高官燕肃写道："今观浙江之口，起自纂风亭（属会稽）。北望嘉兴大山（属秀州），水阔二百余里，故海商舶船怖于上潭（水中沙为潭）。惟泛余姚小江，易舟而浮运河，达于杭、越矣。盖以下有沙潭，南北亘连，隔碍洪波，蹙遏潮势……"④ 到了南宋，会稽籍士大夫姚宽云："海商船舶，畏避沙潭，不由大江，惟泛余姚小江，易舟而浮运河，达于杭、越矣。"⑤

讨论浙东与交通和经济相关的海上航线，必然涉及出海口明州。"四明重镇，二浙名邦，内以藩屏王畿，外以控制海道。"⑥ 20 世纪 70 年代初在宁波市内的一处古遗址挖掘中，一次性出土唐代瓷器达 700 余件。⑦ 在唐代的海上丝绸之路中，明州是主要港埠之一。⑧ 北宋时，明州与杭州、泉州、密州板桥镇并列为设立市舶司的四大口岸。⑨ 南宋初期一度受金兵威胁，明州作为出海口，越来越被依赖。之后宋元时期，一直是两浙路市舶司的所在地。

唐初贞观年间以来日本遣唐使来中国的三条路线，南路即跨越中国东海，

---

① 《宋史》卷九十七《河渠七》，中华书局，2016，第 2408 页。

② 南宋政府不仅三令五申，而且把兴修水利作为州县官考课黜陟的重要标尺，参见漆侠《宋代社会经济史》，上海人民出版社，1987，第 75～79 页。

③ 日本史学家池田静夫的相关论述。参见陈述主编《杭州运河历史研究》，杭州出版社，2006，第 295～296 页。

④ 燕肃：《海潮论》，嘉泰《会稽志》卷十九《杂纪》，施宿、张淏等撰，李能成点校《（南宋）会稽二志点校》，安徽文艺出版社，2012，第 364 页。

⑤ 姚宽辑《西溪丛语》卷上，中华书局，1985，第 2 页。

⑥ 祝穆撰、祝洙增订《方舆胜览》卷七《浙东路·庆元府》，施和金点校，中华书局，2003，第 121 页。

⑦ 林士民：《浙江宁波市出土一批唐代瓷器》，《文物》1976 年第 7 期。起自东汉的越窑在隋、唐、北宋时期进入鼎盛阶段，产品大量外销，参见周燕儿、沈作霖、周乃复《绍兴越窑》，中华书局，2004，第 164～171 页。

⑧ 〔日〕三上次男：《陶瓷之路》，李锡经、高喜美译，文物出版社，1984，第 154 页；沈福伟：《论唐代对外贸易的四大海港》，《海交史研究》1986 年第 2 期。

⑨ 徐松：《宋会要辑稿·职官四四》，刘琳等校点，上海古籍出版社，2014，第 4203 页。

从明州或附近登陆，上溯钱塘江或浙东运河经越州而至杭州。而唐末遣唐使停止后，往返中日的商舶更多地走南线。[①] 日本遣唐使的一个路线也是在明州登陆，循浙东运河到杭州，过钱塘江后沿江南运河北上。[②] 新罗至唐的一条航线也从浙江沿海出发。[③] 唐、宋的使节及民间商人大都是从明州港出海至高丽、日本。[④] 北宋一度规定："非明州市舶司而发过日本、高丽者，以违制论。"[⑤] 到了南宋，"凡中国之贾高丽，与日本诸蕃之至中国者，惟庆元得受而遣焉"。[⑥]

南宋乾道《四明图经》描述了作为浙东运河门户的宁波的繁荣："明之为州，实越之东部。观舆地图，则僻在一隅，虽非都会，乃海道辐辏之地。故南则闽广，东则倭人，北则高句丽，商舶往来，物货丰衍。东出定海，有蛟门虎蹲天设之险，亦东南之要会也。"[⑦] 日商最为活跃："倭人冒鲸波之险，舳舻相衔，以其物来售。"[⑧] 高丽商人更受欢迎：宋神宗"待高丽人最厚"；高丽舟楫多载辎重，"泛海而至明州，则由二浙溯汴至都下，谓之南路"。[⑨] 徽宗政和七年（1117）接待高丽贡使的官邸叫"来运居"，后又增设高丽行馆。[⑩] 南宋时期，盛景依在："高丽使朝贡每道于明，供亿繁伙。"[⑪] 除了日本、朝鲜这些传统的"东洋"海商，还有来自"南洋"和"西洋"的"化外番船"，包括如1500年前后欧洲人地理大发现之前活跃在东西方海上贸易上的"大食番客"。实际上，隋唐宋时代整个东南沿海都呈现这种海上贸易的盛景。唐后期贞元十八年（802），邕管经略使徐申转镇岭南，安肃蛮俗，平定盗寇，"蕃国岁来互市，奇珠玳瑁，异香文犀，皆浮海舶以来。常贡是供，不

---

① 田余庆、李孝聪：《唐宋运河在中外交流史上的地位和作用》，唐宋运河考察队编《运河访古》，上海人民出版社，第118~120页。
② 〔日〕木宫泰彦：《日中文化交流史》，胡锡年译，商务印书馆，1980，第224页。
③ 孙光圻、张后铨、孙夏君、姜柯冰编著《中国古代航运史》，大连海事出版社，2015，第422页。
④ 北宋时期，由于日本方面禁止私人渡海，基本上是宋船赴日为主；而南宋时期，日本商舶才纷至中国。参见〔日〕木宫泰彦《中日交通史（节选）》，陈捷译，贵州大学出版社，2014，第84页。
⑤ 《苏轼文集》卷三十一第3册《乞禁商旅过外国状》，孔凡礼点校，中华书局，1986，第890页。
⑥ 宝庆《四明志》卷六《叙赋下·市舶》，清咸丰四年刻本，第1页b。
⑦ 乾道《四明图经》卷一《分野》，清咸丰四年刻本，第2页a。
⑧ 开庆《四明续志》卷八《蠲免抽博倭金》，清咸丰四年刻本，第4页b。
⑨ 朱彧：《萍州可谈》卷二《元丰待高丽人最厚》，朱彧、陆游《萍洲可谈老学庵笔记》，李伟国、高克勤校点，上海古籍出版社，2012，第38页。
⑩ 朱长文：《吴郡图经续记》卷上《亭馆》，金菊林校点，江苏古籍出版社，1999，第17页。
⑪ 宝庆《四明志》卷六《叙赋下·湖田》，清咸丰四年刻本，第13页b。

敢有加，舶人安焉，商贾以饶"。① 整体而言，宋代的海外贸易对国家的财政意义是空前的。② 而正是由于南宋政权的主要财源来自商业和手工业，货币经济高度发达，其甚至被称为"重商主义"国家，③ 而浙东运河充当了通过宁波港埠将国内经济与海外贸易连接起来的主要纽带。

3. 元明清时期国家漕运与财政体制里浙东运河及区域的边缘化

元代开始将北京与南北大运河连在一起。明初永乐十三年（1415）会通河开通，杭州至北京全线贯通。虽然随着钱塘江主槽北移、西兴堰废弃，浙东运河与钱塘江隔离，但仍旧通过陆路的辅助得以与对岸的江南运河间接地连接。④ 1488 年，朝鲜官员崔溥一行同船 42 人遭遇海难，漂至台州临海县界登陆获救。他们从临海沿水、陆路到宁波，在宁波乘舟经过了整条浙东运河，然后渡钱塘至杭州。其中，二月初五到"西兴驿"，次日"自驿前舍舟登岸，乘车而行可十余里，至浙江，复乘船而渡……又谓江为钱塘江也。臣至其塘，复缘岸步行，则西望六和塔，临江畔。行过延圣寺、浙江驿，至杭州城南门"。⑤ 明天启年间徽商程春宇在《士商类要》也讲道：从杭州府城出草桥门，渡江，约 20 里在西兴登船。⑥ 可以说，浙东运河沿岸的地区被纳入了以杭州为中心之一的大江南的商路与市场体系。⑦ 但是，该区域整体上无论在国家漕运—财经体系还是江南经济区的位置都沦入边缘化。

明清时期大运河关系国计民生最切者为漕运和钞关。在漕粮征收及其运河转输中，浙江省是明朝"南粮"的主要省份之一，但仅由典型的江南鱼米之乡杭、嘉、湖三府承担；浙东的宁、绍两府主要承担附加税。⑧ 随着交通干线上民间运输和贸易的发展，钞关关税在国家收入中至为重要。明宣德四年（1429），明廷决定："舟船受雇装载者，计所载料多寡、路近远纳钞。钞关之

---

① 李翱：《徐申行状》，《全唐文》卷六三九，中华书局，第 6459 页。
② 如吕思勉所说："市舶之职，盛于宋实始于唐。然唐代之市舶使，似非宋代为征榷之要司也。"参见《吕思勉读史札记》，上海古籍出版社，1982，第 999 页。
③ 谢和耐：《中国社会史》，黄建华、黄迅余译，江苏人民出版社，2014，第 270～278 页。
④ 生活在宋元之际的吴自牧写道在西兴的钱塘江渡口："浙江渡，在浙江亭江岸，对西兴。"参见吴自牧《梦粱录》卷十一，孟元老等《东京梦华录（外四种）》，古典文学出版社，1957，第 226 页。
⑤ 朴元熇校注《崔溥漂海录校注》，上海书店出版社，2013，第 56 页。
⑥ 程春宇：《士商类要》卷一，杨正泰《明代驿站考》附录 3，上海古籍出版社，2006，第 316 页。
⑦ 张海英：《明清商品流通与市场体系》，华东师范大学出版社，2002，第 31～35 页。
⑧ 李文治、江太新：《清代漕运》，中华书局，1995，第 11～12、47、146～149、426～431 页。

设自此始。"① 明代八大钞关中，七个在运河沿线，只有一个离浙东最近，即杭州的北新钞关。这也折射出浙东在国家经济—政治的战略布局中日渐弱化，并进而影响到浙东运河的境遇。

南宋初，高宗弃绍就杭，一个重要的动因是越州在新政治版图里由于生态恶化、运道壅塞而造成的漕运不济。② 杭、越易位反映出区域中心的转移，杭州从此稳定地成为浙江的经济中心，尽管其在南宋覆亡后失去更大经济和政治辐射力的首都功能。明中叶王士性写道："杭州省会，百货所聚，其余各郡邑所出，则湖之丝，嘉之绢，绍之茶之酒，宁之海错，处之磁，严之漆，衢之橘，温之漆器，金之酒，皆以地得名。"③ 在浙江区域内，除了浙东运河，许多自然与人工河流都拥有不等的通航能力，如与运河平行且有交叉的东西流向的钱清江。④ 另外，虽然浙东运河的航运相对安全，但特有工程设施所限导致的航线条件不一，程式复杂，效率低，航运成本大，有许多商贾甘愿冒险走杭州湾捷径。

残存的鉴湖塘堤称为"官塘"，主要指湖体"仅存者，东为漕渠"。运河也被称为"官河"，⑤ 但其相关的航运基础设施的黄金时代已经逝去，运输能力萎缩，所以管理机构在清代遭到大量裁撤。同时，因为运河等水利工程比较细碎，加上政府拨款不足，⑥ 很多时候依赖非政府的地方人士的动员，并由地方社会承担。⑦ 但对直接影响宁绍平原生活、生产的海塘建设，清廷一直高度关注，并时而派遣中央大吏到地方督办。⑧ 总体来说，如斯波义信所指出

---

① 《明史》卷八十一《食货志五·商税》，中华书局，1974，第1976页。
② 周祝伟：《7至10世纪钱塘江下游地区开发研究》，博士学位论文，浙江大学，2003，第94～97页。
③ 王士性：《广志绎》卷四《江南诸省》，周振鹤点校，中华书局，2006，第263页。
④ 康熙《山阴县志》载：山阴"运河……乡间支河甚多，不能尽载"。参见康熙《山阴县志》卷五《山川志下》，康熙十年刻本，第10页b。"河名者，为运河，为城河，为府河……诸河皆水道也。"参见康熙《山阴县志》，康熙十年刻本，卷一二《水利志》，第3页b至第4页a。
⑤ 万历《会稽县志》卷八《水利》，万历三年刻本，第1页a，第8页a；万历《会稽县志》卷二《地书二》，万历三年刻本，第31页b。
⑥ 瞿同祖：《清代地方政府》，范忠信、何鹏、晏锋译，法律出版社，2011，第245～247页；王毓铨主编《中国经济通史：明代经济卷》，中国社会科学出版社，2007，第240～241页。
⑦ 这也是何以日本学者要不无根据地突出乡绅在地域社会"水利共同体"中的积极作为。松本吉郎在《明清时代浙江鄞县的水利事业》一文中比较了明清之前与明清时代水利设施建设的不同，认为地方政府的修筑工程自明代以降过渡到富户承管修造的形态，参见钞晓鸿主编《海外中国水利史研究：日本学者论集》，人民出版社，2014，第417～443页。
⑧ 陈桦：《清代区域社会经济研究》，中国人民大学出版社，1996，第121～124页。

的，由于不再是王朝的京畿地区，政府主导的水利事业衰退，而且受阻于水利设施的私有化，环境资源和人类活动之间的不平衡状态进一步恶化。①

尽管如此，作为大运河连接海外交通与贸易的"延伸段"，浙东运河在对外贸易上的作用还是不应低估的。忽必烈两次征日失败后，1286 年，元廷"诏罢征日本"，②"江浙军民欢声如雷"。③ 元代改明州为庆元，依然延续宋在此设立的市舶机构，而且其是全国最主要的三个海港之一。④ 当时最大港对外口岸泉州进口的货物也大都泛海北上，经浙东运河转运到杭州。庆元港还有"波斯馆"、清真寺等。

明初制定海禁政策，但仍然允许朝贡体制下的贡舶制度，全国有三个市舶司港口："宁波通日本，泉州通琉球，广州通占城、暹罗、西洋诸国。"⑤ 从事勘合贸易的日本商船在宁波进港，然后换船由浙东运河到杭州，再转往江南运河，途经京杭线的各段，到达北京。由于嘉靖二年（1523）的"贡使事件"，宁波市舶司在 1529 年一度被废除。⑥ 正当的通商途径阻塞，武装走私的倭患愈演愈烈。16 世纪 20～40 年代，位于甬江口佛渡岛与六横岛之间的双屿岛一度成为日本、葡萄牙、"南洋"、"西洋"等地海商从事中外贸易的中心。倭患在隆庆"开禁"后才真正消失，比较正常的中外贸易得以恢复。⑦

清初一度实行"禁海"，但康熙二十三年（1684）颁"展海令"，次年在东南沿海设四大海关，浙江海关依然在宁波港口。稍后又在定海设分关，处理英国等新兴西方资本主义国家的商船，"嗣是海外番舶源源而来，不特红毛一国输诚贡市也"。⑧ 但乾隆二十二年（1757），宁波、定海停止对外国商船的开放，有限的合法对外贸易从此局限于广州"十三行"，为近一个世纪之后

---

① 〔日〕斯波义信：《环境与水利之相互关系：由唐至清的杭州湾南岸地区》，刘翠溶、〔英〕伊懋可主编《积渐所至：中国环境史论文集》，台北：中研院经济研究所，2000，第 285～286 页。

② 陈邦瞻：《元史纪事本末》卷四《日本用兵》，中华书局，1979，第 29 页。即便在元、日对抗期间，也有民间商贸往来，参见韩儒林主编《元朝史》，人民出版社，1986，第 414～415 页。

③ 《元史》卷一六八《刘宣列传》，中华书局，1976，第 3951 页。

④ 《元史》卷九十一《百官志七》，中华书局，1976，第 2315 页。

⑤ 《明史》卷八十一《食货志五·市舶》，中华书局，2011，第 1980 页。

⑥ 龙文彬：《明会要》卷五十七《食货五》，中华书局，1956，第 1105 页。

⑦ 晚明的谢肇淛指出：东南沿海"狙狯之徒，冒险射利，视海如陆，视日本如邻室耳，往来贸易，彼此无间"。参见谢肇淛《五杂组》卷四《地部二》，傅成校点，上海古籍出版社，2012，第 74 页。

⑧ 雍正《浙江通志》卷八十六第 5 册《榷税》，浙江省地方志编纂委员会编，中华书局，2001，第 2036 页。

鸦片战争开始的"三千年未有之大变局"埋下了伏笔。[①] 从此，浙东运河及其所在区域的命运便逾出了"传统"的轨辙。

五　浙东运河的近现代轨迹与历史遗产

在近代科学革命和工业革命之前的世界文明史上，运河是最为重要的交通方式之一；特别在中国古代社会里，又是公共水利工程的重要成分，与国家政权紧密地连在一起。浙东运河的历史定位在区域与国家的多重矛盾关系中变化着，而开埠以来浙东运河的处境、遭遇，使我们感受到历史惯性的力量，也看到突破既有人与自然关系的方向和途径。

1. 开埠以来浙东区域与浙东运河的沉浮

19 世纪中叶以来的内、外战祸导致了南北大运河漕运的衰微，1901 年清廷宣布废漕令。[②] 内河漕运的终止根本上改变了整个京杭运河及其流经地区的命运。但区域性的运河段落，尤其在济宁以南大致保持了通航功能，也断断续续地连了起来。1921 年的一份日本调查报告，描绘了大运河自"直隶通州始"，由北而南穿过中国东部，"镇江以南为江南运河，经苏州、杭州再向东行至宁波。全长三六〇〇里，相当于一二〇〇英里"。[③]

与单纯靠漕运与运河运输、贸易而兴盛的北方运河地区相比，包括浙东段的南方运河的区域性运输及灌溉功能大都没有显著衰落，铁路、公路等新式交通方式也没有排挤运河和其他自然及渠化的水路交通。[④] 清末民初浙东还发展起了资本主义方式的新式民营内河航运业；[⑤] 而宁波在鸦片战争后被划为"五口通商"，成为近代对外贸易、海洋航运业的领头羊之一。明清时期经济落后于浙西杭嘉湖地区的浙东反而获得了新的生机。[⑥]

---

① 席龙飞、杨熺、唐锡仁主编《中国科学技术史·交通卷》，科学出版社，2004，第 346～349 页。
② 倪玉平：《清代漕粮海运与社会变迁》，上海书店出版社，2005，第 195～219 页。
③ 〔日〕谷光隆编《东亚同文书院·大运河调查报告》，转引自〔日〕松浦章《清代内河水运史研究》，董科译，江苏人民出版社，2010，第 86 页。
④ 1910 年开始建萧甬铁路，但分阶段建成，直到 1937 年全面抗战时才匆匆竣工，参见绍兴县交通局编《绍兴县交通志》，中国大百科全书出版社，1993，第 163～164 页；关于民国时期的公路建设，参见任桂全等《绍兴市志》（简本），方志出版社，1999，第 50 页。
⑤ 丁贤勇：《新式交通与社会变迁——以民国浙江为中心》，中国社会科学出版社，2007，第 55～59 页。
⑥ 包伟民主编《江南市镇及其近代命运：1840—1949》，知识出版社，1998，第 14 页。

民国时期许多地方都有水利建设事业的推进。东南沿海经济发展迅速，浙东运河航运的重要性增加，局部的疏浚和修补不断，包括 1932 年运用新技术、新材料对三江闸的一次大维修。① 1936 年浙江省建设厅提议，把运河整治放到"整个国家建设之大计"的高度，"而宁绍杭为沿运生产最富之区，整理浙东运河，实为贯通全运之嚆矢"。宁波以前"徒以腹地水运过短，客货输销不远，以故商业未能充分发展。运河之成，使甬埠可以直接吸收扬子、钱塘、曹娥各流域之富源"。② 然而，议案因 1937 年后日军全面侵华以及接踵而来的内战而搁浅。

中华人民共和国成立后，同全国一样，宁绍地区的水利等公共工程服从国家计划经济的行政体制和指令，"以粮为纲"，以兴建防洪、灌溉的水库最为典型，破坏了自然植被，而水力发电服务于工业发展的道路又排斥商品经济机制。缺乏来自市场的内在要求，浙东运河失去了生机，归于沉寂、式微。在 20 世纪 70 年代末开始的改革开放时代里，市场经济对振兴交通运输的要求为浙东运河的复兴注入了活力。根据环境的变化，当代杭甬运河改造工程在借鉴和利用旧浙东运河线路的前提下，运用了新的知识和技术，提高了河道的通航能力。尤其在宁绍平原西部，从一开始大致因循了旧浙东运河的路线，到重新规划路线和部分拓宽旧浙东运河河道，最终形成杭甬运河。1981年底动工、1983 年夏竣工的杭甬运河西起杭州艮山港，出三堡入钱塘江，绕道浦阳江至临浦，经峙山镇到萧绍内河；之后大多沿用原浙东运河航线，最后穿宁波市区、甬江达镇海码头，全程 258.9 公里。③ 后来，规模更大的杭甬运河改造工程于 2002 年开工。运河航道西起杭州三堡，东达宁波甬江口，全长 238.9 公里，于 2016 年最终全线通航。④ 值得指出的是，新杭甬运河虽然是杭州至宁波的主要运道，原来的杭甬运河甚至旧浙东运河的一些河段、分支还在工作，且多有叠合的区段，这反映出该区域自然与人工水系复杂的特点。

对浙东运河及其他人工与自然河道的整治和开发，依然与区域水利和环境的综合治理密切相关。随着钱塘江主槽不断北移，钱清江对泥沙的冲刷力

---

① 盛鸿郎：《绍兴水文化》，中华书局，2004，第 212～213 页。民国《鄞县通志》共分 5 册，其中第 5 册《工程志》里所详述的清末至民国时期的五大现代工程为：水利、道路、公用、卫生、营造。

② 杨建：《浙东运河之重要性与整理意见》，《浙江省建设月刊》第 3 期，1936 年。

③ 浙江省交通厅编写组《浙江省志·交通篇》（审定稿），2007，第 159 页。

④ 罗关洲主编、绍兴市交通局编《绍兴市交通志》，浙江人民出版社，2007，第 193、213～214 页。

减弱，三江口一带逐渐淤结成滩涂，并在不断北移。三江闸一直发挥着作用，虽然之后至清末有过五次大修，[①] 但闸功能不断减弱，整个水利形势发生着结构性的变化，直至1981年为三江闸以北2.5公里处建立的新三江闸所取代。[②] 鉴于滩涂海岸线的继续北移和新三江闸功能的老化，2011年规模更大、功能更完备、技术更先进的曹娥江入钱塘江口门大闸建成，曹娥江真正成了可以控制并发挥积极作用的内河。[③] 这些创举延承了在三江口建闸总揽区域平原水利的遗产，在继承中推陈出新。

2. 浙东运河经验及其评估的几点启示

通过对浙东运河的起源、兴衰、起伏进行历时性的考辨，不难发现其名与实上的种种歧异，一是基于历史过程本身的复杂性，二是源自对这种复杂性评判视角和标准的不同。对浙东运河个案经验的剖析，有益于我们深入思考自然与人范畴中复杂、纠结的生态环境—工程技术—地方社会—国家战略—政治治乱—政权更替等多重关系。

首先，水利工程的发生与发展受到区域自然结构的制约，出发点是服务于人们的生活与生产需求。历史悠久的浙东水利建设总的来说是因势利导地发掘和发挥了既有的环境与资源便利，工程量较小，基础设施零散，人工运道的开凿和使用基本上属于对天然水系的疏导性改造。所以，浙东运河向来是服务于农业社会生产与生活的综合水利系统的一个环节。而在传统社会里，水利工程的每一次推进或改进在取得一定成效的同时，都会出现新的困难，陷于阻碍经济结构变革的"技术锁定"，所以整体上呈现循环往复的态势，直到近代新科学技术的引进。[④] 即便如此，如周魁一指出的，"人类改造自然能力的提高，也深化了自然对人类社会的反作用。这种反作用又以新的变化了的形式，重又加入到自然地理背景之中，增加了治水的复杂性，促进或制约着水利的发展"。[⑤]

其次，只有得到社会和国家的重视和管理，运河的交通功能才能充分表

---

① 《浙江省水利局修筑绍兴三江闸工程报告》（1932年），冯建荣主编《绍兴水利文献丛集》，广陵书社，2014，第258~259页。

② 沈寿刚：《三江闸与新三江闸述评》，《浙江水利科技》1993年第3期。

③ 傅森彪：《曹娥江大闸工程建设关键技术研究与实践》，《水利水电技术》2014年第1期。

④ 参见伊懋可维持水利系统之"前现代技术锁定"的议论（〔英〕伊懋可：《大象的退却：一部中国环境史》，梅雪芹、毛利霞、王玉山译，江苏人民出版社，2014，第176~178页）。

⑤ 周魁一：《中国科学技术史·水利卷》，科学出版社，2015，第23~24页。

现出来；社会与政治变迁紧密地左右着水利等公共设施的命运。运河并非意味着简单的运物载人，其在中国古代社会至关重要的功能为国家财政与政治战略布局里的要端：漕运。由于处在大一统帝国里相对偏远和隔离的地理区位，浙东的运河及水利事业在北方朝廷眼里的重要性无法与中心地区的公共工程等比，无论是隋唐时期的江南运河，还是在元明清时期的北方运河各段；而中国经济中心南移后浙东宁绍地区的经济也落后于位于江南核心地区的河网密度、航运条件更具优势的浙西杭嘉湖地区。反之，不难理解分裂时期的浙东运河，因为处在核心或接近核心的位置而得以长足发展。另外，浙东运河固然在中外贸易上扮演了显赫的角色，但对外经济交流本身在以农立国的大一统陆地帝国里，作为末节终究无法自如地伸展。

最后，只有具备市场经济发展和政治气候适宜的前提，技术进步才能取得改造、利用自然的实质性推进。前现代的知识和手段制约了浙东运河基础设施与通航手段的形式和力度，而开埠以来新的生产方式和科学技术带来的潜能并没有很快发挥出来，无论是在政局变换、社会动荡的清末民初时期，还是在新中国成立后计划经济的时期。而改革开放以来的市场动力激发了近二三十年宁绍地区水利与交通设施的突破性发展，相对自主的区域发展动机与鼓励竞争的国家宏观政策达到了一定的契合，纵然杭甬运河改造工程所开设的航段不少已经脱离浙东运河的故辙——而这正表明科学与技术，使人们更为合理、优化地改造、利用自然的可能性得以付诸实践。

三　漕运

明代漕运卫所中的藩王护卫军[*]

张程娟[**]

　　明初护卫指挥使司是藩王直接掌握的军事力量，洪武五年（1372）规定藩王设三支护卫。[①] 作为护卫藩王的军队，却在明代长期被纳入漕运体系中，成为漕运卫所运军的重要组成部分，此情状尚未引起学界重视。《漕运通志》等文献所记载的 127 个漕运卫所中，其一名曰"兖州护卫"，位于山东总下，[②]《鲁府招》等文献对兖州护卫运粮等亦有详细记载，[③] 提示我们有必要将漕运卫所与藩王护卫军结合在一起进行考察。兖州护卫是配给鲁王府的护卫军，却出现在漕运卫所中，而且鲁藩护卫并非孤例，遍检《漕运通志》所载漕运卫所成立之情况，发现徐州左卫、东昌卫、任城卫、豹韬左卫和龙虎左卫等的设立均与藩王护卫军有所关联，它们分布在徐州到南京的运河沿线，涉及的王府有楚王府、蜀王府与鲁王府，此现象显然值得关注。

　　藩王护卫军与承担漕运任务的漕运卫所关系密切，楚藩和蜀藩护卫军在宣德年间实现了长距离的彻底改调，而鲁藩护卫军的调动则经历了复杂的过程。以漕运卫所中的藩王护卫为切入点，有助于推进对于削藩政策的具体实施与漕运卫所的特质等问题的理解。

　　明代削藩的政策与方式多样，相关研究成果丰硕，多认为裁撤护卫军是削藩政策的一种重要形式。永乐时期，朱棣便已开始削弱藩王权势，曾提倡

　　[*]　本文原载于《中山大学学报》（社会科学版）2019 年第 4 期，转载后部分文字略作修订。

　　[**]　张程娟，苏州大学社会学院历史系。

　　[①]　《明太祖实录》卷七一，洪武五年春正月己酉，台北："中央研究院"历史语言研究所，1962 校勘本，第 1313 页。

　　[②]　杨宏、谢纯：《漕运通志》，方志出版社，2006。

　　[③]　《鲁府招》，《原国立北平图书馆甲库善本丛书》第 230 册，国家图书馆出版社，2013，据明抄本影印。按：嘉靖初年鲁端王与其叔祖馆陶王朱当㳁不和，分别向朝廷上书攻击对方，揭露对方的种种不法行为，皇帝令刑部左侍郎杨志学等三位钦差前去审理，《鲁府招》即为审理记录，大致成书于嘉靖十六年。目前学界对此文献利用不多，相关研究唯有吴艳红的《明代宗藩司法管理中的分别议处——从〈鲁府招〉说起》，《中国史研究》2014 年第 2 期。

藩王交出护卫军，宣宗继承此政策，裁撤藩王护卫军。① 但是对于削藩政策的具体情境、藩王护卫军的去向及如何将藩王护卫军安置于王朝国家疆土管理体系等问题，学界鲜有触及。我们认为将被裁撤的藩王护卫军纳入都司卫所体系，是比较直接的办法，但在具体实施过程中又因时地人情不同而有所差异。朝廷在裁撤护卫军的过程中，结合国家当时所面临的重要问题，将军队安置与国家制度结合在一起考量，既可以达到削藩目的，又可以缓解国家所面临的诸如漕粮运输等问题。在全国藩王护卫军裁撤改调过程中，楚藩、鲁藩和蜀藩护卫军的裁撤所呈现出的复杂过程尤为典型，其护卫军的裁撤均与漕运改革有关，漕运重臣将削藩政策与漕运改革联系在一起，既能达到削藩目的，又可以补充运军，将护卫军纳入漕运卫所体系，使得护卫军得以安置。此外，明代中后期，很多府州城面临着卫所城操不足的问题，将同府所在藩王护卫军改立新的卫所，亦是削藩政策和护卫军安置过程中的具体操作方式。

同时，考察明代漕运卫所中的藩王护卫军，是理解漕运卫所的重要面向。明代漕运卫所是运军的基本组织，前辈学者多将运军的组织层级概括为运军—卫所—运总。相关研究集中在运军与运总组织变化方面，② 但对漕运卫所这一层级则关注较少，很多问题尚未解决，比如漕运卫所的来源、设立之初的情境与原因等。关注藩王护卫军调动背后的具体原因、调动过程、统辖方式以及藩王护卫军在不同的时期如何被纳入漕运体系，有助于进一步分析漕运

① 顾诚：《明代的宗室》，《明清史国际学术研究会论文集》，天津人民出版社，1982，第 1～12 页；张显清：《明代宗藩由盛而衰的历史演变》，《社会科学战线》1987 年第 2 期；赵毅：《明代宗室政策初探》，《东北师范大学学报》1988 年第 1 期；马长泉、张春梅：《明成祖削藩策略简论》，《新乡师专学报》1994 年第 1 期；苏德荣：《明代分封制度的演变》，《郑州大学学报》1996 年第 5 期；赵中男：《明宣宗的削藩活动及其社会意义》，《社会科学辑刊》1998 年第 2 期；杨永康、贾亿宝：《明初藩王护卫牧羊制度的起源与演变》，《中国历史地理论丛》2015 年第 2 期；郑晓文：《明代河南藩王护卫的设置和裁撤》，《洛阳师范学院学报》2016 年第 10 期；宋永志：《明代宗藩制度的调适与演变：以藩王移国为例》，《历史教学问题》2018 年第 4 期。

② 〔日〕星斌夫：《明代漕运の研究》第四章"明代漕运的军运组织及其运营"，日本学术振兴会刊，1963，第 179～235 页；唐文基：《明代的漕军与漕船》，《中国史研究》1989 年第 4 期；林仕梁：《明代漕军制初探》，《北京师范大学学报》1990 年第 5 期；鲍彦邦：《明代漕军的编制、任务及其签补制度》，《暨南大学学报》1992 年第 9 期；陈峰：《明代的运军》，《中州学刊》1997 年第 1 期；王伟：《论明清时期的漕运兵丁》，硕士学位论文，聊城大学，2007；王伟：《明代漕军制的形成与演变》，《聊城大学学报》2007 年第 2 期；徐斌：《明清军役负担与卫军家族的成立——以鄂东地区为中心》，《华中师范大学学报》2009 年第 2 期；于志嘉：《明代江西卫所屯田与漕运的关系》，《卫所、军户与军役——以明清江西地区为中心的研究》，北京大学出版社，2010，第 200～235 页。

卫所最初设立的原因、漕运卫所与藩王护卫军的关系和漕运卫所的特质性。本文便以楚藩、蜀藩和鲁藩为中心，考察藩王护卫军裁撤的具体运作过程以及与漕运卫所的内在联系。

一 宣宗削藩与漕运卫所设立：楚藩和蜀藩护卫军的调动

藩王护卫参与漕运可以从楚藩护卫的调动前后展开。洪武三年（1370）楚王桢受封，洪武十四年（1381）之国武昌府，设有武昌三护卫，即武昌左护卫、武昌右护卫及武昌中护卫，守护藩王城。明初护卫军是藩王掌握的军事力量。按洪武五年（1372）的规定，藩王设三护卫，卫设五所，所设千户二人、百户十人。① 其官属设置为指挥使一人、指挥同知一人、指挥佥事四人等。"护卫甲士，少者三千人，多者至万九千人。"② 这是藩王护卫设置的一般情况。明初分封诸王时，护卫军士人数尚少，仅供侍从护卫而已。大约到了洪武末年，诸王府的三护卫规模日增，统率的军队越来越多，掌握了相当大的军事统率权和指挥权。③

靖难之役后，永乐帝逐步推行削藩政策，其中或明或暗地削减护卫军是重要举措之一。④ 但永乐帝对楚府的态度比较缓和，没有大规模地征调和削弱楚府护卫军。直至宣德五年（1430）十一月，宣宗决定"改武昌中护卫为武昌护卫，调左护卫于东昌，改为东昌卫，右护卫于徐州，改为徐州左卫"。⑤ 至此，楚藩只剩一支护卫军，即武昌中护卫，后称武昌护卫。宣德年间为何对楚藩护卫军进行调动，并随之改建徐州左卫与东昌卫，值得探究。

① 《明太祖实录》卷七一，洪武五年春正月己酉，台北："中央研究院"历史语言研究所，1962年校勘本，第1313页。
② 张廷玉等：《明史》卷一一六《列传四》，中华书局，1974，第3557页。
③ 张德信：《明代诸王分封制度述论》，《历史研究》1985年第5期。
④ 顾诚：《明代的宗室》，《明清史国际学术研究会论文集》，第1~12页；马长泉、张春梅：《明成祖削藩策略简论》，《新乡师专学报》1994年第1期。
⑤ 《明宣宗实录》卷七二，宣德五年十一月戊戌，台北："中央研究院"历史语言研究所，1962年校勘本，第1684页。按：正统《彭城志》卷二《军功》记载："徐州左卫，在城之西隅，宣德五年，调楚府护卫官军于徐州，由是立卫所，领左、右、中、前、后凡五所云。"见《原国立北平图书馆甲库善本丛书》第325册，国家图书馆出版社，2013，第20页。嘉靖《山东通志》卷十一《兵防》记载："东昌卫，在府治南，原系湖广武昌护卫，宣德六年，调东昌府，改名东昌卫。"见《天一阁藏明代方志选刊续编》第51册，上海书店，1990，第718页。

值得注意的是，在武昌右护卫调入徐州之前，当地军事建置已颇具规模。自明吴元年（1367）徐州设立州治，同时建立徐州卫，起初领五所，永乐五年（1407）战事频繁，又调灵山、安东二卫军到徐州卫，由是增设二所，徐州卫共领七所。在明初整个王朝国家卫所驻防体系中，徐州卫看来也是备受重视的。同样，洪武初东昌府已经有平山卫和临清守御千户所，军事驻防严密。① 对于军事规模已经很大的徐州和东昌府来说，加强两地的军事防御，可能不是调动楚藩护卫军的主要考量。《明宣宗实录》记载了楚藩护卫军调动的具体过程，起于宣德五年漕运总兵官陈瑄令其子上密疏，曰：

> 平江伯陈瑄遣其子仪贲密奏言：湖广东南大藩，襟带湖江，控引蛮越，实交广黔蜀之会，人民蕃庶，商贾往来，舟车四集。楚府自洪武初立国，有三护卫官军，及仪卫司旗校，俱无调遣。四五十年之间，生齿繁育，粮饷充积，造船以千计，买马以万数，兵强国富，他藩莫及，而卫所之官多结为姻亲，枝连蔓引，小人乘时，或有异图，实难制驭。伏乞皇上勿为疑虑，断自圣衷，于今无事之时，托以京师粮储不充，命重臣与湖广三司，选其护卫精锐官军，给粮与船，令运至北京，因而留使操备，则剪其羽翼，绝其邪谋，王可以永保国土，而朝廷恩义两全矣。上不纳，顾谓侍臣曰：从来楚国无过，祖考待之皆厚，朕尤加意礼之，瑄何其过虑也，调兵运粮一时权宜，运毕则遣归，拘留操备，上失宗亲之心，下失军士之心，鄙哉，瑄也。②

从密奏内容看，陈瑄欲建议宣宗削弱楚国这个"湖广东南大藩"，认为其若图谋不轨，将会对皇权造成威胁，但楚府并未显出不忠行为，陈瑄提议"托以京师粮储不充"为由，选楚府护卫军赴京师运粮，趁机留下操备，剪其羽翼。实录的书写为显示皇帝的仁义，行文中宣宗对陈瑄持批评态度，认为陈瑄卑鄙多虑，而且调兵运粮本是一时之计，运完之后理应遣归，若是在京拘留，将"上失宗亲之心，下失军士之心"，其要求没有被批准。但事态的发

---

① 嘉靖《山东通志》卷十一《兵防》，《天一阁藏明代方志选刊续编》第51册，上海书店，1990，第718页。

② 《明宣宗实录》卷六四，宣德五年三月丙辰，台北："中央研究院"历史语言研究所，1962年校勘本，第1511～1512页。

展与此记载并不相契。同年十一月，楚王孟烷派遣楚府仪宾魏宁和长史杨振上奏，主动将三护卫中的两支归于朝廷。宣宗"犹疑"之际，兵部尚书张本劝说宣宗，楚王自愿交纳护卫军是"欲示简静，以杜谗邪，乃其深计远虑"。① 张本的劝说使得皇帝既能够保全"仁义"，又能够达到削藩的目的。最后的结果是宣宗"顺承雅意"，调左护卫于东昌，改为东昌卫，调右护卫于徐州，改为徐州左卫。② 将楚府两支护卫彻底地调走，而非暂调运粮，楚府仅留一支，楚藩军事力量被大大地削弱了，一定程度上反映出宣宗削藩的意图。宣德年间，在朱元璋册封的26个藩王中，只剩下8个藩府还保留护卫军，宣宗最终完成削藩之举。③ 可见，楚府护卫军的调动正处于朝廷"削藩"的背景下。

虽然实录记载的整个过程中，陈瑄被贬低为"鄙哉"，但他所动议的内容却最终得以实行，这也足以让我们反思他提议削弱楚藩背后的考量，实际上与当时朝廷所面临的运军缺乏的局面相关。

宣德年间，陈瑄所统率的运军常被工部等衙门用来修理南京殿宇或为南京运载诸物，④ 陈瑄请求禁止运军别差，得到皇帝允许。⑤ 宣德五年（1430）三月，运军不足问题更为严重，南京和直隶卫所运粮官军，共两万余人，连年被派下西洋、征交趾或调到北京，运军不足，"须增攒运"。为了补足岁用，陈瑄提议采取清军的办法，在南京、湖广、江西、浙江和直隶卫所附近府县迷失旗军和见在操守军中，选择精壮的军人补运军的数量，但是清军效果往往有限。⑥ 在削藩的背景下，运军缺乏的局面可能是陈瑄提议调楚藩护卫军运粮的考量。

---

① 《明宣宗实录》卷七二，宣德五年十一月壬子，台北："中央研究院"历史语言研究所，1962年校勘本，第1683~1684页。

② 《明宣宗实录》卷七二，宣德五年十一月壬子，台北："中央研究院"历史语言研究所，1962年校勘本，第1683~1684页。

③ 赵中男：《明宣宗的削藩活动及其社会意义》，《社会科学辑刊》1998年第2期。另外，张显清的《明代宗藩由盛到衰的历史演变》、赵毅的《明代宗室政策初探》、苏德荣的《明代分封制度的演变》，在论述明初削藩政策时，也认为永乐、宣德年间采取削减护卫的方式。

④ 《明宣宗实录》卷二二，宣德元年冬十月辛酉，台北："中央研究院"历史语言研究所，1962年校勘本，第591页。

⑤ 《明宣宗实录》卷四四，宣德二年二月己未，台北："中央研究院"历史语言研究所，1962年校勘本，第669~670页。

⑥ 《明宣宗实录》卷六四，宣德五年三月己巳，台北："中央研究院"历史语言研究所，1962年校勘本，第1524~1525页。

改调护卫的结果是补充了运河沿线的运军数量。调到徐州和东昌的楚藩护卫军主要充当运军，徐州左卫和东昌卫成为新设立的漕运卫所，徐州左卫属江北总，东昌卫属山东总，均由漕运总兵陈瑄统辖，并在《漕运通志》等文献中记载了运军、运船及运粮固定额数。① 正德五年（1510），漕运总督邵宝所记"会议状"称，"（徐州）本卫左等五所运粮旗军，原系湖广武昌右护卫"，② 也说明护卫军调到徐州多承担运粮任务。嘉靖年间徐左二卫军役情况见表1。

表1 嘉靖年间徐左二卫军役情况

单位：人

	运军	屯种	局匠	巡河	巡盐	捕盗	城操	京操	运军占百分比（%）	京操占百分比（%）	城操占百分比（%）
徐州卫	2516	4510	75	5	20	20	726	1966	25.57	19.98	7.38
徐州左卫	1005	376	39	6	10	20	203	0	60.58	0	12.24

资料来源：嘉靖《徐州志》卷十二《兵防》，《中国方志·丛书》，台北：成文出版社，1970，第493页。

据表1可知，直到嘉靖年间，徐州左卫的运军仍占旗军的大部分，对比京操军和城操军的比重，一定程度上亦可说明加强守御并非主要目的。同时，嘉靖《山东通志》记载了东昌府卫所军役情况，洪武五年（1372），东昌已设平山卫五所。宣德六年（1431），调武昌左护卫到东昌府，改名东昌卫。③ 东昌卫军役情况见表2。

表2 明初山东东昌卫军役情况

单位：人

运粮军	城守军余	屯田军	运军所占百分比（%）	城守军余所占百分比（%）
580	154	333	54.36	14.43

资料来源：嘉靖《山东通志》卷十一《兵防》，《天一阁藏明代方志选刊续编》第51册，上海书店，1990。

据表2可知，调往东昌卫的楚藩护卫军大多数也是充当运军职役，守城

---

① 杨宏、谢纯：《漕运通志》，方志出版社，2006，第86、90页。

② 邵宝：《会议状》，《容春堂集》续集卷六，《景印文渊阁四库全书》集部第1258册，台北：台湾商务印书馆，1986，第497页。

③ 嘉靖《山东通志》卷十一《兵防》，《天一阁藏明代方志选刊续编》第51册，上海书店，1990，第718页。

军所占比重较小，加强守御并非主要意图。到了正统六年（1441），东昌卫又有一次调动。据康熙《濮州志》记载："本湖广武昌左护卫军，宣德五年调东昌一卫五所，正统六年择其最弱者移置濮州。"① 方志编纂者将濮州所的来历上溯到了武昌左护卫，濮州所与护卫军亦有关联。濮州所位于运河沿线，配有漕船 25 只，运军 250 名。② 正统六年（1441）设濮州所后，运粮军占了旗军数额的五分之二，至嘉靖年间，士兵多逃亡，留存者也多充当运军。

宣德年间除了调楚藩护卫军到运河沿线，蜀藩护卫军也被裁撤和调动。据《明宣宗实录》称：

> 蜀王友堉奏，成都三护卫，请以中、右二护卫归朝廷，留左护卫官军供役。上嘉其能省约，从之。友堉又奏缺官请调补，及留南人为匠，皆从之。上命都督王彧、兵部侍郎王骥持书谕王，所归二卫皆令赴南京，所过给粮与舟，仍命彧等途中善抚绥。③

同楚王面临的削藩局面相同，宣德六年（1431），蜀王友堉上奏将成都中护卫和右护卫归于朝廷，只留下成都左护卫。宣宗派都督王彧和兵部侍郎王骥向蜀王下达谕旨，将两支护卫军调到南京，给予粮与舟，运输漕粮。其中，成都中护卫改为豹韬左卫，成都右护卫改为龙虎左卫。④ 豹韬左卫和龙虎左卫也为《漕运通志》所载漕运卫所，属南京总。豹韬左卫有运军 2032 名，漕船 192 只，龙虎左卫有运军 1439 名，漕船 142 只，主要兑运湖广、江西和浙江等地漕粮。⑤ 据《通漕类编》记载，宣德七年（1432），开始确立"兑运法"。⑥ 与支运法相比，"兑运法"需要更多的运军来运输漕粮。宣德七年总兵官陈瑄继续拨军运粮，他上疏言运军负担沉重，大量逃亡，需要增加运军，提议从豹韬左卫和各都司卫所的军余中，增调 16 万人充当运军，进一步支持

---

① 康熙《濮州志》卷二《兵防》，中国国家图书馆藏。
② 康熙《濮州志》卷二《兵防》，中国国家图书馆藏。
③ 《明宣宗实录》卷八十，宣德六年六月癸巳，台北："中央研究院"历史语言研究所，1962 年校勘本，第 1858 页。
④ 《明宣宗实录》卷八三，宣德六年九月壬戌，台北："中央研究院"历史语言研究所，1962 年校勘本，"改成都中右二护卫官军之调南京者，为龙虎左、豹韬左二卫"，第 1917～1918 页。
⑤ 杨宏、谢纯：《漕运通志》，方志出版社，2006，第 78、80 页。
⑥ 《通漕类编》卷二，《原国立北平图书馆甲库善本丛书》第 443 册，国家图书馆出版社，2013，第 112 页。

"兑运法"的运作。① 尽管无从知晓这次豹韬左卫所进一步增加的运军数量，但可以看出调到南京的蜀藩护卫军，主要承担起漕运的职能。

徐州左卫、东昌卫、豹韬左卫和龙虎左卫均处于运河沿线，它们所在的徐州、东昌和南京亦是明代漕粮关键转输节点，在漕运体系中处于重要的地位。宣德四年（1429），面对运军缺乏的问题，将楚藩护卫和蜀藩护卫调到徐州、东昌和南京，充当运军，一定程度上解决了运军不足的问题，为之后施行"兑运法"提供了条件。这种结果与漕运总兵陈瑄的考量相吻合，同时，也合理"安置"了所裁撤的藩王护卫军，给宣宗削藩政策的推行提供了正当的理由与操作方式。

值得注意的是，上文提到的兵部尚书张本，也在宣德五年（1430）帮助陈瑄补充运军，将从浙江松门卫清出的军士，"宜悉送平江伯陈瑄处，发邳州卫带管运粮，以警其余，上从之"，② 再次透露出调楚藩和蜀藩护卫军运粮之动议背后的复杂与微妙。

调楚藩护卫军所建立的徐州左卫与东昌卫，被纳入了漕运卫所体系，明初属于"江北直隶总"，运军由漕运总兵官陈瑄统辖。在正德年间，清军御史补充徐州左卫运军时，到护卫军的原籍勾补，不再到王府征调。③ 此外，即使所调护卫军担任徐州左卫和东昌卫的其他职役，如屯田及守城等，也不再受到王府制约，归都司卫所管理。倪岳《青溪漫稿》中有一则刘宗岱将军的传记，记载了军户家族的承袭过程。宗岱祖父为武昌右护卫后所正千户，宣德年间随着卫所调动，改为徐州左卫正千户，正统年间宗岱继其父之后世袭该位，仍隶属徐州左卫。④ 又，《毛襄懋文集》中所记贾尚德传："贾怀，字尚德，咸阳人也，其先护卫楚藩，后调徐州左卫，今为左卫人。"⑤ 可见，原属

---

① 《明宣宗实录》卷九五，宣德七年九月丙辰，台北："中央研究院"历史语言研究所，1962 年校勘本，第 2162 页。"行在户部奏，比者平江伯陈瑄言，总督官军一十三万，岁运淮安、临清等仓粮五百万余石赴北京，人运粮四十石，春初河浅，舟行甚艰，夏秋有水又多，漂流损失，而军士亦有疾病逃亡者，粮多不足，请增兵。今议于南京豹韬左等卫，及各都司直隶卫所军余内，增拨通一十六万人，从之。"

② 《明宣宗实录》卷七四，宣德五年闰十二月丁酉，台北："中央研究院"历史语言研究所，1962 年校勘本，第 1720 页。

③ 邵宝：《容春堂集》续集卷卷六，《景印文渊阁四库全书》集部第 1258 册，台北：台湾商务印书馆，1986，第 497 页。

④ 倪岳：《青溪漫稿》卷二十四，《景印文渊阁四库全书》集部第 1251 册，台北：台湾商务印书馆，1986，第 337 页。

⑤ 毛伯温：《毛襄懋文集》卷七，《四库全书存目丛书》集部第 63 册，齐鲁书社，1996，第 321 页。

于楚藩的护卫官军调到徐州左卫之后，其本人及后代只隶属于徐州左卫，调走的两支护卫军不再听从楚王差遣。又，由武昌护卫军所构成的东昌卫有配给的屯田，① 一定程度上反映出楚藩护卫军调到东昌后脱离楚藩统辖，重新开始营生。蜀藩护卫军的调动也是彻底的，蜀藩两支护卫军调走后，藩府将其屯田收归为藩产，不再与调走护卫有关。② 由此推知，宣德年间，楚藩和蜀藩护卫军的调离比较彻底，调走的护卫军在新设立的卫所中无论是充当运军还是屯田军、守城军等，不再与王府发生联系。

二 鲁藩护卫军与漕运：嘉靖十八年之前的改调与借调

上文所言，楚藩和蜀藩护卫军在削藩背景下彻底调离。鲁府左护卫早在永乐五年（1407）就被调走建立漕运卫所，相比之下，鲁王府两支护卫军改调与借调却是一个长期的过程。

如果说永乐帝对楚府态度缓和，鲁府则是永乐帝削藩对象之一，这应从鲁府的设置情况说起。③ 洪武三年，朱元璋第十子朱檀被封为鲁王，洪武十八年（1385）之国兖州府，在府治正中建立王城，④ 并将兖州护卫军赐给鲁王，位于府治东。明代兖州有鲁、德、衡、泾诸多王府宗室，却单独为鲁藩设立了护卫军。关于鲁府护卫最初设立的情况，方志等文献语焉不详，记载较为详细的是大致成书于嘉靖十六年（1537）的《鲁府招》，曰："洪武十八年，分封鲁王兖州府之国，设有兖州护卫、兖州左护卫，各原额旗军六千五百五十八名，仪卫司六，典仗所原额校尉六百二十名，每名月支粮一石。"⑤ 鲁藩两支护卫军可谓规模庞大。永乐五年（1407），兖州左护卫先被调走，成立济宁左卫，⑥《临清州志》记载了济宁左卫调到临清卫前的旗军数量，可以反映

① 康熙《濮州志》卷二《兵防》，中国国家图书馆藏。
② 谭纶：《恳乞圣明讲求大经大法以足国用以图安攘以建永安长治疏》，《谭襄敏公奏议》卷七，《原国立北平图书馆甲库善本丛书》第 221 册，国家图书馆出版社，2013，第 1052 页。
③ 顾诚：《明代的宗室》，《明清史国际学术研究会论文集》，第 1～12 页；马长泉、张春梅：《明成祖削藩策略简论》，《新乡师专学报》1994 年第 1 期。顾诚认为，朱棣从根本上改变了朝廷与诸藩军事力量上的对比。
④ 康熙《兖州府志》卷四《建置》，国家图书馆藏，"宫殿城垣，备极宏敞"。
⑤ 《鲁府招》，《原国立北平图书馆甲库善本丛书》第 230 册，国家图书馆出版社，2013，第 35 页。据《鲁府招》记载："永乐五年，将兖州左护卫官军改调济宁左卫，屯田子粒随收该州广丰仓，听候支用。"
⑥ 《鲁府招》，《原国立北平图书馆甲库善本丛书》第 230 册，国家图书馆出版社，2013，第 36 页。

济宁左卫的一些情况（见表3）。

表3　济宁左卫五所运军比重情况①

单位：人

卫所	春班	秋班	运军	济宁左卫运军占济宁原额百分比（%）
所调济宁左卫五所	562	852	2162	60.5

资料来源：康熙《临清州志》卷三《兵防》，《中国方志集成·善本方志辑》第一编第27册，凤凰出版社，2014，第664页。

　　表3反映出济宁左卫设有运军，运军占旗军总数的大部分，济宁左卫应属漕运卫所范畴，② 且济宁左卫有属其管理的一段河道。③ 可见，兖州左护卫一支全部调到济宁左卫，护卫军参与到了漕运体系中，不再受鲁王的约束。正统年间土木堡之变，临清为两京往来交会咽喉之地，需要加强守御，景泰元年（1450）便将济宁左卫调到临清卫，④ 据《鲁府招》记载：景泰元年将济宁左卫官军改调临清卫，屯田子粒该卫委管屯指挥征收，仍在前仓上纳。⑤ 原济宁左卫的屯田子粒由临清卫管屯指挥征收，在临清广盈仓上纳，同时济宁左卫运军也调到临清卫，具体情况见表4。

表4　所调济宁左卫运军占临清卫运军总数比重情况⑥

单位：人

卫所	春班	秋班	运军	所调济宁左卫的运军 占临清卫运军总数比重（%）
原临清中左所	241	275	503	

---

① 按：笔者所见方志等文献中仅康熙《临清州志》中有关于"济宁左卫"军额的记载。
② 按：嘉靖《漕运通志》不见济宁左卫的记载，因为景泰元年其全部被调到临清卫，成为临清卫的一部分。
③ 弘治《漕河图志》曰："嘉祥县，在漕河之西二十五里，该管河岸，北自汶上县界之界首起，南至巨野县界大长沟止，长一十八里，原系济宁左卫管。"王琼：《漕河图志》卷一，姚汉源、谭徐明点校《中国水利古籍丛刊》，水利电力出版社，1990，第38页。
④ 王直：《修城记》，嘉靖《山东通志》卷十二，《天一阁藏明代方志选刊续编》第51册，上海书店，1990，第772~773页。"正统十四年秋，虏寇侵犯边，鄙京师戒严，畿甸以及山东河南诸郡俱有城池，以贮重兵保障人民，拱卫国家，独临清为两京往来交会咽喉之地……同理其事陈公名豫……乃请于朝建临清卫，调济宁左卫五所，并原守御临清千户所官军俱隶于此，而制守御之器。"
⑤ 《鲁府招》，《原国立北平图书馆甲库善本丛书》第230册，国家图书馆出版社，2013，第36页。
⑥ 按：嘉靖《山东通志》和万历《东昌府志》所载临清卫的旗军额不同，但运军数量均为2665人，在一定程度上可以看出景泰元年所调运军所占比重。

卫所	春班	秋班	运军	所调济宁左卫的运军 占临清卫运军总数比重（%）
所调济宁左卫五所	562	852	2162	
临清卫	803	1127	2665	
				81.1

资料来源：康熙《临清州志》卷三《兵防》，《中国方志集成·善本方志辑》第一编第27册，凤凰出版社，2014，第664页。

据表4分析，所调济宁左卫的运军占临清卫运军总数的81.1%，可以推测，镇守临清平江伯陈豫以正统己巳之变为契机，调济宁左卫于临清卫，补充临清卫的运军数量也是重要考量。尽管兖州左护卫调到济宁左卫又被调到临清卫，但兖州左护卫的两次调动也比较彻底。

原鲁藩两支护卫军仅留兖州护卫一支，此支护卫军的调拨则比较复杂，从永乐年间开始到正统年间，主要以"借调"的形式参与漕运。明实录记载了兖州护卫最早被调运粮的情况：

> 山东都司旧调兖州护卫旗军一千三百人运粮，宣德元年，鲁府奏留修理王府，本司以登、莱、宁海、胶州四卫所旗军拨补，缘俱近海路远来迟，况其军士不谙水运，往往误事。①

鲁藩护卫军设立之初，受到藩王的控制，永乐年间，山东都司调1300名兖州护卫旗军运输漕粮，约为兖州护卫原额的五分之一，宣德元年（1426），鲁府奏留护卫军"修理王府"，表明永乐年间参与漕运的兖州护卫军只是被山东都司"借调"，鲁王仍然具有管理护卫的权力，而宣德五年，陈瑄又提议将宣德元年（1426）鲁王奏留的护卫军用来运粮。多次调遣兖州护卫军充当运军，不免触动藩王的利益，宣德八年（1433）鲁王妃薨，王府也以修造工程等为缘由，奏留护卫军在王府供役差使。②但正统十三年（1448）春，朝廷又重提调鲁府护卫军，用以运输漕粮。据实录记载：

---

① 《明宣宗实录》卷六四，宣德五年三月辛丑，台北："中央研究院"历史语言研究所，1962年校勘本，第1525页。

② 《明宣宗实录》卷一〇八，宣德九年春正月己卯，台北："中央研究院"历史语言研究所，1962年校勘本，第2426页。"鲁王肇辉奏，今造坟及享堂，请免护卫军士运粮、屯田者，以助役，从之。"

先是鲁王肇辉妃薨，奏留护卫运粮军造坟，朝廷允其请命，于济宁等卫所拨军补运。至是坟已久完，各卫屡诉差役繁重，且平山、东昌卫，达官数多，乞量存军守备，仍以护卫军攒运，从之。①

正统十三年（1448），离鲁府奏留运粮护卫军的时间已有 15 年，鲁王妃的坟墓早已修好，朝廷认为不应该再将护卫军留在鲁府，加之济宁等补运的卫所差役繁重，土木堡之变后，平山卫和东昌卫安插的达官数量较多，更需要军队来驻防，权衡之后，重新将奏留鲁府的兖州护卫军攒运漕粮。同年夏，朝廷再次下令强调此事②。

由此，从永乐年间最初的调兖州护卫军运输漕粮，到宣德元年（1426）鲁府奏留这批运粮军修建王府，一直到正统十四年（1449），这样的反复"争夺"（奏留与拨运）上演了三次。之后，鲁府兖州护卫军不断地被调作他用。同济宁左卫一样，正统十四年，兵部借"己巳之变"之名，调鲁府兖州护卫军 500 名到临清卫，由平江伯陈豫提督统领。③ 兖州护卫军在参与运输漕粮与鲁府奏留之间不断反复，一定程度上表明这个时期护卫运军还受到鲁王的控制，但控制力在减弱。直到嘉靖初年，兖州护卫运军的数额固定化，成为山东总下漕运卫所之一。据嘉靖《漕运通志》记载：兖州护卫有额定运军 600 名，浅船 60 只，每年需要造船 6 只，额运漕粮约 18421 石，④ 设"治漕艎厂"即卫厂，运军和卫厂都总隶于督漕御史管辖。⑤ 与此同时，这 600 名运军仍然属于鲁府兖州"实在护卫旗军"。据《鲁府招》记载：

查得兖州护卫旗军，实在二千六百六十四名，除漕运及临清操备一

---

① 《明英宗实录》卷一六二，正统十三年春正月戊子，台北："中央研究院"历史语言研究所，1962 年校勘本，第 3151 页。

② 《明英宗实录》卷一六五，正统十三年夏四月丙辰，台北："中央研究院"历史语言研究所，1962 年校勘本，第 3194 页。"命鲁府护卫原拨运粮旗军，并工修造王府房屋城垣，候明年仍旧攒运粮储，其屯田军余，仍旧屯种办纳子粒。"

③ 《明英宗实录》卷一八九，废景泰元年二月丙子，台北："中央研究院"历史语言研究所，1962 年校勘本，第 3864 页。"（兵部）奏近有自房中还者，言也先听从喜宁奸计，欲往临清抢掠，宜敕鲁府兖州护卫调官军五百赴临清，听平江伯陈豫等提督掺练，俱从之。"

④ 杨宏、谢纯：《漕运通志》，方志出版社，2006，第 90 页。"兖州护卫，指挥一员，千户一员，百户四员，旗军六百名，浅船六十只，每年该造六只，运粮一万八千四百二十一石二斗。"

⑤ 嘉靖《山东通志》卷十三《漕河》，《天一阁藏明代方志选刊续编》第 51 册，上海书店，1990，第 813 页。

千一百名外，其余一千五百六十四名，并余丁八千六百十五名，俱在本府私令办纳钱物。①

材料显示，参与漕运的 600 名护卫军和调到临清操备的 500 名护卫军，包括在 2664 名兖州护卫旗军中，仍属于鲁王府。所不同的是，这 1100 名护卫军不需向鲁王府交纳钱物和服役。但鲁王府仍然觊觎于有运粮和操备任务的护卫军军余，据《鲁府招》记载：

> （嘉靖九年）王准信将前守城实操余丁，并供给生员及丁及漕运、操备贴丁，一概拘收，入府占用，及办纳银钱，多寡不等。②

秦信是嘉靖初年鲁府典膳使，也是《鲁府招》所记审理案件中的"招首"，即主要罪犯。本来兖州护卫运军无须在鲁府服役纳钱，但在秦信的"拨置"下，守城军余、漕运和操备贴丁全部被纳入王府，办纳银钱。可见，嘉靖初年鲁王依然可以占用兖州护卫运军军余。

综上，从永乐年间到嘉靖初年，鲁府兖州左护卫这一支经历了彻底的改调，即调设济宁左卫，再调到临清卫成为其一部分，所调护卫军主要承担运军的职能，隶属于山东总，受漕运总兵官统辖；而鲁府兖州护卫这一支，自永乐年间开始以藩王护卫军的身份"借调"运粮，在朝廷"调拨"与鲁王"奏留"间，藩王护卫运粮军受到鲁王和漕运总兵的双重节制，迟至嘉靖初年，兖州护卫才有固定的运军额数，成为漕运卫所，规定运军无须再向王府纳钱粮，实际上却常被王府占用。

直到嘉靖十八年（1539），朝廷将兖州护卫改设任城卫，任城卫只属山东都司，兖州护卫在制度规定层面脱离了鲁府统辖，原来兖州护卫的运军也只由山东总把总统辖，但实际上仍与鲁府牵连不断。

---

① 《鲁府招》，《原国立北平图书馆甲库善本丛书》第 230 册，国家图书馆出版社，2013，第 52 页。又《鲁府招》记载："比兖州护卫官军除逃亡事故外，实在二千六百六十四名，内除运粮六百名，临清操备两班五百名，其余俱在本府办纳银钱役。"（第 36 页）
② 《鲁府招》，《原国立北平图书馆甲库善本丛书》第 230 册，国家图书馆出版社，2013，第 59 页。

三 分改卫所：明代中后期鲁藩护卫军的安置与转变趋势

上文提到，鲁府兖州护卫的调动经历了一个长期的过程，从永乐年间"借调"运粮，到嘉靖年间成为有额定运军的漕运卫所。嘉靖十八年（1539），兖州护卫经历了最后一次调拨。据万历《兖州府志》记载，"任城卫，在府治东南，洪武中为鲁府署护卫，嘉靖十八年奉例分改任城卫，守府城池"，① 嘉靖十八年，兖州护卫分改任城卫，位于兖州府治东南，属同城调动，除留下2000军余在鲁府，其余军丁"收充卫所正军"，全部改建任城卫，直接隶属于山东都司统辖。② 这实际上是削掉兖州护卫军，来建立一个新的卫所，为什么要调兖州护卫在同一个府城建立新卫所？兖州护卫这一漕运卫所中的运军如何处理？建立之后与鲁王府的关系如何？值得追问。

"任城卫，守府城池"，③ 透露出任城卫的建立可能与守护兖州府城池相关。藩王护卫军在明初设立之时，是藩王掌握的军事力量，与都司、州县互不参与对方的事务，无守护兖州府城池的职责。但当兖州府城缺少卫所守城军时，朝廷便开始考虑调用藩王护卫军。正德四年（1509），在山东巡按御史孙恭的推动下，护卫军守城之事，得到了皇帝批准：

> 兖州护卫官军及舍余余丁，除额设侍卫之外，数多空闲，乞编修立队伍，防守城池。兵部覆议，宜令恭查选精壮，责令该卫官操练，都司管操官提督，分守、分巡官稽考……诏是之，仍行天下有护卫所在，俱从御史阅视。④

清军御史孙恭提议将兖州护卫官军和舍余余丁，编立成队伍，用来防守兖州府城池。兵部决定由孙恭选出精壮的护卫军，令兖州护卫军官领导操练，

---

① 《兖州府志》卷三十二《武卫部·兵防》，《天一阁藏明代方志选刊续编》第55册，上海书店，1990，第544页。

② 杨博：《覆山东抚按官霍冀等请敕鲁王退还护卫军疏》，《杨襄毅公本兵疏议》卷二十，《续修四库全书·史部》第477册，上海古籍出版社，1995，万历十四年影印本，第588页。"议得山东鲁府护卫军余原奉钦，依止留二千，其余军丁改建任城卫，径隶属都司统辖。"

③ 《兖州府志》卷三十二，《天一阁藏明代方志选刊续编》第55册，上海书店，1990，第544页。

④ 《明武宗实录》卷五五，正德四年闰九月庚申，台北："中央研究院"历史语言研究所，1962年校勘本，第1246~1247页。

都司管操官提督，分守、分巡官员负责稽考，"俱从御史阅视"。值得注意的是，兵部复议后得到了皇帝的准许，并将在兖州府实行的该政策推行到"天下有护卫所在"。实际上，此方案确在其他藩府推行。正德十一年（1516），时任钦差湖广地方兼理军务都察院右副督御史秦金在湖广推行该法，令楚藩武昌护卫军守城。其奏曰：

> 照得湖广省城设有武昌卫、武昌左卫，官军操练保障。其武昌护卫专属楚府护守王国，平时既无统摄之司，遇警又无协济之力，酌量事体，甚非所宜……合无将武昌护卫官舍军余，照旧查选一千员名，与武、左二卫官军舍余，相兼操守，具听考选城操都指挥号令约束，随时训练，遇警并力防剿。①

宣德年间，楚藩调走两支护卫军后，留武昌护卫一支军队"专一防护王国"。正德七年（1512），湖广遭流贼劫掠，调武昌护卫旗军1000多名，防守城池，但这只是暂时性的调拨，等贼乱平息，又还归楚藩。正德十一年（1516），督御史秦金试图将护卫军守城设为定例，并推广到"凡有护卫并仪卫司去处"。具体办法是从武昌护卫官舍军余中选出1000名护卫军，与湖广都司下的武昌卫和武昌左卫官军舍余一同操练守城，听从都指挥管束，守护武昌府城，由按察司每月委官稽查。② 湖广都御史秦金奏疏的方案与正德四年（1509）山东巡抚孙恭的改革精神如出一辙，反映出了明代中后期，全国藩王护卫军的裁撤与安置趋势，即将同府城内本专属于藩王府的护卫军用于守护府城池，和都司卫所守城军一样，听从都指挥调遣，此举推动了护卫军被纳入都司卫所体系的进程。

正德年间，编立护卫军为都司统辖的守城军是推动藩王护卫军转变的一次重要改革，都司、御史等逐渐介入藩王护卫军的管理中。从结果上看，正德四年（1509）山东御史孙恭的改革使得兖州护卫军有了守护兖州府城池的职能，设额军3390名，③ 在一定程度上推动了兖州护卫军被纳入都司统辖体

---

① 秦金：《安楚录》卷二，《四库全书存目丛书》史部第46册，齐鲁出版社，1996，第418页。
② 秦金：《安楚录》卷二，《四库全书存目丛书》史部第46册，齐鲁出版社，1996，第418页。
③ 嘉靖《山东通志》卷十一《兵防》，《天一阁藏明代方志选刊续编》第51册，上海书店，1990，第714页。"兖州护卫，运粮军六百人，城守军余，三千三百九十人，屯田军余，三百七十人。"

系，但是就鲁藩的情况来看，孙恭的改革并不彻底。兖州护卫中编立的守城军，仍被鲁王府和承奉司私自占用，嘉靖初兖州府依然面临无卫所军守城的困境。① 兖州护卫守城军仍然由鲁王管控，这可能是山东巡抚孙恭前项改革不彻底的症结所在。《鲁府招》成书于嘉靖十六年（1537），恰好处于兖州护卫改建任城卫的前夕，《鲁府招》记载了鲁府典膳使秦信的招供，透露出一些背景信息：

> （秦信）拨置启说，护卫人俱是爷爷的，岂可与他有司家守城把门，都该拘来办钱供应……其守城实操至今废缺，并无一人防守，以致兖城内军民人等及府县官员，明知城守久虚，不敢声言，恐被信与夏宗尧等拨置凶横，罗织辱打，至今结舌。②

嘉靖年间鲁王听从秦信拨置之言，认为兖州护卫军是属于鲁王的，"岂可与他有司家守城把门"，于是将之前设立的运军及贴丁和守城实操军等拘入王府占用，办纳银钱。这样就导致兖州府城内没有护卫军防守，而城内百姓及府县官员害怕被王府官吏秦信等人施暴，不敢声言守城之事。为了解决此问题，针对兖州府城操军的组织与归属，审理鲁府案件的刑部侍郎、山东巡抚等官员，提出了进一步改革建议，据《鲁府招》记载：

> 合无遵照祖训内事理，将兖州护卫五所旗军，共摘拨七百二十名，并前项金鼓手旗军一百一十二名，共八百三十二名，坐委正副千户各一员，百户十员管领，专在本府宿卫……先年清军御史孙恭奉到勘合及鲁庄王批行，令旨尽数查出，编成队伍，俱行兖州府卫掌印官督率操守，又恐顽猾之徒私投王府拨置生事，合无改隶山东都司管辖，庶事体稳便，一以保安宗室，一以屏蔽地方，兼免后患。③

---

① 《鲁府招》，《原国立北平图书馆甲库善本丛书》第230册，国家图书馆出版社，2013，第52页。据《鲁府招》记载："查得兖州护卫旗军……及各府并承奉司私自占用，委无一人守城实操，以致兖州府操守又虚，万一贼寇生发，缺人防护城池，剿捕盗贼，贻患地方。"

② 《鲁府招》，《原国立北平图书馆甲库善本丛书》第230册，国家图书馆出版社，2013，第52、58~59页。

③ 《鲁府招》，《原国立北平图书馆甲库善本丛书》第230册，《天一阁藏明代方志选刊续编》第55册，上海书店，第52、58~59页。

为避免"顽猾之徒"投充王府等弊端，嘉靖十六年（1537），刑部侍郎李清学等进一步提议将720名兖州护卫军重新编立为守城实操军，按照卫所规制，设立千户、百户等军官，改由山东都司管辖，认为这样既可以保安王府宗室，又能守护兖州地方。这项建议是对正德四年（1509）清军御史孙恭改革的进一步推进，在编审兖州护卫军为守城军的基础上，试图使其完全改由山东都司管辖。嘉靖十八年（1539），这项提议便以在兖州府城内设立新的卫所——任城卫的形式实现。正如《山东观风备览》所记载"护卫原系全设，嘉靖十八年奉例止拨以上官员、旗军在鲁王位下守卫直宿，余俱改隶任城卫"。①

为了使兖州护卫城操军脱离鲁府统辖，嘉靖十八年（1539），朝廷将兖州护卫大部分旗军调到城东南建立任城卫，任城卫直属于山东都司，兖州护卫守城军也就直属于山东都司管辖。万历《兖州府志》记载了任城卫军役情况（见表5）。

表5　万历初任城卫旗军职役情况

单位：人

卫所	春班秋班	四门门军	运军	守城实操防御军余	屯军	旗军总数
任城卫	500	120	600	1200	641	3061
兖州护卫						1000

资料来源：万历《兖州府志》卷三十二《武卫部·兵防》，《天一阁藏明代方志选刊续编》第55册，上海书店，第544、555~556页。

对比发现，从兖州护卫运军到任城卫运军，数量一直是600名，② 可以推知，兖州护卫分改到任城卫后，运军数量没有变，原来兖州护卫的运军全部改到了任城卫。此外，嘉靖七年（1528）《漕运通志》山东总下记有"兖州护卫"这一漕运卫所，但嘉靖十八年（1539）后编纂的相关文献，如嘉靖二十三年（1544）《漕船志》③、万历十年（1582）《万历会计录》④、万历《通漕类编》⑤ 等关于漕运卫所的记载，在山东总下不再有"兖州护卫"，而是增

---

① 万历《山东观风备览》卷一《藩府》，傅斯年图书馆藏善本，第54页。
② 嘉靖《山东通志》卷十一《兵防》，《天一阁藏明代方志选刊续编》第51册，上海书店，1990，第714页。"兖州护卫，运粮军六百人，城守军余，三千三百九十人，屯田军余，三百七十人。"按：嘉靖《山东通志》成书于嘉靖十二年，尚未有"任城卫"的相关记载。
③ 席书编次，朱家相增修《漕船志》卷三，《淮安文献丛刻》，方志出版社，2006，第54页。
④ 《万历会计录》卷三十五，《北京图书馆古籍珍本丛刊》，书目文献出版社，第1096页。
⑤ 《通漕类编》卷二，《原国立北平图书馆甲库善本丛书》第443册，国家图书馆出版社，2013，第126页。

加了"任城卫"，且运军仍为 600 名，《漕船志》等文献不记"兖州护卫"，不代表兖州护卫运粮旗军退出漕运卫所体系，而是随之一同改到任城卫，以任城卫所运军的身份参与到漕运体系。在制度规定层面，任城卫本直属于都司卫所体系，不再受鲁王府的控制，但不同于楚藩和蜀藩护卫军的远距离调动，兖州护卫和任城卫均位于兖州府城池内，兖州护卫在府治东，任城卫在府治东南，二者空间位置上非常靠近。① 这样的空间格局，使得任城卫与鲁藩依然纠葛不断。据时任兵部尚书杨博奏疏记载：

> 议得山东鲁府护卫军余，原奉钦依止留二千，其余军丁改建任城卫，径隶属都司统辖。迩来宗室生齿日繁，占役军从过多，以致卫名徒存，军伍久废。欲要赐敕鲁王严谕，各宗将役占、投充军从，尽行退回，守巡该道将该卫见在军丁及退回军从，查明造册，拨补运粮、操守，敢有不行首正及拨置奏扰者，俱行拿问，干碍辅导等官，一并参治。②

朝廷调兖州护卫改立任城卫，本是希望兖州护卫守城军余等能彻底脱离王府的管理体制，守护有司城池，可是到了嘉靖四十五年（1566）左右，距改任城卫已有 27 年，鲁藩宗室生齿日繁，留下的 2000 名护卫军已经不能满足王府的需求，王府宗室仍然占役任城卫军并接纳投充王府的军余，导致"（任城卫）卫名徒存，军伍久废"。相较于兖州护卫，任城卫在制度规定层面已脱离了鲁王府控制，隶属于山东都司，但实际上，迟至嘉靖四十五年（1566），改调到任城卫的护卫军（包括运军）一直未摆脱鲁王府的役占。这也是鲁藩护卫与楚藩、蜀藩护卫调动后所建漕运卫所的不同之处。为解决此问题，时任兵部尚书的杨博提议，令鲁王将王府各宗室役占、投充军从退回任城卫，分守、分巡官将退回的军从和任城卫见任军丁，登记在册，拨补运粮、操守，并重新按照宗室品级拨给其固定随从人员，允许出钱代役，削弱了藩府对护卫军的控制。③ 值得注意的是，任城卫的运军可能被王府役占，也可能为了逃避漕运差役，主动投充王府，王府与任城卫同城，这种长期的联

---

① 万历《兖州府志》，《府境州县图考》，齐鲁出版社，1984，第 3~4 页。
② 杨博：《覆山东抚按官霍冀等请敕鲁王退还护卫军疏》，《杨襄毅公本兵疏议》卷二十，《续修四库全书》史部第 477 册，上海古籍出版社，1995，万历十四年影印本，第 588 页。
③ 杨博：《覆山东抚按官霍冀等请敕鲁王退还护卫军疏》，《杨襄毅公本兵疏议》卷二十，《续修四库全书》史部第 477 册，上海古籍出版社，1995，万历十四年影印本，第 588 页。

系，使得任城卫运军生计选择多样化。

明代中后期，兖州府城面临缺乏城操军的局面，正德四年（1509）在山东御史孙恭的推动下，山东都司、巡抚等官员介入对兖州护卫军及军余的管理，将其编立为守城护卫军，但此改革并不彻底，城操军仍属于兖州护卫军官管辖，受鲁藩牵制。为保证府城有足够多的守城护卫军，使其脱离鲁王府的统辖，嘉靖十八年（1539）朝廷调兖州护卫在同城建立任城卫。在制度规定层面，任城卫完全隶属于山东都司，随着任城卫的设立，原来兖州护卫运粮军也调到任城，以任城卫运军的身份承担运粮任务，受漕运总督的统辖。但是与彻底改调的楚府护卫不同，兖州护卫与任城卫同处一城，运军或受鲁王府占用或私自投充王府，嘉靖四十五年（1566）山东巡抚等仍在请命朝廷令鲁王退还护卫运粮军。

四 结 语

本文旨在探究明代藩王护卫军与漕运卫所的关系，以护卫军为切入点考察削藩政策的具体实施过程，探究在明代都司卫所体制下存在的藩王、漕运总兵等多重军队统辖关系与国家军队调拨和安置方式。明代漕运卫所并非全部是洪武朱元璋建立的都司卫所，藩王护卫军也是漕运卫所的重要组成部分，长期被纳入漕运体系中。考察漕运卫所中的藩王护卫军，是理解漕运卫所体系的复杂性与特质性的重要切入点。楚藩和蜀藩护卫军在明宣宗削藩背景下，被彻底地调往徐州、东昌和南京，在运河沿线建立徐州左卫、东昌卫、豹韬左卫和龙虎左卫，所调护卫军大部分充当运军，补充了运河沿线卫所的运军数量，与楚藩和蜀藩不再有牵连，受漕运总兵统辖。

但相比之下，鲁王府两支护卫军调拨与借调却是一个长期的过程。早在永乐五年（1407），兖州左护卫被调到济宁左卫，景泰元年（1450）改调临清卫，这个过程也是比较彻底的。兖州护卫的调动则比较复杂，其调立原因、统辖方式、参与漕运的方式和调后与王府的关系等，反映出与一般漕运卫所的不同。就所调兖州护卫军的统辖方式而言，并非由漕运总兵单一统辖，一直与鲁王府存在着联系。永乐到正统年间，兖州护卫军以藩王护卫军的身份被"借调"运粮；后兖州护卫逐渐有固定的运军额数，迟至嘉靖七年（1528）成为山东总下的漕运卫所，呈现了受漕运总兵与鲁王双重统辖的状态，兖州护卫运粮军仍属护卫"见在旗军"；一直到嘉靖十八年（1539），兖州护卫分改任城卫，运军随之改调任城卫，以任城卫运军身份参与漕运，兖州护卫虽然在制度层面属山东都司管辖，运军实际上或受鲁府役占，或投充王府。一方面，将藩王护卫军改调漕运卫所和同城分立卫所是明王朝裁撤藩王护卫军后的两种安置方式，亦是削藩政策的具体实施过程。另一方面，从长时段看，楚藩、蜀藩和鲁藩护卫军的变迁又呈现共同的趋势，即护卫军最终均在某种程度上被纳入都司卫所统辖下。如果说宣德年间将削藩政策及所裁护卫军安置问题与国家面临漕运军队缺乏的局面相结合，护卫军被纳入漕运卫所体系；至明代中后期，当府州县面临城操军不足时，将护卫军同城分立卫所亦为此政策题中之义。总之，鲁藩护卫军在调为漕运卫所运军过程中，与楚藩和蜀藩护卫军，呈现了不同的模式与统辖关系，既体现了漕运卫所与藩王护卫的复杂关系及漕运卫所的特质，又反映了明代皇帝对藩王的态度与政治策略动向。

明代漕运总兵考论[*]

展　龙　李争杰[**]

　　漕运总兵是明代统领全国漕运、兼管河道事务的武职官员，其副职有副总兵、参将，下辖把总。[①] 成祖迁都后，南粮北运，漕运成国之大计，遂设漕运总兵。及景泰初，又设漕运总督，与漕运总兵官合称"文武二院"，总督负责征集漕粮，总兵负责押运进京，言"文督催，武督运"。于此，学界已有初步探讨。早期，日本学者星斌夫的《明代漕运的研究》[②] 和黄仁宇的《明代的漕运》[③] 论及明代漕运总兵在运河管理中的重要作用。鲍彦邦的《明代漕运研究》考察了漕运总兵所掌运军的编制、任务及其签补制度。[④] 此外，吴琦的《漕运与中国社会》[⑤]、陈峰的《漕运与古代社会》[⑥] 论及漕运总兵与明代漕运事业的发展。高寿仙的《漕盐转运与明代淮安城镇经济的发展》涉及明代漕运总兵官设立时间、任职选人等。[⑦] 吴士勇的《明代总漕研究》则梳理了明代漕运总兵官的体制化过程。[⑧] 基于此，本文对明代漕运总兵设置沿革与主要职责、政治出身与地域分布、任职时间及去职缘由等重要问题予以探究，以期深化、细化和升华对明代漕运史尤其是漕运管埋史的整体观照和系统研究。

---

　*　本文原载于《贵州社会科学》2019 年第 5 期。

　**　展龙，河南大学历史文化学院暨黄河文明协同创新中心教授、博导，研究方向为明史；李争杰，河南大学历史文化学院研究生，研究方向为明史。

　①　漕运总兵下辖把总 12 名，包括南京 2 名，江南直隶 2 名，江北直隶 2 名，中都 1 名，浙江 2 名，山东 1 名，湖广 1 名，江西 1 名，12 名把总共辖 120 余卫所，12 万运军，11000 只运船。

　②　〔日〕星斌夫：《明代漕运的研究》，日本学术振兴会刊，1963。

　③　〔美〕黄仁宇：《明代的漕运》，张皓、张升译，鹭江出版社，2015。

　④　鲍彦邦：《明代漕运研究》，暨南大学出版社，1996。

　⑤　吴琦：《漕运与中国社会》，华中师范大学出版社，1999。

　⑥　陈峰：《漕运与古代社会》，陕西人民教育出版社，2000。

　⑦　高寿仙：《漕盐转运与明代淮安城镇经济的发展》，《学海》2007 年第 2 期。

　⑧　吴士勇：《明代总漕研究》，科学出版社，2017。

一　漕运总兵设置沿革与主要职责

明初，太祖定都南京，仿元代漕运使司，于洪武元年（1368）设京畿漕运司，其长官为漕运使。南京地处长江下游，"四方贡赋由江以达京师，道近而易"，① 内河漕运便不被重视。至洪武十四年（1381），罢京畿漕运司与督漕运使。此期，漕运的重点是将粮草军饷运至辽东，但因运河未通，漕运路线多走海运。② 海运凶险，并有方国珍等残余势力的骚扰，为确保漕运安全，明廷多派武官督运漕粮。

成祖迁都北京，为确保南粮北运，遂设总兵总督海运。关于漕运总兵设置时间，史载有异。一是永乐二年（1404）。万历《大明会典》载："永乐二年，题准设总兵官、副总兵官，统领官军海运"。③ 《明史》亦载："永乐二年，设总兵、副总兵统领官军海运，后海运罢，专督漕运。"④ 二是永乐十二年（1414）。顾炎武《天下郡国利病书》载："永乐二年，（陈）瑄为把总官。十二年，于会通河运，始为总兵官，总督漕运，镇守淮安地方。"⑤ 三是洪熙元年（1425）。陆容《菽园杂记》载："洪熙元年，（陈瑄）始充总兵官督运，镇守淮安，此设总兵之始也。"⑥ 据《明太宗实录》：永乐元年（1403）三月，命平江伯陈瑄及前军都督佥事宣信充任总兵官，"各帅舟师海运粮饷，瑄往辽东，信往北京"。⑦ 总兵官是明初要职，但并不常设，"征伐则命将充总兵官，调卫所军领之，既旋，则将上所佩印，官军各回卫所"。⑧ 此次陈瑄等充任总兵官总督漕运，尚属临时差遣，互不统属，与洪武时差遣武官总督海运类似。

---

① 张廷玉等：《明史》卷七九《食货三》，中华书局，1974，第 1915 页。

② 樊铧在《政治决策与明代海运》（社会科学文献出版社，2009）第一章第一节"明太祖对海运的态度及洪武时期的海运"中对洪武时期东北的军事补给问题有详细的分析和考证。

③ 万历《大明会典》卷二七《漕运》，《续修四库全书》本史部第 789 册，上海古籍出版社，2002 年影印本，第 475 页。

④ 张廷玉等：《明史》卷七六《职官五》，第 1871 页。

⑤ 顾炎武：《天下郡国利病书》，《续修四库全书》本史部第 596 册，上海古籍出版社，2002 年影印本，第 144 页。

⑥ 陆容：《菽园杂记》卷九，中华书局，1985，第 108 页。

⑦ 《明太宗实录》卷一八，永乐元年三月戊子，台北：中研院历史语言研究所，1962 年校勘本，第 327 页。

⑧ 张廷玉等：《明史》卷八九《兵一》，中华书局，1974，第 2175 页。

至永乐二年（1404），设总兵官、副总兵官统领官军海运；^① 三月，命陈瑄任总兵官，宣信任副总兵，"帅舟师海运粮储往北京"。^② 此为朝廷正式任命，并有具体职责，是为漕运总兵设置时间。永乐年间，漕运总兵是因事而设，尚无办公署衙。洪熙元年（1425）六月，命陈瑄充总兵官，率舟师漕运赴北京，"兼镇守淮安，抚辑军民，所领官军悉听节制"。^③ 陈瑄加"镇守淮安"职衔，掌"漕运之印"，开府于淮安，此后漕运总兵为定职，直至天启元年（1621）革除。^④

明代漕运总兵设置时间之异，反映了漕运总兵职能的制度化进程。具体而言，漕运总兵制度大体经历了发轫期、调整期和衰落期三个阶段。

1. 永乐至宣德：漕运总兵的发轫期

永乐二年（1404），设漕运总兵，陈瑄任漕运总兵，总督海运。永乐四年（1406），陈瑄兼督江、淮、河、卫转运。^⑤ 永乐七年（1409），为加强海运安全，成祖敕谕陈瑄："海运舟粮发时，必会合安远侯柳升等，令以并护。或遇倭寇至，务协力剿杀，勿致竦虞。"^⑥ 永乐十年（1412），陈瑄筑宝山以便海舟停泊。永乐十三年（1415），会通河通，罢海运，陈瑄专督河运，于湖广、江西造平底浅船 3000 艘，以从河运。凿清江浦二十里，导湖水入淮，筑四闸，以保障航道通畅。作常盈仓四十区于淮上，徐州、临清、通州皆置仓以便转输。^⑦ 洪熙元年（1425），命陈瑄充总兵官，"率舟师漕运赴北京，兼镇守淮安，抚辑军民，所领官军悉听节制"。^⑧ 至此，漕运总兵成为定制，并大致确定了漕运总兵的基本职责，即督运漕粮、修渠建闸、抚安军民、剿捕寇

---

① 万历《大明会典》卷二七《漕运》，《续修四库全书》本史部第 789 册，上海古籍出版社，2002 年影印本，第 475 页。

② 《明太宗实录》卷二九，永乐二年三月壬寅，台北：中研院历史语言研究所，1962 年校勘本，第 516 页。

③ 《明宣宗实录》卷二，洪熙元年六月甲寅，台北：中研院历史语言研究所，1962 年校勘本，第 33 页。

④ 吴士勇在《明代总漕研究》中认为天启二年（1622）革漕运总兵，但据《明熹宗实录》卷六，天启元年二月戊申条载："熹宗因户、兵二部会奏，依议停推（漕运总兵）"，此后不设，可知罢革漕运总兵应在天启元年（1621）。

⑤ 谷应泰：《明史纪事本末》卷二四《河漕转运》，中华书局，1977，第 375 页。

⑥ 《明太宗实录》卷八九，永乐七年三月丙辰，台北：中研院历史语言研究所，1962 年校勘本，第 1178 页。

⑦ 张廷玉等：《明史》卷一五三《陈瑄传》，中华书局，1974，第 4207～4208 页。

⑧ 《明宣宗实录》卷二，洪熙元年六月甲寅，台北：中研院历史语言研究所，1962 年校勘本，第 33 页。

盗等，其具体职责，由皇帝所颁制敕可知：

> 漕运总兵领制一道：皇帝制谕署都督佥事某，今命尔挂漕运之印，充总兵官，与同都指挥某率领舟师攒运粮储，赴京仓交纳，所统运粮官军悉听节制。仍镇守淮安，抚辑军民，修治城池，遇有盗贼生发，随即将兵剿捕，如制奉行。领敕一道：皇帝敕谕，今特命尔充总兵官，攒运粮储，循守旧规，提督湖广等都司及直隶卫所官军，各照岁定兑支粮数，依期运至京仓交纳。仍镇守淮安，抚安军民，修理城池，禁防盗贼。凡事须与总督漕运都御史计议停当而行，务在用心规画，禁革奸弊。运粮官军有犯，自指挥以下，轻则听尔量情惩治，重则尔就拿送问刑衙门，或巡按、巡河御史问理，照例发落。都指挥有犯，具奏拿问。若刁泼军旗乘机诬告，对证涉虚者，治以重罪。自通州至扬州一带水利，有当蓄泄者，严督该管官司并管河管洪郎中等官，设法用工筑塞疏浚，倘有怠职误事者，一体参奏。凡有便于漕运，有利于军民者，悉听尔便宜处置。且漕运旧规皆系先年奏请创立，行之岁久，不无废弛。尔今受兹重任，尤须尽心修举，凡百举措务合时宜，俾粮运无误，军民安妥，斯称委任。如或乖方误事，责有所归。尔其钦承朕命，毋忽，故谕。领符验二道，皇帝圣旨、公差人员经过驿分持此符验，方许应付马匹。如无此符，擅便给驿，各驿官吏不行执法，（循）[徇] 情应付者，俱各治以重罪。宜令准此。印（文）[信] 一颗其文曰："漕运之印。"①

2. 正统至正德：漕运总兵的调整期

在明代，没有哪一级或哪一种权力可以不受制约，② 漕运总兵也不例外。随着漕运总兵权力的强化，对其进行制约的各种力量也逐步形成。正统二年（1437），英宗命左军都督佥事王瑜，"佩漕运之印，充左副总兵。后军都督佥事武兴充右副总兵。率领舟师，攒运粮储，所领运粮官军，悉听节制"，并赐敕谕之曰："今命尔等专管漕运，不必镇守淮安。应有军民人等词讼，悉发军

---

① 杨宏、谢纯：《漕运通志》卷三《漕职表》，苟德麟、何振华点校，方志出版社，2006，第59～60页。
② 方志远：《明代国家权力结构及运行机制》，科学出版社，2008，第293页。

卫有司自理，庶几杜绝小人是非。"① 英宗设左、右副总兵，令其相互制约，并规定漕运总兵只能节制运粮官军，而不再理军民词讼，夺其治民之权。景泰二年（1451），又设漕运总督，其职能与漕运总兵互有交叉：

> 漕运总督领敕一道：皇帝敕谕都察院右都御史某，今特命尔总督漕运，与总兵官某、参将某同理其事，务在用心规画，禁革奸弊。运粮官军有犯，自指挥以下轻则量情惩治，重则拿送巡按、巡河御史及原差问刑官处问理，照例发落。都指挥有犯，具奏拿问。若刁泼军旗乘机诬告，对证涉泄者，治以重罚。自通州至扬州一带水利，有当蓄泄者，严督该官司并巡河御史、管河管洪郎中等官，设法用工筑塞疏浚，以便粮运。仍兼巡抚凤阳、淮安、扬州、庐州四府，徐、滁、和三州地方，抚安军民，禁防盗贼，清理盐课，赈济饥荒，城垣坍塌，随时修理，守城官军以时操练，或有盗贼生发，盐徒强横，即便相械设法抚捕。卫所府州县官员有廉能公正者，量加奖劝；贪酷不才者，从公黜罚。凡事有利于军民者，悉听尔便宜处置。尔为朝廷宪臣，受兹简任，须殚心竭意，输忠效劳，凡百举措务合时宜，俾粮运无误，军民安安，盗贼屏息，地方宁靖，斯称委任。如或误事，责有所归。尔其钦承朕命，毋忽，故谕。领关防一颗，其文曰："总督漕运关防。"②

丁此，日本学者星斌夫认为漕运总督与漕运总兵各有分工，漕运总督负责处理漕运组织的外在事务，而漕运总兵官职掌内在事务。③ 黄仁宇则认为漕运总督的地位实际上与漕运总兵官相等，两者对漕粮的运输监督享有同等的权力，在履行职责时，漕运总督要和漕运总兵官协调，明廷也并未划分两者的职责和职能。④ 对比漕运总兵和漕运总督所领制敕，二人结论有待商榷。由上述漕运总兵和漕运总督的制敕可知，二者在抚安军民、禁防盗贼、修理城池、禁革奸弊、监督运粮官军和通州至扬州一带水利官员等职掌上，权力一

① 《明英宗实录》卷三五，正统二年冬十月甲子，台北：中研院历史语言研究所，1962 年校勘本，第 678 页。

② 杨宏、谢纯：《漕运通志》卷三《漕职表》，荀德麟、何振华点校，方志出版社，2006，第 58～59 页。

③ 〔日〕星斌夫：《明代漕运的研究》，日本学术振兴会刊，1963，第 114、140 页。

④ 〔美〕黄仁宇：《明代的漕运》，张皓、张升译，鹭江出版社，2015，第 47 页。

致，并未表明漕运总督负责处理漕运外在事务，而漕运总兵官职掌内在事务。在具体职能上二者又有不同：漕运总兵负责漕粮运输、军事和驿站，如攒运粮储、依期运粮进京、提督湖广等都司及直隶卫所官军、掌管水陆驿站符验等；漕运总督负责地方民政和治安，如巡抚四府三州、清理盐课、赈济饥荒、操练守城官军、抚捕盗贼和强横盐徒、奖惩卫所府州县官员等。二者职责互通有无，各自侧重，凡事两者既可相互计议，又相互制约，体现了明代文武相制的治国理念。

天顺元年（1457），为便利漕粮运输，令漕运总兵官兼理河道，① 随后又题准添设参将一员协同督运，以分漕运总兵官的治兵权。② 成化七年（1471），由于河道淤塞，漕运受阻，命刑部侍郎王恕总理河道，③ 漕运总兵的治河之权被河道总督取代。弘治、正德年间，为控制漕运事务，明廷派遣户部官员管理漕运事务，分割漕运总兵的治漕权力。弘治二年（1489），议准每岁于户部郎中、员外郎、主事内推选一员领敕催攒运船。弘治七年（1494），令两京户部仍差主事等官于湖广、江西、浙江、山东、河南及南直隶各府催督监兑民粮。正德六年（1511），题准照例于左右侍郎内差一员攒运。正德七年（1512），题准改委户部属官四员分往南直隶、浙江、江西、湖广地方监兑。④ 这一时期，漕运总兵的权力屡有反复，有时扩大，有时缩小，但总体仍居尊崇地位。

3. 嘉靖至天启：漕运总兵的衰落期

嘉靖以降，漕运总兵官的威望和地位进一步降低。据《万历野获编》载："国初武事，俱寄之都指挥使司。其后渐设总兵，事权最重。……先朝公侯伯专征者，皆列尚书之上，自总督建后，总兵禀奉约束，即世爵俱不免庭趋。其后渐以流官充总镇，秩位益卑。当督抚到任之初，兜鍪执仗，叩首而出，继易冠带肃谒，乃加礼貌焉。嘉靖中即周尚文位三公，……近日李成梁跻五等，亦循此规，不敢逾也。"⑤ 随着明代文官制度的完善成熟，嘉靖以后文人掌军成为普遍现象，武人地位下降，漕运总兵亦然。嘉靖三十六年（1557），

---

① 张廷玉等：《明史》卷七六《职官五》，中华书局，1974，第1871页。
② 万历《大明会典》卷二七《漕运》，上海古籍出版社，2002年影印本，第475页。
③ 万斯同：《明史》卷八七《河渠三》，《续修四库全书》本史部第325册，上海古籍出版社，2002年影印本，第507页。
④ 万历《大明会典》卷二七《漕运》，上海古籍出版社，2002年影印本，第475~476页。
⑤ 沈德符：《万历野获编》卷二二《提督军务》，中华书局，1959，第554页。

以倭警，添设提督军务巡抚凤阳都御史。嘉靖四十年（1561），改总督漕运兼提督军务。① 漕运总兵提督军务的职权转给漕运总督，漕运总兵只负责漕粮运输的琐碎事务。隆庆四年（1570），题准漕船起行，都御史坐镇淮安，参将移驻瓜、仪，总兵驻徐州，各分经理催督船粮。隆庆五年（1571），题准差御史攒运，又题准裁革参将，设参政一员，每年正月移驻瓜、仪经理粮船过闸过坝，管押到京。② 漕运总兵的职责缩小为每年处理徐州漕船运输，实际地位与漕运参政一样，成为漕运总督的下属部门。万历年间，有官员认为，"漕事有总漕、巡漕、漕道尾之后，漕总不但为赘员，而（且有）胺削等弊，颇妨漕务"，建议罢革漕运总兵。户部认为，"顾百万粮艘鳞集而行，赖总兵殿后以督催众，帮以约束官军，裁之恐有后虞大失"，不同意裁革漕运总兵，但是建议以流官代替世爵。③ 天启元年（1621），因临淮侯李邦镇担任漕运总兵，殊不厌众心，言官具疏论列，兼请罢漕运总兵一职。户、兵二部认为，"质之众论，酌之漕规，终无如一去之为全利也"，建议罢革漕运总兵一职。熹宗以祖宗规制为由，反对裁革。随后大学士刘一燝等奏言："总兵一官，在国初时原为海运而设，嗣后运河既开，漕河两督臣并置经理各有司存，即使总兵得人，亦属冗赘。乃其种种弊蠹，如盘查需勒，稽延不前，不惟有病军民，亦且无裨国计"，恳请革除漕运总兵一职。熹宗最终同意停推漕运总兵，漕运总兵至此裁革。④

漕运总兵是明代驻外高级武官，提督湖广等都司及直隶卫所官军，所辖12总，142卫，官军137800员，另有青江厂造船官军一万多名。⑤ 其职责重大，地位崇高，是明朝国家权力结构的重要组成部分。明中后期，随着文人掌军的制度化，漕运总兵一职不再引人注目，其权力也逐渐被漕运总督蚕食，最终在天启元年（1621）被裁革，但漕运总兵在明代漕运发展史上仍具重要作用。例如，陈瑄在担任漕运总兵期间，建百万仓于直沽，筑天津城，于淮上作常盈仓四十区，在徐州、临清、通州皆置仓，以便漕粮转输。为防止漕

---

① 张廷玉等：《明史》卷七三《职官二》，中华书局，1974，第1773页。

② 万历《大明会典》卷二七《漕运》，上海古籍出版社，2002年影印本，第476页。

③ 《明神宗实录》卷四九七，万历四十年七月癸丑，台北：中研院历史语言研究所，1962年校勘本，第9377~9378页。

④ 《明熹宗实录》卷六，天启元年二月戊申，台北：中研院历史语言研究所，1962年校勘本，第281~282页。

⑤ 杨宏、谢纯：《漕运通志》卷三《漕职表》，荀德麟、何振华点校，方志出版社，2006，第67页。

舟搁浅，自淮至通州置舍 568，舍置卒，导舟避浅。于青浦筑土山，长百丈，高 30 余丈，保障海舟停泊安全。协助宋礼治理会通河，开凿清江浦、吕梁渠，疏浚徐州至济宁河道，缘河多筑堤修闸，使大运河南极江口，北尽大通桥，3000 余里运道畅通无阻。造平底浅舟千余艘运输漕粮，方便快捷，每岁增运漕粮 300 万石。[1] 陈瑄担任漕运总兵 30 年，举无遗策，凡所规画，精密宏远，奠定了有明一代漕运的基础。

由前述皇帝颁发给漕运总兵的制敕，可知明代漕运总兵主要有以下职能。

第一，督运漕粮，疏浚运河。"天下之赋，半在江南"，明代军国之需仰给江南，设立漕运总兵的目的即在南粮北运，因此督运漕粮是漕运总兵的主要职责。成化八年（1472）规定，漕运每年向京师运粮 400 万石。漕粮如不能按时足额运送到京，不论何种原因，漕运总兵都会受到处罚。隆庆四年（1570），以运河淤阻，漕舟不至，诏夺提督漕运总兵官镇远侯顾寰、总督漕运侍郎赵孔昭、总理河道侍郎翁大立各俸半年。[2]《大明会典》载，宣德十年（1435），"令漕运总兵官八月赴京，会议次年运事"，[3] 之后每年八月，漕运总兵需赴京商议次年漕运事务。凡岁正月，漕运总兵驻徐、邳，督过洪入闸，同理漕参政管押赴京。[4] 漕粮运输过程中，一旦出现事故，漕运总兵要负其责，如弘治二年（1489），因漕运漂流米麦 64800 余石，漕运总兵都胜被户科都给事中张九功弹劾。[5] 漕粮能否按时抵达京师，与漕河是否畅通有很大关联，故在督运漕粮时，漕运总兵还负有疏浚运河、保障运河畅通之责。天顺五年（1461），漕运总兵官右都督徐恭因粮舟高大，而临清一闸狭隘尤甚，阻塞漕船，上奏，"请敕山东军卫有司积工措料修移旧闸五十丈，浚深三尺六寸，增广三尺，庶不阻漕运"，上即令有司修筑。[6] 弘治十七年（1504），因徐州小浮桥一带河道干涸，有妨粮运，镇守淮安的漕运总兵官郭鋐乞行疏浚

---

① 张廷玉等：《明史》卷一五三《陈瑄传》，中华书局，1974，第 4207~4209 页。

② 《明穆宗实录》卷五〇，隆庆四年十月己酉，台北：中研院历史语言研究所，1962 年校勘本，第 1258 页。

③ 万历《大明会典》卷二七《漕运》，上海古籍出版社，2002 年影印本，第 475 页。

④ 张廷玉等：《明史》卷七九《食货三》，中华书局，1974，第 1922 页。

⑤ 《明孝宗实录》卷三〇，弘治二年九月丙子，台北：中研院历史语言研究所，1962 年校勘本，第 675 页。

⑥ 《明英宗实录》卷三二五，天顺五年二月丙戌，台北：中研院历史语言研究所，1962 年校勘本，第 6716 页。

河道，工部覆奏，下河南及直隶巡抚漕运等官查勘处置。①

第二，修举漕政，革除漕弊。漕运总兵所领敕文载："漕运旧规皆系先年奏请创立，行之岁久，不无废弛。尔今受兹重任，尤须尽心修举，凡百举措务合时宜，俾粮运无误，军民安妥，斯称委任。"因此，尽心修举漕政，革除漕弊，是漕运总兵的基本职责。为减少漕军来回奔波之苦，提高漕运效率，永乐二十一年（1423），平江伯陈瑄言，"每岁馈运若悉令输京仓陆行往还八十余里，不免延迟妨误"，建议"官军一岁三运，以两运赴京仓，一运贮通州仓"。② 天顺元年（1457），宝应、泛光、邵伯、高邮等处堤岸冲决数多，而清江提举司造船主事不能兼理，漕运总兵右都督徐恭乞增设管河主事一员，以加强对该地运河堤岸的治理。③ 为纾军困，成化元年（1465），漕运总兵都督金事杨茂"乞免河西务、张家湾等处税课"，免除各处运粮旗军所带土产物货的税课。④ 为振举漕纲，革除漕弊，成化九年（1473），镇守淮安漕运总兵官平江伯陈锐奏："各都司运粮把总、都指挥、千百户等官多有不畏法律，贪赃害军者，乞皆退回原卫带俸差操，别选廉干者代之。自后，凡借债者，皆令停俸运粮，候债完日支俸，若年久不完，及剥削害军者，照例问发立功哨，了其果廉干者，依文职旌异例，或量升署职以励后人。"⑤ 成化十一年（1475），因每岁漕运京粮至张家湾，陆运至京，如遇夏雨连绵，道途泥泞，车辆难行，脚价增倍，漕军艰苦不胜，为此漕运总兵官陈锐请暂拨京操旗军，兼用随路伙夫，修砌京城至张家湾粮运道路，以便往来。⑥

第三，抚安军民，捕寇缉盗。漕运总兵镇守淮安，统领官军137800员，负有保护漕运沿线安全之责，"遇有盗贼生发，随即调兵剿捕"。⑦ 明前期，

---

① 《明孝宗实录》卷二一二，弘治十七年五月癸巳，台北：中研院历史语言研究所，1962 年校勘本，第 3963 页。

② 《明太宗实录》卷二六四，永乐二十一年十月己酉，台北：中研院历史语言研究所，1962 年校勘本，第 2405 页。

③ 《明英宗实录》卷二八三，天顺元年十月乙巳，台北：中研院历史语言研究所，1962 年校勘本，第 6077 页。

④ 《明宪宗实录》卷二一，成化元年九月癸酉，台北：中研院历史语言研究所，1962 年校勘本，第 426 页。

⑤ 《明宪宗实录》卷一一二，成化九年正月丙辰，台北：中研院历史语言研究所，1962 年校勘本，第 2177 页。

⑥ 《明宪宗实录》卷一三九，成化十一年三月辛未，台北：中研院历史语言研究所，1962 年校勘本，第 2603～2604 页。

⑦ 杨宏、谢纯：《漕运通志》卷三《漕职表》，荀德麟、何振华点校，方志出版社，2006，第 59 页。

倭寇横行，漕运总兵除保护漕粮安全，还承担着打击倭寇的任务。永乐四年（1406），陈瑄督海运至辽东。舟还，值倭于沙门，陈瑄追击倭寇至朝鲜境上，焚其舟，倭寇被杀溺死者甚众。① 永乐七年（1409），成祖敕谕陈瑄："海运舟粮发时，必会合安远侯柳升等，令以并护。或遇寇至，务协力剿杀，勿致竦虞。"② 同时，若逢当社会动乱，漕运总兵作为镇守之官，也需抚绥淮安军民，如宣德元年（1426），汉王叛乱，宣宗遣指挥黄让、内官谭顺等往淮安，同总兵官平江伯陈瑄镇守，并敕瑄曰："今命指挥黄让、内官谭顺、内使陈锦助尔镇守淮安，抚绥军民。或有寇盗窃发，即与军卫有司同心戮力，固守城池，遣人驰奏。自余一切巨细事务，尤在审处，毋得一毫扰及军民。"③

第四，节制官兵，整顿吏治。漕运总兵能节制所统运粮官军，并对其不法者，可进行处治。如宣德六年（1431）规定："差给事中、御史于南京各卫，会同该府堂上官，在外会同各都司、按察司堂上官及中都留守司、直隶卫所点选运军。其管运官员，不能抚恤，以致逃故者，从总兵官处治。"④ 漕运总兵影响着地方官员的升降，并且在纠治贪墨、整顿吏治等方面发挥着重要作用。漕运总兵所领敕书："运粮官军有犯，自指挥以下轻则量情惩治，重则拿送巡按、巡河御史及原差问刑官处问理，照例发落。都指挥有犯，具奏拿问。若刁泼军旗乘机诬告，对证涉虚者，治以重罪。自通州至扬州一带水利，有当蓄泄者，严督该管官司并巡河御史、管河管洪郎中等官，设法用工筑塞疏浚，以便粮运。"成化九年（1473），漕运总兵官陈锐劾奏："把总运粮都指挥彭铸，岁令各舡附载私货及与指挥李瑄、铁琮等交通贿赂，侵克官粮，请逮赴京师治罪。"刑部以路远人众，下南京刑部取问如律。⑤ 成化二十一年（1485），陈锐因兑运军粮事宜，弹劾江西左布政使王克复、右参议讷及知府、知县等人，被弹劾之人皆被逮治。⑥

---

① 谷应泰：《明史纪事本末》卷五五《沿海倭乱》，中华书局，1977，第841页。
② 《明太宗实录》卷八九，永乐七年三月丙辰，台北：中研院历史语言研究所，1962年校勘本，第1178页。
③ 《明宣宗实录》卷二〇，宣德元年八月乙丑，台北：中研院历史语言研究所，1962年校勘本，第525页。
④ 万历《大明会典》卷二七《漕运》，上海古籍出版社，2002年影印本，第478页。
⑤ 《明宪宗实录》卷一一九，成化九年八月丙子，台北：中研院历史语言研究所，1962年校勘本，第2299~2300页。
⑥ 《明宪宗实录》卷二七〇，成化二十一年九月己未，台北：中研院历史语言研究所，1962年校勘本，第4557页。

二 漕运总兵政治身份与地域分布

明代漕运总兵人数几何，史载不一。成书于嘉靖初的《漕运通志》载：自永乐迄嘉靖十三年（1534），共有 17 名漕运总兵，其中漏记嘉靖十年（1531）漕运总兵张奎。① 万历《淮安府志》所载"漕运镇守总兵官"，因循《漕运通志》，并延至隆庆六年（1572），共有 27 名漕运总兵，其中漏记张奎和嘉靖二十三年（1544）漕运总兵毛汉。② 乾隆《淮安府志》载：自永乐迄顺治元年（1644），共有 34 名漕运总兵，其中含洪武淮安大河卫都指挥时禹、永乐淮安镇守都指挥施文和南明宏光淮安镇守刘泽清，而漏记万历四十四年（1616）漕运总兵李邦镇。③ 光绪《淮安府志》载"理漕镇守总兵官"39 人，较之乾隆《淮安府志》，增洪武淮安卫指挥使华云、武德卫指挥使蔡迁、建文驸马都尉梅殷、永乐历城侯盛庸、崇祯抚宁侯朱国弼。④ 张德信先生的《明代职官年表·镇守总兵官年表》中"总督漕运"列 103 位漕运总兵，⑤ 将总漕等同于漕运总兵，似有不妥。此外，以上诸书所载漕运总兵的任职人员及任职时间，多有抵牾。兹结合《明实录》、万斯同的《明史》及张德信的《明代职官年表》等整理如下（见表 1）。

表 1 明代漕运总兵统计一览

姓名	籍贯	爵位	原职	任职时间	去职原因	出处
陈瑄	合肥	平江伯	都督金事	永乐二年（1404）三月至宣德八年（1433）十月	卒	《明太宗实录》卷二九，第 516 页；《明宣宗实录》卷一〇六，第 2378 页

① 杨宏、谢纯：《漕运通志》卷三《漕职表》，荀德麟、何振华点校，方志出版社，2006，第 67 ~ 70 页。

② 万历《淮安府志》卷二《漕运镇守总兵官》，《天一阁藏明代方志选刊续编》第 8 册，上海书店，1990，第 102 ~ 104 页。

③ 乾隆《淮安府志》卷一八《漕运总兵》，《续修四库全书》本史部第 700 册，上海古籍出版社，2002 年影印本，第 126 页。

④ 光绪《淮安府志》卷一〇《镇守武员屯卫世职》，《中国地方志集成》第 54 册，江苏古籍出版社，1991，第 129 ~ 132 页。

⑤ 张德信：《明代职官年表》第 3 册《镇守总兵官年表》，黄山书社，2009，第 2927 ~ 3135 页。

姓名	籍贯	爵位	原职	任职时间	去职原因	出处
王瑜	海州	—	署左军都督金事指挥同知	宣德八年（1433）十一月至正统四年（1439）八月	卒	《明宣宗实录》卷一〇七，第2386页；《明英宗实录》卷五八，第1115页
武兴	宿州	—	都督金事	正统四年（1439）八月至正统十四年（1449）九月	升都督同知管神机营操练	《明英宗实录》卷五八，第1117页；卷一八三，第3582页
徐恭	和州	—	都指挥金事	正统十四年（1449）九月至天顺七年（1463）八月	致仕	《明英宗实录》卷一八三，第3582页；卷三五六，第7106页
牛循	滁州	—	都督金事	不详至天顺八年（1464）二月	降都指挥金事	《明宪宗实录》卷二，第53页
杨茂	武昌	—	漕运参将	成化元年（1465）正月至成化七年（1471）九月	致仕	《明宪宗实录》卷一三，第283页；卷九五，第1820页
陈泾	泰州	泰宁侯	南京协同守备	成化七年（1471）九月至成化八年（1472）七月	卒	《明宪宗实录》卷九五，第1825页；卷一〇六，第2079页
陈锐	合肥	平江伯	镇守两广总兵	成化八年（1472）七月至成化二十一年（1485）七月	管南京中府事	《明宪宗实录》卷一〇六，第2074~2075页；卷二六八，第4534页
王信	凤阳	—	镇守湖广都督同知	成化二十一年（1485）八月至成化二十二年（1486）	卒	《明宪宗实录》卷二六九，第4541页；万斯同《明史》卷二三二，第177页
都胜	武定	—	漕运参将署都督金事	成化二十二年（1486）八月至弘治七年（1494）十一月	因事被逮入京	《明宪宗实录》卷二八一，第4748页；《明孝宗实录》卷九四，第1370~1371页
郭鋐	合肥	—	广西副总兵都指挥同知	弘治七年（1494）十二月至正德二年（1507）八月	被召还理府事	《明孝宗实录》卷九五，第1745页；《明武宗实录》卷二九，第744页
毛锐	甘州	伏羌伯	两广总兵；不详①	正德二年（1507）八月至正德三年（1508）五月；正德四年（1509）十月至正德五年（1510）八月	因事被罢；被劾回京	《明武宗实录》卷二九，第744页；卷四三，第1002页；卷五六，第1256页；卷六六，第1449~1450页

---

① 由于笔者所阅资料的限制，或史料缺乏明确记载，导致有些漕运总兵任职前职位、任职时间、去职原因不明。对于没有明确记载的，表中记以"不详"。

姓名	籍贯	爵位	原职	任职时间	去职原因	出处
陈熊	合肥	平江伯	都督佥事	正德三年（1508）五月至正德四年（1509）十月	谪戍海南	《明武宗实录》卷三八，第 904 页；卷五八，第 1288 页
顾仕隆	扬州	镇远侯	领围子手上直侍卫	正德五年（1510）八月至正德十六年（1521）五月	充总兵官镇守湖广	《明武宗实录》卷六六，第 1461～1462 页；《明世宗实录》卷二，第 99 页
杨宏	海州	—	南京后军都督府署都督佥事	正德十六年（1521）五月至嘉靖九年（1530）四月	被劾闲住	《明世宗实录》卷二，第 104 页；卷一一二，第 2672 页
杨锐	南京	—	都督佥事	嘉靖九年（1530）五月至嘉靖十年（1531）闰六月	革职回卫	《明世宗实录》卷一一三，第 2686 页；卷一二七，第 3040 页
张奎	杭州	—	漕运参将署都指挥同知	嘉靖十年（1531）七月至不详	不详	《明世宗实录》卷一二八，第 3047 页
刘玺	南京	—	漕运参将署都指挥佥事；前军都督府佥书都督佥事	嘉靖十三年（1534）正月至嘉靖十七年（1538）；嘉靖二十三年（1544）五月至嘉靖二十五年（1546）	佥书南京前府；被劾罢归	《明世宗实录》卷一五八，第 3550 页；卷二八六，第 5539 页；万斯同《明史》卷二六四《刘玺传》，第 503 页
毛汉	甘州	伏羌伯	南京掕督操江	嘉靖二十三年（1544）五月壬寅至壬戌	被劾褫职	《明世宗实录》卷二八六，第 5527 页；卷二八六，第 5539 页
万表	宁波	—	广西镇守署都指挥佥事；南京中军都督府佥书署都督佥事	嘉靖二十五年（1546）四月至嘉靖二十七年（1548）十二月；嘉靖三十四年（1555）正月至八月	佥书南京中军都督府事；病休	《明世宗实录》卷三一〇，第 5826 页；卷三四三，第 6226 页；卷四一八，第 7251 页；卷四二五，第 7363 页
郭琮	凤阳	武定侯	奋武营坐营署都督佥事	嘉靖二十九年（1550）八月至嘉靖三十一年（1552）十月	被罢闲住	《明世宗实录》卷三六四，第 6479 页；卷三九〇，第 6856 页
方恩	江西	—	南京右府佥书署都督佥事；前府佥书署都督佥事	嘉靖三十四年（1555）九月至嘉靖三十五年（1556）；嘉靖四十三年（1564）四月至嘉靖四十五年（1566）十二月	前府佥书署都督佥事；革职	《明世宗实录》卷四二六，第 7365 页；卷五三三，第 8673 页；卷五六六，第 9059 页

续表

姓名	籍贯	爵位	原职	任职时间	去职原因	出处
黄印	南京	—	南京锦衣卫金书署都指挥金事；左军都督府掌印	嘉靖三十六年（1557）正月至嘉靖四十三年（1564）四月	迁镇守湖广总兵	《明世宗实录》卷四四三，第7571页；卷五三三，第8673页
顾寰	扬州	镇远侯	南京守备；神机营坐营；镇守两广总兵；总督京营戎政	嘉靖十七年（1538）四月至嘉靖二十三年（1544）四月；嘉靖二十七年（1548）十二月至嘉靖二十九年（1550）七月；嘉靖三十一年（1552）十月至嘉靖三十三年（1554）十二月；隆庆四年（1570）正月至十月	回京听勘；迁镇守两广总兵；总督京营戎政；辞官	《明世宗实录》卷二一一，第4353页；卷二八五，第5521页；卷三四三，第6229页；卷三六三，第6472页；卷三九〇，第6856页；卷四一七，第7248页；《明穆宗实录》卷四一，第1009页；卷五〇，第1259页
李庭竹	盱眙	临淮侯	左军都督府掌印	嘉靖四十五年（1566）十二月至隆庆元年（1567）	签署都督府事	《明世宗实录》卷五六六，第9061页
福时	东安	—	协同漕运参将署都督金事	隆庆元年（1567）十月至隆庆三年（1569）十二月	革任听勘	《明穆宗实录》卷一三，第369页；卷四〇，第994页
陈王谟	合肥	平江伯	神机营提督	隆庆四年（1570）十月至隆庆五年（1571）	湖广总兵	《明穆宗实录》卷五〇，1260页
梁继璠	汝阳	保定侯	掌左军都督府事	隆庆五年（1571）十月至隆庆六年（1572）七月	以病免	《明穆宗实录》卷六二，第1503~1504页；《明神宗实录》卷三，第105~106页
汤世隆	凤阳	灵璧侯	南京协同守备兼后军都督府掌印	隆庆六年（1572）七月至万历十三年（1585）	协同守备	《明神宗实录》卷三，第108页
孙世忠	东胜州	怀宁侯	湖广总兵	万历十三年（1585）十二月至万历二十年（1592）八月	回籍养病	《明神宗实录》卷一六九，第3061页；卷二五一，第4682页
王承勋	余姚	新建伯	提督操江兼管巡江事	万历二十年（1592）八月至万历四十年（1612）	辞官	《明神宗实录》卷二五一，第4685页；卷四九七，第9377~9378页

续表

姓名	籍贯	爵位	原职	任职时间	去职原因	出处
李邦镇	凤阳	临淮侯	掌府军前卫印管事	万历四十四（1616）年三月至天启元年（1621）二月	回京养病	《明神宗实录》卷五四三，第 10314 页；《明熹宗实录》卷六，第 281～283 页

资料来源：《明实录》，台北：中研院历史语言研究所，1962 年校勘本；万斯同：《明史》，《续修四库全书》本史部第 328 册，上海古籍出版社，2002 年影印本；张德信：《明代官职年表》，黄山书社，2009。

由表 1 可知，明代出任漕运总兵的 32 人中，16 人为勋臣，占 50%；16 人为流官，占 50%，可知明廷在任用漕运总兵时，并无专用勋臣。自永乐迄弘治，共 11 人任漕运总兵，勋臣 3 人，流官 8 人，表明此期漕运总兵以流官为主。自正德迄隆庆，共 17 人任漕运总兵，勋臣 9 人，流官 8 人，表明此期漕运总兵是世爵、流官相兼并推。万历之后，出任漕运总兵者皆为勋臣。缘此，明清文献多认为：漕运总兵职位以公、侯、伯爵位专任，"明设文、武漕院，并称帅府，武即漕运总兵是也，领侯、伯，坐文院上"。① 天启元年（1621），户、兵二部商议是否裁革漕运总兵，认为"勋贵恝然，不若流官犹易弹压"，建议漕运总兵改用流官，熹宗则称"漕运总兵祖制用勋臣，良有深意"。② 不过，也有人认为漕运总兵并非专用勋臣，而是流官、世爵兼用。顾起元《客座赘语》载："顷见台谏与部疏议漕运总兵改用流官，不必沿推世爵。案此官旧制，流官、世爵原相兼并推，不待改也。嘉靖中，吾乡刘都督玺、黄都督印皆以卫官任至总兵管漕运。黄与先大夫往还，余犹及见之，颇非辽远。建议者不举此以闻于上，第云欲革世爵，改用流官，遂奉旨'祖宗旧制，原用勋臣'，不知兼用流官正祖宗朝旧制也。"③ 明代功臣封爵分公、侯、伯三等，有流爵，也有世爵，④ 据其爵位始封缘由，可分三类：开国功臣，即"佐太祖定天下者"；靖难功臣，即"从成祖起兵者"；治平功臣，即治平时期各朝所封者。⑤ 据表 1，共有 16 名漕运总兵拥有世袭爵位。其中开国

---

① 乾隆《淮安府志》卷一八《漕运总兵》，《续修四库全书》本史部第 700 册，上海古籍出版社，2002 年影印本，第 126 页。

② 《明熹宗实录》卷六，天启元年二月戊申，台北：中研院历史语言研究所，1962 年校勘本，第 281～282 页。

③ 顾起元：《客座赘语》卷一《漕运总兵流官》，中华书局，1987，第 3 页。

④ 张廷玉等：《明史》卷七六《职官五》，中华书局，1974，第 1855 页。

⑤ 苏辰、罗冬阳：《明代南京守备体制人员任职研究》，《古籍整理研究学刊》2015 年第 3 期，第 100 页。

功臣 4 任，占 25%；靖难功臣 8 任，占 50%；治平功臣 4 任，占 25%。可见，靖难功臣是选取漕运总兵的主要人选。

明代漕运总兵来源有三：一是五军都督府，多以都督同知、都督佥事身份出任；二是地方武官，以守备、协同守备、正副总兵官、参将、都指挥同知、都指挥佥事等身份出任；三是京营，以十二团营的提督官、坐营官等身份出任。据笔者统计，明代漕运总兵官共有 32 人 40 任。其中漕运总兵官来自五军都督府者 26 任，占总任数的 65%，来自地方者 9 任，占总任数的 22.5%，来自京营者 4 任，占总人数的 10%，不详者 1 任。① 这表明：明廷在推选漕运总兵时，会优先考虑五军都督府人员。

《明史·职官五》载："凡总兵、副总兵，率以公、侯、伯、都督充之。"② 但就漕运总兵而言，似有不妥，如徐恭以都指挥佥事充漕运总兵官，杨茂以漕运参将充漕运总兵官，郭铉以广西副总兵都指挥同知充漕运总兵官，张奎以漕运参将署都指挥同知充漕运总兵官，刘玺以漕运参将署都指挥佥事充漕运总兵官，万表以广西镇守署都指挥佥事充漕运总兵官，黄印以南京锦衣卫佥书署都指挥佥事充漕运总兵官。以上七人并非公、侯、伯、都督，却俱充总兵官，可见明代漕运总兵并非"率以公、侯、伯、都督充之"。

就籍贯分布而言，明代漕运总兵中属南直隶籍者人数最多，占总数的 65.63%，其次为浙江籍 3 人，再次为陕西、湖广，均为 2 人，再次为山西、河南、江西、山东各 1 人。从具体省份看，江西、浙江、湖广、河南、山东、南直隶为行漕之省，来自行漕之省的漕运总兵人数为 29 人，占总数的 90.63%。具体情况如表 2 所示。

表 2 明代漕运总兵地域分布

单位：人

南直隶	陕西	山西	河南	浙江	江西	湖广	山东
21	2	1	1	3	1	2	1

资料来源：由表 1 中籍贯统计。

---

① 因有人多次出任漕运总兵，如毛锐、刘玺、万表、方恩都 2 次出任，顾寰 4 次出任，因其在出任漕运总兵前的职衔不同，如刘玺一次是漕运参将署都指挥佥事，一次是前军都督府佥书都督佥事，在统计时分别计入地方和五军都督府；另有以京营、地方官署职五军都督府者，按五军都督府人员计算，如郭琮以奋武营坐营署都督佥事充漕运总兵官，计算时将其归入五军都督府人员。一人多次在五军都督府、地方或京营任职时按一次计算，如顾寰分别以南京守备、神机营坐营、镇守两广总兵、总督京营戎政四次充总兵官，计算时按一次地方、一次京营。

② 张廷玉等：《明史》卷七六《职官五》，中华书局，1974，第 1866 页。

明代官员任职实行回避制度，洪武初，即定南北更调之制，"南人官北，北人官南。其后官制渐定，自学官外，不得官本省，亦不限南北也"。① 同时，吏部铨选，也"南北更调"②。以北平、山西、陕西、河南、四川之人，用于浙江、江西、湖广、直隶；浙江、江西、湖广、直隶之人，用于北平、山东、山西、陕西、河南、四川、广东、广西、福建；广西、广东、福建之人，用于山东、山西、陕西、河南、四川。考核不称职及因事解降者，不分南北，一律在广东、广西、福建的汀漳、江西的龙南和安远、湖广的郴州等地迁用。③ 漕运总兵开府于淮安，淮安府隶属于南直隶。按规定，出任漕运总兵时，南直隶籍的人员应回避任职。从表2看，出任漕运总兵的南直隶籍人数为21人，约为总人数的三分之二。这显示出明廷在选任漕运总兵时，不仅未严格执行回避制度，反而倾向于选用南直隶籍的人员。究其原因，盖在于：漕运总兵事重繁剧，需精通漕运之人担任，因明代武官世袭，行漕之省，特别是南直隶的卫所军官熟悉漕运事务，因而成为朝廷选拔漕运总兵的优先人选。漕运总兵由于每年需要跟随漕运船只北上，一年之中大部分时间在行漕运，不在本地治民，而且至明中后期漕运总兵的治民、治军、总漕、治吏等职能，逐渐被漕运总督取代，成为无权之职，故在铨选时也无须回避任职。

三　漕运总兵官任职时间与去职缘由

漕运总兵官从第一任陈瑄到最后一任李邦镇，历经32任，凡218年（1404—1621），平均每任6.81年。其中陈瑄任职最长，声誉最隆，"瑄以浚河有德于民，民立祠清河县。正统中，命有司春秋致祭"。④ 任职最短者是毛汉，仅20天，即被弹劾褫职。与任期甚少超过三年的漕运总督相比，⑤ 漕运总兵任职时间较长，其中任职十年以上者9人，近总数的三分之一，任职五年以上者17人，超过总数的二分之一。漕运总兵总督漕运兼镇守淮安，是当

---

① 张廷玉等：《明史》卷七一《选举三》，中华书局，1974，第1716页。
② 《明太祖实录》卷七〇，洪武四年十二月丙戌，台北：中研院历史语言研究所，1962年校勘本，第1299页。
③ 《明太祖实录》卷一二九，洪武十三年正月乙巳，台北：中研院历史语言研究所，1962年校勘本，第2054页。
④ 张廷玉等：《明史》卷一五三《陈瑄传》，中华书局，1974，第4209页。
⑤ 谢宏维、李奇飞：《明代漕运总督述论》，《史学月刊》2016年第10期，第38页。

时非常重要的镇戍武官，明代对镇戍武官考核的方法有两种：一是五年一次的镇戍武官军政考选，令高级镇戍武官自陈行状业绩求退；二是吏部会同有关衙门对内外官员进行定期和不定期考察。但在实际运作中，由于将选不足的限制，即使执行军政考选的官员认真执法，两种考核也很难对镇戍武官进行有效考核。① 明中后期，边患频仍，镇戍武官责任重大，故嘉靖十七年（1538），世宗责令巡按不许轻易论劾镇戍武官。② 盖因如此，漕运总兵很少因考选或弹劾而去职，其在位比较稳定，时间且长。明代漕运总兵总数及平均任职年数见图1。

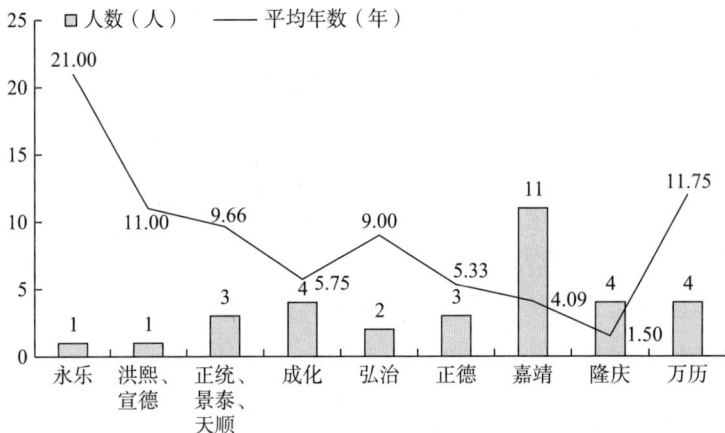

图1 明代漕运总兵总数及平均任职年数③

资料来源：由表1统计所得。

明代漕运总兵任职期限大致呈 V 字形分布。永乐年间，有 1 位漕运总兵，平均任期 21.00 年；洪熙、宣德年间，有 1 位漕运总兵，平均任期 11.00 年；正统、景泰、天顺年间，有 3 位漕运总兵，平均任期 9.66 年；成化年间，有 4 位漕运总兵，平均任期 5.75 年；弘治年间，有 2 位漕运总兵，平均任期 9.00 年；正德年间，有 3 位漕运总兵，平均任期 5.33 年；嘉靖年间，有 11 位漕运总兵，平均任期 4.09 年；隆庆年间，有 4 位漕运总兵，平均任期 1.50 年；万历年间，有 4 位漕运总兵，平均任期 11.75 年。

---

① 张祥明：《明代镇戍武官军政考选初探》，《史学月刊》2010 年第 12 期，第 29 页。
② 《明世宗实录》卷二一八，嘉靖十七年九月辛卯，台北：中研院历史语言研究所，1962 年校勘本，第 4481～4482 页。
③ 按：任期跨年号者，统计时计入任职时间长的年号内（王瑜除外）；在同一年号内再任者，不重复统计，惟顾寰嘉靖间三任，隆庆间一任，本图分算之。

漕运总兵任职期限的长短与其是否能按时把漕粮安全运送到北京有关。想要漕粮顺利到达北方，则需要运河通畅无阻。永乐时期，宋礼、陈瑄对大运河进行综合治理，使大运河贯通南北，"南极江口，北尽大通桥，运道三千余里"，[1] 保障了漕粮及时安全运送到北方。万历时，经过嘉靖、隆庆对黄河和运河的大规模治理，运河河道通畅，运粮船可以安全通行，故永乐、洪熙、宣德和万历时期漕运总兵平均任职时间都在十年以上。在单、丰、沛一带，黄河极易决口，一旦发生决口，河水就会冲坏运河河堤。[2] 嘉靖初，黄河多次破坏运河航运，黄河含沙量极大，河水冲入运河，导致运河累浚累塞。[3] 嘉靖四十四年（1565）七月，"河决沛县飞云桥，东注昭阳湖，运道淤塞百余里"；[4] 隆庆三年（1569）七月，"河决沛县，茶城淤塞，粮艘二千余皆阻邳州"；[5] 隆庆五年（1571）四月，由于黄河决口"损漕船运军千计，没粮四十万余石"。[6] 由于嘉、隆间运河经常堵塞，漕粮不能及时到达北京，漕运总兵自然也难长安于位，其中嘉靖间平均每人 4.09 年，隆庆间平均每人 1.50 年。

漕运总兵任职期限的长短与社会是否稳定也有密切关系。成化、正德时，因政治腐朽、土地兼并，赋役日重，导致农民起义不断。农民起义所过之处，除了打击地主豪绅和贪官污吏外，还会影响当地的社会治安，破坏漕运的顺利进行。正德六年（1511），刘六、刘七率领起义军连破日照、海丰、寿张、阳谷、安丘、宁阳、曲阜、沂水、泗水、费十城。攻济宁，焚毁漕船千二百艘。[7] 故成化、正德间，漕运总兵任职时间低于总平均年数，成化间平均5.75 年，正德间平均 5.33 年。嘉靖间，"纷纭多故，将疲于边，贼讧于内"，[8] 社会动乱不安，对漕运造成巨大的破坏，如：嘉靖三十五年（1556），倭寇掠瓜州，烧漕粮 34000 余石。[9] 加上世宗威柄在御，漕运如有不济，即严惩漕运官员，世宗在位 45 年间，共有 11 人 16 任漕运总兵，平均每任不到 3 年。

① 张廷玉等：《明史》卷八五《河渠三》，中华书局，1974，第 2077 页。
② 汤纲、南炳文：《明史》，上海人民出版社，2014，第 464 页。
③ 《明世宗实录》卷八四，嘉靖七年正月乙酉，台北：中研院历史语言研究所，1962 年校勘本，第 1896 页。
④ 张廷玉等：《明史》卷二二三《朱衡传》，中华书局，1974，第 5865 页。
⑤ 张廷玉等：《明史》卷八五《河渠三》，中华书局，1974，第 2089 页。
⑥ 张廷玉等：《明史》卷八五《河渠三》，中华书局，1974，第 2090 页。
⑦ 谷应泰：《明史纪事本末》卷四五《平河北盗》，中华书局，1977，第 670 页。
⑧ 张廷玉等：《明史》卷一八《世宗本纪》，中华书局，1974，第 252 页。
⑨ 《明世宗实录》卷四三八，嘉靖三十五年八月壬辰，台北：中研院历史语言研究所，1962 年校勘本，第 7521 页。

据表1统计，漕运总兵去职原因如下。一是调任五军都督府、京营或地方镇守，总共13人。其中调回五军都督府者6人，京营2人，调任地方担任镇守或守备者5人。二是被劾或因事被降职或罢免，总共12人。其中被降职1人，被劾罢免6人，因事被免5人。三是因身体原因或致仕，总共12人。其中卒于任者4人，致仕4人，因病去职4人。同时，漕运总兵的去职原因也因时而异，大体趋势为：自永乐迄景泰，共4位漕运总兵，其中陈瑄、王瑜卒于任，徐恭致仕，武兴因京城保卫战调任北京。这一时期社会相对稳定，运河南北通畅无阻，漕运总兵位高权重，拥有治军、理民、治河、总漕等诸多权力，任职人员也多称职，颇有作为。陈瑄"身理漕河者三十年，举无遗策"，[①] 王瑜"在淮数年，守瑄成法不变，有善政"，[②] 徐恭"性尚质素，推贤让能，隐然有方面之重"，[③] 漕运总兵故能安于职位，多卒于任。

自天顺迄隆庆，共24位漕运总兵，其中被劾去职者13人，占54.17%，调任其他职位者10人，占41.67%。卒于任者1人，这一时期政治日坏，社会动乱，黄河泛滥，漕河堵塞，漕运总兵也良莠不齐，治漕有功及官声较好者如：杨茂"读书好礼，督运数年，不事苛刻，事济而人安"；[④] 都胜"居官廉洁，临事亦慎，历官六十余年，自奉甚俭"；[⑤] 郭鋐"深沉有将略，总漕时，凡官兵利病为陈请必罢行乃已。又奉命浚通州官河廿余里，置减水坝，令浅船般运，岁可省数万缗"；[⑥] 顾仕隆"谦约多俭，苟且不行，处多事之世而不及于祸"；[⑦] 杨宏"总督漕运，剔蠹清通，增置浅舡。诏回南京中府，淮父老倾城攀留，泣摧道路，为立生祠"；[⑧] 刘玺"莅事五年，先后条漕政便宜凡三十余疏，军民咸德之"；[⑨] 万表"廉明有威望，得军民心。同事文臣贤之，漕

① 张廷玉等：《明史》卷一五三《陈瑄传》，中华书局，1974，第4208页。
② 张廷玉等：《明史》卷一五三《王瑜传》，中华书局，1974，第4211页。
③ 杨宏、谢纯：《漕运通志》卷三《漕职表》，荀德麟、何振华点校，方志出版社，2006，第68页。
④ 《明宪宗实录》卷一一九，成化九年八月己巳，台北：中研院历史语言研究所，1962年校勘本，第2295页。
⑤ 《明孝宗实录》卷一五二，弘治十二年七月庚辰，台北：中研院历史语言研究所，1962年校勘本，第2696页。
⑥ 《明武宗实录》卷五四，正德四年九月辛亥，台北：中研院历史语言研究所，1962年校勘本，第1225页。
⑦ 杨宏、谢纯：《漕运通志》卷三《漕职表》，荀德麟、何振华点校，方志出版社，2006，第69页。
⑧ 《明世宗实录》卷二五五，嘉靖二十年十一月戊申，台北：中研院历史语言研究所，1962年校勘本，第5129~5130页。
⑨ 万斯同：《明史》卷二六四《刘玺传》，《续修四库全书》本史部第325册，上海古籍出版社，2002年影印本，第503页。

政一切倚办，虽朝廷亦知其才，数条奏利病率报可"。① 贪肆不职及官声较差者如：陈锐"在运年久，贪声大著，虽有微劳，功不赎罪";② 伏羌伯毛锐"求管漕运，纳货不赀";③ 陈熊"略涉文艺，而蠢愚不堪任事";④ 毛汉"贪墨恣肆，不堪提督漕运";⑤ 福时"贪肆不职"。⑥ 因政治环境，黄河、运河破坏及任职者本身等因素，此期漕运总兵多因弹劾和调任而去职。

万历以降，共有 4 位漕运总兵，其中孙世忠、王承勋、李邦镇因身体原因去任，汤世隆调任南京协同守备。这一时期漕运总兵的治军、抚民、治河、总漕职能已被漕运总督取代，万历时有人提出"漕制悉备，漕事有总漕、巡漕、漕道尾之于后，漕运总兵已为赘员",⑦ 因为漕制悉备，事有专责，漕运总兵无事可干，无须担责，已沦为虚职。又因任职者皆为勋臣，碍于勋臣体统，抚按不便弹压，故这一时期漕运总兵往往是因身体原因而去职。

总之，漕运总兵的设立有效地保证了南方漕粮及时安全地运送到北方，有利于维护京师地区的稳定和保障边防军粮的供应。其治理大运河、筑堤修闸、疏浚河道的职能，促进了大运河沿线水利事业的发展。漕运总兵兼具缉捕盗贼、镇压民变、打击倭寇的作用，维护了地方社会的稳定与发展。漕运总兵所开创的治军、抚民、总漕、治吏等职能为漕运总督所继承和扬弃，使漕运制度更为完备，效率更高，并为清王朝所继承。但是，随着明代中央机关的地方化，监察机关的行政化，以及坚持以文制武的军事领导原则，地方的漕运总兵的权力逐渐被分散转移，并最终被来自中央且带有都察院职衔的漕运总督取代。这一过程与明代国家权力关系演变的趋势一致，同时也反映了传统社会由王朝草创期的武人治军向承平时代文人掌兵转变的基本规律。

---

① 万斯同：《明史》卷二六四《万表传》，《续修四库全书》本史部第 328 册，上海古籍出版社，2002 年影印本，第 504 页。

② 《明宪宗实录》卷二六八，成化二十一年七月乙丑，台北：中研院历史语言研究所，1962 年校勘本，第 4534 页。

③ 《明武宗实录》卷六六，正德五年八月壬寅，台北：中研院历史语言研究所，1962 年校勘本，第 1449 页。

④ 《明武宗实录》卷八二，正德六年十二月庚子，台北：中研院历史语言研究所，1962 年校勘本，第 1786 页。

⑤ 《明世宗实录》卷二八六，嘉靖二十三年五月壬戌，台北：中研院历史语言研究所，1962 年校勘本，第 5539 页。

⑥ 《明穆宗实录》卷四〇，隆庆三年十二月庚申，台北：中研院历史语言研究所，1962 年校勘本，第 994 页。

⑦ 《明神宗实录》卷四九七，万历四十年七月癸丑，台北：中研院历史语言研究所，1962 年校勘本，第 9377 页。

四 运河区域经济与社会

近代天津村镇变迁研究[*]

——以运河沿岸为中心

安　宝　任吉东[**]

有学者认为："天津市多样的自然环境，它平坦的地形，暖温带的气候，众多的河流，滨海的地利和丰富的自然资源。"前者广袤以盛人，后者丰饶以载物，"为人口的发展提供了良好的活动场所和优越的物质条件，提供了巨大的环境容量"。[①] 正是由于上述自然条件，天津聚落形成的历史非常悠久。如现在静海区的钓台、纪庄子、子牙、张村、民主庄一带，最晚在战国时期就已形成村落。但多因历代水灾及兵祸，村落多迁移或被毁灭，"现存的村庄70%建于明永乐年间（1403—1424），5%建于明末，15%建于清代和民国时期"。[②]

根据同治年间《津门保甲图说》的相关统计，最晚至1846年前后，"当时的天津已经形成了由都市中心区——周围15乡镇——附廓351个自然村组成的严密的都市层次体系，大体情况是：都市中心区9.4平方公里；西北方和北方5大镇：大红桥、西沽、丁字沽、北仓、宜兴埠；东南方7大镇：大直沽、灰堆、咸水沽、葛沽、双港、新城、大沽；西南方1大镇：杨柳青；东方2大镇：大毕庄、军粮城"。[③] 其中15个乡镇中又有6个较大的城镇即西沽、丁字沽、北仓、葛沽、杨柳青和大沽，除了大沽远离城区外，其他"五镇人口由0.7万至2.5万不等，是为天津外围地区人口密度最大的五个地点"。[④] 至光绪年间，根据《重修天津府志》，天津周边又进一步形成了围绕

---

* 本文原载于《中华文化论坛》2019年第4期。

** 安宝，天津医科大学马克思主义学院副教授，天津市高校习近平新时代中国特色社会主义思想研究联盟特邀研究员，研究方向为中国近现代社会史；任吉东，天津社会科学院历史研究所、天津历史文化研究中心研究员，研究方向为中国近现代社会史。

① 李竞能等主编《中国人口·天津分册》，中国财政经济出版社，1987，第14页。

② 张培生主编《静海县志》，天津社会科学院出版社，1995，第48页。

③ 胡光明：《开埠前天津城市化过程及内贸型商业市场的形成》，《天津社会科学》1987年第2期，第90~91页。

④ 陈雍：《明清天津城市结构的初步考察》，《城市史研究》1995年第0期。

城区的南乡七镇（新农镇、白塘口镇、咸水沽镇、葛沽镇、新城镇、双港镇、灰堆镇），西乡一镇（杨柳青），北乡七镇（西沽镇、丁字沽镇、北仓镇、浦口镇、旱沟镇、三河镇、桃花口镇）以及373个自然村的村镇格局。①

其中，运河沿岸的村镇有着独特的风貌，宛如一颗颗明珠，散落在南北运河两岸，形成"运河两岸有人家，水田漠漠小江南"（笔者自编）的美景。

一 运河沿岸村镇的得名原因

"天津是大运河载来的城市"，天津城市的形成与发展与大运河息息相关。早在元朝时期，天津大运河的格局基本形成，明清两代，天津因为是扼守大运河通往京城的咽喉，又是漕运转船入京的必经之地，可谓"当南北之冲，京师岁食东南数百万之漕，悉道于此，舟楫之所式临，商贾之所萃集，五方之民之所杂处"，② 因此也就造就了天津地区运河沿线城乡的兴起与日渐繁荣。根据资料统计，在南运河、北运河两岸，村庄多沿河呈线型分布，居民点密集。南运河地带村庄112个，城镇11个；北运河村庄89个，城镇12个；南运河故道村庄17个，通过村庄的延续性可以佐证运河的延续性。南运河、北运河沿岸村镇见表1、表2。

表1 南运河沿岸村镇

行政区域	区位	村镇
静海区	南运河右堤	梁官屯、王善政、靳官屯、赵官屯、只官屯、长张屯、大张屯、唐官屯、夏官屯、刘上道、刘下道、吕官屯、张官屯、王官屯、高官屯、东钓台、陈官屯镇、南长屯、东长屯、北长屯、袁村、杨家园、双塘镇、增富堂、八里庄、高家楼、范庄子、王家楼、杨李院、静海县城、北兴楼、孙家场、韩家口、刘官庄、魏家庄、白杨村、府君庙、李家院、王庄子、南肖楼、北肖楼、北刘庄、杜家嘴、下圈、十一堡

---

① 光绪《重修天津府志》，天津市地方志编修委员会编著《天津通志·旧志点校卷》（上），南开大学出版社，1999，第966~970页。

② 薛柱斗：《重修天津卫志·序》，天津市地方志编修委员会编著《天津通志·旧志点校卷》（上），南开大学出版社，1999，第6页。

续表

行政区域	区位	村镇
静海区	南运河北堤	前小屯、后小屯、程庄子、曲庄子、尚庄子、马集、林庄子、小张屯、翟家圈、马辛庄、鲁辛庄、良辛庄、大赵家洼、小赵家洼、胡辛庄、纪庄子、西钓台、邹家嘴、小钓台、曹村、潘村、小集、西长屯、谭村、双塘镇、董莫院、周家院、朴楼、小高庄、陆家院、花园、玉田庄、大口子门、小口子门、大河滩、小河滩、西五里村、冯家村、刘家营、苟家营、王家营、独流镇
	南运河故道右堤	尚庄子、李家楼、于家堡、邢庄子、倪家园、良一村、良二村、良三村
	南运河故道左堤	陆家村、张家村、胡家村、岳家园
西青区	南运河南堤	第六埠、小杜庄、毕家村、宣家院、郭庄子、冯高庄、木厂、娄家院、胡羊庄、东碾陀嘴、杨柳青镇、东马庄、西马庄、谢庄、李楼、大蒋庄、小蒋庄、雷庄、西北斜、中北斜、邢庄子、汪庄子、大稍直口
	南运河北堤	水高庄、小沙窝、辛口镇、中辛口、下辛口、郑庄子、前桑园、后桑园、西碾坨嘴、杨柳青镇、大梁庄、王庄、曹庄子
	南运河故道右堤	大杜庄
	南运河故道左堤	北岳家园、王家村、岳家开、大沙窝

资料来源：天津市地方志编修委员会办公室等编著《天津区县旧志点校》，天津社会科学院出版社，2008。

表 2　北运河沿岸村镇

行政区域	区位	村镇
武清区	北运河右堤	大友堡、水牛、秦营、北里庄、小沙河、木厂、马头、西双街、土城、河西务镇、北三里屯、上刘庄、小龙庄、苏庄、东白庙、中白庙、前白庙、大道张庄、蒙村店、大王庄、小王庄、寺各庄、大孟庄镇、霍屯、砖厂、南蔡村镇、定福庄、聂官屯、郭官屯、卞官屯、宋庄子、大白厂、小白厂、孔官屯、陈官屯、郑楼、杨村、南三里屯、黄庄、老米店、六合庄、马家口
	北运河左堤	西王庄、北陈庄、良庄、北八百户、上九百户、大十百户、小十百户、蒙村、蒙辛庄、南四百户、小王甫、大王甫、七百户、小三里浅、三里浅、西崔庄、北蔡村、上丰庄、丁家、中丰庄、下丰庄、尖嘴窝、港北辛庄、筐儿港、南辛庄、宝稼营、沙古堆、费庄、薛庄、柴官、徐官屯、杨村镇、下朱庄街、高楼、高王院、白疙疸、太平庄
北辰区	北运河右堤	庞嘴、上蒲口、下蒲口、下辛庄、李家楼、马场、屈店、桃口、王秦庄
	北运河左堤	小街、汉沟、郎园、张湾、杨堤、柴楼、沙庄、双街镇、西赵庄、常庄、李嘴、周庄、阎庄

资料来源：天津市地方志编修委员会办公室等编著《天津区县旧志点校》，天津社会科学院出版社，2008。

表1与表2根据《天津县志》《静海县志》《西青区志》《北辰区志》《武清区志》资料整理。

这些村镇的渊源大都与运河有着千丝万缕的联系，其形成与命名则多与下列情况有关。

一是运河两岸的河道地势。沿河村镇中有不少是以河道走势和特点命名的。南北运河河道弯曲，凡是凸出的部位都被称为"嘴"，于是有了杜家嘴、邹家嘴、东碾陀嘴、西碾坨嘴、庞嘴、李嘴等村名；凹进的部分叫"湾"，于是又有了唐家湾、尹儿湾、张湾等村名。

如东碾陀嘴村，因村西北角河湾处常年被河水冲刷成尖嘴状，淤积处成圆形河滩，形状似碾坨状，又在运河东岸，所以取名东碾陀嘴村，与运河西岸的西碾陀嘴村相对应。杜家嘴是明朝初年杜姓人家迁到这里建村，因位于南运河的湾嘴处，故名杜家嘴。

还有北运河西岸的张湾村。在古代，张湾一带是很大的河湾，河道较陡。永定河一部分水流从这一带涌入北运河，流急量大。每逢汛期，常常是白浪滔滔，似万马奔腾，所以民众把这里叫作白马湾。明嘉靖年间，北运河被洪水冲毁改道，白马湾形成"U"形，又改称"马蹄湾"。到了清代，村中张姓家族兴旺，又因是立村户，于是定名张家湾。

位于北运河左岸的汉沟，原来这里曾有一条沟渠，平时干涸，人们叫它"旱沟"，沟旁的村落也成了旱沟村。这一带有永定河一股支流注入北运河，汛期洪水宣泄时，常造成堤岸决口，所以人们又叫它"汉口"。民国年间治理永定河，引洪水由屈店进入北运河，"汉口"不再决口，汉沟的名称便固定下来。

而始建于宋辽对峙期的独流镇则是因为"子牙河、大清河、南运河三河汇集到此，合为一流，故称为独流"。① 堤头村是明永乐年间有不少移民来这里定居，渐成村落，这些移民有的从事农业，有的从事渔业，有的做船工。因该地在运河堤头附近，故称"堤头村"。

二是运河两岸的屯兵场所。明朝初期实行卫所制，在战略要地建卫屯兵，在天津卫的军屯则除了军事训练和作战、维护漕粮运输外，还开垦运河周边的荒田。这些军屯都是在官屯前冠以军事长官的姓氏，如梁官屯、唐官屯、吕官屯等。其中，梁官屯就是在明朝初期，"置百户所，驻扎士兵112人，由

① 政协静海县委员会编著《静海运河文化》，百花文艺出版社，2015，第21页。

梁姓百户长统管"。① 王千户村则是唐官屯地区的千户指挥机关所在地，当时千户叫王龚武，永乐年间奉命押解移民到大运河畔驻防，圈地建营，屯垦荒地并保护漕运，王千户村由此而来。

又如马庄村，在古代曾是一片芦苇荒滩地。明初在尹儿湾建百万仓，常有官军在这里拴马督粮，到处立着拴马的石桩，永乐年间形成村落，称为"拴马庄"，后改为"马家庄"，简称为"马庄"。还有就是在运河堤防上的堡房，是为巡察水情的人员所使用，如集中在子牙河两岸的一堡、二堡、三堡，直至十一堡，后来衍化为村落，以数字区别之。

三是运河两岸的仓库重地。如北仓、中仓、南仓等。历史上，北仓村是漕粮储运重地，正式建村可追溯到元代至元十六年（1279），兴建包括"北仓"在内的"直沽广通仓"，亦有720年历史。南仓位于北运河左岸，元忽必烈在津建广通仓储粮，南仓即列其中，明永乐年间成村，因地处南仓附近得名。还有雍正八年（1730），在南仓和北仓之间还建有"中仓"，在中仓附近形成一个村落，叫中仓村，光绪年间被并入闸街村。②

位于北运河左岸的闸街村则是因为北运河通漕后，运往京城的官盐都要从这里转运进京，在此设立盐运码头，明代永乐年间形成村落。村中的街道被称为"盐街"，又有阎姓等人家来此定居，遂称为闸街村。

另外，还有一些村落的名称与运河两岸的职业有关，如静海的良王庄原名晾网庄，是渔民们曝晒渔网的地方；席厂村因储备大量苇席供漕运船只使用，故得名席厂村。穆家村则得名于漕运人物，该村位于北运河左岸，有浙江钱塘人穆重和驻兵直沽小孙庄，后其子"袭御前带刀侍卫世职"，于永乐二年（1404）"以扈从銮驾，由水运漕船押运皇粮至通州，卸后即蒙殊宠，以漕船恩赐"，③ 于是顺流南返，至小孙庄"家焉"，遂称穆家庄。

二　运河两岸村镇的谋生方式

俗话说，"靠山吃山，靠水吃水"。运河的兴建不仅催生了两岸村镇的繁

---

① 王敬模编《天津静海旧话》，天津古籍出版社，2007，第25页。
② 中国人民政治协商会议天津市北辰区委员会文史委员会编《北辰文史资料》第9辑，天津古籍出版社，2003，第109页。
③ 天津市北辰区地方志编修委员会编著《北辰区志》，天津古籍出版社，2000，第131页。

衍，而且也为世代居住于运河两岸的人民提供了谋生的手段和发展的机会。

（一） 以水运渔业为中心的村镇

据《静海县志》载："昔日，运河上的船帮一至，蜿蜒数十里，大为可观。"① 据新中国成立前做过船工的老人讲，到 20 世纪三四十年代，运河上舟楫往来，樯帆交织，商贾云集，货运频繁。独流、唐官屯、静海、双塘等村镇，成为重要码头。其中，"独流镇一度成为最繁荣的码头之一，当地水运行业有大小船舶 200 多只，大多为货船，一般载重 80 吨以上，最大载重 125 吨，共有船工 2000 多人，船主要往来于天津与河南新乡之间，把独流及周边地区的农副产品运往天津，天津杂货运往新乡，再运粮返回独流。为方便出行，客运船只也不断增多，供人们往返独流与天津之间"。②

而在北辰区境内，清道光二十年（1840），境内 83 村中，74 村有船户，共 876 家，村均 11.8 家。其中，北运河沿岸 39 村中，32 村有船户，共 656 家，村均 20.5 家。船户最多的是霍嘴、柳滩、丁字沽，共 258 家，村均 86 家。境内从事船运者可达四五千人。天穆义德号穆朝政家几代人经营大船，专司漕粮转输。货运有对槽、粮划子、厂船、煤船、客运船等十几种。清末，天津常关按吨位分六等发牌照，标准依次为 150 吨、70 吨、45 吨、35 吨、6 吨、2 吨，使用最多的是二、三、四、五种。③ 北运河西岸的王秦庄，住户共有 300 余家，人口千余名，多为当地土著，外方迁居者甚少。因该村沿河为街，故住民多习水性，是以捕鱼为业者颇多，除此以外则多为从事田园生活者。④

（二） 以商业交流为中心的村镇

此类村镇在天津运河沿岸为多数，且大都由村庄发展为集镇。独流自古就是重要的运河码头，扼守京、津、鲁、冀、豫的水陆交通，天津《益世报》曾刊载文章称："静海北区独流镇，位于运河、子牙河、大清河三河中间，毗邻津浦路，密迩天津，为本县第一重镇，水路交通，均称便利。人口众多，

---

① 《中国地方志集成·天津府县志辑》五《静海县志》（民国），上海书店，2005，第 16 页。
② 政协静海县委员会编著《静海运河文化》，百花文艺出版社，2015，第 21 页。
③ 中国人民政治协商会议天津市北辰区委员会文史委员会编《北辰文史资料》第 9 辑，天津古籍出版社，2003，第 30 页。
④ 阎麟符：《天津县王秦庄概况》，郭登浩编《天津县乡土志辑略》，天津古籍出版社，2016，第 430 页。

商业繁盛。独流出产干醋、干酒、老醋、酱油、粗器、国布、蒲包、蒲席、苇篓、苇席、苎麻、苇草、蒲棒、灰煤、豆油、豆饼、花生、果油等，异常丰富，各地买卖客商随时云集。"①

桃口，原名桃花口，位于北运河西岸、古驿道旁。元初就有人在这里定居，并在河畔栽种桃树，带动北运河西岸各村广植桃树，"十里桃花"成为津门一景，元代中期成为商贩聚散之地。明清时期，桃花口成为远近闻名的水陆码头。清初著名史学家谈迁的《北游录》中，曾有两处提到"桃花口"和"桃花渡"。《续天津县志》作者吴惠元则称桃花口为桃花店，有诗云，"酒旗风影向人斜，画意犹存点点霞。醉里不知村树尽，尚逢牧竖问桃花"，②繁盛一时。

而延续桃花美景的西沽，最初只是北运河沿岸的小村落，后逐渐发展为人口稠密的村镇河北省码头。明万历十六年（1588），天津兵备道在西沽等七地设渡口，康熙三十三年（1694），下令修建通州至西沽、西沽至霸州之堤岸，人口大增，庙宇林立，商铺繁多。曾有诗赞曰："柳边画舫多闻笛，水上红楼远见灯。"③

汉沟也是如此，从天津城到汉沟40余里，漕运时期，这里正是初程少驻歇脚所在。岸上炊烟，河上渔火，交相辉映，十分壮观，成为繁华的水陆码头和物流集镇，一度与杨柳青齐名。民国年间，受战乱影响，境内其他集市均已冷落，唯汉沟集人流不减。

北运河西岸的上蒲口曾是天津县八镇之一。《津门保甲图说》载："蒲口为道侧巨镇，前之岐者人村复合，民厘聚焉，由京至天津此为入境门户。"并记有："绅衿3户、铺产65户、烟户83户、应役2户、当兵9户、佣作58户、负贩16户、僧道2产，共238户，大口1200口、小口730口。"④从村落图上可以看到上蒲口村房舍井然，酒旗招展，俨然巨镇模样。

京杭大运河全线贯通后，杨柳青镇逐渐成为重要码头和物资集散地，至清代已发展为津沽重镇，史书记载："杨柳青地方繁富，几与从前城治相埒，比之近时城治，则尚远也，然亦县治中之大镇也。"⑤《津门保甲图说》中关

① 《静海县调查》，《益世报》1931年7月4日，第10版。
② 张焘：《津门杂记》，罗澍伟点校，天津古籍出版社，1986，第111页。
③ 梅成栋：《西沽夜渡》，缪志明注《天津风物诗选》，天津市文史研究馆，1985，第161页。
④ 乾隆《天津府志》，天津市地方志编修委员会编著《天津通志·旧志点校卷》（下），南开大学出版社，2001，第470页。
⑤ 王守恂：《天津政俗沿革记》卷一《乡镇》（上），天津市地方志编修委员会编著《天津通志·旧志点校卷》（下），天津社会科学院出版社，2001，第10页。

于大王庙、玄帝庙、真武祠、龙王庙、杨柳青驿站、运河渡口等的记载，充分证明杨柳青镇是因河而生、因河而长的运河古镇。民国年间，"杨柳青镇的北面有子牙河和津浦铁路，南面有南运河和汽车道，两河的船只到这镇来往做买卖的不少，大车站上和汽车站上来往的旅客也很多，邮政局通天津的电话局都有，实是一个水旱交通便利的地方。因占这样地势的优点，所以虽是一个乡镇，而商铺甚多，街中繁盛"。①

（三） 以种植菜蔬花卉为中心的村镇

运河沿岸培植的一些优质土特产品蜚声海内外。"沿河一带又皆民间种植菜园，素称美产。"② 陈官屯镇有 23 个村紧靠运河两岸，在这片土地上生产出独具特色的天津冬菜。"冬菜乃天津大宗出品，味香而稍辣，食之能去潮湿，南方人最为欢迎，倾销广东、汕头、香港及南洋群岛各地，每年输出估计约值国币六十余万元，营此业者，多为酒商，其制法先将白菜切成小块，晒于日中，晒干后置于缸中，数日后取出，加蒜及盐拌匀（配合时每菜干十斤加蒜一斤盐十二两），放于缸内，固封二十余日后，方成冬菜。"③ 民国初期，纪庄子村常氏后裔常富源创建"庆昌德酱坊"，主营冬菜，在天津设立经营机构，批发兼零售，所产冬菜名正式注册为"人马牌"。

府君庙村、白杨树村、王家院村一带运河河滩宽阔，园田种植达 30 公顷，瓜菜品质优良，秋季多产大白菜、萝卜类、瓜类，春季多产菠菜、韭菜等。全乡沿河园田上百公顷用于种菜，罗阁庄村鸭梨、十里堡村蔬菜、王家院村甜瓜、胡家村蘑菇、李家楼村山药得到较快发展，尤其是罗阁庄村鸭梨成了远近闻名的水果品牌。④ 南运河南岸的姜家井村因附近茔地占大部，谷类产量不多，但园圃因临运河便于灌溉却收获尚丰。⑤ 西乡祁蒋庄原来是沿南运河东西并列之两庄，因其相距不足半里，遂联合为一庄，居民约 2500 名，"习性勤苦，多种菜为生，近年来棉产亦甚发达，每岁产额约五六万担。民国十八年，庄民因地质碱卤，若不设法改良，影响民生颇巨，遂集资两千元，

---

① 庞德荫：《乡土材料》，郭登浩编《天津县乡土志辑略》，天津古籍出版社，2016，第 45 页。
② 乾隆《天津县志》卷二十一《艺文志》，天津市地方志编修委员会编著《天津通志·旧志点校卷》（中），南开大学出版社，1999，第 233 页。
③ 王醒生：《乡土特产》，郭登浩编《天津县乡土志辑略》，天津古籍出版社，2016，第 13 页。
④ 政协静海县委员会编《静海运河文化》，百花文艺出版社，2015，第 22 页。
⑤ 佚：《姜家井村乡土材料》，郭登浩编《天津县乡土志辑略》，天津古籍出版社，2016，第 210 页。

装置抽水机二架，引河水以溉田，结果村郊不毛之田六百亩皆变肥沃，今他庄亦有起而效者"。① 对运河流经线路较长的静海县和武清县来说，1928 年静海县白菜、大头菜、萝卜、山药等四种蔬菜的种植面积比重高达 14.3%，② 武清县的蔬菜种植面积到 20 世纪 30 年代已经达 37280 亩之多。③ 在一些地方，"村民以园田之多寡为贫富之标准，旱田高粱视为不足轻重"。④

另外，花卉种植也多集中在运河沿岸，如城西运河沿岸的芥园、大觉、大园、小园等处，多以花卉为业。据 1925 年统计，大园村耕地面积的 43%、芥园村耕地面积的近 29% 都用来种花。⑤ 有诗云："小园村与大园村，艳紫嫣红花朵新，五十二村春正丽，相逢都是卖花人。"⑥ 杨家庄也是如此，"乡人的职业除去少数供职在市里以外，其余的都是艺园繁殖花卉，他们的花卉中以'芭兰'最为著名，市里花贩的花都要到该村和一二个邻村去趸买"。⑦ 但这种都市型农业受水源影响较大，"每当三四月间九宣闸提闸浇小站稻田，而闸口至天津一段立即干涸，不但船户恐慌，田园蔬果枯萎，而饮料亦发生重大问题"。⑧

三　结　语

运河村镇作为一种特殊类型的村镇，和运河城市一样，其形成发展都受到运河的影响，正所谓"成也运河，衰也运河"。

当运河作为重要的交通载体和物流迪道时，运河村镇发展气势如虹，如丁字沽"人烟稠密、水陆冲要之区也"，北仓"漕船卸运，民舍填集"，桃花寺"河曲巨村"，赵家庄"民舍颇稠，运河其前"，安光村"就堤为村，庐舍稠密"，小稍直口"近河大聚落"，卞家庄"民舍颇伙河经其前"，大稍直口"河税之所庐舍丛集"，大梁家庄"河经村前庐舍稍集"，杨柳青"西南巨村

---

① 王毓昆：《天津县乡土材料》，郭登浩编《天津县乡土志辑略》，天津古籍出版社，2016，第281 页。
② 河北省政府建设厅：《调查报告》第三编《农矿》，1928 年铅印本，第 219~220 页。
③ 北宁铁路局编《北宁铁路沿线经济调查报告》，1937 年铅印本，第 1020 页。
④ 天津县实业局：《天津县实业调查报告》，1925 年铅印本，第 27 页。
⑤ 据 1925 年《天津县实业调查报告》所载数据统计。
⑥ 仁和蒋等：《沽河杂咏》，来新夏主编《梓里联珠集》，天津古籍出版社，1986，第 89 页。
⑦ 王燮：《乡土杂凑》，郭登浩编《天津县乡土志辑略》，天津古籍出版社，2016，第 254 页。
⑧ 王毓昆：《天津县乡土材料》，郭登浩编《天津县乡土志辑略》，天津古籍出版社，2016，第281 页。

滨河控道，水陆皆通"，马家口"倚河为聚民舍颇多"，吴家嘴"倚河，巨村"，四里沽"近河巨村形势闲旷"。而相反的，南墙"地势闲旷，去河较远"，陈家街"去河较远，村舍不多"。①

当运河失去这种载体的光辉后，运河村镇也就与之俱废了，如桃口村。光绪二十七年（1901）北运河停止漕运，改由铁路和陆路运输；1922 年，运河西岸的京津大道通车，古驿道上人流减少，桃口村日渐衰落，1949 年村中仅剩 20 余户。盛名一时的杨柳青，到 19 世纪中叶，继津浦铁路通车之后，沿海轮船航运兴起，加上大运河多年失修，大部分河段淤塞，码头湮废，赖以繁华的杨柳青集市也随之衰落下去。而天津开埠后，轮船盛行，卫船亏耗，无利可获，日渐衰落，以撑船为业者更是大半失业。

同时，正如费孝通在《江村经济》中认为的那样，"江南水路运输抑制了村庄初级市场作用"，② 天津周边便捷的交通导致了村民的交易圈远远大于村镇交易市场，而趋向于城市。如武清县因距平津皆近，10 元以上物件多由平津购买，天津县"以四境均与天津市接壤，凡民众购置价额稍昂或数量较多之物品，俱至市境商店购买，是为本县商业不易发达之主因也"。③ 就连建有火车站，水陆交通甚为便利的西沽，也因为"有天津东站、总站及津浦西站之关系，以致业务未能发达"。④

杨柳青虽然号称"巨村""大镇"，但也是村落＋市镇的结构，即以当地的运河为界，运河北岸是传统市镇中以鱼骨街为中心的居住格局，御河南岸则存留着传统华北乡村内聚封闭型居住格局，⑤ 北仓镇也是如此，"无多买卖，皆系农家大商酒店质铺而已"，⑥ 还没有完全成长为中心城镇，仍然属于乡村范畴的经济中心。这也是近代以来天津地区村落向城镇转变的数目偏少，而且经济职能突出的城镇规模较小的主要原因之一，更是这一时期天津城镇体系的重要特征之一。

---

① 《津门保甲图说》，天津市地方志编修委员会编著《天津通志·旧志点校卷》（下），天津社会科学院出版社，2001，第 459～503 页。

② 费孝通：《江村经济》，江苏人民出版社，1986，第 128 页。

③ 北宁铁路局《北宁铁路沿线经济调查报告》，殷梦霞、李强选编《民国铁路沿线经济调查报告汇编》第 2 册，国家图书馆出版社，2009，第 622 页。

④ 北宁铁路局编《北宁铁路沿线经济调查报告》，1937 年铅印本，第 741 页。

⑤ 〔美〕黄宗智：《华北的小农经济与社会变迁》，中华书局，1986，第 231 页。

⑥ 调查股编《津商会关于城区及市郊各镇社会经济情况的简要报告》，天津档案馆等编《天津商会档案汇编（1912－1928)》第 2 册，天津人民出版社，1986，第 1963 页。

地方神庙、 信仰空间与社会文化变迁[*]

——以临清碧霞元君庙宇碑刻为中心

周 嘉^{**}

一 问题的提出

临清位于鲁西地区，明清时期成为大运河沿岸的重要城市。当地有"先有娘娘庙，后有临清城"的俗语流传，说明了对碧霞元君的祭祀早在官方营建城池之前就已存在，信仰历史较为悠久。碧霞元君俗称"泰山奶奶"，亦有信众称其为"泰山圣母"或"泰山娘娘"。^① 在道教尊崇的女性神灵中，常有"南有妈祖天妃，北有碧霞元君"之说，足见其在北方地区的影响力。^② 她是华北地区颇为盛行的女神，在民间宗教信仰体系中占有重要地位。实际上，对她的崇拜经历了一个逐渐超越东岳大帝的历史轨迹。^③ 碧霞宫主要存在于北方，而东岳庙则遍及全国各地，"前者主要分布于乡村，而后者则立足于作为统治中心的各级城市"，^④ 反映出碧霞元君信仰具有更多的民间性。临清是碧霞元君信仰极为盛行的地区，祭祀庙宇遍布城镇和乡村，"大邑巨镇多建碧霞

　* 本文原载于《民俗研究》2019 年第 6 期。

　** 周嘉，人类学博士，中国史博士后，现工作单位为聊城大学运河学研究院，研究方向为历史人类学、区域社会史、运河文化史。

① 该神灵在宋、金、元、明几朝曾多次获得官方敕封，其在明嘉靖年间被授予"天仙玉女碧霞元君"的称号。

② 20 世纪初，民俗学家顾颉刚对妙峰山的进香活动做过数次田野调查，认为碧霞元君是中国北方地区最为重要的女神。参见罗香林《碧霞元君》，《民俗》1929 年第 69、70 期合刊，第 5 页。

③ Brian R. Dott, *Identity Reflections: Pilgrimages to Mount Tai in Late Imperial China*, Cambridge: The Harvard University Asia Center, 2004, pp. 70 – 75；赵世瑜：《东岳庙故事：明清北京城市的信仰、组织与街区社会》，《小历史与大历史：区域社会史的理念、方法与实践》，北京大学出版社，2017，第 239～322 页。

④ 赵世瑜：《明清北京的信仰、组织与街区社会——以东岳庙碑刻为中心》，郑振满主编《碑铭研究》，社会科学文献出版社，2014，第 347～414 页。

元君之宫，名曰行宫"。① 明清以来，由于碧霞元君信仰逐渐成为当地民俗文化的重要象征，碧霞宫的影响日益扩大。时至今日，每年农历三月三十日，临清城区的碧霞宫都要举行规模盛大、持续半月之久的"迎神接驾"与"朝山进香"活动。

值得注意的是，尽管碧霞元君信徒众多，尤其在宋、元、明三朝得到各方群体的支持，但对她的信仰却始终没有得到国家的完全允准，礼部出于多种原因没有将其列为官方祭祀的对象。美国汉学家彭慕兰（Kenneth Pomeranz）在研究民间信仰与国家之间关系时，指出了现代学者很少注意到的情况，碧霞元君应当视为一个"中间类别"抑或"第三类别"，她的存在"提供了一个重要的缓冲余地，使得有些达不到正教标准的崇拜不用按照严格的正/邪二元来区分，否则就要遭到镇压"。② 彭慕兰强调的是神明在"标准化"和"正典化"过程中的多元性，或者是在意识形态上与正统化对抗乃至反抗的一面；官方对碧霞元君"收编"的无疾而终，以及碧霞元君信仰的社会基础逐渐转向底层民众，其自身发展同一般意义上的"女神"标准背道而驰。换言之，标准化不一定完全是儒家正统的，或者完全排斥了底层的声音与实践。

彭慕兰的问题意识主要基于对同为汉学家的华琛（James Watson）③"神的标准化"、杜赞奇"刻画标志"（或"刻画印记"）两个概念的讨论而提出来。在华琛的个案中，国家、地方精英和大众联合在一起，重新建构了一套共有的实践和标志。正是由于国家对被"允准"神灵的干预，才最终把只有地方价值的女神改造为官方的神祇，从而证实了民间文化会被上层文化吸收，形成合乎全国公认模式的文化标准化的观点。④ 官方的聪明之处在于强加的是结构（象征）而不是内容（信仰），但这往往掩盖了不同信仰群体之间的重要差异，有着

---

① 民国 9 年（1920）《奶奶庙捐资碑》，该碑现存临清市魏湾镇东魏村。在有关碧霞元君的故事传说里，她经常出行在外，因而她的许多庙宇被称为"行宫"，即外地的住所。参见吕继祥《泰山娘娘信仰》，学苑出版社，1995，第 58 页。

② 〔美〕彭慕兰：《泰山女神信仰中的权力、性别与多元文化》，〔美〕韦思谛（Stephen C. Averill）编《中国大众宗教》，陈仲丹译，江苏人民出版社，2006，第 115 ~ 142 页。彭慕兰后来以此文为蓝本加以修改扩充，形成另一篇文章《上下泰山——中国民间信仰政治中的碧霞元君（公元 1500 年至 1949 年）》，是台湾历史语言研究所 2006 年 7 月 28 日"新史学讲座"演讲稿中译本。参见（台北）《新史学》2009 年第 20 卷第 4 期，第 169 ~ 215 页。

③ James Watson 又译作"詹姆斯·沃森""华生""屈佑天"。

④ 参见〔美〕詹姆斯·沃森《神的标准化：在中国南方沿海地区对崇拜天后的鼓励（960—1960）》，〔美〕韦思谛编《中国大众宗教》，陈仲丹译，江苏人民出版社，2006，第 57 ~ 92 页。

共有的实践和标志能遮蔽表面现象意义产生的分歧。① 杜赞奇更多注意到的是神明产生共识过程中的观念碰撞与冲突，通过"刻画标志"来探求"在社会群体和机构中象征标志范围的变化和历史的变化之间极为复杂的关系"。② 尽管各个社会阶层与集团对神明的解释不尽相同，有时甚至还会互相抵触，但天长日久，这些"层累意蕴"的积淀与融合最终将会托举起神明的权威形象。③

当然，彭慕兰并非完全强调碧霞元君信仰的底层民众基础尤其是女性性别的多元化，甚至拥有反抗的姿态，而是说还有另外一面的可能性。他也提到碧霞元君信仰的社会组织，这些进香团体涉及底层的香客、巫婆、产婆、媒婆、衙役等群体，以此凸显意识形态层面底层文化的"危险"面相及其对精英文化的反抗。至于对意识形态与社会组织（结群）两个层面的解释，可以通过一种社会的基本联结得到更好的整合。仅仅依靠对村落层级的观察，尚无法对社会联结做理想化的解释，临清个案为我们提供了城市与乡村有机结合的经验。顺着这样的思路，笔者要追索的是，碧霞元君信仰是如何呈现社会结群与意识形态的联结的。为此，在视角上需要将实体意义上的地域社会和观念意义上的地域社会结合起来。日本学者森正夫曾提出对明清史研究颇有影响的"地域社会论"观点，认为"地域社会是贯穿于固有的社会秩序的地域性的场，是包含了意识形态领域的地域性的场"。④ 地域社会是一个涵括经济、政治、法律、道德、思想和意识形态等方面交互作用的统合体。台湾学者施添福受到森正夫的影响，对"地域社会"概念加以引申，把它视作一个历史研究的分析工具，经此可以体现出区域社会的独特面貌，从而成为探究地方认同的理论基础。⑤ 他从形塑地域社会的"环境"和"国家"两个

① 也有很多学者不同意华琛提出的共同阶层所做努力形成共识的观点，不过，现实的情况似乎是，某些民间信仰虽有争议亦没有被普遍接受，但仍能发展起来，并能产生某种形式的融合和共识。参见〔美〕武雅士（Arthur P. Wolf）《神、鬼和祖先》，〔美〕武雅士编《中国社会中的宗教与仪式》，江苏人民出版社，2014，第137～185页。

② 〔美〕杜赞奇：《刻划标志：中国战神关帝的神话》，〔美〕韦思谛编《中国大众宗教》，陈仲丹译，江苏人民出版社，2006，第93～114页。

③ 〔美〕杜赞奇：《文化、权力与国家：1900—1942年的华北农村》，王福明译，江苏人民出版社，2010，第112页。

④ 〔日〕森正夫：《中国前近代史研究中的地域社会视角——"中国史研讨会'地域社会——地域社会与指导者'"主题报告》，〔日〕沟口雄三、〔日〕小岛毅主编《中国的思维世界》，孙歌等译，江苏人民出版社，2006，第499～524页。

⑤ 施添福：《社会史、区域史与地域社会——以清代台湾北部内山的研究方法论为中心》，中国人民大学清史研究所网，http://www.iqh.net.cn/info.asp? column_ id = 8252，发表时间：2013年8月9日，浏览时间：2015年12月6日。

内在机制出发，对结群层面上的"姻亲"与"宗族"以及地缘意义上的"维生"与"信仰"四个领域进行了交互式分析。这些思辨均与本文问题意识所涉及的社会结群、意识形态正好对应，如果从社会联结的意义上来解释，那么地域社会秩序就蕴涵了实体和观念两个层面的面相。

作为一种宗教现象，碧霞元君自有其形成、发展与演变的脉络。有关碧霞元君的身世、渊源、演变、仪式等内容，学界多有探讨但大多关注神灵本体或泰山、妙峰山的研究，区域性尤其运河区域的研究成果相对欠缺。自明代以来，随着碧霞元君在临清的发展，形成了为数众多的历史文献资料。就笔者所见，现存有关临清的碧霞祠庙资料主要有以下几类：一是四部方志中的相关记载；① 二是地方官员、文人的诗词与文章，它们大多被收入地方志，还有少量散见于古人文集。此外，还有临清几处供奉碧霞元君的祠庙现存一些碑刻资料，尤其是尚未收入地方志的题名碑。本文主要依据田野所得碑刻资料，同时辅以相关历史文献，对这一地域社会的碧霞元君信仰进行研究，揭示其在历史长时段中的时代特征。

二　官员、商人与明中期正统年间碧霞宫的复兴

明正统《道藏》中《碧霞元君护国庇民普济保生妙经》认为，碧霞元君能够"安民护国、警世敦元、辅忠助孝、翼正扶贤、保生益算、延嗣绵绵、消灾化难、度厄除愆、驱瘟摄毒、剪祟和冤等"。② 神灵职司的多样性③使得供奉她的庙宇肇始于泰山，"自京师以南，河淮以北，男妇之进香顶礼无算"，④ 各地以其为主神进行祭祀的庙宇大量涌现。元明之际，临清碧霞宫的殿宇在战乱中焚毁惨重，直至正统年间才得以渐趋复兴。明州人方元焕在《重修碧霞宫记》碑文中记述：

① 临清未设州以前的志书已无可考见，明嘉靖四十年（1561）《临清州志》（10 卷）今已不传，存世最早者为清康熙十二年（1673）《临清州志》（4 卷），其余三部分别为：乾隆十四年（1749）《临清州志》、乾隆五十年（1785）《临清直隶州志》、民国 23 年（1934）《临清县志》。

② 申飞雪：《白云山诸神》，陕西旅游出版社，1997，第 372 ~ 373 页。

③ 美国传教士阿瑟·史密斯（Arthur Smith，又译作"明恩溥"）认为碧霞元君具有多面特征，因而成为华北乡村最受崇拜的女神。参见〔美〕明恩溥《中国乡村生活》，陈午晴、唐军译，中华书局，2006，第 105 页。

④ 容庚：《碧霞元君庙考》，《京报副刊》第 157 期，1925 年。

宫州凡四焉，其在城西最壮，又创之远也。文檐华边迹色色蚀，黄君大本洎诸歙商慨之，程材鸠佣，垲者缮剥者圬，陟降而眺，亮丽浮初制焉。州士女济济登颂不能罢，君之子鸿胪丞以碑事属。夫东岳惟岱，州封内山也。碧霞元君非岱神而庙岳，岳巅望于岱则晁君不宜，后州有宫非渎祀明矣。元君莅岱相传于岁，凡有血气不远，粤闽匡敕，齐稷献琛，稽首岳下日数万人，盖赫其灵异，溯昔名山大川未有也。宫既宜祀又灵异，若是黄君修之，所谓敬恭明神，声施众庶，顾不伟欤！或疑季孙不旅而况庶人，不日五祀大夫事欤，乃士庶亦行祷，盖礼之达也，非犯焉。宫始正统辛未，吴将军者祈于元君而嗣因筑之，黄君工癸丑夏，逾三月，续诸姓氏悉于碑阴。①

方元焕，字晦叔，别号两江，原籍安徽歙县，后入籍临清，天资聪慧，嘉靖十三年（1534）举人，明代著名文学家和书法家。由上引碑文可知，临清碧霞宫的创建年代比较早，而且它的复兴经历了一个较长的过程。在山东范围内，以碧霞元君为主祭神的庙宇大多修建于明代正德、嘉靖和万历年间，② 而临清碧霞宫在明正统以前早已存在。乾隆十四年（1749）《临清州志》亦记载："娘娘庙即碧霞宫，在广积门外，原有旧宇，明正统四年（1439），守御千户所吴刚置地扩之，前为广生殿，有门有坊。"③ 广积门是临清砖城的西门，碧霞宫即位于门外附近，"其在城西最壮，又创之远也"。砖城建于明景泰元年（1450），碧霞宫在正统四年以前就有旧宇存在，具体创建时间已不可考。

明朝中期碧霞宫的复兴，主要得力于守御千户所吴刚将军以及安徽商人的倡导和推动。守御千户所是明初在临清设立的军防机构。"元明及清，漕运大兴，戍卫之兵，云屯此间"，④ 明政府在各要害地方皆设立卫所，屯驻军队。数府划为一个防区设卫，卫下设千户所和百户所。其军官之谓，"卫"称"指挥使"，"所"称"千户""百户"。工部郎中王良柱《重修临清卫记》记载：

---

① 王俊修，李森纂《临清州志》卷十一《寺观》，乾隆十四年刻本，临清市人民政府编《临清州志》，山东省地图出版社，2001。

② 叶涛：《碧霞元君信仰与华北乡村社会——明清时期泰山香社考论》，《文史哲》2009年第2期。

③ 王俊修，李森纂《临清州志》卷一一《寺观》，乾隆十四年刻本，临清市人民政府编《临清州志》，山东省地图出版社，2001。

④ 张自清修，张树梅等纂《临清县志》卷一二《防卫志》，民国23年铅印本。

"临清卫旧设守御千户所，景泰辛未（1451）始调济宁左卫之五所来合为卫。"① 吴将军因"祈于元君而嗣"，以还愿的形式扩筑碧霞宫旧宇。徽商群体也参与到重修活动中，"黄君大本泊诸歙商慨之，程材鸠佣，垝者缮剥者圬"，他们或是积极谋划，或是慷慨解囊，或是首倡募化，无不以重建碧霞宫为己任，体现了商人的集体意愿。得益于大运河的开通，临清在明中期迅速发展成为北方重要的商业中心，各地商人来此经商，渐趋融入地方社会。临清徽商人数最多，势力也最大，他们不仅在此转贩棉布，经营食盐、丝线、竹木和茶叶等各种行业，② 而且成为碧霞元君的重要信众。

通过对《重修碧霞宫记》和相关文献的分析，不仅可以发现明中期地方权力体系和社会结构的演变，也可看出官方宗教政策的变化。明朝建立后加强了对各地道观寺庙的控制，《大明会典》中记载："洪武初，天下郡县皆祭三皇，后罢，止令有司各立坛庙，祭社稷、风云、雷雨、山川、城隍、孔子、旗纛及厉，庶人祭里社、乡厉及祖父母、父母，并得祀灶，余俱禁止。"③ 明王朝还将未获得朝廷认可的神庙，一律归入"淫祀"之列。从严格意义上来看，碧霞元君信仰当属被禁淫祀之列。不过，随着时间的推移，地方政府执行的宗教政策逐渐发生了转向。吴刚是临清守御的官员，虽然其行为从表面上看属于个人行为，但实则为官方权力的代表，并且以合乎"礼"的形式表达了祭祀的正当性，即"士庶亦行祷，盖礼之达也"。

明中期复兴后的碧霞宫，实际上成为城市中社区性的祭祀中心。明朝推行里社制度，奉祀社稷之神，同时禁止民间其他宗教活动。但是，由于官方所倡导的祭祀仪式脱离了俗民社会里原有的传统，因而无法在各地全面实行。至明中期以来，尤其在大运河沿岸城市里，祭祀活动已经与神庙系统有机地结合在一起。嘉靖十九年（1540），碧霞宫又经再扩，"道士刘守祥募众附建三清阁于后，曰玉虚真境，下为真武行祠"。④ 碧霞宫香火旺盛，"州士女济济登颂不能罢"。庙市也随之兴盛起来，"每月朔望，士女为婴儿痘疹祈安，

---

① 王俊修，李森纂《临清州志》卷三《公署》，乾隆十四年刻本，临清市人民政府编《临清州志》，山东省地图出版社，2001。

② 王云：《明清时期山东运河区域的徽商》，《安徽史学》2004年第3期。

③ 《大明会典》第81卷《祭祀通例》，台北：东南书报社，1963，第1265页。

④ 王俊修，李森纂《临清州志》卷一一《寺观》，乾隆十四年刻本，临清市人民政府编《临清州志》，山东省地图出版社，2001。

执香帛拜谒，亦有市"。① 这种情景与大运河最北端北京城的碧霞元君崇拜遥相呼应，庙会之期亦与京城大致相同，"京师香会之胜，惟碧霞元君为最……每岁之四月朔至十八日，为元君诞辰。男女奔趋，香会络绎，素称最胜"。②

三 驻军、绅耆与明后期万历年间祭祀中心的演变

明朝疏浚会通河以后，运河成为漕粮运输的主要通道。临清因地处会通河与卫河之交会处，城市地位更加突出，"南则以临清为辅，坐镇闸河而总扼河南、山东之冲"。③ 景泰元年（1450）临清砖城建成后，朝廷在此驻军守城护仓，景泰三年（1452）建临清卫，万历二年（1574）设协镇署。临清卫地处京畿拱卫重地，为了保护漕运安全，除城防卫戍之编，另置大批屯戍设在运河两岸的乡村，陈官营即其中之一。④ 陈官营位于临清土城⑤西南隅，在此设有兵营，其长官姓陈，故命村名为"陈官营"。⑥ 此时的陈官营成为一个新的祭祀中心。万历二十三年（1595），汪承爵在《碧霞元君庙记碑》中，详细记述了陈官营村碧霞元君庙的创建过程，对于我们理解此一时段的社会文化变迁颇有助益。为了说明此问题，兹赘录如下：

> 夫元君者东岳玉女神也。山川之神五岳最巨，而岱为其宗。盖其位则东，其德则仁，其气生则肤寸之云泽及为国。以故威灵煊赫祸福震撼于人，作第一方则四方士民莫不仰止，于此祈嗣、于此祈年、于此祈安。岁时登临，虽荒犷悖傲，咸知严惮居其方者，可知己第望无常祈求，民所时有动，举趾数百里外，未能数数然也，往往作庙其地，求辄祈、祈辄应，盖神无弗在，敬则存也。临清州治之西二十里为陈官营，其乡耆

---

① 王俊修，李森纂《临清州志》卷一一《寺观》，乾隆十四年刻本，临清市人民政府编《临清州志》，山东省地图出版社，2001。

② 潘荣陛：《帝京岁时纪胜》，北京出版社，1961，第17页。

③ 丘濬：《大学衍义补》第4册，中州古籍出版社，1995，第1864页。

④ 陆钱：《山东通志》卷一九《漕运》，明嘉靖十二年（1533）《天一阁藏明代方志选刊续编·嘉靖山东通志》，上海书店，1990年刻本。

⑤ 关于临清砖、土二城空间拓殖的具体情况，参见周嘉《运河城市的空间形态与职能扩张——以明清时期的临清为个案》，张利民主编《城市史研究》第34辑，社会科学文献出版社，2016，第38~50页。

⑥ 临清市地方史志办公室编《临清乡村概况》（内部资料），2003，第209页。

孝仲任等各捐赀创建是庙，为门、为殿，涂以丹垩，缭以崇墉，经岁而告成，虽非宏构哉，亦称壮丽也，于栖神足矣。因问记于余，余维俎帝王受命告代必于泰山，功成道洽符出刻石纪号昭姓考瑞必于泰山，巡狩朝会紫望协度必自泰山始，载在诗书可考镜焉，总其归指罔为民？君为民而礼允犹告处不称劳也，民之自须急于君奚杰何志礼？故自是庙作会见此一方，人睹庙貌而奔走朝夕维便，奚事者曰祷，祷者曰福，神之灵佑悉显矣以佑后焉；将户庆多男无忧独乎以日焉；将五风十雨年谷顺成无螟�(虫)乎以佑身焉；将少者悦豫老者宁康无疹历乎则是祀也非淫祀，奚此固作者请记之意耶且也。后之人倘亦洞乎作者之意，绵其修葺时其享献庶几载，无匮神乏以受福无疆也。或于斯记也者有藉乎？余何敢以不文辞也，于是乎记。①

临清州人汪承爵为万历二十三年（1595）的进士，历官两淮盐运使、四川兵备道、礼部观政。篆额者是贡生吴邦彦，其"孝义无亏足以矜式桑梓"，② 曾任麻城知县。由上引碑文可知，万历时期陈官营村碧霞元君庙的兴盛，既延续了原有的传统，又呈现新的时代特征。首先，碧霞元君庙在临清城周边乡村的日渐繁荣，乃当地乡绅耆老主导的直接结果。在一般的乡村社区中，在基层权力的运作中能够扮演重要角色的人便是地方士绅，他们支配着基层社会的文化和经济生活。③ 显然，庙宇的倡修者和碑刻的撰文与篆额者都是地方精英士绅，他们首倡、动员、资助建庙立会，是碧霞元君信仰在当地最为有利的推动者。

其次，与正统年间碧霞宫的重建不同，万历时期庞大的驻军群体成为碧霞元君的忠实信徒。此碑落款处刻写的全是军事长官，兹抄录于此："临清卫指挥使司军政掌印指挥同知王承恩、军政佐贰指挥金事刘尔安、军政佐贰指挥金事李承宗、经历司经历林大宁、中左所军政更番掌印千户许定宇、本屯掌印百户陈旅。"上文已涉及临清卫屯兵原因，此不赘述。"指挥使司军政掌印指挥同知"是卫所军事指挥职务，官职级别为从三品。"军政佐贰指挥金

① 汪承爵《碧霞元君庙记碑》，万历二十三年（1595），该碑现存临西县大营村（原临清陈官营村）碧霞元君庙遗址。
② 张自清修，张树梅等纂《临清县志》卷八《选举志》，《中国地方志集成》编辑委员会编《中国地方志集成·山东府县志辑95·民国临清县志》，凤凰出版社，2004。
③ 费孝通、吴晗：《皇权与绅权》，岳麓书社，2012，第133页。

事"是指挥使属官，秩正四品，与指挥同知分管屯田、训练、司务等事务。
"经历司"属于卫所中的文职机构。屯戍兵军配给一定数量的土地就地屯田，
平时为民，战时即兵，他们将此信仰视为一种重要的地方文化传统。因此，
正如碑文所反映的，当政治环境得到改善之际，信众会全心全意地投入祭祀
的各项活动之中。通过此次碧霞元君庙的创建工程，士绅、军兵等不同的社
会政治力量得到了整合。

　　除了城内碧霞元君祭祀中心的形成，万历时期在临清城外也出现了一个
新的信仰实践中心地，即临清土城东水门外会通河三里铺渡口附近的歇马厅。
庙宇内《岱岳祝圣保泰题名记碑》记载了歇马厅作为信众迎神接驾、碧霞元
君移銮临清之地的重要内容，兹择其要者抄录如下：

> 按五岳图，山之东岱宗为天帝孙群灵府，职人世穷建修矫事。……
> 乡绅耆老爱念珪璧坛禅灵地，无不人人快悉对严尸祝之，而吾郡称最。
> 郡之人联袂结袂，辐辏鳞集，十室而九空。东南三里余，朝岳岱祈灵应
> 庇佑，斋醮三日，每诞信众铺旗登舟，黄舆宝络迎銮，祝圣祈保泰，宁
> 诘屈曲盘道三观、独秀、百丈诸峰崖，桃花丹壁，层峦空谷，巨壑泻瀑，
> 危岩洞石无以仲肖。而天门、水帘、黄岘、大水龙峪、高老登仙诸雄胜
> 亦稍稍曲背负慨。望日吉时昇圣銮至无不诚虔，奉金帛缣缯，斋心稽首，
> 更不烦回香泰符涉漩，舟载金碧沿官河羲抵驿节宫前矣。会且满三载，
> 因伐石为记于不佞，余谨志巅末，爰集象社者艾酌议修短之矣。其转移
> 挽牵逆回之柄人未始不显，操之福不得幸邀，善实福基祸不得幸逃，不
> 福实祸，茅卜能时时提醒念念。顾畏涉境峰高涧深可不涉境，时悉对亦
> 可则此举也。可通天祉、拓地灵、祈福今祸转泰还宁易易耳。若达观颐
> 神耳目，祈今人喜眉宇、守朴真，敷嘉祯，惟二三咸里其永坚此念，寸
> 心虽小，天帝孙群灵府具是矣。

　　大明万历乙酉孟夏望日吉旦

　　赐进士第中宪大夫陕西按察司副使加三品俸前奉

　　敕巡按山西江西等处监察御史郡人秦大夔撰①

---

① 秦大夔：《岱岳祝圣保泰题名记碑》，明万历十三年（1585），该碑现存临清市歇马厅村歇马厅遗址。

碑文作者秦大夔，字舜卿，号春晖，祖居江苏吴县，嘉靖三十二年（1553）生于临清，万历七年（1579）乡试中举，翌年成进士。初授宁波推官，擢监察御史，巡按江西、山西等处，后升陕西右布政使，政声茂著，士民勒石颂德。① 碑额两旁浮雕蟠龙戏珠图饰，碑阴镌献祭者名讳。碑文中记载的城东南三里余有"驻节宫"即为歇马厅②，又称"泰山驻节""泰山行宫"③，该宫观位于运河北岸，面朝东南泰山而立。文载是年歇马厅"会且满三载，因伐石为记"，由此推定歇马厅至迟在明万历年间就已存在。④

临清歇马厅为碧霞元君停驾之所，源于泰山崇拜及东岳庙会，并与泰山神会相衔接，在鲁西北、冀西、冀南乃至晋西都享有较大的名气和影响，素有"小泰安"之美誉。碧霞元君是东岳泰山的女神，民间传其为泰山神东岳大帝的女儿，⑤ 尤其在明万历年间，她在华北区域社会的影响已经超过东岳大帝，时人谢肇淛就曾指出："岱为东方，主发生之地，故祈嗣者必祷于是，而其后乃传会为碧霞元君之神，以诳愚俗。故古之祠泰山者为岳也，而今之祠泰山者为元君也。岳不能自有其尊，而令它姓女主，俨然据其上，而奔走四方之人，其倒置亦甚矣。"⑥ 明嘉靖、万历二朝，其庙会、祭祀遍及黄河上下、长江南北，"世之香火东岳者，咸奔走元君，近数百里，远数千里，每多办香，岳顶数十万众"，⑦"晚明每年多达八十万少亦有四十万人登岱顶礼敬神明"。⑧

从碑文中可知，朝山进香期间，由"乡绅耆老"发起，向碧霞元君塑像尊祭礼祝，郡人结队而行赶会上香，"辐辏鳞集，十室而九空"。朝拜完东岳之神后，再上山进碧霞祠参拜元君，焚香许愿或还愿，并施舍银两。在朝山

---

① 于睿明修，胡悉宁纂《临清州志》卷三《人物》，康熙十二年刻本，临清市人民政府编《临清州志》，山东省地图出版社，2001。另在康熙年间翁澍所撰《具区志》与乾隆年间金友理所撰《太湖备考》中，均载有秦大夔的简传。

② 康熙十二年（1673）《临清州志》云"岱宗驻节俗呼歇马厅，在东水门外"，又乾隆十四年（1749）《临清州志》云"岱宗驻节在东水门外，俗称歇马厅"。

③ 康熙十二年（1673）《临清州志》中有一幅"州城图"，图上有"泰山行宫"的标注。

④ 根据歇马厅村徐振海先生的回忆，原歇马厅西阁楼南山墙上嵌有"万历□□年重修"铭文砖。详见马鲁奎《话说临清歇马厅》，《临清文物报》1993年第1期。

⑤ 关于碧霞元君的来历，有各种各样的传说：其一，她的前身是玉女；其二，她是黄帝手下的一个仙女；其三，她是石敢当的女儿；其四，她是东岳大帝的女儿。以上诸说以碧霞元君为东岳大帝之女的说法最为流行。参见马书田《超凡世界——中国寺庙200神》，中国文史出版社，1990，第152～153页。

⑥ 谢肇淛：《五杂俎》卷三《地部二》，中华书局，1959，第97页。

⑦《东岳碧霞宫碑》，明万历二十一年（1593），碑存泰山碧霞祠。

⑧ 蔡泰彬：《泰山与太和山的香税征收、管理与运用》，《台大文史哲学报》2011年第74期。

进香实践中，临清素以"礼仪之邦、虔诚之至"为泰州人所称道。当时，香会中"吾郡称最，郡之人联袂结袂"。朝山香客虽艰辛难忍，但无忧虑畏惧之貌。斋醮三日过后，信众便抬着碧霞元君的圣銮移驾临清，经由山东段多闸水险的运河最终抵达歇马厅。然后，"爱集豪社耆艾"，即由香社绅耆出面，根据众议修明文教，使义社典法更趋完美。碧霞元君移銮临清、歇马厅举办庙会形成制度化雏形，表明歇马厅信仰空间开始由社区性祭祀中心向跨区域祭祀中心转变。

四　香社信众、士绅和商人与明后期
崇祯年间朝拜场的形成

歇马厅行宫历经万历朝至崇祯朝的重修扩建，逐渐形成一个规模可观的建筑群。整体结构整齐，布局严谨，东南向，面朝泰山而立。沿其中轴线，从东南往西北依次为山门、白玉阁、八角亭、正殿、西阁楼。南北对称辅以便门、牌坊门、关帝殿、火池亭、廊房等。共有三进院落，从山门至白玉阁为一进，从白玉阁至正殿为二进，从正殿至西阁楼为三进。山门面阔三间，中间辟卷门贯通内外，次间两侧塑有青龙、白虎拱卫。山门下九步条石砌阶，左右两侧辟有两座拱形卷门。庙会时三门洞开，人涌如潮。在修建过程中，不同的地方利益集团与歇马厅的关系呈现新的历史特点：官方势力的影响程度大为减弱；士绅阶层在宫观事务中占据了主导地位；商人阶层借助经济实力也分沾一些权力与利益；广大信众则通过"香社"组织的形式与歇马厅发生联系，并作为新兴的社会力量登上这一权力的信仰网络之舞台。

崇祯元年（1628），在以王台、贾尚德等人为首的地方士绅主导下，歇马厅进行了新一轮的制度安排，并于崇祯四年（1631）刊石勒名，兹将《临清州东水门三里铺泰山行宫义社碑记》碑阳引述如下：

> 岱岳为兖州巨丽，四岳迟峻，九山推烈，调风布霖尔。天被其德泽，历代列辟胪禅，踵至尊隆帝号，梵寓内冠带金面俨然。吾侪佑昭之俦、攀达之侣，有不能奉高以首路望瞻地耶，而且行宫祠宇荧荧煌辉映处，又有之即如遥参亭、灵应宫不下数十里，瞻山岳去清源。逾百余里，而进以视之，位于巽方。故郡之西北燕赵中，山云崖凶并寺处禅膜亦盛，而虔谒者臻至吾郡矜式萃拥。三里铺在汶河北岸，建有泰山行宫一区，

俗云歇马厅者，登岱归返必谒之，其来已久，殿宇宏构岿然称胜境。每岁孟夏始醮自先吉梵，阖郡及附近各郡邑城市，持瞳力不能至岱岳者及汶一瞻礼此祠，拳拳轿而至者、车而至者、舟而至者、牲而至者、步而至者如登岱冠，更布衣估贩帏达辇纷，又籍又络绎不绝，日奚趋万千余。遣祭香者又饬为元君辇舆彩幔之具，若导乃者然不惜珍宝玳瑁绮绣采色，供张之盛、雕镂之奇、优徘之戏、笙镛之音、梵仪之乐旋嚣震蝉坠蝗，昼夜不寓，龙虬殷辚万状弗可胜劫。郡人王台微者，因绊结为象社，每岁一斋，如是者四载期竣，皆赖众襄，初一日勒名于石以志岁庆，垂永世焉。征言于余，又因叹曰："是可为政教之一藉，已夫政教非欲化民于善者，天竺政之凡人也。显见神之化人也。夫政教之化人有至，有不仿鬼神之化人，无不仁而更知其诚以然而然。"尼父不屑祭礼，斥季替则曰，曾谓泰山不如林放明，未以泰山为有知奚？乃今悟圣人未尝以为无财神也。夫世代有升降，而圣贤之典章摄政，故礼乐尽而刑书罢，鞭挞穷而鬼神灵，神之愓人也。于诗书剑戟所以导善而警顽愚，此圣人之训旨，主政教合于天道则是斋也。亦道人为善之心者何数百人，不谋而同心，若此其阴德王度者，诚大矣、诚大矣。

大明崇祯四年岁在辛未孟夏之吉

原任直隶扬州府清军总捕同知阶治园夫郡人王台撰文、书丹

临清州庠生贾尚德董其事①

东岳泰山被称为"五岳独尊"，在中国名山中独负盛誉。自秦始皇登泰山封禅，以帝功告天以治天下为始，"历代列辟胪禅"，封建王朝纷纷祭祀封禅以"奉天承运"。朝野士大夫、方士道人和老百姓一起，人为地把泰山烘托成仙雾缭绕、深邃幽秘的神灵洞府。泰山地处华北大平原，繁衍生息在泰山周围的人们，经过几千年对传统文化的接受、融汇与创造，逐渐形成了以泰山为中心的泰山文化圈。临清地处泰山西侧，自然属于泰山文化圈，在明时又位于会通河入卫运河的节点，其地位之重要性自不言待，行政区划上与泰安同为兖州所辖。因此，临清地区的人们对歇马厅碧霞元君的信仰经久不衰，"虔谒者臻至吾郡矜式萃拥"，"登岱归返必谒之"。

①《临清州东水门三里铺泰山行宫义社碑记》，明崇祯四年（1631），该碑现存临清市歇马厅村歇马厅遗址。

在万历时期碧霞元君信仰发展的基础上，此时的歇马厅成为鲁西一大"胜境"。官方的影响似乎仅仅成为一种"背景"，祭祀的主动权更多地让位于地方士绅阶层，"教化"之名义赋予其权力的合法性。郡人王台，字子端，号古柏，幼时家贫而力学，从师三载下帷梵舍不归，万历二十三年（1595）乡试中举，初为骊城令，复迁南直扬州府总捕同知，誉满乡里。① 他在碑文中除详述全郡及周边城市百姓接踵而至的场面外，引入以他为首"绊结象社""皆赖众襄""每岁始醮"的过程，强调士绅阶层在此一时期设立组织祭祀碧霞元君的核心地位。借助"义社"的文化创造，士绅阶层成功地将自己的文化印记植入歇马厅的历史之中。

义社又称"香会""香社""香醮"，是在共同的地域和共同的信仰基础上，信众自发建立的进香祭祀组织。② 明代随着对碧霞元君信仰的扩展，许多地区普遍建立了香会组织，其规模甚为浩壮，史称其"揭龙旗而鸣金道路，顶香马而混迹妇男"。③ 在明后期临清歇马厅的发展史上，香会组织扮演了重要的角色。香会一般以地域如县、乡、村等为单位，少则数十人，多则上千人。香会都有核心人物，他们是发起和主办香会之人，一般称为"会首"。该碑碑阴镌刻有100多位来自不同地方的会首姓名，如果按照每位会首至少携带十人的最低标准计算，仅香会组织凝聚起来的人数就达上千人。歇马厅举办庙会时，华北各地组织香会，选出会首，收缴"份子钱"，置办香烛祭品，结队而行赶会进香。地方志记载了昔日的场景："外邑香客经此，先建醮发楮（纸）马，谓之信香④。而州人之朝山者，姻友携酒蔬互相饯送于此。"⑤ 不仅记述了州人朝山启程前，在歇马厅相互祝酒钱行，还记述了外邑香客途经歇马厅，也都建醮跪拜，燃烛焚香，以表达虔诚之心。直至清末民初，以十数人或数十人构成的香会组织，仍是华北区域社会乡民进香的主要形式。

形成制度化的歇马厅庙会，是临清周边方圆百里内规模最大的庙会。每年从农历的三月三十日开始，一直持续到四月底结束。庙会的头一天为正日

① 于睿明修，胡悉宁纂《临清州志》卷二《庙祀》，临清市人民政府编《临清州志》，山东省地图出版社，2001。
② 陈宝良：《中国的社与会》，中国人民大学出版社，2011，第382～386页。
③ 《明神宗实录》卷三二，万历二年十二月乙巳，台北：中研院历史语言研究所，1962年校勘本。
④ "信香"有佛教之说法：香是信心的使者，虔诚地烧香，香的气味便可到达神的面前，神就能知道他的愿望。
⑤ 于睿明修，胡悉宁纂《临清州志》卷二《庙祀》，临清市人民政府编《临清州志》，山东省地图出版社，2001。

子，附近九座大庙的组织抬着本庙神像，同时赶赴歇马厅举行"接驾"仪式，随后进行游街绕境表演，民间俗称"泰山奶奶出行"。从四月初一到初三连续进行"娱神"表演三昼夜，称为"奶奶进驾"。四月最后一天上演的活动则叫作"送驾"。这些一连串前后相继的表演，既为了感谢碧霞元君，又为了祈求年丰人安。仪式展演俗称"社火"①，表演的时候，八抬神轿，黄罗伞盖，护道旗幡。队伍前边有"插路灯"开道，中有本庙供奉的神像，后边跟随舞队。舞队的"头行"是"扛箱会"，抬着用纸做的"奶奶"的"嫁妆"；"二行"是"架鼓会"，即吹鼓响器乐队；"三行"是花鼓会；随后是狮袍会、钢叉会、高跷会、镯缸会、彩船会、格打会、秧歌会、竹马会、判子会、麒麟会、天音会、灯笼会等。

在组织香会信众和劝捐活动中，逐渐确立了地方士绅阶层的领导地位。通过碑文、落款及碑阴题名可以发现，歇马厅专门设立了董事机构，除了州人庠生贾尚德为董事外，另有其他 20 多位生员也参与其中。由此可见，无论是士绅阶层，还是地方精英，他们都在处理歇马厅的相关事务中居于领导地位。崇祯年间临清歇马厅的发展，与商人集团的积极参与也有密切的联系。明嘉靖至清乾隆年间，是临清商业的鼎盛时期。② 该碑碑阴尚镌刻有十多位盐商人物的姓名，说明盐行也参与庙会的募集或捐献。明代曾于临清"开中"，盐行最盛，在隆庆、万历年间就达十多家。③ 由于销盐利润丰厚，经由大运河南来北往的各地商人多利用漕船夹带私盐，至清代仍有私商"贩卖抵临清，皆权贵势力者窝顿兴贩"。④ 运河自临清土城东门穿城而过，歇马厅位于东门外运河三里铺码头附近，为商人必经之地，自然很容易吸引商贾云集，商人阶层在歇马厅的地位日益提升。

正是由于各地信徒通过不同的方式与临清歇马厅发生联系，使之发展成为

---

① 社火一般有两种意涵：其一，指各种游艺节目；其二，指同行、同业的行会组织。如古典名著《水浒传》提供的个案，第三十三回"宋江夜看小鳌山，花容大闹清风寨"中有"土地大王庙内，逞应诸般社火"的记载，第五十八回"三山聚义打青州，众虎同心归水泊"中有"必然是社火中人故旧交友"的记载。参见施耐庵、罗贯中《水浒传》，人民文学出版社，1997，第416、741页。

② 许檀：《明清时期的临清商业》，《中国经济史研究》1986年第2期。

③ 王俊修、李森纂《临清州志》卷一一《市廛志》，乾隆十四年刻本，临清市人民政府编《临清州志》，山东省地图出版社，2001。

④ 黄掌纶等纂《长芦盐法志》附编《援证六下》，清嘉庆十年（1805）刻本，科学出版社，2009。

跨地域的祭祀中心。至有清一代，歇马厅仍兴盛不衰。顺治十七年（1660），"道士等募金重修"。① 后来，河道总督完颜麟庆途经此处，恰逢举办庙会，特撰文记述当时的热闹场面："相传四月十八日为碧霞元君圣诞，远近数百里乡民，争来作社火会。百货具聚，百戏具陈，而独脚高跷尤为奇绝。蹬坛走索，舞狮耍熊，无不精妙。且鼓乐喧阗，灯火照耀，男妇宣扬，佛号声闻彻夜。"② 即使到了民国初年，歇马厅仍然为"碧霞元君停驾之所"，"旧历四月一日有接驾会，游人潮涌，香火极盛，与泰山神会相衔接"，"邻封数十县来者甚众"。③

总之，在香社组织的基础上，来自不同地域的社会各个阶层，借助于各种仪式活动或者参与捐助，不断地强化了与临清歇马厅的联系，同时也进一步深化了对歇马厅的文化认同，使歇马厅由社区祭祀之所演变为跨地域的仪式活动中心，以歇马厅为核心的碧霞元君朝拜场最终形成。

五　余　论

本文主要依据临清碧霞元君祠庙的碑铭资料，尤其是与庙宇修建以及仪式活动密切相关的几通重要碑铭，并结合相关历史文献记载，力图从微观社会场景入手，更加细致地呈现城市里的信仰空间及社会变迁。与其他类型的文献资料相比，碑刻更具原生性和公共性，保留了大量鲜活可信的资料，对于历史事实的还原非常有利，④ 为全面整体地分析历史提供了较为完整的证据链。经过历史岁月的洗练而留存下来的题捐碑，是成百上千的信众或香会组织参与碧霞元君祠庙历次修建的记录。因此，只有将各种文本史料与碑刻资料结合起来，才能对临清碧霞元君信仰的历史演变过程进行比较客观而全面的重建。

① 王俊修，李森纂《临清州志》卷一一《寺观》，乾隆十四年刻本，临清市人民政府编《临清州志》，山东省地图出版社，2001。
② 完颜麟庆：《鸿雪因缘图记》第 3 集《临清社火》，道光二十七年（1847）刻本，《中国地方志集成》编辑委员会编《中国地方志集成·山东府县志辑 95·民国临清县志》，凤凰出版社，2004。完颜麟庆所述在其所作图中均有表现，惟妙惟肖，饶有趣味。
③ 张自清修，张树梅等纂《临清县志》卷七《建置志》，《中国地方志集成》编辑委员会编《中国地方志集成·山东府县志辑 95·民国临清县志》，凤凰出版社，2004。
④ 关于民间文献治史重要作用的探讨，参见苑利《民间文献史料价值评估——从欧达伟〈中国民众思想史论〉谈起》，《民族文学研究》1999 年第 3 期。

通过解读当地的历代碑刻，我们能够看到历史时期地方神庙的社会联结、时代特征及其社会文化内涵，还可以从较长的时段窥见地方的政治权力格局及其演变过程。临清的碧霞元君信仰历史悠久，最早的碧霞宫创建于元代开凿的大运河旁边。随着临清城的建造以及城市的发展，位于砖城以西、元运河以北的碧霞宫在明中叶以来得到复兴，成为当地的社区性祭祀中心。为了保障漕运安全，明王朝另置大批屯戍之兵于城郊运河两岸的乡村，加上地方乡绅耆老的主导作用，明后期万历年间在土城郊区的乡村发展出两处新的祭祀中心。明后期崇祯年间以来，临清歇马厅作为跨地域的仪式活动中心和宗教认同标志，吸引着来自华北地区各地的士绅、商人和香会组织，成为凝聚各种社会力量的信仰中心。对于居住在临清城市里的民众而言，碧霞元君信仰是他们精神世界领域里的一部分，成为社会各阶层的共享信仰、群体表象和民俗文化结构。在传统时期里，碧霞元君庙宇及以此为中心而形成的庙会，为人们提供了一个独特的交往空间与公共领域。庙会的主要活动是敬神、游神以及酬神，后来才逐渐演变成大众化的狂欢娱乐。① 即使对于城郊乡村百姓来说，庙会的吸引力也是巨大的。

临清碧霞元君信仰的早期复兴直接得益于地方官员的倡导和商人的捐助，无论祭祀中心在后来如何演变，信徒的分布有了一定范围并形成志愿性宗教组织，而且超出了地方社区的场域。在碧霞元君信仰持续发展过程中，不同的社会阶层均参与其中。从现有资料来看，士绅阶层的主导地位无可置疑。从"官—绅—民"的纵向角度出发，士绅是连接帝国官僚体系和普罗大众的中介。② 将绅权置放于一个地方社会特定的信仰时空，绅权的解释便被赋予一种空间感和历史主体性。德国社会学家马克斯·韦伯区分了三种理想型支配模式，即法理型的、传统型的和卡里斯玛的，③ 士绅之权当属传统型但亦拥有卡里斯玛的取向。士绅广泛参与修庙、祭祀、庙会等所谓分散性宗教活动，以此来获得地方社会的文化领导权，既有分沾帝国"贡赋"的面相，也有与民争"利"的成分。与此同时，信仰实践也并非仅仅官、绅阶层在空间场域里活动，或者几个庙首在那里操作仪式，普通百姓（香社信众）也广泛参与

---

① 赵世瑜：《狂欢与日常——明清以来的庙会与民间社会》，生活·读书·新知三联书店，2002，第192页。

② 官箴书集成编纂委员会编《官箴书集成》第3册，黄山书社，1997，第676页。

③ 〔德〕马克斯·韦伯：《支配社会学》，康乐、简惠美译，广西师范大学出版社，2010，第87～93页。

其中，而且他们自有一套"文化发明的传统"。① "社"的制度建设与庙会"社火"的文化创造，便成功地将村落以及跨村落的信众整合起来，从而实现了信众"人人有份"、神灵"普度众生"的理想。

不可否认，临清个案确实反映了如华琛所论标准化的一面，但是，我们还应看到标准化与正统化二者之间并非完全一致，不能按照王朝正统化的礼仪标准去界定，真正的标准化也不是全国整齐划一的。② 以碧霞元君信仰为中心所"网结"的阶层是多元化的，在具体的信仰实践活动过程中，无论在意识形态上还是社会结群层面，为什么碧霞元君能把他们联结成一个地方社会，形成地域社会秩序？正如材料从信众角度反映的那样，不同的社会阶层对于碧霞元君实际上是各有所需的。这样一来，如何把他们联结起来？按照英国人类学家王斯福的说法，这正是一种支配社会学意义上的绅权支配（或乡绅支配），"将庙宇和宗族的管理者和领导者与地方上的商人、学者以及地主甚至是帝国统治的官员联结起来的这一网络，确实将各种相互都有一个中心的等级关系梳理得很清楚。这是一个基本的联结，其维持着行政等级并对此至关重要"。③ 绅权支配的正当性要依托被支配者的"支持"，如果脱离社会大众的道义认同，那么，它的正当性也无从体现。

当然，我们的视野还可以突破"乡绅"这个节点。王斯福比较注重帝国官僚体系在信仰实践中的反映，即民间的这一套秩序安排实际上也是帝国等级的体现。那么，问题是如何在一个颇显张力的帝国秩序安排中，将"大传统"和"小传统"④ 整合起来，从而在社会结群层面形成一个基本的联结。或者通俗来讲，为什么地方社会中的不同阶层能够"团结"在一起？如果从逻辑上与经验上作进一步的解释，美国人类学家桑高仁（P. Steven Sangren）

---

① 〔英〕霍布斯鲍姆、兰杰编《传统的发明》，顾杭、庞冠群译，译林出版社，2004，第1~17页。

② 地方信众包括士绅群体也有自身一套创造性的逻辑，如美国人类学者萧凤霞（Helen Siu）笔下的小榄菊花会就呈现地方精英"创造出了自己特有的政治文化'传统'"。参见〔美〕萧凤霞《文化活动与区域社会经济的发展——关于小榄菊花会的考察》，叶显恩主编《清代区域社会经济研究》，中华书局，1992，第345~356页。

③ 〔英〕王斯福：《帝国的隐喻——中国民间宗教》，赵旭东译，江苏人民出版社，2008，第276页。日本学者重田德也曾提出"乡绅统治论"，国家笼络乡绅，赋予其特权，以统治百姓。参见〔日〕重田德《乡绅支配的成立与结构》，刘俊文主编《日本学者研究中国史论著选译》第2卷，中华书局，1993，第199~247页。

④ 大传统相对于精英文化，小传统相对于民俗文化。虽然有大、小传统之分，但二者并非绝对二元分立。参见〔美〕罗伯特·芮德菲尔德《农民社会与文化——人类学对文明的一种诠释》，王莹译，中国社会科学出版社，2013，第94~95页。

的"意识形态异化"概念颇有启发意义，透过一种融"生产性"和"榨取性"为一体的意识形态，"在国家、地域性社会、家庭以及个人之间，同时建立了一种社会性的和意识形态性的'联结'"。① 这种"异化"不完全是马克思"劳动异化"意义上的，当然他是从马克思那里获得了灵感。② 民间宗教及其信仰实践不是孤立的象征系统，而是一种既有"生产性"又有"榨取性"的文化体系，其渗透于社会秩序与社会关系的再生产过程中。马克思著名的关于宗教的"鸦片论"③，其中就蕴涵意识形态的异化。社会前进的动力本来应该归功于普通民众，附着于神明之上的官僚体系、绅权等权力是"榨取性"的实体存在，但是，普通民众还不得不寄希望于神明的荫庇，因为神明能够给他们带来"财富"，如多子多福、家族繁衍、健康平安等。它本来是"榨取性"的，但民众还要对它顶礼膜拜，恰恰在这个时候，它又具有"生产性"了。所以，通过意识形态的异化，把"生产性"和"榨取性"统一起来。临清的碧霞元君信仰为不同的社会阶层提供了一个理想的"竞技场"，充满异化特征的意识形态通过宗教网络起到了文化"黏合剂"的作用，在社会结群意义上最终形成了地域社会的基本联结。

---

① 〔美〕桑高仁：《汉人的社会逻辑——对于社会再生产过程中"异化"角色的人类学解释》，丁仁杰译，台北：中研院民族学研究所，2012，第55页。

② 张佩国：《传统中国福利实践的社会逻辑——基于明清社会研究的解释》，《社会学研究》2017年第2期。

③ 马克思在《〈黑格尔法哲学批判〉导言》中指出："宗教是被压迫生灵的叹息，是无情世界的心境，正像它是无精神活力的制度的精神一样。宗教是人民的鸦片。"（《马克思恩格斯选集》第1卷，人民出版社，1995，第2页。）对"宗教鸦片论"命题的重新认识，具体可参见李向平《"宗教鸦片论"，还是"宗教社会论"？——马克思主义宗教观新论》，《西北民族大学学报》（哲学社会科学版）2010年第5期。

运河输送视野下"海上丝绸之路"手工艺传播路径[*]

徐　宾　许大海^{**}

"丝绸之路"是一个广义概念，包括陆、海两条通道。"海上丝绸之路"中手工艺传播，尤其是以京杭运河为连接的海上线路中材料、产品和工艺的输入输出，包括丝绸、瓷器和其他工艺产品、材料及制作工艺。可以毫不夸张地说海上丝路中丝绸、瓷器成为华夏手工文明的两张名片，它们的影响范围之广，时间跨度之长是世界上其他手工产品不多见的，究其原因，得益于"丝绸之路"手工产品的持续对外输送和贸易。

一　海上工艺输送的序曲——京杭运河输送中的工艺之"流"

作为商品的手工艺产品发展、繁荣离不开材料、工艺、产品输送三个要素，尤其是产品输送决定了某一手工艺的兴衰。传统社会手工产品的材料选择大都就地取材，因地施作。因此，大多数手工产品具有原发性特征，加之制作工艺保密，工艺很难得到交流和传播。同时，由于输送条件限制，产品流通和销售也受到诸多局限。上述条件又进一步阻碍了工艺流传，很多手工技艺正是由于这些条件的限制逐渐消失和失传。历史上著名的宣州诸葛家族制笔工艺，经唐至五代一直延续到宋政和年间，兴盛700余年。北宋文学家欧阳修曾专门写《圣俞惠宣州笔戏书》诗赞美诸葛笔："圣俞宣城人，能使紫毫笔。宣人诸葛高，世业守不失。紧心缚长毫，三副颇精密。硬软适人手，

＊　本文原载于《南京艺术学院学报》（美术与设计）2019 年第 6 期。

＊＊　徐宾，苏州大学艺术学院讲师，研究方向为图案纹样及民间工艺；许大海，山东艺术学院教授，研究方向为设计历史及民间工艺。

百管不差一。"① 令人惋惜的是宋政和年间之后诸葛笔便逐渐消失了。据《铁围山丛谈》载："宣州诸葛氏，素工管城子，自右军以来世其业，……郑和后，诸葛之名顿息焉。"② 宣州诸葛笔消亡的原因有很多，除去传承、材料、制作技术、书写方法改变等方面，诸葛笔作为当时著名工艺品牌，由于运输条件限制，难以快速流通和满足大规模市场需求，限制了它进一步发展，类似这样的例子不胜枚举。宣州毛笔作为历史上繁盛几百年著名工艺品牌固然这样，那些湮灭在历史长河中众多小手工品种更是如此。因此，产品输送在传统工艺传播交流中起着重要作用，没有畅通的运输通道，就没有手工艺产品市场传播、交流和发展，最终都会走向消亡。

运河商贸输送不仅带来手工产品、商贸货物流动，同时也极大促进了手工材料、工艺传播和发展。它始于内贸，然后扩展为海外贸易，逐渐把手工产品推向世界。运河畅通一方面推动了运河城市发展，不仅出现了诸如扬州、常州、淮安、苏州、杭州等运河手工艺名城，同时使一些名不见经传地区（如运河城市临清）迅速发展成为手工艺繁华都市，《金瓶梅》记载了明代苏州青年陈经济跟随舅舅来到运河城市临清被当地繁华盛世所吸引，入赘西门庆家："这临清是个热闹繁华大码头去处，商贾往来之所，车辆辐辏之地，有三十二条花柳巷，七十二座管弦楼。"③ 另一方面，运河畅通带动沿运河地区手工艺产品、材料、工艺交流传播，贯穿于整个运河历史发展中。隋唐运河不仅承担漕运功能，同时把全国各地手工产品运到长安。韦坚开通洛阳至长安的漕渠后，江南手工产品源源不断经运河到达洛阳，再经过漕渠运输送到长安，"坚预于东京、汴、宋取小斛底船三二百只置于潭侧，其船皆署牌表之。若广陵郡船，即于栿背上堆积广陵所出锦、镜、铜器、海味；丹阳郡船，即京口绫衫段；晋陵郡船，即折造官端绫绣，会稽郡船，即铜器、罗、吴绫、绛纱；南海郡船，即玳瑁、真珠、象牙、沉香；豫章郡船，即名瓷、酒器、茶釜、茶铛、茶碗；宣城郡船，即空青石、纸笔、黄连；始安郡船，即蕉葛、蚺蛇胆、翡翠。船中皆有米，吴郡即三破糯米、方文绫。凡数十郡"。④ 来自扬州、常州、桂林、南昌、绍兴、宣城、广东等全国各地手工品、原料源源

---

① 《欧阳修全集》，中国书店，1985，第373页。
② 蔡绦：《铁围山丛谈》卷五，中华书局，1983，第94~95页。
③ 兰陵笑笑生：《全本金瓶梅词话》，香港太平书局，1982，第2733页。
④ 刘昫：《旧唐书》卷一〇五，吉林人民出版社，1995，第2049页。

不断通过运河运往长安。瓷器也是这一时期运河输送的重要手工产品，淮北柳孜隋唐运河遗址出土了大量瓷器，包括：“邢窑、寿州窑、萧窑、东门渡窑、磁灶窑、巩县窑、长沙窑、鹤壁窑、烈山窑、景德镇窑、吉州窑、定窑、磁州窑、临汝窑、耀州窑、建窑、龙泉窑、越窑等。”① 明清时期通过运河输送的手工产品、材料、工艺更加丰富。除了瓷器之外，丝绸产品原是运河输送的另外一个重要手工产品。明清丝织品织造中心苏州，产出的蚕丝原料远远不能满足当时丝织品生产需要，因此所需大量蚕丝原材料是经京杭运河从其他地区输送到苏州的。北方的丝绸原料大量销售到苏州，《盛世滋生图》中就有山东蚕茧店和临沂生茧店各一家（见图1）。茧绸为山东特产，利用山蚕（食柞叶之蚕）茧丝织成，故称茧绸或山茧绸，质地粗硬，结实耐用。当时山东全省出产茧绸较盛，但沂州府沂水县或沂水一带出产茧绸名声不大。各地出产的各类丝绸，无论大宗产品还是稀见产品，在苏州均有出售，说明苏州当时通过运河输送汇集各个地方丝绸材料。明代之后，原料产地与手工业生产地分离，南方棉纺织业发达，当时的原材料大多取自北方，纺织发达的江南地区利用运河输送便利，从北方输入棉花，然后纺织成布。如松江的纺织原料，多取自北方和浙江。据崇祯《松江府志》载：“松之布衣被海内，吴绫上贡天府，亦云重矣。顾布取之吉贝，而北种为盛；帛取之蚕桑，而浙产为多。”② 闻名海内外的松江布所需要的大量棉花，部分是由北方输入的。万历时湖州商人，“从旁郡贩绵花，列肆吾土。小民以纺织所成，或纱或布，侵晨人市，易棉花以归，仍治而纺织之，明旦复持以易”。③ 湖州傍依运河，有运河输送的条件，因此，从旁郡贩来棉花，极有可能是沿运河从北方购买之后，再运送回湖州。在棉花与布、纱的交换中，不但商人能够控制生产，还可以攫取更大商业利润，易以致富。明代常熟棉布的生产状况更能说明运河为沿岸区域手工材料选择多样化打开了通道。据嘉靖《常熟县志》载：“至于货布，用之邑者有限，而捆载舟输，行贾于齐、鲁之境，常什六。彼氓之衣缕，往往为邑工也。”④ 明代常熟的棉织材料十分之六是通过运河从山东运输而来的。因此，时人王象晋在《二如亭群芳谱》中这样评论：“北土广树艺而昧于

① 杨建华：《淮北柳孜隋唐运河遗址出土的古陶瓷研究概述》，《文物鉴定与鉴赏》2014年第9期。

② 方岳贡修，陈继儒、俞廷谔等纂崇祯《松江府志》卷六《物产》，书目文献出版社，1991。

③ 李卫、傅王露：《浙江通志》卷一百二《物产二》，《中国地方志集成·省志辑·浙江》，《雍正浙江通志》，凤凰出版社，2010。

④ 邓韨：嘉靖《常熟县志》，台北：台湾学生书局，1965，第386页。

织，南土精织而寡于艺，故棉则方舟而鬻于南，布则方舟而鬻于北。"① 这些表明运河输送实现了手工艺生产材料的转移，是苏州成为明清时期著名的丝织、棉织生产中心的重要保障。

图 1　《盛世滋生图》中山东蚕茧、临沂生茧等店铺分布在苏州运河两岸

　　类似的例子很多，如在南方很多城市生产竹制产品的竹竿巷街区，在北方地区只有运河沿岸能够利用水运竹、木材料并在当地形成加工竹制品的竹竿巷街区（济宁、东昌、临清、天津）（见图 2），在传统社会中类似木、竹、砖、石等体量巨大材料的转移必须有便利的运输。明清时期，苏州、临清为修建北京城而专门大量生产的贡砖都是通过京杭运河输送的。临清著名的手工艺品种哈达工艺织造技术则是经运河从苏杭传播过来并迅速发展起来，成为闻名全国的手工艺品种（见图 3）。可见在传统社会利用运河输送的便利实现了包括手工产品、材料、工艺的传播和交流，推动了手工艺在运河流域的迅速发展。

　　运河输送不仅推动沿运河地区手工产品传播和交流，同时还广泛推动内陆与运河区域手工产品交流。长江中上游的内陆腹地四川、江西、广西、安

---

　　①　王象晋：《二如亭群芳谱》，转引自姚之骃《元明事类钞》，上海古籍出版社，1993，第 399 页。

图 2　临清竹竿巷街区①

资料来源：笔者拍摄。

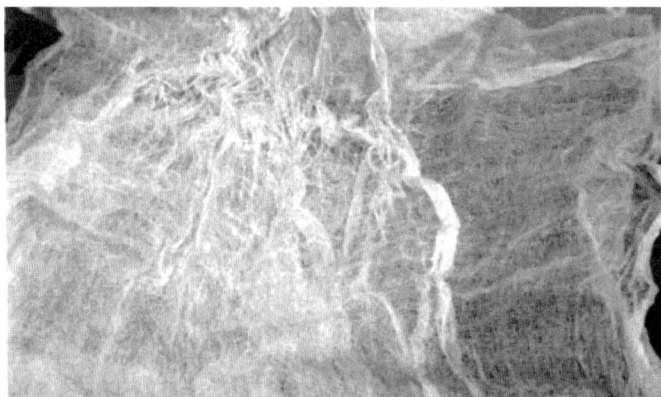

图 3　临清哈达织造艺人家中的阿西哈达

资料来源：笔者拍摄。

徽等地区手工产品通过内陆航道经长江在扬州过运河转运到东部地区或北方地区，常见手工产品包括：江西竹、木材、瓷器、酒器、茶器、绢匹；安徽纸笔、空青石；四川蜀锦；广西翡翠等。同样，东部地区、北方地区的丝制品、铜镜等通过运河、长江输送到内陆腹地。在运河输送鼎盛时期出现了"燕赵、秦晋、齐梁、江淮之货，日夜商贩而南；蛮海、闽广、豫章、楚、瓯

---

①　据临清当地人回忆，50年代江西竹木通过内陆河道从扬州进入运河北上到达临清，放排工吃住在竹排上，到达目的地后坐车回去。

越、新安之货，日夜商贩而北"① 手工产品辐射、输送全国各地的繁荣景象。

京杭运河中材料、产品和工艺输送不仅对内陆手工艺传播、发展起重要作用，同时对由它连接的海洋贸易的兴盛也起至关重要作用。运河兴盛时期的扬州、淮安、宁波、杭州、乍浦及江南地区，不仅是著名对外手工艺产品贸易港口，同时也是手工艺产品生产集散地。大量手工制品、材料、技艺通过运河连接的海上港口传播到日本、西亚、南亚、东南亚、东非、北非等地区。日本福冈博多地区发现很多唐代三彩器、绞胎枕、唐代海马葡萄镜、月兔双雀八花镜及仿制品等都与扬州出土器具相似。在日本、韩国、东南亚诸国、埃及等国的文化遗址及新安、黑石号沉船遗址都发现有大量经由运河输送到世界各地的青瓷、白瓷、三彩器等（可参考表1）。此外，制造各种手工产品的材料也是经运河输送到海外的大宗商品，销往国外的手工原料主要是各类生丝、棉花，丝线因质量高与丝绸一样畅销各国，白丝、黄丝等都是出口的畅销货。明清时期的日本、东南亚客商愿意高价购买湖丝，"惟籍中国之丝到彼，能织精好缎匹，服之以为华好。是以中国湖丝百斤，值银百两者，至彼得价二倍"，② 东南亚诸国客商认为"湖丝"品质卓越，织出的绸缎华丽精美，贩运回国后价钱可以翻倍，备受青睐。进口原材料主要是各名贵木材，如乌木、鸡翅木、花梨木、楠木及金属材料。《明史》中多次提到官吏奔赴东南亚采购紫檀木、花梨木、乌木等原材料。手工艺交流丰富性、高质量不仅体现在手工品种多样化、品质高，涵盖陶瓷、丝织、青铜器、漆器等多种类型，同时还体现在手工产品输入、输出管理的秩序化上。宋元时期进出口手工艺产品被详细分为"细色""粗色"。据南宋宝庆《四明志》记载从高丽进口货物："细色：银子、人参……蜡。粗色：大布、小布、毛丝巾……螺钿、漆、铜器等。"③ 元代至正《四明续志》记载的经宁波港输入的货物有，细色：珊瑚、玉玛瑙、水晶、犀角、琥珀、马价珠、生珠、熟珠……④可见，在进出口贸易中已经实行精细分类化自我管理，有利于手工艺产品对外输出的持续发展。

---

① 张正明主编《明清晋商商业资料选编》（上），山西经济出版社，2016，第9页。
② 《顾炎武全集·天下郡国利病书》卷十六，上海古籍出版社，2011，第2997页。
③ 罗濬等：宝庆《四明志》卷六《叙赋下·市舶》，台北：成文出版社，1983，第277页。
④ 王元恭：至正《四明续志》，《续修四库全书·史部·地理类》第705册，上海古籍出版社，1995。

二 以京杭运河为连接的对外工艺 输送路径（路径和输出地）

京杭运河手工产品输送分为两个体系。一个是由运河输送引起的内陆地区工艺产品交流，这实际上贯穿于运河贯通南北之后伴随"漕运"而产生的手工艺产品内部交流。这种工艺交流发端于由"漕运"私自携带的一些手工艺产品，进而发展为规模化的专门手工材料、产品、工艺输送。漕船夹带手工艺产品在运河整个漕运历史中是非常普遍的现象。如明代崇祯年间，户部尚书毕自严在其《度支奏议》中提及漕船带私货的严重情况："夫运军之土宜，单例准带六十石，此朝廷浩荡之恩也。今则违例多带，杉槁木板，满载淋漓，磁器纸张，附搭比比。"[1] 漕运船私自夹带的货物种类非常丰富，几乎涵盖了衣、食、住、行的所有品类，同时使得南北手工艺产品得到交流。如当时运河名城临清土特产品沿运河输送到江浙一带，"杏仁、槐米、黄花菜，年年外运下苏杭。五香疙瘩黑红枣，顺着运河发南方"。[2] 南方手工产品如瓷器、丝绸、竹木材等沿运河源源不断到达北方各地，当时南方货物被称为"南货"，据（民国）《杨柳青小传》："元、明、清三代之运粮，由江浙来者颇有经过之，故实父老传闻，称粮船人员曰'粮船蛮子'，船人就便带南方土产物如瓷器、竹器等，销售于北人，因曰'南货蛮子'。"[3] 南方绸缎、布匹、茶叶、蔗糖、烟草、纸张、瓷器、墨砚、蓝靛，及各种干鲜果品，山东、辽东等地区的豆、麦、枣、铁器等土特产，可谓应有尽有。另一个则是由运河连接的对外贸易海港。从唐代的扬州、宁波、太仓、杭州等到元代之后逐渐兴起的天津及山东沿海港口，经过这些港口把中国工艺文明传播到世界各地。这些对外贸易港口城市兴起，除了自身所具备临海自然条件外，它们的兴盛与运河连接海上手工贸易有紧密联系。因此，京杭运河不仅沟通了内陆各区域之间的工艺联系，更是把大陆与世界各地工艺文明联系在一起。

---

① 毕自严：《度支奏议·云南司》卷五《覆巡仓罗万爵条议迟漕弊端疏》，《续修四库全书》，史部第489册，上海古籍出版社，1995，第5077页。

② 转引自郑民德《运河文化建设中的饮食文化研究——以清末山东聊城县为例》，《聊城大学学报》（社会科学版）2018年第6期。

③ 天津市地方志编修委员会编《天津通志·旧志点校卷》（下），天津社会科学院出版社，2001，第679页。

从通航路径看，京杭运河跨越海河水系、黄河水系、淮河水系、长江水系、太湖水系五大水系（见图4），由北向南横贯中国东部沿海地区，这一区域也成为传统社会对外输出手工产品、技术的最重要地区。京杭运河跨越海河水系的对外港口是天津港，它是明清时期运河流经北方地区主要对外贸易港口，它主要由连接北京至天津的北运河，即由白河、潮河连接，北到密云，西经通惠河到达京城，南抵天津。连接天津至河北、山东的南运河，即由河北、山东交界处的漳河、卫河至天津与白河汇合。南运河是沟通南北及江浙地区的重要运输水道，尤其是山东、河北等北方地区手工产品经京杭运河到达天津港出海的重要水道。天津航运码头主要分为内运和外运混合港口，内运码头主要集中在天津市内海河两岸；外运（海运）码头主要有大沽和塘沽。明清时期，尤其是康熙开海之后，天津成为北方地区对外手工贸易的主要港口。天津一方面通过运河输送手工产品，另一方面通过海上输送把江浙、闽粤等地的绸缎、布匹、瓷器、纸张、竹木、墨砚、蓝靛染料等产品及材料运送到天津，然后再通过运河输送到北京及直隶各府县。除了国内手工产品及原料还有很多"洋货"，不少舶来的"洋货"也出现于天津的商店中，甚至还出现了"洋货街"。当时官宦诗人崔旭在《津门百咏》中感叹："百宝都从海舶来，玻璃大镜比门排，和兰琐伏西番锦（指荷兰物品），怪怪奇奇洋货街。"[①] 这些"洋货"有的是天津商人从南方贩来的，有的则是南方商人通过海运、河运而来的。

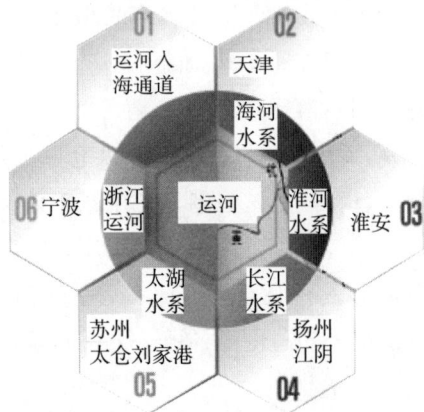

图 4　运河流经区域

资料来源：由笔者自绘而成。

[①] 转引自天津市地方志编修委员会编《天津通志·旧志点校卷》（下），天津社会科学院出版社，2001。

　　隋唐运河时期淮安是当时出海的重要通道，运河流经淮安由淮河向东通向海洋，通海航道进入淮安经运河到达内陆（洛阳），唐代淮安是除了扬州、宁波出海的重要通道。淮安是"胡商越贾"聚集之地。大唐的商品从楚州源源不断地运往海外，海外的工艺品及珍宝等也不断中转到楚州及泗州。据《重修山阳县志》载："凡湖广、江西、浙化、江南之粮艘，衔尾而至山阳（今淮安），沿运河北运，虽山东、河南粮艘不经淮安板闸，亦皆遥禀戒约，故漕政通乎七省，而山阳板闸实咽喉要地也。"①此外，淮安还是朝鲜、日本船入唐的重要港口。从朝鲜南下（日本船直接跨海西行）经山东、苏北海岸南下，至楚州涟水县入淮河，沿淮河到达淮安（楚州），再转入运河。朝鲜很多船只经楚州登陆，楚州有专门供朝鲜人居住的"新罗坊"。此外，日本遣唐使也多次选择楚州登陆，公元702年日本遣唐使就由楚州登陆，办理手续后奔赴长安。长期交往导致日本人迷恋唐代稀奇珍贵的手工产品，即所谓唐物数奇情结的产生。

　　运河穿越长江水系进入东海的重要对外手工艺通道是扬州、江阴等。尤其在隋唐时期，扬州成为海上对外贸易枢纽。当时扬州距长江入海口不像现在这么远，据《旧唐书·五行志》载："天宝十载，广陵郡大风架海潮，沦江口大小船数千艘。"那时海潮逆江而上可以直达扬州，造成船舶损坏等严重灾害。扬州经济地位作用甚至超越长安，其北承运河，南接长江，东临东海，成为南北物资汇聚、交换及中外航海线上的中继港。在扬州发现的很多唐代文化遗址中，就有很多来自长沙窑、刑窑、越窑、巩县窑等全国各地的瓷器，这些瓷器最终经过扬州出海输往世界各地。尤其是在扬州发现的唐青花与黑石号上的三件青花与巩县窑烧制的唐青花具有内在关联（见图5、图6），"扬州地处运河与长江的交汇口，向东出海可通达四洲，是唐代国内外贸易的集散中心，许多新奇物产均到扬州开拓市场，所以同时见到不同窑口的类似产品也就不足为奇了"。②经扬州对外手工艺贸易的目的地主要有两条路线。一条去往东亚日本、朝鲜，当时日本遣唐使跨越东海，经长江抵达扬州，沿运河北上到达长安，其中遣唐使除了携带大量日本手工产品外，还有制玉、金属加工及其他精细手工艺加艺人。当时与扬州交往的日本九州太宰府的唐津，

<hr />

① 文彬、孙云等：《重修山阳县志》卷四《漕运》，台北：成文出版社，1983，第60页。
② 徐仁雨：《扬州出土的陶瓷标本与"黑石号"之比较》，《人海相依：中国人的海洋世界》，上海古籍出版社，2014，第264页。

发现唐代青瓷、三彩器、绞胎枕等大量瓷器。此外，朝鲜新安商船也大量往来于朝鲜与扬州之间。另一条去往东南亚、南亚、西亚，这一路线先经过海上航路在广州或福建登陆，然后经梅岭到达南昌（洪州）、九江（江州），沿长江下扬州。当时扬州所属的广陵郡，不仅是四方商贾聚集的大都会，"广陵当南北大冲，百货所集"，① 是著名手工业生产基地，铜镜、织锦、漆器、制帽闻名于世；同时还是手工产品交流的国际性大都市，从东南亚、西亚而来的商人、旅客随处可见，当时在扬州由波斯人开的手工品商店叫"波斯邸"，同时还有专门接待波斯商人的宾馆。

图 5　扬州唐青花残片

资料来源：郑州市文物考古研究所编著《河南唐之彩与唐青花》，第 419 页，图 608。

图 6　黑石号唐青花

资料来源：齐东方《"黑石号"沉船出水器物杂考》，《故宫博物馆院刊》2017 年第 3 期。

　　运河穿越太湖水系（江南入海通道）的入海通道在连接对外港口中是最

---

① 王溥：《唐会要》卷八十六《市》，中华书局，1955，第 679 页。

重要也是最复杂的,主要包括三条出海通道。一是通过吴淞江经上海地区出海,《吴郡图经续记卷上》载:"吴郡东至于海,傍青龙、福山,皆海道也。"从苏州往东进入吴淞江,经由水运枢纽青龙、福山经上海出海。由于自然条件限制,元代之前上海港规模很小,因此,与扬州、宁波相比对外手工艺交流发展较晚,元代在上海设置市舶司,对外主要方向是东亚和东南亚地区,"江南数郡顽民率皆私造大船出海,交通琉球、日本、满剌、交趾诸蕃,往来贸易,悉由上海出入"。① 经由这一通道对外输出的手工产品主要是五色缎、绸、印花布、青布等丝织品,输入的主要是象牙、犀角、珠宝等手工材料。二是通过娄江经过苏州到达太仓刘家港出海,刘家港因此繁盛,成为著名的"外通琉球、日本等六国,故太仓南关谓之六国码头"。② 而且这里相当繁华,"大通番舶,琉球、日本、高丽诸国海船咸集太仓,成天下第一都会",③ 是江南运河通往海洋的重要国际港口。三是黄浦江通过苏州河与穿越太湖的运河水道联系。此外,借助太湖水系与海洋直接联系的还有杭州,自古以来苏嘉杭地区因与太湖紧密相连,运河在杭州出钱塘江便是东海,交通发达,自古手工业商业发达,欧阳修《有美堂记》载:"四方之聚,百货之所交,物盛人众,为一都会。"④ 浙江输出日本手工产品见图7。

图7　浙江输出日本手工产品

资料来源:笔者自制。

---

① 方岳贡:《崇祯松江府志》卷一《城池》,《日本藏中国罕见地方志丛刊》,书目文献出版社,1991,第47页。

② 张渠《崇祯太仓州志》卷一《沿革》,广陵书社,2010,第89页。

③ 张渠《崇祯太仓州志》卷一《沿革》,广陵书社,2010,第91页。

④ 《欧阳修全集》,中国书店,1986,第280页。

宁波通道（浙东运河）为大运河越钱塘江，南接浙江运河，在上虞与姚江、甬江相汇，通向东海。随着运河畅通及浙东经济的发展，浙东运河日益繁忙。明朝徽商黄汴编纂的《天下水陆路程》和清朝儋漪子编纂的《天下路程图引》记载，明清杭州至宁波的水路如下："自杭州武林出发，往南25里至浙江水驿，渡浙江18里至西兴驿，……再60里至东厩驿，又60里达宁波府四明驿。以上总221.5公里。"唐之后宁波港的地位日益突出，浙东运河已成联通海外的重要通道，是手工产品通往朝鲜、日本、东南亚地区最重要的海上通道，甚至成为越窑青瓷的始发港。在2003年印度尼西亚爪哇井里汶发现的沉船上就有来自唐末至五代时期10万多件高品质越窑青瓷，这艘船无疑是通过浙东运河经宁波港出海去往西亚地区的。此外，唐代晚期之后，明州成为对日手工产品输出的主要港口。

从利用效率及影响力看，长江通道、太湖通道、宁波通道是运河对外输出手工产品的主要通道，尤其是唐代之后随着江南地区经济发展兴起了大量精细手工艺种类，如竹器、瓷器、丝绸、漆器、铜器及日用器皿，成为世界各地人们追求的圭臬。长江通道、太湖通道、宁波通道日益成为运河沟通中国与海外手工产品交流的最重要输送通道。

从时间看不同历史时期运河通往海上通道侧重不同，唐代出海通道主要集中在淮安、宁波、扬州。越窑青瓷由运河经明州、扬州输送到朝鲜、日本、东南亚、西亚诸国，越窑青瓷在唐末至五代时期达到鼎盛。这时，对日本手工输出的通道日臻成熟，"日本由肥前松浦郡的值嘉岛（今平户岛与五岛列岛）直接横渡东海到达明州、再通过内河航运进入钱塘江口的杭州。转入隋代时开通的京杭大运河直达当时的贸易中心扬州，甚至京城长安，即著名的南道航线"。① 此外，这一时期北方诸多窑生产的瓷器经过汴河到扬州港远销海外。两宋时期，尤其是南宋宁波、杭州成为对外海上输出的主要通道，输送的目的地与唐代大致相同，只不过由于地缘接近的关系更侧重于东亚的朝鲜、日本。北宋元丰三年（1080）曾出台《元丰广州市舶条》，规定能放行外贸商船的只有广州、明州、杭州；明州市舶司放行往日本、高丽的船只，即使是福州、温州、泉州的商船去日本、朝鲜，也要在宁波办理出口许可证。元代经运河输送到海上的港口主要是宁波港及江南运河出海港刘家港。明清时期江南通道则成为运河对外输送的主要通道，输出目的地

---

① 浙江省博物馆：《东方博物》第4辑，浙江大学出版社，1999，第125页。

包括日本、朝鲜及欧洲诸国。

从输出规模看经运河直接输送最多的手工产品是丝绸、瓷器，这两种产品涵盖整个运河对外输送手工产品的历史全过程。此外，像青铜器、漆器、版画、扇子、纸墨笔砚等也都是运河参与输送的产品。从输送地看，元代之前运河输送目的地是多元化的，包括东亚、东南亚、南亚、西亚等地区。明代之后主要目的地是日本，如明朝就明确规定明州对外贸易主要目的地是日本，明洪武三年（1370）在宁波、广州、泉州设置三地市舶司，明确规定宁波港通日本。此外，日本手工产品也经过运河输送到内地，道光《乍浦备志》卷六提到日本货物经海上运送到乍浦，再由乍浦经运河输送到苏州或者海运发往全国各地。

三 海上丝路工艺输送的"华彩"——手工产品的构成（产品、工艺、材料）

由运河连接的内陆与海上贸易在中外手工产品交流发展中异常繁荣，不仅表现为历史悠久、产品种类丰富，尤其重要的是带来了跨文化手工技艺交流。通过运河输送手工艺产品在不同历史阶段、出海通道、输出地域、输送内容等方面表现出不同特征：隋唐时期主要集中在长江出海口及运河流经的江南地区，输出的主要是手工艺产品，输出的目的地主要是朝鲜、日本、东南亚、西亚、北非地区；两宋时期运河通道则主要集中在江南地区的太湖水系及浙东运河，输出以手工产品为主，目的地主要是东亚的日本、朝鲜，东南亚及西亚等地。随着元代京杭运河的开通，手工产品、技术交流主要集中在浙江、江苏等江南地区，输出目的地以日本居多。明清时期由于地缘关系，输出手工产品的主要是南方省份江苏、浙江沿运河区域，北方地区则多以原材料为主，输出目的地依然是日本，西川如见在他的"贸易指导目录"里详细记录了明清时期运河沿岸省份的手工产品，供日本商人在中国做贸易时重点参考。

浙江输出日本的手工产品主要包括：

> 白丝（嘉兴、湖州），绉纱（杭州），绫子（同），绫机（同），纱绫（同）（温州下品），云绸（同），锦（同），金丝布，葛布（同），毛毯（同），绵（绍兴、湖州），䌷（同），裹绸（同），南京绸，茶（嘉兴、绍兴），纸（严州、金华），竹纸（衢州、绍兴），扇子，各处，笔（湖

州），墨（杭州），砚石（衢州），瓷器（处州），茶碗，药同，漆（严州、杭州）……此外，手工杂品甚多，与南京土产同。①（参考图7）

江苏输出日本的手工产品主要包括：

> 书籍（应天府），白丝（广德），绫子（苏州），纱绫（同），绉纱（同），绫机（同），罗（同），纱（同），紦（同），闪缎（同），云绸（同），锦（同），裹绢（同），金缎（同），五丝（同），柳条（同），袜褐，应天府，绸（广德、苏州）嵌金、棉各处，绢绸、木锦、绫木锦（苏州），真绵（广德），缲绵（苏州），布各色上品，丝线各色应天……锡道具各种，象眼镡各种，涂道具（堆朱、沉金）（螺钿、青贝、莳绘、涂朱、屈轮）以上应天府……②（见图8）

图8 江苏输出日本的手工产品

资料来源：由笔者自绘而成。

山东输出日本的大都是手工原料，如黄丝、绸、砚石、真丝、五色石及少量产自东昌的手工陶瓷器。不难看出明清时期经由运河连接长江水道和宁波输送到日本的大量手工产品中，南方地区输出囊括了产品、材料、工艺所

---

① 〔日〕西川如见：《增补华裔通商考》卷一，文物出版社，2020，第4~5页。
② 〔日〕西川如见：《增补华裔通商考》卷一，文物出版社，2020，第4~5页。

有类型，北方地区则相对单一除了部分产品外，更多集中在原料上。

丝绸是通过运河及海上贸易的重要种类，它不仅是单纯的产品、原料出口，更重要的还有技术传播。经运河输出的丝绸种类丰富，如《博物要览》中仅记载锦的种类就接近百种，"紫宝阶地锦、紫大花锦、五色簟文锦、紫小滴珠方胜鸾鹊锦、青绿簟文锦、紫鸾鹊锦、紫百花龙锦、紫龟纹锦、紫珠焰锦、紫曲水锦、紫汤荷锦、红云霞鸾锦、青楼阁锦、青藻花锦、紫滴龙珠团锦、青樱桃锦……"① 从丝织品种看，经运河及海上贸易的主要有：缎、绸、绒、锦、绮、罗、纱、绫、绢、绡、纻丝。原料包括各类丝线：白丝（湖丝、苏丝、杭丝）、黄丝、茧丝、虫丝等。统计《诸蕃志》中宋代丝绸对外贸易的品种有：假锦、锦绫、缬绢、皂绫、色绢、丝帛、红吉贝等。明代郑和随船携带大量的丝绸，"永乐十九年（1421）敕令：今命太监郑和等往西洋忽鲁谟斯等国公干，大小舡六十一只，……及原阿丹等六国进贡方物给赐价钞买到纻丝等件"，② 包括锦、绮、罗、纱、绫、绢、纻丝等面料丝织品。据《瀛涯胜览》载，"中国青瓷盘碗等品，纻丝、绫绢、烧珠之物甚爱之"，用这些东西换购犀角、香料等物品。

不仅是产品，中国的丝织印染技术深刻影响世界各地，早在隋朝中国镂空印版技术及植物印染方法就已传入日本。据《正仓院刊》记载："唐代运去了彩色、印花的锦、绫、夹缬等高贵织物（见图9、图10），促使日本的丝织、漂印等技术获得启发。"不仅是印染，织造技术同样也影响了日本，日本著名丝织技术"博多织"就是在镰仓时代广泛吸收宋代丝织技术兴起的。此外，日本"西阵织"则大量吸收明朝丝织技法。我国不仅向日本输出大量生丝和丝织品，同时有丝织技术工人到日本去传技，尤其是对堺、山口的丝织业发展影响很大。如在日本天正年间（1573—1592），明朝丝织工人到堺（大阪府中部城市）居住（很可能有从明州出发的），传授"纹纱、缩缅、朱子、缎子"等制织技艺（见图11）。实际上，据日本《古文记》记载：日本的雄略帝朝，在南北朝时，又先后派遣专使到我国浙江一带，寻求丝织、缝纫女工到日本传授技术。③

瓷器是通过运河传播到海外的另外一个重要手工艺种类。水路运送瓷器

① 谷应泰：《博物要览》卷一二，清抄本，南京图书馆藏。
② 巩珍：《西洋番国志》，向达校注，中华书局，1961，第9页。
③ 转引自〔日〕明石染人《染织史考》，矶部甲阳堂藏版，1927。

图 9　连珠狩猎纹锦（日本正仓院）

资料来源：见黄秀芳《打开正仓院的一把钥匙》，《中华遗产》2019 年第 11 期。

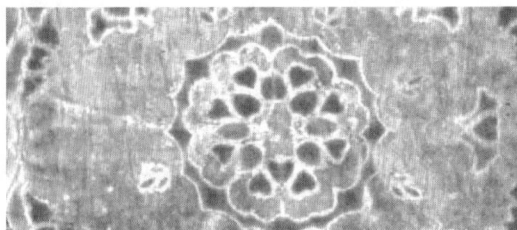

图 10　唐夹缬花纹褥局部（日本法隆寺）

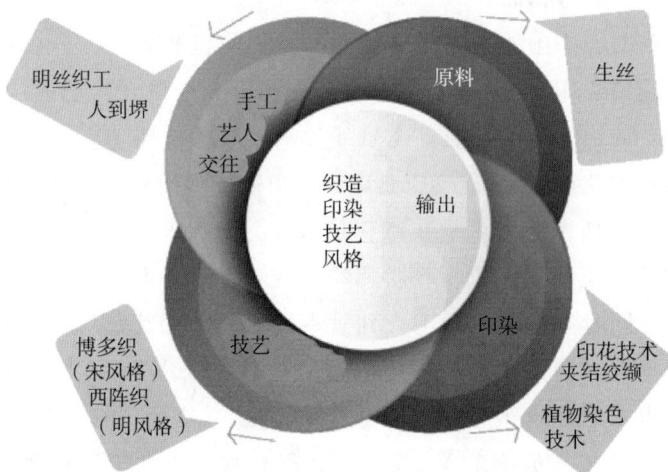

图 11　丝织品、工艺、材料的对外输出

资料来源：由笔者自绘而成。

效率、安全性都远远高于陆路。因此，隋唐之后水路运送瓷器成为首选，经运河输往世界各地的瓷器种类丰富，品质优良，唐宋时期越窑、龙泉窑青瓷、北方白瓷、长沙窑釉下彩、青花等瓷器种类通过运河经海上丝路大量流入日本、朝鲜、东南亚诸国、北非、西亚等地区（见图 12）。世界各地古代文化遗址中都有中国瓷器,如日本太宰府鸿胪馆、朝鲜庆州皇龙寺、吕宋八打雁眼、马来西亚沙捞越河口、印度阿里曼陀、泰国猜里蓬、印度尼西亚巨港、埃及福斯塔特、伊拉克阿比鲁塔等地都发现了越窑青瓷、邢窑白瓷、铜官窑釉下彩、三彩瓷、青花等瓷器(见表1)。此外,由于瓷器知名度高,因此常常被拿来作为货物交换的主要手工产品。宋代《诸蕃志》记载在占城、真腊、三佛齐国、渤泥国等国,瓷器是主要的交换货物:占城"番商兴贩,用脑麝、檀香、草席、凉伞、绢扇、漆器、瓷器、铅、锡、酒、糖等博易"。[①] 郑和下西洋随船携带大量青白瓷、青花瓷器,他的同船随从费信在《星槎胜览》中多处提到青白瓷、青花瓷,"暹罗国地产罗斛香,焚极清远,亚于沉香。次有苏木、犀角、象牙……货用青白磁器、花布、色绢、段匹、金银、铜钱、烧珠、水银、雨伞之"。"锡兰山国":"地产宝石、珍珠、龙涎、乳香,货用金、银、铜钱、青花白磁、色段、色绢之属。"[②] 可见,青白瓷、青花瓷是用

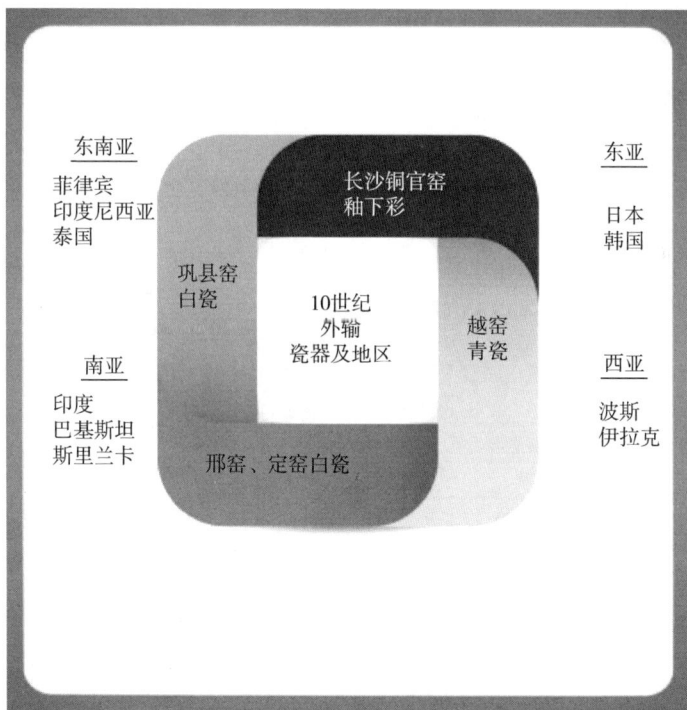

图12　10世纪外输陶瓷及地区

资料来源:由笔者自绘而成。

---

① 赵汝适:《诸蕃志·占城条》,上海商务印书馆,1937,第2页。

② 费信:《星槎胜览》,中华书局,1991,第4、14页。

来进行货物交换的主要商品之一。1983 年南京太平花园郑和府出土了一批影青瓷、枢府瓷、青花瓷、彩绘瓷、龙泉窑青瓷、宜兴均瓷、紫砂等，从另一个侧面说明经运河输出瓷器的品种丰富。

表 1　世界各地发现 10 世纪外输陶瓷及地区

国家	瓷器种类					具体地点
菲律宾	刑窑定窑白瓷钵	巩县窑白瓷钵	广东青釉、白釉	越窑、婆窑青瓷钵、壶、水注	铜官窑釉下彩、贴花钵水注	吕宋八打雁、棉兰老岛武端地区
印度尼西亚	邢窑、定窑	巩县窑二彩瓷钵	鲁山窑黑釉白斑壶			中爪硅日惹、苏门答腊巨港等
泰国	同上					马来（Malay）半岛的索吩他尼（Suratth - ani）州猜也蓬（Chiaya）地区的遗址
斯里兰卡	河南白底绿彩瓷	越窑为主浙江青瓷	广东窑	铜官窑		马纳尔（Mannar）州的曼塔（Mantai）港遗址
埃及	邢窑白瓷	越窑青瓷	三彩	长沙窑	青花	福斯塔特、爱扎布（唐代至明）
马来西亚		越窑青瓷				沙捞越河口遗址
朝鲜半岛		越窑青瓷				益山弥勒寺、庆山赏龙寺庆州拜里、雁鸭池、锦江扶余、全甸南道青海镇
日本列岛		香炉、睡壶、碗类（越窑）	青瓷壁底碗、青瓷灯盏、青瓷水注			平安京
伊拉克		褐色越窑瓷片				阿比鲁塔遗址、萨马拉
印度		越窑青瓷				阿里曼陀古遗址、迈索尔
孟加拉国		越窑青瓷				马纳尔州满泰地区的古港遗址
巴基斯坦		越窑青瓷				拉明那巴德

资料来源：笔者根据部分考古材料自绘而成。

经运河通过海洋通道输出的瓷器主要有：青瓷、釉下彩器、青花瓷、五彩瓷、黑瓷、三彩器等品种。大部为日用生活器具，瓷器形式丰富，主要有：罐、瓶、盘、碗、壶、碟、钵、缸、压手杯、坛、军持、水注、唾壶、盏、盒、花盆、香炉及瓷塑。从装饰纹样看可以分为两大类。一类是汉民族传统纹样：双鱼纹、双蝉纹、双雁纹、莲瓣纹、划纹、卐字纹、龙纹、文字、花鸟、人物等。另一类是为了贸易的需要，满足客户要求定制的纹样，从已发现的纹样看大多是阿拉伯经文、桫椤树、椰树纹、摩羯纹、狮子纹、叶片菱形纹、棕榈纹、梅花点、孔雀纹、椰枣纹及抽象几何图形（串珠、直条）等。装饰延续传统技法：印花、划花、釉下彩绘、镂空。除了陶瓷成品的对外输出之外，伴随着瓷器成品的还有陶瓷技术的输出。这些技法对朝鲜、日本、东南亚诸国、北非、西亚诸国的陶瓷技术产生了很大影响。朝鲜在唐至五代时期基本上掌握了青瓷的烧制技术。从朝鲜发现的青瓷烧制遗址不难发现，其烧制方法、器型、纹饰都与越窑青瓷基本一致，因此，有学者指出："朝鲜青瓷烧造技术及器物特征与明州越窑有很多共通之处，朝鲜青瓷的工艺脉流源自明州越窑。"[1] 中国陶瓷对日本影响是巨大的，奈良时代由于对唐三彩喜爱，促使宫廷在釉色、造型等方面模仿烧制而成奈良三彩。名古屋猿投窑在九至十三四世纪烧制的淡青釉硬陶器及京都附近一些窑口烧制的绿釉硬质陶器，在烧制技术、造型、花纹、装饰技法与五代及北宋的越窑青瓷相同。此外，日本 13 世纪模仿龙泉窑生产的濑户天目，14 世纪烧制成的青瓷及模仿景德镇青白瓷烧制的梅瓶，都反映出中国瓷器对日本的影响，这些都或多或少与运河对陶瓷输送密切相关。正如日本陶瓷学者三上次男指出："长期以来，日本的陶磁器一直是单方面地接受中国陶磁器的影响和刺激而向前发展，直到十八世纪才从装饰方面开始了两国之间的互相交流。"[2] 此外，东南亚、西亚、北非陶瓷制作也深受影响，埃及福斯塔特不仅大量输入中国各类瓷器同时进行仿制，如法蒂玛时期仿制宋代刻花、划花、剔花瓷器，从器型和技法上都与中国同一时期瓷器相似，这一时期的"拉斯特"风格瓷器，在装饰题材上也仿制中国瓷器。[3] 不难看出通过运河连接由海上输送到世界各地的中国陶瓷，无论是输出产品还是技术，对世界各地的陶瓷都产生了持续的影响。

通过运河参与海上贸易的手工艺品中还有漆器、扇子、螺钿、青铜器、纸笔、年画（版画）以及铁锅、针、小食箩等生活用具。漆器工艺对外交往历史悠久，扬州在唐代成为漆器生产中心，唐代漆器输往日本，正仓院中保留唐代螺钿、金银平脱。明代漆器输往日本有明确记载，据《善邻国宝记》

---

① 林士民：《浙东制瓷技术东传朝鲜半岛之研究》，《浙东文化》1997 年第 2 期。

② 〔日〕三上次男：《从陶磁贸易看中日文化的友好交流》，《社会科学战线》1980 年第 3 期。

③ 秦大树：《埃及福斯塔特遗址中发现的中国陶瓷》，《海交史研究》1995 年第 6 期。

中记载，明宣德八年（1433），皇帝曾赐予日本国王"朱红漆彩妆戗金轿一乘、朱红漆戗金交椅一对、朱红漆戗金交床一把、朱红漆戗金碗二十个、朱红漆褙金宝相花折叠面盆架二座"。①《筹海图编》卷二中列举明朝输入日本并深受日本人喜爱的物品清单中就有漆器。韩国新安郡海域发现元代由宁波港出发的货船上除了瓷器之外还有不少中国漆器及铜器，从该沉船出土元代"至大通宝"以及铸有元代庆元路（今宁波）金属秤砣可以推断该船经宁波输往朝鲜、日本，同时船上还有青铜制的花瓶（尊形瓶、贯耳瓶、玉壶春形瓶、柑子口形瓶、净瓶等）。木宫泰彦《日中文化交流史》中也有记载，宁波回赠日本贡品土特产中有较多朱金漆木雕家具，包括轿、椅、床、榻等。除漆器外青铜器也是对外交易的手工艺品，扬州是唐代著名铜镜制作中心，这些铜镜很多输送到日本、朝鲜，日本冲之岛出土很多扬州铸造的海马葡萄镜、月兔双鹊八花镜、双鸾瑞花八花镜等，铜镜在日本、朝鲜的诸多古文化遗址中都有发现。此外，杜阳杂编《唐蛮货物帐》中运往长崎的货物里有"板木绘"，这些"板木绘"就是明清时期桃花坞姑苏版年画，这些苏州年画输入日本后被浮世绘吸收，丰富了构图处理方法及题材。

四　结　语

中国手工艺文明演进除了自身具备内因——充分发育的农业文明，勤劳、智慧、创造性的品质外，同时还具有开放性特征。就本文所讨论的范围看：这一开放性特征体现在通过运河连接的海上丝绸之路源源不断把丝绸、陶瓷、漆器、铜器等工艺传播到世界各地，同时吸收世界不同地区的手工文明，形成相互促进、多元化的工艺交流路径，从而推动中华手工文明不断发展和自我更新。此外，以运河连接的输送线路中双向工艺的传播和交流，应该引起我们特别的关注。丝绸之路不仅仅点到点的单向线性交流，如从宁波到东南亚、南亚、西亚、欧洲，更是通过运河把陆上丝绸之路和海上丝绸之路连接成环形，工艺循环交流。在传统社会，中国手工艺产品的国际知名度和地位越来越高，已具备国际化的特质。

---

① 〔日〕瑞溪周凤：《善邻国宝记》，文求堂书店，1938，第273页。

大运河（江苏段）古镇的历史衍化综论[*]

——以江苏历史文化名镇为例

吴　晓　王凌瑾　强欢欢　宁昱西^{**}

绵延上千年、纵横数千里的京杭大运河自北向南跨越海河、黄河、淮河、长江、太湖、钱塘江等水系，不但是中国古代南北重要的水上交通动脉，更是中国南北经济和文化交流的大动脉。其中，历史最久、现存最长、状况最复杂、遗产点（段）也最多［拥有中国大运河世界文化遗产点（段）总数的40%］的江苏段大运河，至今仍是航运、水利、南水北调的黄金水道。

无独有偶，大运河沿线类型丰富、数量众多的大运河遗产，同样也成为中华民族文明的重要见证。^① 其中，分布较广的村镇聚落遗产更是浓缩和反映运河沿线人口生产生活方式和展开各类社会活动的典型生境和空间场所。因此，本文聚焦于大运河（江苏段）沿线的古镇聚落，通过实地踏勘、历史考据、空间图解等方法，重点梳理和揭示大运河古镇的衍化主线、阶段划分、特征规律和动因机制。

一　大运河古镇概况

1. 大运河（江苏段）概况

江苏省内的京杭大运河主线总长 590 千米，包括中运河江苏段、淮扬运

*　本文原载于《城市规划》2019 年第 4 期。

**　吴晓，博士，东南大学建筑学院教授，博士生导师，研究方向为城市社会学与社区发展；王凌瑾，东南大学建筑学院城市规划系 2019 级博士研究生，研究方向为城市社会学与社区发展；强欢欢，东南大学建筑学院城市规划系 2014 级博士研究生，研究方向为城市社会学与社区发展；宁昱西，东南大学建筑学院城市规划系 2015 级硕士研究生，研究方向为城市社会学与社区发展。

①　大运河遗产是指大运河水运体系及其沿线分布的，反映大运河水利工程历史作用和历史地位的，并有相关考古证据、实物、科学数据和确切的参考文献证明的，与大运河发展历程直接相关的，具有突出普遍价值的各类遗迹与遗物。因此，其保护对象不宜局限于河道本体，也不应拘泥于各级文保单位对大运河遗产类型的限制，而需扩展至同运河发展相关联的河道、水利工程设施、其他物质文化遗产、聚落遗产及沿线生态景观等多类遗产。

河和江南运河江苏段，流经徐、宿、淮、扬、镇、常、锡、苏 8 市，是整个中国大运河最早开凿的一段。通常认为，大运河始于公元前 485 年吴王夫差在扬州开凿的沟通长江和淮河的邗沟，而江南运河则始于公元前 495 年吴王夫差开凿的沟通太湖和长江的古吴水；隋大业元年（605）拓深联系江淮的山阳渎（今里运河）和联结洛、黄、汴、泗诸水的通济渠，汇至江苏境内的淮河，接着 610 年又拓宽浚深江南运河以达杭州，同时在洛阳附近凿永济渠通卫河，经临清转今天津，形成全长 2700 千米的隋唐大运河。

其中，大运河（江苏段）的江南运河在隋唐以后，先后经历了京口、小京口、越河口等入江口的更替以及通江水道孟渎、锡澄运河、德胜新河的开凿，直至 1976 年改由谏壁口入江，除部分城区段改线外，运河并没有太大变化。与之相比，江北段却因黄河夺淮后的治黄防患发生了巨变：先是北宋为避淮行运而辟龟山运河、洪泽新河、沙河等淮河复线，后是南宋黄河袭夺泗水和淮安以下的淮河河道，东流入海。

元代定都北京后开通了京杭大运河，因黄河航道多沙且善淤善决，避黄行运和治黄保运使黄、淮、运交汇的淮安清口一带成为明清两代漕运治理的重心所在，长期而繁密的水利建设也创造了一系列宏伟的人工与自然联合工程（如"水上长城"洪泽湖大堤）。

清咸丰五年（1855）黄河北徙后运河南北阻断，但江苏省内的运河仍保持全线通航，并在民国期间得到导淮委员会及江苏省建设厅等部门的持续整治。中华人民共和国成立后又经历了 1950 年代、1980 年代和 2000 年代三次整治扩建工程，终成今日大运河（江苏段）黄金水道之样貌。

2. 大运河古镇概况

伴随着大运河的涨落演替，江苏段沿线出现了一批历史真实性、完整性和延续性较高的古镇（如宿迁皂河、淮安河下、扬州湾头、苏州同里等），而"运河相关性"作为其共同的特点主要包括以下几方面。

第一，地理相关性。古镇多分布于大运河主线两侧各 2000 米和支流两侧各 1000 米的范围内，其生成或是衍化往往同运河变迁密切相关，从不同侧面见证了运河水系复杂的演变进程。如河下古镇即为邗沟北接淮河之所在，直接见证了运河早期的开凿史，而窑湾古镇则是骆马湖北岸重要的水运贸易码头，是因河而通而盛的又一明证。

第二，历史相关性。古镇作为运河交通的重要节点，因人流物流的大规模集散而成为地区乃至大运河全线经济增长、商业流通和文化交流的中心，承载的是运河流域的生产生活方式、水利建设活动、观念习俗、精神风貌甚至军政动向，留存的是一批寺观建筑、老字号、名人故居、文学作品和故事传说等见证运河兴衰的物质和非物质遗产。

第三，形态相关性。古镇基本保持着因运河而生的历史空间格局和传统建筑风貌，主要街巷或沿运河展开，或与运河垂直相接，传统建筑则以清末和民国时期为主，丰富的历史文化资源除了建构筑物、古遗址、古树名木外，颇具特色的就属水系、纤道、桥梁、埠头、闸坝等大批古代水利水工设施了。

简言之，江苏省大运河古镇既是运河本身变迁及其对沿线城镇发展影响的最佳见证者与展示者，本身也是具有一定稀缺度与特殊性的历史文化街区，还是当前实现文化传承和复兴地方经济的良性载体。

3. 样本遴选及概述

从上述大运河古镇中，本次研究遴选窑湾、码头、邵伯、孟河四个国家级和省级历史文化名镇①作为格局和风貌保存最为完整、与运河变迁关系最为密切的典例样本，以此来代表同大运河荣衰与共的一类商旅聚落遗存。它们沿运河水系而布，从苏北到苏中再跨越到苏南，在整体概况上有诸多共通之处，但也存在局部差异，可最大限度地兼顾大运河古镇研究的典型性和差异性（见表1）。

（1）地理分布方面

在大运河沟通沿线江河湖海、形成网状复杂系统的背景下，大运河古镇同大运河及其相关支流水系之间拥有很高的地理相关度。具体特征包括：各古镇依托大运河及其相关的多条支流水系而发展和衍化，曾拥有优越的地理位置和交通条件，在区域水路交通网中往往扮演着至关重要的转换枢纽或是节点角色；相对而言，古镇的陆路交通缺乏比较优势，虽有陆路同所属城区相连，但实际距离普遍较远。

（2）自然地域方面

在江苏省8类典型的自然地域地貌中，大运河古镇分布的地域条件虽存差异，但共同之处在于：地形较为平坦、水网纵横密集、河道和水量相对稳定。究其原因在于：无论是先有人类聚居点而后有运河的开凿串联（如窑湾

---

① 目前，江苏省入选国家级和省级历史文化名镇的运河古镇共计4处，分别为：第四批国家级名镇邵伯镇（扬州）、第六批国家级名镇孟河镇（常州）、第二批省级名镇窑湾镇（新沂）和第七批省级名镇码头镇（淮安）。

镇），还是先有运河而后有古镇伴生（如邵伯镇），这类古镇布点从根源上看均同运河当初的选线息息相关，而运河的开掘往往又会首选自然条件得天独厚的上述地域。事实证明，跨越上述地域的选线不但顺应了省内西高东低、北高南低的整体地势，使之成为大运河全线水运条件最好的河段之一，还为大运河古镇在上述地域条件下的依河演进提供了保障。

（3）历史衍化方面

在"起源—兴起—繁盛—衰落—转型"的共同脉络下，各运河古镇的衍化因工程技术、产业经济、国家机器、传统文化等因素的综合影响而各呈特色。

①窑湾镇。秦汉时期，择自然水系要冲而设军镇；及至唐代正式建镇，以穿境而过的沂河划分为隅头和口合；明末（1604）因避借黄行漕之险而开通泇运河，使大运河穿骆马湖而直通口合镇，窑湾镇终获地理优势而迎来第一个发展高峰，随后又在抗战前的民国时期迎来第二个高峰；后因苏北地区的连续战乱和运河断航，窑湾镇陷入沉寂状态；直至改革开放后的经济转型和大运河申遗成功，才迎来新的发展机遇。

②码头镇。从夏商至南北朝，地处淮泗之交的码头镇始终是水上交通的重要节点和军镇；但随着隋朝大运河的开通和淮水主通道的转移，其在区域水运交通中的地位有所下降；及至南宋的黄河夺淮（1194）和借黄行运［运河改道泗水（黄河）］，才在客观上实现了大运河和码头镇的直通，不但使古镇再次成为黄、淮、运与洪泽湖交汇之重地，也成为历朝治运防患之要枢；尤其是晚明至清的300年间，这一带已然是运河全线水利工程建设人力、物力和技术投入最多的地方，而码头镇作为漕运咽喉和商贸重镇也繁荣盛极；其后，码头镇又经历了从民国时期运河改道、淮关废弛到中华人民共和国成立后产业转型、跨河西拓的起伏变化。

③邵伯镇。春秋时期，吴王夫差为争霸中原而掘邗沟以连江淮水道；东晋谢安为免旱涝、兴航运，而于古邗沟湍急之处筑邵伯埭，生民们傍水而居、因埭而聚，邵伯镇因此而名；隋朝运河网络和漕运体系的建立，唐代漕粮供应地的南移（江淮），均刺激了邵伯镇的漕运繁荣和水运地位的提升；严密庞杂的漕运体系也反过来推动了河道整治和水利建设，尤其是黄河夺淮后，水系变迁频繁的邵伯镇不但在明清几经"河漕—湖漕—河漕"之转换，还在国家治黄防患和水利建设的巨大投入下，迎来了自身的商贸繁荣和文化兴盛；其后，因漕运废止和交通转型而沉沦的邵伯镇，又在国有企业、乡镇企业等的带动下，走上新一轮的水利建设和经济复兴之路。

④孟河镇。秦始皇为加强对江南的统控，突破常、镇之间的高亢地形而开凿了江南运河西延段；东汉时期，孟河镇地区因开渎入江而由小渔村（河庄）升格为江防军镇和一方集市；318年，萧氏家族由北方经运河入河庄，齐梁文化由此萌芽至盛；唐朝南延开掘的孟渎终于通江（长江）达河（江南运河），极大改善了地区水运条件和提高了其交通地位；宋之后孟渎、藻港河及德胜河的持续疏浚和水利建设，更是助推了沿线的商业手工业集聚、集贸市场繁荣和地方经济转型；及至明清时期，孟河镇因河而盛，商埠文化走向鼎盛，医派文化声名远播；其后受沪宁铁路开通和战争的影响，孟河镇也不可避免地陷入了衰落期。

表 1　江苏省大运河历史名镇概况

样本	窑湾镇	码头镇	邵伯镇	孟河镇
地理分布概况	位处新沂市西南缘，大运河和骆马湖交汇处，三面环水，有沂水等穿境而过	属淮安市淮阴区，隔河与清浦区东望，大运河、淮沭新河绕境而过，张福河、古运河等穿越腹地	属扬州市江都区，里运河与高水河交汇处，北与邵伯湖隔运河相望，淮江公路穿境而过，另有京沪高速、宁启铁路、绕城高速等绕境	属常州市新北区，地处宁镇山脉的末梢，北枕长江和小黄山，南依新孟河
自然地域类型	徐连岗岭型	宿淮平原型	苏中圩区型	江南平原型
镇域户籍人口（万人）	约7.0	2.5	8.6	8.3
镇域面积（km²）	116.0	40.5	98.6	88.3

资料来源：根据以下文献总结和改绘。详见①史志编纂委员会编《京杭运河志（苏北段）》，上海社会科学院出版社，1998；②陆振球《古镇窑湾》，中国矿业大学出版社，2008；③刘学军、葛莱《千年古县淮阴》，南京大学出版社，2011；④《邵伯镇志》编纂委员会编《邵伯镇志》，江苏人民出版社，1996；⑤滕珊珊、吴晓《文化空间视野下的运河古镇历史演化解析——以常州市孟河镇为例》，《现代城市研究》2012年第10期。

二　历史衍化主线的提取

通常情况下，一座古镇的历史并不是沿着单一线索而孤立展开的，推动和表现其衍化的往往是多条关联主线的并行交织和相辅相成。如何在纷繁庞杂的历史线索和事件活动中提取古镇衍化的关键性线索？判定依据主要有三。其一，该主线的衍化是否带来一定的时空影响？其二，该主线是否留有历史遗存和空间载体？其三，其遗存分布是否具有相对的空间集聚性？

据此可以判定，"运河水系衍化"主线无疑是推启大运河古镇衍化的首要脉络和共同基础，其他的关联主线可能还包括水利水工衍化、产业经济衍化、文化特色衍化、军事要素衍化等，并最终通过"聚落形态衍化"这一主线加以落实和空间呈现（见表2）。尽管不同的大运河古镇衍化各具特色和偏重，但是通过多主线提取和叠合式研究，可以全面把握和相互映照不同古镇的衍化轨迹。

表2　江苏省大运河历史名镇的衍化主线提取

衍化主线	窑湾镇	码头镇	邵伯镇	孟河镇	主线研究重点
运河水系衍化	√	√	√	√	大运河及其相关支流水系的选线、开掘、疏浚、填埋、改道等建设活动及古镇水运地位、漕运方式、承载功能等的变化
水利水工衍化		√	√		闸、坝、堰、埭、堤防、桥梁等水利工程和航运工程设施的新建、改建、迁建、维护、废弃状况及其技术、材料、治患功用等
产业经济衍化	√		√		大运河的漕运兴衰和古镇的经济涨落，包括产业结构和布局、经济发展模式、商贸集散市场的变化及其经济体制的转型等
文化特色衍化				√	地方传统习俗、生活方式、文学艺术、价值观念、行为规范等方面的变化
军事要素衍化	√				因江防要津的战略地位和战争攻防屯兵之需而构筑的城墙、哨楼、营垒、炮台、护城河等军事设施布局及承担军政活动的相关场所机构的变化
聚落形态衍化	√	√	√	√	古镇整体格局、空间形态、建筑风貌等方面的变化

资料来源：笔者自绘。

由表2可知以下两方面。

第一，共同主线（运河水系衍化）——大运河古镇衍化的基础性线索，其变迁的丰富度和影响的统治力不言而喻。由此而带来的水运条件改善、漕运地位提升和产业经济兴起，透过窑湾镇"择自然水系而生（秦汉）—借黄行漕的大运河绕行—新开迦运河的大运河串联（明）[1]—大运河的南北断流（民国时期）—重新疏浚的大运河改道通航（中华人民共和国成立后）"的变迁波动，以及邵伯镇"基于军事需求的邗沟通航（春秋）—漕运繁荣与水运地位提升（隋—元）—治黄与水利建设高涨—漕运方式多次转换（明清）[2]—运河扩建与交通转型"的大体脉络，均可见一斑。

第二，特色主线——大运河古镇历史性和地域性在其他层面的个性凸显。比如说"文化特色衍化"主线便在孟河镇衍化中占据了独特而重要的一席之地——像拥有国际声誉和历史底蕴的"医派文化"[3]（包括费、马、巢、丁四大家），不但以儒从医、悬壶济世、名闻海内，还在南门一带集中保留了四大医派的故居和展示经典医籍病案、相关器具的"孟河医派陈列馆"等遗存，较好地保护和传承了孟河医派的学术思想和文化精髓。同样，求新逐变、三教圆融的"齐梁文化"因倡导广大民众接受对我国社会意识形态产生深远影响的"和谐"价值体系，而在社会实践中发挥了整合群众、平衡心理、教化人民的积极效用，以东岳庙为代表的诸处皇权建筑、宗教寺观以及大批文化典籍，则成为齐梁故里的文化见证。

三 历史衍化阶段的划分

同大运河荣衰与共的古镇，同样会经历和遵循生老病死、盛衰涨落的生命周期和演进铁律。只是在具体时段的起讫划分和主要阶段的拆解合并上，各镇可能会存在局部差异。以上文所强调的"运河相关性"为核心依据，综合考量各条衍化主线中承转启合的重大拐点（如重要的水利建设、经济模式的转型、攻防战争的爆发等），可以从总体上将大运河古镇的衍化划分为"起

[1] 在迦运河开通前，明早期的京杭大运河经由山东南部借助黄河而行漕运，因黄河常年泛滥而导致水运常年不稳。明万历三十二年（1640）春，万历皇帝命李化龙开凿迦运河，"自直河至李家港二百六十余里，尽避黄河之险"。于是，大运河水系可直接沟通窑湾镇，使其水运优势得以发挥，当地漕运继而得以发展。

[2] 明清两代的邵伯古镇运河水系变化频繁，一方面表现为黄河夺淮后"河漕—湖漕—河漕"的漕运方式几经转变，另一方面则表现为运河流向发生了"由南向北—水流平缓—由北向南"的几番变化。究其原因，主要缘于南宋时期的黄河夺淮和明代潘季驯"治黄"带来了区域地理环境和水运条件的重大变化。

[3] 拥有深厚精神内核的孟河医派以儒家文化为统率，以崇高的医术、医风、医德、医学和医著而名：既秉承医为仁术之思想，又不拘泥于医，担当社会责任；以道学意境为行医诉求，于"无为、守柔、处下"间孕育"和缓为大法"的医疗思维。

源—兴起—繁盛—衰落—转型"等基本阶段（见表3）。同时，考虑到不同主线在不同阶段的影响和作用差异，在具体时间节点的判定上可根据某一阶段主导型线索的重大变迁和节事活动做出取舍和调整。

表3　江苏省大运河历史名镇的衍化阶段划分

朝代划分		窑湾镇	码头镇	邵伯镇	孟河镇
夏					
商			阶段Ⅰ：古镇起源期① 【关键词】淮泗之交，甘罗城池，军事重镇，淮水城镇群		
西周					
东周（春秋—战国）				阶段Ⅰ：古镇起源期 【关键词】邗沟串联，筑埭②而名，傍水而居	
秦—汉		阶段Ⅰ：古镇起源期 【关键词】俘犯制窑，驻军要镇，沿沂聚居，夜猫子集			阶段Ⅰ：古镇起源期 【关键词】江防门户，运河西延与技术进步，孟渎开掘与通江达河，齐梁文化
晋					
南北朝					
隋唐			阶段Ⅱ：古镇兴起期 【关键词】运河沟通，水利治患与技术进步，黄河夺淮，内生发展	阶段Ⅱ：古镇兴起期 【关键词】漕运兴起，以闸代埭，黄河夺淮，沿河而聚	
五代					
宋					
元					
明		阶段Ⅱ：古镇兴起期 古镇繁盛期 【关键词】避黄济运（新开洳运河的沟通），南北断流，漕盐运络绎，两次高峰，奇门遁甲，③二镇合一，自治成市	阶段Ⅲ：古镇繁盛期 【关键词】因战迁城，借黄行运，水利要枢，漕运中心，繁华商埠，因堤兴街	阶段Ⅲ：古镇繁盛期 【关键词】治黄防患与水利建设，漕运方式转换，商贸重镇，士绅文化，宗教文化	阶段Ⅱ：古镇兴起期 古镇繁盛期 【关键词】水网完善，水利建设，军事基地，孟河医派，因河而盛，内生填充
清					
民国时期		阶段Ⅲ：古镇衰落期 【关键词】抗战沦陷，解放战场，运河断航，发展停滞	阶段Ⅳ：古镇衰落期 古镇转型期 【关键词】运河改道，淮关废弛，商贸衰落，旅游服务，生态农业，跨河西拓	阶段Ⅳ：古镇衰落期 古镇转型期 【关键词】漕运废止，交通转型，运河扩建，企业带动，镇区拓展	阶段Ⅲ：古镇衰落期 古镇转型期 【关键词】沪宁铁路开通，抗日战争战场，运河功能转型，文化断裂待生，沿河沿路外拓
中华人民共和国成立后	改革开放之前				
	改革开放之后	阶段Ⅳ：古镇转型期 【关键词】疏浚通航，运河改道，文化复苏，旅游服务，镇区北拓			

注：①据《禹贡》记载，夏代淮阴以淮河为界，分属徐、扬二州之域，码头镇即隶属扬州，是古淮泗贡道的重要节点。及至周贞定王二十四年（前445），因楚国屡屡侵扰泗水流域，码头镇归属时越时楚，后来终属楚。春秋末期开凿的"古故水道"（即今江南运河前身），疏通了由今苏州至镇江北入长江到扬州的水路交通，开凿的邗沟（今里运河前身）则自扬州向北过今高邮，东北通过射阳湖再向西北入淮河，而此时的码头镇即距古邗沟北端——淮安城北的末口不远。

②埭，为古时在江河水流湍急、沿路险阻处所建土坝，以牛或人力助船过埭。东晋谢安在此修筑了第一个水工设施——召（邵）伯埭，蓄水利田而免洪涝，利于农业民生发展，邵伯镇也因此得名而成为邗沟南北交通的必停之所。

③窑湾镇自古形成的一种具有浓厚军事城防特色的空间格局，主要特点包括：一条由西北至东南的主街（西大街—中宁街），街南属阳，街北属阴，长街作为八卦太极线，分出12条深巷，作为"十二地支"；同时按五行七星北斗布局于西大街，筑五行哨楼5座；中宁街筑哨楼2座，结成7座北斗式，形成七星八卦阵势以控制古镇所有要道。7座过街哨楼加上东城门楼、西城门楼、北城门楼构成窑湾镇10大炮楼指挥所，又称天盘"十天干"。

资料来源：笔者自绘。

由表3可知以下三方面。

第一，各大运河古镇实质上都经历了"起源—兴起—繁盛—衰落—转型"的基本阶段（局部阶段之间或有合并），符合古镇衍化的基本时序和总体方向。其共同的衍化脉络包括：漕运发达和经济繁荣于明清时期，停滞和衰落于民国时期（尤其是战争时期）和计划经济时期，而转型复苏于改革开放之后；同时古镇因地处河防要津和水运要道，起源时往往承载或是肩负着军镇之责，其后才有了因河而涨落聚散的人口、经济和文化要素；且江北古镇还多次经历黄河夺淮后的治黄防患、水利建设和技术创新及其所带来的长期影响。

第二，在衍化阶段的划分上，大运河古镇基本契合和综合考虑了各条衍化主线中承转启合的重大拐点。像被誉为"水利工程史博物馆"的码头镇，"水利水工衍化"主线便主导了其阶段划分——古镇依自然水系而生，隋大运河的开通使其一举成为沟通中西部与江南的水运中转地，是为第一个拐点；南宋改善的水运①和兴起的漕运遭遇黄河夺淮，运河开始借黄行运，是为第二个拐点；明清时期国家不断加大水利投入治患，终使码头镇成为维系帝国统一的国家工程体系的枢纽和核心，是为第三个拐点；民国时期运河改道和淮关废弛导致码头镇枢纽地位渐失，是为第四个拐点，据此可勾勒出码头镇波澜起伏的典型轨迹。

---

① 北宋时曾展开一系列的水利建设和水工技术创新，比如清汴工程和开凿复线运河工程，又如乔维岳在现清江浦一带开沙河由磨盘口入淮，成为开创非翻坝直接沟通江淮的第一人，也使码头镇距楚州更近更便捷。参见刘学军、葛莱《千年古县淮阴》，南京大学出版社，2011，第12～14页。

第三，在具体时段的起讫断点上，各大运河古镇均以公认的历史断代为参照，再结合相应阶段主导型线索的重大变迁做出二次细分和微调。像脱胎于军镇的窑湾镇在划分盛衰转换的节点时，便基于"军事要素衍化"主线将民国时期从抗战起一分为二；而在划分起源到兴起的阶段时，则考虑到初期军镇能发展为大运河苏北段商贸集市网络中的繁华重镇，多缘于"运河水系衍化"带来的水网根本性改善，故也将明朝一分为二，以泇运河新开和大运河水系直通作为节点。同理，孟河镇从繁盛到衰落的转折点在于水运方式的式微，故以交通方式的重大转换节点［即清末沪宁铁路的开通（1908年）］作为时段起讫点。

四　历史衍化规律的梳理

古镇聚落作为大运河遗产的代表性构成之一，其衍化历程折射出我国不同地域、不同民族、不同社会经济发展阶段的聚落形成和演进过程，通过不同主线的梳理来发掘其或同或异的衍化规律如下。

1. 运河水系衍化方面

大运河古镇无论是依托运河而生，还是后期因运河开掘而串接，其依托的运河水系多呈现"从形态演变到功能转型"的衍化规律——前者主要源于在水运改善和治黄治患的长期需求下，大运河及其相关支流水系的开掘、疏浚、填埋、改道等建设活动；后者则由于近现代以来漕运废止、航运功能衰落以及可持续理念和文化意识的增强，转而承载起更多的文化、休闲、景观和生态功能。

其共同的衍化脉络包括：①运河水系的大尺度建构多发生于历史上政治清明和经济发达时期；②明清时期，古镇周边的运河水系已趋完善，为其发展为区域级乃至国家级的水运节点、漕运中心、商贸重镇、水利枢纽或是文化基地和军防要塞保驾护航（见图1）；③近代水系虽整体变迁不大（除码头镇存在改道现象外），但古镇航运地位和经济影响随着新一代交通方式的更替转换而日渐式微；④中华人民共和国成立以来，因基础建设、用地置换、路网加密、水系依赖度降低等，多有水系填埋现象发生，传统的水运功能逐渐弱化，始而探寻新的功能转型和复兴之路。

2. 水利水工衍化方面

大运河古镇一带的水利水工建设因水患治理而起，如今虽多有损毁、废弃，

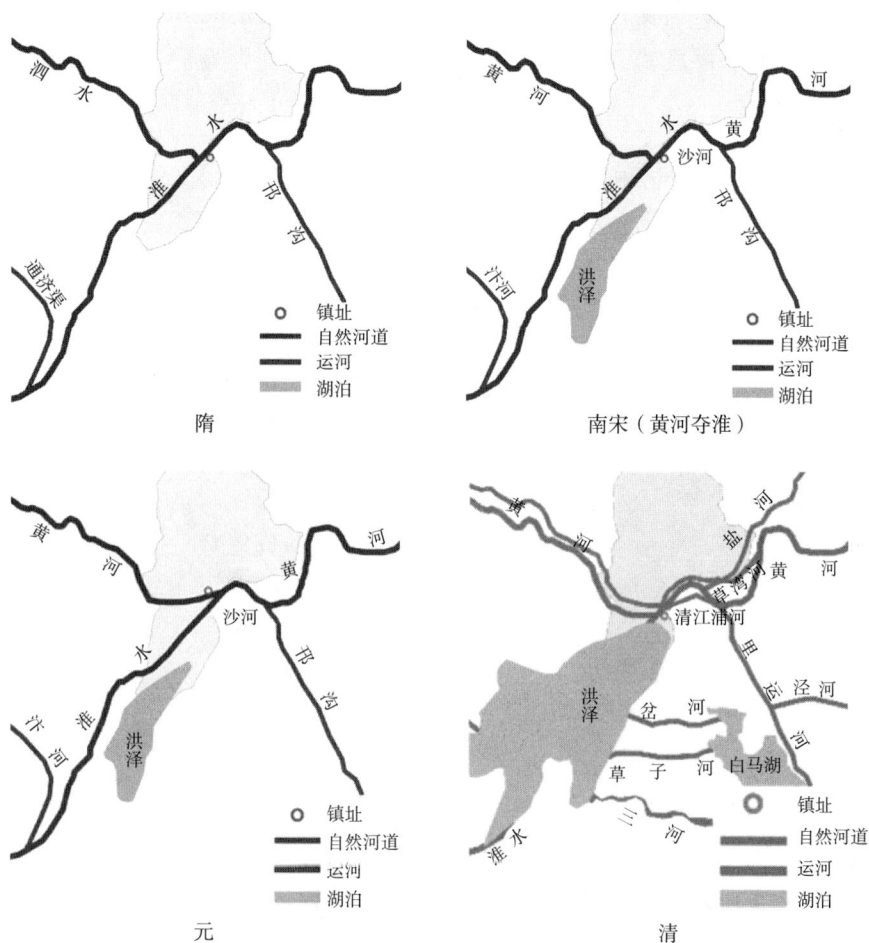

图1　码头镇周边的运河水系衍化

资料来源：根据以下文献推导和改绘——《码头历史文化保护规划》，淮安市规划设计院，2014；《大运河（淮安段）遗产保护规划》，东南大学建筑设计研究院，2009。

或是成为水工遗存，或是由新技术、新材料取而代之，但在历史长河中依然呈现"从功能诉求到技术进步"的衍化规律——尤其是身陷黄河夺淮、借黄行运的江北古镇，以国家投入和政策扶持为外在保障，基于应对频发水患和维系帝国安全的需求而持续进行水利建设、助推技术创新，催生了一系列成熟完善的水利设施和水工技术。

比如邵伯镇因时制宜，在运河稳定和成熟期以蓄水设施（埭、蓄水闸）为主促水运畅通，在运河湖漕和变迁期以堤防（减水河、减水闸、坝）为主御洪涝之灾。再如码头镇淮河右岸的复线运河工程，以及乔维岳开掘沙河由磨盘口入淮而首创的非翻坝直通江淮之技术，终使码头镇一带成为国家战略工程体系中的水利要枢，并成就了今日运河全线古代水利工程遗存最密集、价值最高的地区（见图2）。

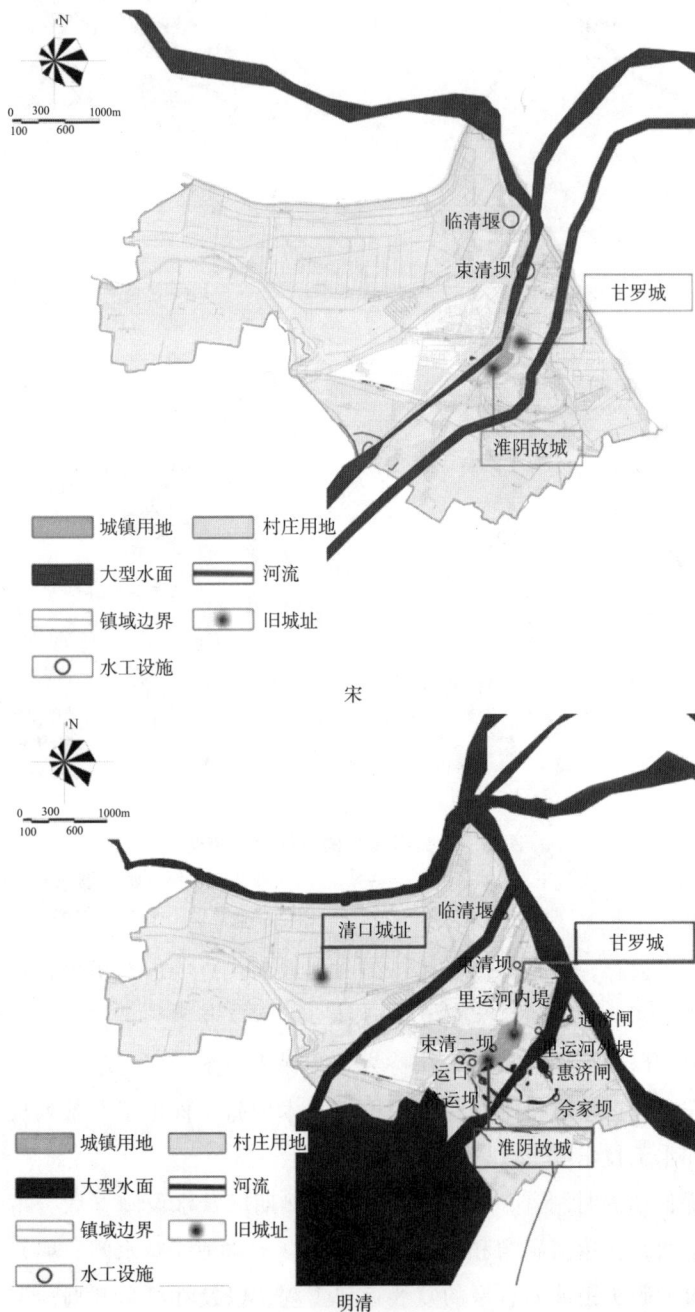

宋

明清

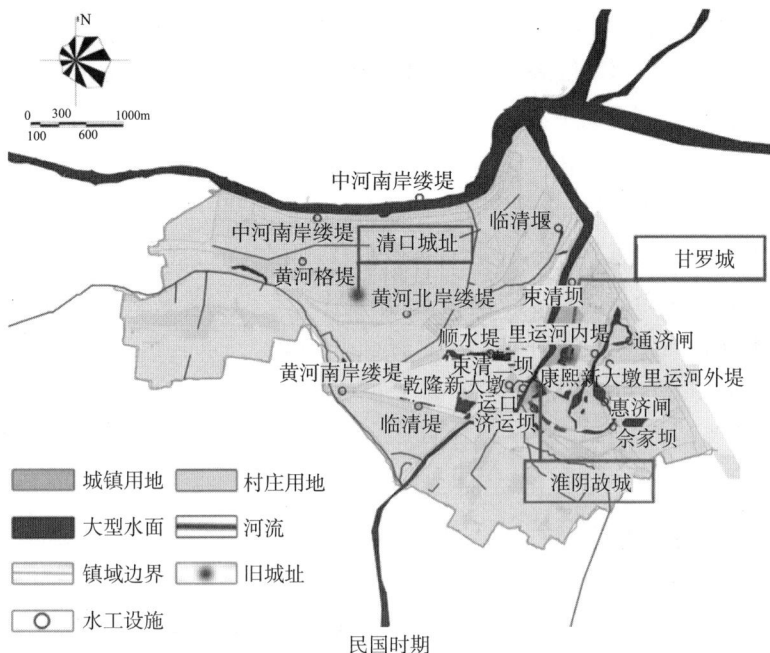

图 2　码头镇发展——水利水工衍化

资料来源：根据以下文献推导和改绘——史志编纂委员会编《京杭运河志（苏北段）》，上海社会科学院出版社，1998，第 45～50 页；《码头历史文化保护规划》，淮安市规划设计院，2014；《大运河（淮安段）遗产保护规划》，东南大学建筑设计研究院，2009。

3. 产业经济衍化方面

大运河古镇产业经济不但在行业门类、产业结构、发展模式等方面经历了长期的分化、更新和现代化转型，还在产业布局上呈现"从运河指向到综合指向"的衍化规律。

前者取决于两大基本前提：大运河的开掘连通以及漕运制度的推行。由此带来的水运条件提升和人流物资集散，使古镇沿河一带逐渐摆脱传统的农耕经济局限，而集聚起大量的商贸服务业、家庭手工业、工场手工业、织造业、运输业甚至金融业等，即实现了向农商经济和手工经济的转型。

后者则源于后漕运时期运河水系的功能转型和传统运河经济的衰落，或因国有企业、乡镇企业等带动而向第二产业转型和工业园区集中（如邵伯镇），或因历史文化资源的展示利用而向外向型的文化休闲和旅游服务产业转换（如窑湾镇和码头镇），或结合地方优势孵育和培植新型特色产业（如码头镇的生态农业），且在布局上已不再受制于传统运河因素，而反映出现代交通、资源禀赋、市场辐射等多因素的综合性影响。

其共同的衍化脉络包括：①形成期的古镇除了部分官营产业（如窑湾镇军镇时期的制陶工艺及其手工业）外，长期依托于传统渔业和农耕经济而发展，这同当地水网密布、湖泊众多、土质优良的自然地域条件相契合；②以大运河的开掘连通（如隋代码头镇和明代窑湾镇）和漕运制度推行（如隋唐邵伯镇）为转机，古镇实现了运河沿线的行业多元化、经济规模化和生产专业化，各类集贸市场和地方经济蓬勃发展；③中华人民共和国成立后，先是计划经济体制和历次政治运动，冲击和抑制着村镇产业经济和自由商贸市场的发展，继而是改革开放后的经济体制转型与市场开放（如"苏南模式"的有效拉动），推动沉沦已久的古镇通过企业带动、文化旅游、特色产业培育等多元方式探索城镇化背景下的经济复苏之路，总体上呈现"农耕经济—农商经济—手工经济—工商/工业经济—后工业经济（如文化和生态产业）"的衍化轨迹和趋向（见图3）。

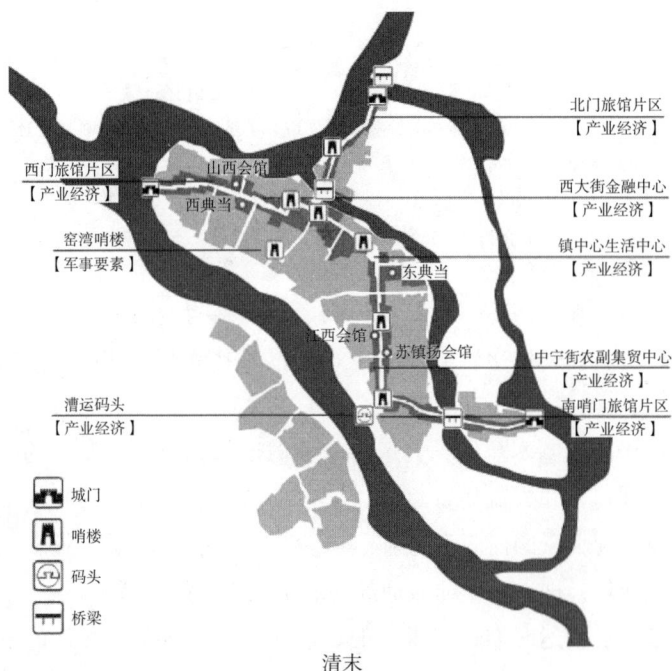

北门旅馆片区
【产业经济】

西门旅馆片区
【产业经济】

山西会馆

西典当

西大街金融中心
【产业经济】

窑湾哨楼
【军事要素】

镇中心生活中心
【产业经济】

东典当

江西会馆

苏镇扬会馆

中宁街农副集贸中心
【产业经济】

漕运码头
【产业经济】

南哨门旅馆片区
【产业经济】

城门

哨楼

码头

桥梁

清末

民国时期

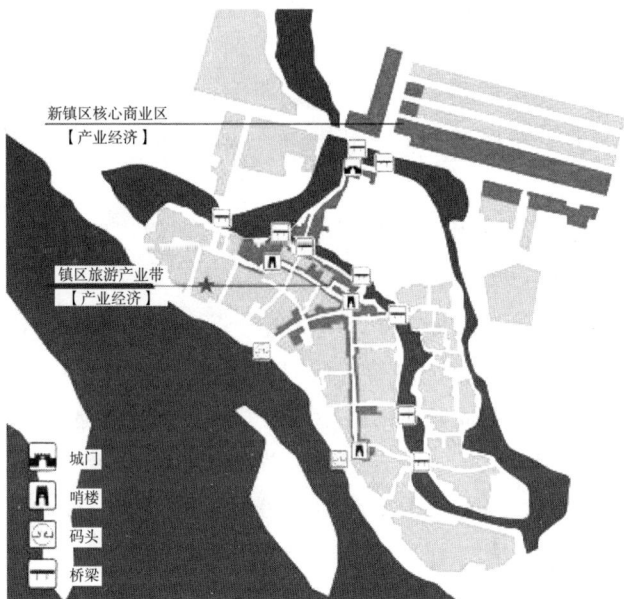

现状

图 3　窑湾镇的产业经济衍化

资料来源：根据以下文献推导和改绘——《江苏窑湾历史文化名镇保护规划（2010 – 2030）》，东南大学规划设计研究院；陆振球：《古镇窑湾》，中国矿业大学出版社，2008；新沂地名委员会编《江苏省新沂县地名录》，1982，第 11 页；新沂地方志编纂委员会编《新沂县志》，江苏科学技术出版社，1992。

4. 文化特色衍化方面

大运河古镇虽然在特色文化成型流变的时间、类别和影响力上因地而异，但多以商贸流通、人货集散和地区交流为前提，以中华文明核心价值体系和地方深厚的传统文化积淀为依托，以相关文化服务设施的规模化营建为载体，① 并呈现"从多元相生到断裂待生"的衍化规律，进而在时间和空间的大文化网络中占据独特的一席之地。无论是孟河镇在南北朝时成为齐梁文化的萌生繁盛之地，还是明清两代因医派文化和商埠文化而名，也无论是邵伯镇明清时期同步兴盛的宗教文化与商埠文化，还是崇文尚教、积极参与城镇建设管理的士绅文化等（见图4），均昭示着古镇文化不但类型多、积淀深、影响广，其空间载体也数量可观、各具特色。而近现代以来，因战争纷乱、政治运动和计划经济而出现断裂和集体沦落的诸多传统文化，正伴随着改革开放和社会经济转型而期待着重塑和新生。

5. 军事要素衍化方面

大运河古镇因地处河防要津和水运要道，在军事要素上呈现"从阶段性凸显到片段式遗存"的衍化规律。

起源期的古镇往往承载着重要的军事职能，像地处淮泗之间的码头镇早在春秋时期就筑甘罗城以作为治所和军防要地，而孟河镇前身河庄从汉朝起即设有军事据点。

其后各类军事城防设施的起起落落，均因历朝历代的重大战事而不时得到阶段性强化和维建。如孟河镇在宋朝因抵御金兵而建军事基地，又在明嘉靖时修建城墙防倭，抗战时更是多方争夺的据点，是"镇防一体、城河一体"的卫戍古镇之代表；而码头镇内的古淮阴治所也因元代战乱几毁几迁，同样表现为极端状态下军镇卫戍职能的凸显和地方经济、城镇建设的破坏。

中华人民共和国成立后，以往战争的损耗、初期政治运动的冲击和当下城镇化建设的热潮，均使历代累建的军事设施大部损毁，仅有部分遗留（如孟河镇东亚客栈）和少许复建（如窑湾镇哨楼和孟河镇城墙）的设施散布要地之间，成片段地印证着曾经的战争风云和军防体系。

其中的典型非窑湾镇的"奇门遁甲"莫属——1853年，举人臧位高、臧

---

① 明清时期的邵伯镇即有"九十九座半庵观寺庙"之说，道教、佛教、天主教、伊斯兰教等大量宗教建筑在"神路"（今邵伯镇甘棠路）修建、集聚。参见《邵伯镇志》编纂委员会编《邵伯镇志》，江苏人民出版社，1996，第432～433页。

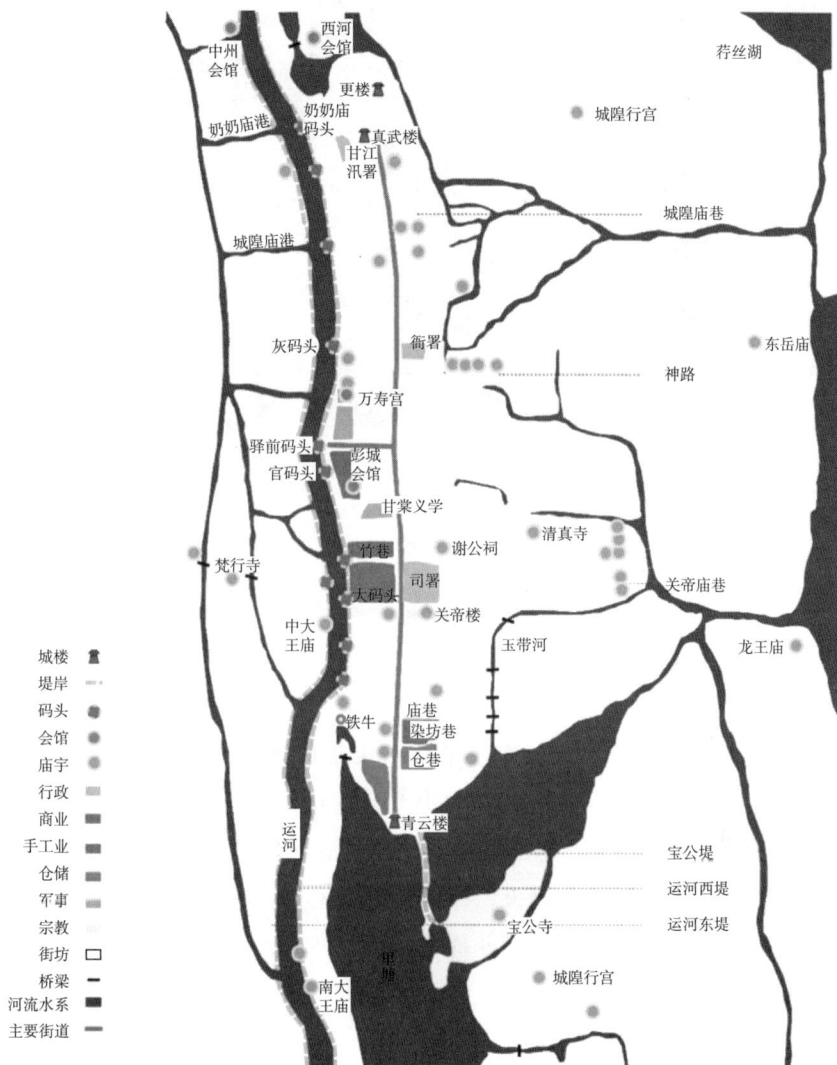

图 4　邵伯镇多元文化空间的兴盛和并存（明清时期）

资料来源：根据以下文献推导和改绘——董恂：《甘棠小志》，咸丰五年（1855），古籍。

纤青为抵御太平军而依古军事设施营建八卦迷宫阵，筑城门、修城墙、挖护城河，同时建 12 条深巷（十二地支）、7 座北斗式哨楼（七星）和 10 大炮楼指挥（十天干）等。这一具有浓烈军事城防特色的空间格局虽然已经失去了不少历史遗存和设施要素的支撑，却直接而深远地影响着现代窑湾镇的聚落形态（见图 5）。

图 5　窑湾镇的主街和哨楼

资料来源：笔者自摄。

6. 聚落形态衍化方面

每逢运河水系、产业经济、文化特色、军事要素等发生重大变迁，大运河古镇都会在聚落形态上做出空间响应，并呈现"从依水而生到外延拓展"的总体规律。

通常这类古镇脱胎于依运河或是自然水系而生的军镇或是小型聚居点，并随着水网体系的完善、水运条件的提升和漕运的兴起，或在既定的军事设施防护范围（如城墙和护城河）内实现内生式填充（如窑湾、孟河二镇），或是沿河道呈带状延伸（如码头、邵伯二镇）。直至被近现代以来的历次战争和政治运动所阻断而趋于停滞，并随着改革开放后社会经济的发展和快速城镇化建设，而开启了外延式拓展和跨越式合并的衍化道路。①

在上述共同的趋向下，从窑湾镇的"奇门遁甲，七星北斗"到孟河镇的"城河一体、商防一体（孟城），以庙为核、以街为轴（万绥）"，再从邵伯镇的"河街并行，巷通古驿"到码头镇的"高堤结屋，因堤兴街，鱼骨纵横"②，则又折射出古镇聚落形态丰富多变和千差万别的一面来（见图 6）。即使在更

---

① 比如说窑湾镇跨过北圩沟所形成的新镇区，还有邵伯镇以盐邵河为景观轴、以甘棠路为主干道的组团式向东、向南拓展，而孟河镇和小河镇也在连横而动多年后实现了行政合并。

② 在"高勿近旱、下勿近水"的传统选址原则下，码头镇的传统聚落在有限的安全空间中"高堤结屋"，形成了独具特色的"依堤为街、鱼脊状、条带形"聚落形态。目前，码头镇域保留这一传统特征的聚落主要有：中运河南岸缕堤聚落、黄河北岸缕堤聚落、顺黄堤聚落、临清束水堤聚落和里运河堤聚落等。

大尺度的整体格局上，"顺应天然、因地制宜"作为古镇选址的通则，同样也有着差异化的呈现——从码头镇的"三河六堆、洼地蓄田"到孟河镇的"两山卫一水、一水兴两城"，再到邵伯镇的"扼江淮咽喉、守古运要冲，河渠绕古镇、古镇望棠湖"，但不变的内核依然是：聚落与山系、水网、农田、林地等自然要素及人工地形的整体关联和有机融合。

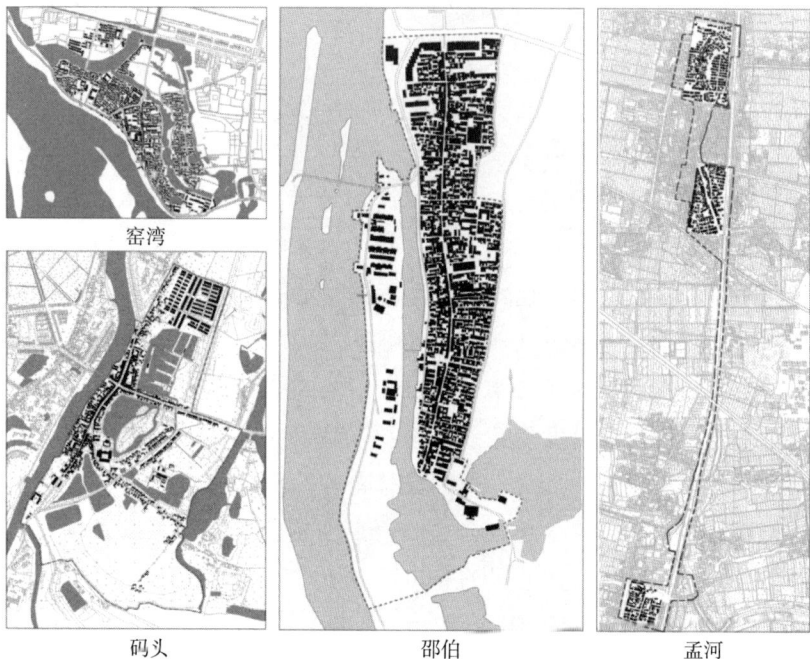

图6　大运河古镇的聚落形态

资料来源：根据以下文献总结和改绘。详见①史志编纂委员会编《京杭运河志（苏北段）》，上海社会科学院出版社，1998；②陆振球《古镇窑湾》，中国矿业大学出版社，2008；③刘学军、葛莱《千年古县淮阴》，南京大学出版社，2011；④《邵伯镇志》编纂委员会编《邵伯镇志》，江苏人民出版社，1996；⑤滕珊珊、吴晓《文化空间视野下的运河古镇历史演化解析——以常州市孟河镇为例》，《现代城市研究》2012年第10期。

五　历史衍化动因的解析

诚如上文所述，大运河古镇往往依循运河水系、水利水工、产业经济、文化特色、军事要素等多条关联主线的交织互动而演进，并最终通过"聚落形态衍化"的主线加以落实。其中，每一主线的衍化均源于或同或异的多类因素共同推动，并在古镇衍化的不同阶段发挥着或强或弱的作用和影响力（见图7）。

通常在封建王朝时期，运河水系的衍化是推动大运河古镇盛衰演替的共同主线和原动力，几乎是贯穿全程的治患防灾、水系疏浚和水利建设活动，助推古镇逐渐发展为区域级甚至国家级的水运节点、漕运中心和商贸重镇。与此同时，其他的特色主线则会在特定的时空范畴内得以彰显，同运河水系一道成为共同推启古镇演进的并行主线——比如说脱胎于军镇的窑湾镇，其起源和兴盛便同军事要素主线有着至关重要的关联；再比如黄河夺淮、借黄行运后的码头镇，因持续的国家关注、治患投入和技术进步，而跃升为帝国战略工程体系的水利枢纽，也使水利水工的衍化线得到前所未有的长程凸显。

而近现代以降，大运河古镇的衍化开始呈现新的动向和分化：由于河道变迁、漕运废止、外侵内战、交通方式转换等因素的综合影响，运河水系主线的整体影响力和统治力在不断下降；相比于军事要素在近代战争条件下的统领性作用，产业经济和文化特色的主线影响力却在计划经济时期受到不同程度的遏抑甚至出现断裂，而政治经济制度的改革、社会文化环境的转变、人文自然资源的支撑及其所带来的经济模式转型和聚落形态拓展，则成为改革开放后影响大运河古镇发展建设的重要动力和主线。此外值得一提的还有码头镇的水利水工设施，传统功效尽废却能以沿线高密度、高价值的水工遗址和历史积淀为依托，承载起自身在新时期的特色职能和主线影响力。由此归纳各主线的影响动因，详见图7。

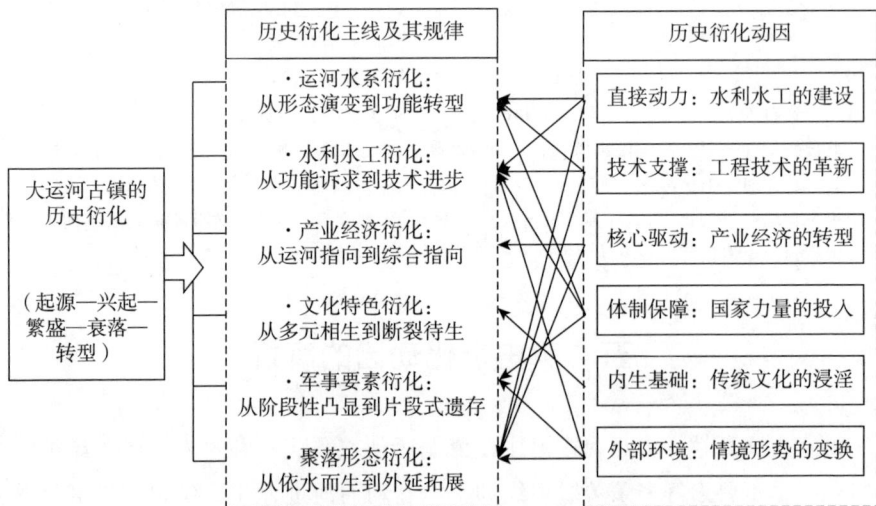

图7 大运河古镇的历史衍化动因示意

资料来源：笔者自绘。

1. 直接动力：水利水工的建设

该因素所确立的是大运河古镇衍化的基础性线索和骨架，其影响集中体现于两方面。

第一，以大运河及其相关水系的开掘、疏浚、填埋和改道为手段，通过水系形态和水网结构的调整、优化来改善古镇的水运条件和交通区位。比如唐代孟渎的疏浚和南延便实现了孟河镇的通江（长江）达河（江南运河），不仅集贸流通惠泽于武进，更影响了常、镇二郡甚至苏州、松江地域；① 而明代开凿的泇运河更是实现了窑湾镇和运河水系的直通，从此"自直河至李家港二百六十余里，尽避黄河之险"。

第二，以水利水工设施的持续维建和技术创新为依托，来应对治患防灾、调水济运的工程需要和功能诉求。像突破常、镇两地高亢地形的江南运河，历史上就主要依靠水利水工的设施建设和技术进步来蓄水济运。② 尤其是经历了黄河夺淮、借黄行运和水灾频仍的码头镇，作为明清运河沿线黄淮运交汇的水运一线枢纽，备受朝廷重视而常年在此大兴水利和革新求变，以确保帝国漕运之畅通，这从明代潘季驯"束水攻沙、蓄清冲黄"的综合治理思想和清廷所列的"三藩、河务、漕运"三大要务中，即可见一斑。

2. 技术支撑：工程技术的革新

该因素的影响包括对立统一的两面：其一为技术的正效应，即通过持续水利建设和技术创新催生了一系列成熟完善的水利设施和水工技术，以实现帝国战略统控、保障民生之宏图；其二则为技术的负效应，即随着新一代工程技术的升级和替代，大运河古镇逐渐丧失传统技术条件下的优势和地位。

前者的典型如码头镇，以国家投入和政策扶持为外在保障，从两宋的水利建设和工程创新（如复线运河工程和非翻坝直通江淮技术），到明清的水利治患和技术进步（如开清口挑水坝和大修高堰石工），码头镇沿线曾是历史上运河全线投入人力、物力和技术最多的地段，更是帝国战略工程体系中的水

---

① 据唐书《地理志》记载："孟简浚古孟渎，引江水通漕"，通过孟渎的疏浚和延伸将长江与江南运河相连通，孟渎的水运地位和水利功用立竿见影；此后唐宪宗元和六年（811）为漕运之需而进一步拓宽孟渎，并改其名为"孟河"，河庄也渐渐因此而更名为"孟河"。

② 孟河镇以南的奔牛作为西部镇江高地和东部低地的过渡与分界，水利工程建设历来颇为艰巨。为保证奔牛以西的通航水位，曾建奔牛挡水堰或船闸，之后时坝时闸以调水济运，并因此出现一批在水利科技史上久负盛誉、在调蓄运河水系方面发挥重大功用的水利工程设施（如奔牛闸）。

利要枢和重中之重，其中的杰作即代表着当时水利技术最高峰的清口水利枢纽。

后者的典型体现之一则为交通方式的转换和更替，尤其是以铁路、公路为代表的陆路交通取代水运成为现代的主要交通方式，其结果就是：古镇在区域航运网络中的话语权下降及其所带来的市场活力、经济动力的缺失。类似的情况还包括曾发挥巨大功用、如今却多有废弃或是成为遗存的水利水工技术及其设施等。

3. 核心驱动：产业经济的转型

该因素的影响或强或弱地贯穿于大运河古镇的演进全程，并在不同时期呈现不同的作用形式。

其在历史上的影响主要表现为：以运河及相关水系为载体，以传统经济形态和经营模式的演进和转换为表征，通过强化古镇经济的外向性和交通的可达性，有效提高其在区域乃至全国市场网络中的辐射广度和深度。典型如窑湾镇的两次历史蜕变和经济高峰：其一是明代泇运河的开通和交通条件的根本改善，人流物流的大规模集散改变了窑湾镇传统的农耕经济模式，也助其成为大运河苏北段商贸集市网络中的重镇；其二是国际经济和战争形势的变化，为民国时期窑湾镇以粮食换取石油的国际贸易提供了巨大商机，当地商人通过转换经营模式积极创立外向型经济，也使其成为占有国际市场的江淮工商重镇。从中，可大体管窥古镇"农耕经济—农商经济—手工经济—工商/工业经济"的转型轨迹。

而中华人民共和国成立以来的影响则表现为：在运河驱动作用式微的趋势下，以两次社会经济体制的重大转型为标志和契机，建构怎样的经济体系成为决定古镇衰落和复苏的关键性动因——先是计划经济下高度集中而封闭的流通体系，以"重生产、轻消费"为指导，以供销合作社系统为基础，以统购统销模式为支撑，以纵向行政调配和"少、统、死"为特色，严重遏抑了以自由贸易为特征的商品流通、产业市场和地方经济；继而是引入市场机制和融入全球经济的改革开放，以市场取向和自由开放为特征，以苏南模式、开发区建设等路径创新为手段，以地方人文资源和自然禀赋为依托，为古镇探索未来经济模式和产业发展的转型之路提供了机遇和可能。

4. 体制保障：国家力量的投入

该因素的影响主要源于国家机器自上而下的宏观调控和全面保障，通常以资本、制度、人力和技术为中介，促进各类资源在大运河水系及其沿线聚落的集聚、循环、生产和效用发挥，通过兴水利、御水患、保漕运、防侵扰等来维系帝国的经济稳定和战略安全。

不难预知，如果没有明清时期国家投入和水利建设的保驾护航，没有康乾期间对于清口枢纽的持续关注和治理，码头镇一带则无法成为国家战略工程体系中的治患重地和水利要枢。同样，如果没有举国漕运制度下相应管理机构的设立和庞大管理体制的运作，粮油盐等物资的漕运也无法成为上至国家物资转运供给、下至古镇商贸繁荣的关键推动力。个中代表当推明清大运河的漕运管理中枢——淮安，不但全国漕运总督长期驻节于此，还在码头镇一带设有多处漕运管理机构。同样，乾隆多番南巡时驻足的邵伯镇也是治患保漕的重点地段和漕运枢纽之一，先是明洪武元年（1368）在此设立巡检司，[1] 又于清雍正七年（1729）设立扬粮厅，其署设于邵伯镇东街并建有粮仓，使装运粮食的"邵伯划子"、量斛米豆的"伯斛"等闻名南北……而这些同明清两代政府对运河治理和漕运经济的重视休戚相关。

5. 内生基础：传统文化的浸淫

诚如上文所述，该因素的影响多以中华文明价值体系和传统文化积淀为依托（如儒道思想对于宗族文化、习俗观念、生产生活方式等的渗透和内化），以相关文化设施的规模化建设为载体（如祠堂、寺观和医馆），以地方文人士绅积极干预村镇建设的实践和管理为手段。

如果从孟河镇"齐梁文化"的宏旨架构中，可以看到儒、释、道的"三教圆融、互补共尊"，从孟河镇"医派文化"的精神内核中，可以看到高尚医德、精湛医术和儒道学问、道德操守的有机结合，那么从殷实富足、崇文尚教的明清邵伯镇身上，同样可以在宗教文化与商埠文化之外，看到一批士绅阶层积极投身当地文化建设的足迹和身影：为持文风、倡财运，不但先后主导和参与了真武楼、文昌楼等的修建，还创办了甘棠义学、东山书院等文化设施，董恂甚至还编纂绘制了邵伯镇最早的地方志《甘棠小志》和历史地图，[2] 助推古镇在时空文化网络中留下自身不可磨灭的印记。

6. 外部环境：情境形势的变换

该因素的影响往往同大运河古镇自身的特性或是共性相关，自外而内且涉及面相对宽泛。

---

① 李东阳等：《大明会典》卷三十六《鱼课》，扬州广陵书社，2007，第636页。

② 《邵伯镇志》编纂委员会编《邵伯镇志》，江苏人民出版社，1996，第9页。

首先，大多数位居江防要津的古镇都源起于军镇或是承担着一定的军事职能，因此历次战争的破坏性影响是无法忽视的，像宋末元初的频繁战事就严重冲击和阻断了码头镇的经济发展和城镇建设，使其不得不迁城于清口，筑方城以围聚落。其次，考虑到运河水系在古镇衍化进程中的主线地位，区域地理环境和水文条件的重大变故同样需要考量，尤其是南宋建炎年间的黄河南徙和夺淮入海，导致黄河决溢且时常改道，运河两岸水患频繁，不但开启了大运河借黄行漕的序幕，也开启了江北诸镇大规模治水的历史。最后，近现代以来国际经济形势的影响也无法回避，比如说第一次世界大战的爆发就为窑湾镇开展以粮食换取石油的国际贸易创造了前所未有的机遇，传统经营模式的果断转换则为自治成市的窑湾镇迎来了经济发展的第二春。此外，类似的外部因素还包括：近现代漕运废止对于传统运河经济和古镇综合地位的打击，当下城镇化建设热潮对于古镇聚落和传统文化的冲击等，不一而足。

六 结 语

中国大运河是世界上历史最为悠久并一直沿用至今的伟大水利工程体系之一，其沿线的村镇聚落往往也承载着同运河荣衰与共的商旅聚落遗存的特征和价值，而对于大运河古镇历史衍化轨迹和规律的发掘，正是把握其价值特色的有效路径之一。通过梳理古镇的衍化主线、阶段划分、特征规律和动因机制，同时结合资源评估、传统格局等其他专题的研究，可以初步归纳大运河古镇的特色价值。

窑湾镇——身兼漕运枢纽、工商重镇的运河古镇；创立四水环镇、奇门遁甲的军事壁垒；实现南北汇融的文化格局和建筑风貌。

码头镇——位居国家漕运中心的水运枢纽；厚载工程技术价值的水工重镇；四水交汇、三城相映的整体格局；高堤结屋、鱼骨纵横的聚落形态。

邵伯镇——扼江淮咽喉、守古运要冲的运河古镇；五水汇镇、调水济运的商贸枢纽；河街并行、巷通古驿的鱼骨格局。

孟河镇——调水济运、镇防一体的运河古镇；两山卫一水、一水兴两城的整体格局；城河一体、商防一体的聚落形态；因水成市、枕河而居的空间格局。

越南燕行使者所见运河清江闸御诗碑亭考[*]

淮安清江闸地处大运河的中心位置，是运河沿线最具代表性的古代船闸，至今仍保存完整的正闸、越闸、越河格局，是大运河世界文化遗产的重要节点。明永乐十三年（1415），为避淮河之险以及末口盘坝之劳费，平江伯陈瑄开清江浦河，沿途设清江、福兴等船闸，奠定了清江浦城发展的基础。清乾隆二十六年（1761），为避黄河水患，原清河县城从黄河岸边的小清口迁至清江浦，行政地位提高，清江浦城进一步发展。五年后的乾隆三十一年（1766，越南景兴二十七年）正月，越南使者阮辉莹一行经今广西、湖南、湖北、安徽至江苏南京，十月二十八日到达扬州，然后沿运河北上进京。沿途以日记形式记录了旅途见闻，每条日记后附一首至多首诗歌，形成了这部《奉使燕京总歌并日记》。《奉使燕京总歌并日记》记载：十一月初六到达清江浦城，这是一座不设城郭的城市，为清河县驻地，江口有龙凤闸，闸左右各竖一块碑，分别写着"清江正闸""清江越闸"。闸旁有御诗亭，亭内御碑诗云："淮黄疏浚费经营，跋涉三来不惮行，曾几堤防亲指画，伫看耕稼乐功成。"而且还注意到，"今上"亦有御诗刻于碑的背面。[①] 越南使者所见御诗碑及御诗亭（见图1），早已湮没于历史长河。那么，该御诗碑是哪位皇帝题写的？具体立于何时何地？共有哪些诗文？本文试图借助清宫档案、河工地图、诗文碑刻等文献资料，对清江闸御诗碑进行考证，以期为当前"大运河文化带"建设提供历史参考。

一　越南使者所见御诗

根据越南使者的描述，该诗为"今上"之前的皇帝第三次下江南时所写，

---

  * 本文原载于《档案与建设》2019年第4期。

  ** 李德楠，历史学博士，淮阴师范学院教授，研究方向为历史地理学和运河史。

  ① 〔越南〕阮辉莹：《奉使燕京总歌并日记》，复旦大学文史研究院、越南汉喃研究院：《越南汉文燕行文献集成》第5册，复旦大学出版社，2010，第115页。

图 1　越南使者所见御诗碑及御诗亭（今日清江大闸）
资料来源：笔者拍摄。

"今上"为乾隆皇帝，则不难推断出是康熙皇帝来淮安所写的。清代淮安为黄淮运交汇之区，是河工治理的重点区域，康熙、乾隆皇帝南巡，每次都来此视察河工，指授治河方略，同时留下了大量诗文。《清圣祖实录》卷一九二记载，康熙三十八年（1699）二月戊辰，皇帝第三次南巡，"阅视黄河以南高家堰、归仁堤等工，回至清口奉迎皇太后，舟泊清河县闸口"。"闸口"即清江大闸口，可见康熙皇帝到过清江大闸。《清圣祖实录》中没提到这首诗，但检索发现，此为康熙第三次南巡时所题写的"阅河"诗。不过最后一句有所出入：越南使者记为"亿看耕稼乐功成"，而《四库全书》所收《圣祖仁皇帝御制文》第二集卷四十九以及乾隆《江南通志》卷首等均记为"亿期耕稼乐功成"。编校皇帝"宸翰"，《四库全书》当极为严谨，且有多部文献可互证，因此可判断《奉使燕京总歌并日记》记载有误，至于错误原因，可能是后来整理抄录时误写所致。实际上，《奉使燕京总歌并日记》中因抄录造成的错误比比皆是，仅该书第 115 页中就有多处，例如"惠济闸"误写为"思济闸"，"出里河"误写为"山山里河"，等等。

根据以上叙述，可初步确定该诗为康熙皇帝三十八年（1699）所写，后被刻石立于清江闸（即清江正闸，下同）附近。到乾隆三十二年（1767），越南使者在清江浦见到了该御碑，碑正面刻有康熙御诗，背面刻有乾隆御诗。

二　御诗碑位置、形制及勒石时间

御诗亭具体位于何处？据清代河工地图中描绘的清江闸，可追寻蛛丝马迹。英国大英博物馆藏绘制于康熙四十一年（1702）前后的《运河图》中，清江闸当时称龙汪闸，闸南北两侧各绘有一座亭子，但图中没有标注名称（见图2）①。美国纽约大都会博物馆藏康熙后期《运河全图》中，南侧的亭子明确标注为"御诗亭"②。绘制于乾隆五十五年（1790）左右的《九省运河泉源水利情形图》以及绘制于清中叶的《四省运河水利泉源河道全图》③ 中，清江闸南侧红色的亭子明确标注为"御诗亭"，但闸北侧对称建造的方形亭子仅标注为"龙亭"（"龙亭"是与皇帝有关的亭子的统称，包括御诗亭、御桩亭等），单从"龙亭"二字无法确定北面的亭子是否也为御诗亭。进一步查阅咸丰《清河县志》所附《清江浦图》，清江闸南北两侧的亭子均被标注为"御诗亭"，符合越南使者"闸旁有御诗亭"的描述。该志书卷三中明确记载：清江闸有御诗亭两座，一座在南岸，康熙二十二年（1683）建，皇帝赐河臣于成龙；另一座在北岸，康熙三十八年（1699）建，皇帝赐河臣张鹏翮。④

图2　康熙四十一年《运河图》中的清江闸

不仅如此，乾隆后期的一份档案中有更详细的记载，这份题名《直隶厂至平桥图》的档案记录了预先为乾隆规划的南巡路线，其中提到了清江闸御诗碑：

上首清江闸建自前明。南岸恭建圣祖仁皇帝御诗碑亭，康熙二十三年圣祖仁皇帝御制阅河堤诗，乾隆十六年圣驾南巡和圣祖原韵阅河堤诗一首；碑左乾隆二十二年圣驾南巡阅河堤恭依圣祖诗韵御制诗一首；碑右乾隆二

---

① 陈清义：《运河图鉴》，山东画报出版社，2016，第121页。
② 李孝聪、席会东：《淮安运河图考》，中国书籍出版社，2008，第105页。
③ 陈清义：《运河图鉴》，山东画报出版社，2016，第114页。
④ 吴棠、鲁一同：咸丰《清河县志》，中国文史出版社，2017，第24页。

十七年圣驾南巡阅河堤再依圣祖诗韵御制诗一首。迎面碑顶乾隆三十年圣驾南巡阅河堤四依圣祖诗韵御制诗一首。北岸恭建圣祖仁皇帝御诗匾联碑亭，康熙三十八年圣祖仁皇帝阅河堤诗，御制匾额对联；乾隆十六年圣驾南巡和圣祖原韵阅河堤诗一首；碑左乾隆二十二年圣驾南巡阅河堤恭依圣祖诗韵御制诗一首；碑右乾隆二十七年圣驾南巡再依圣祖诗韵御制诗一首。碑阴乾隆三十年圣驾南巡阅河堤四依圣祖诗韵御制诗一首。①

根据上述记载，清江闸南北两岸的御碑形制一目了然：清江闸南北两岸各有一座御诗亭，南岸御诗为康熙二十三年（1684）南巡时所题写，北岸御诗为康熙三十八年（1699）南巡时所题写，其中越南使者所见的御诗碑位于北岸。后来，乾隆皇帝第一次、第二次、第三次、第四次南巡时，又分别在两块碑的四面增刻了御诗。

具体勒石立碑的时间，民国《淮阴志征访稿》提供了部分信息：清江闸南岸康熙二十三年御诗乃赐河道总督靳辅的"阅河堤"诗，诗曰："防河纡旰食，六御出深宫。缓辔求民隐，临流叹俗穷。何年乐稼穑，此日是疏通。已着勤劳意，安澜早奏功。"康熙二十四年（1685）六月，靳辅将该诗勒石并题跋；清江闸北岸，有康熙三十八年题写的御诗，② 但没有提及哪位河臣立于何时。《淮阴志征访稿》所载康熙二十三年（1684）赐"靳辅"诗，与上文咸丰《清河县志》记载的赐"于成龙"有出入，从记载的详细程度以及碑文内容看，《淮阴志征访稿》所载更可信。不仅如此，今清江闸南 500 米处楚秀园公园北门内有一座御诗亭，乃台湾周震欧教授心怀桑梓，于 1991 年倡导捐资修建，亭内石碑正面镌刻了康熙皇帝所写的"阅河堤"御诗，碑阴为现代人撰写的一篇《重立康熙御诗碑记》，提供了立碑缘由、捐款人姓名等信息，其中提到原碑立于清江闸南岸，为康熙皇帝示河臣的御碑，还提到御诗碑毁坏于抗日战争时期。

三　御碑诗文内容

如前所述，清江闸北岸有越南使者所见康熙御诗。除此之外，闸两侧各有四首乾隆御诗，但具体内容需进一步确认。检索《钦定南巡盛典》、乾隆《御制

---

① 中国第一历史档案馆、江苏省淮安市人民政府：《清宫淮安档案精萃》，中国档案出版社，2011，第 58~64 页。

② 徐钟令：民国《淮阴志征访稿》卷三，《中国地方志集成》，江苏古籍出版社，1991，第 657 页。

诗二集》、民国《淮阴志征访稿》等文献，可发现乾隆南巡时在淮安每次都留有多首诗文，其中前四次南巡中有"清江浦""阅河""阅河堤"三组诗反复出现，明显依前韵。根据康熙御诗内容以及乾隆御诗"依圣祖诗韵"等特点，首先将"清江浦"诗排除，剩下八首诗当分别位于南北御诗亭内。八首诗可分为两组，一组为七言四句的四首"阅河"诗，另一组为五言八句的四首"阅河堤"诗。

乾隆十六年（1751）第一次南巡的两首御诗分别为《阅河恭依皇祖诗韵》《恭依皇祖阅河堤诗韵》①。

阅河恭依皇祖诗韵

清浦今来驻御营，神尧方略仰天行。

河臣咨尔无多训，惟是丁宁勖守成。

恭依皇祖阅河堤诗韵

巡法重华典，欢承长乐宫。

河防惟祖述，民瘼更研穷。

石闸万年固，清江千里通。

神尧复神禹，奕叶戴鸿功。

乾隆二十二年（1757）第二次南巡的两首御诗分别为《阅河再依皇祖诗韵》《再依皇祖阅河堤诗韵》②。

阅河再依皇祖诗韵

继武惟殷日屏营，治河无事禹同行。

修防慎选期俾乂，不用材能用老成。

再依皇祖阅河堤诗韵

重穑力沟洫，还淳卑室宫。

几曾图己逸，惟是廑民穷。

继述一心切，精神百祀通。

即今存御坝，清晏永歌功。

---

① 高晋、萨载、阿桂：《钦定南巡盛典》卷一，《景印文渊阁四库全书》，台北：台湾商务印书馆，1986，第37页。

② 乾隆《御制诗二集》卷六十八，《景印文渊阁四库全书》，台北：台湾商务印书馆，1986，第307～308页。

乾隆二十七年（1762）第三次南巡的两首御诗分别为《阅河三依皇祖诗韵》《三依皇祖阅河堤诗韵》①。

阅河三依皇祖诗韵

阅河日晏驻舟营，纤跸因多廿里行。

一述前规无敢作，当年曾是庆平成。

三依皇祖阅河堤诗韵

冬官慎蚁户，河伯守龙宫。

无事功须建，多奇智转穷。

泗州安可复，洪泽仅能通。

皇考成高堰，尧巍舜继功。

乾隆三十年（1765）第四次南巡的两首御诗分别为《阅河四依皇祖诗韵》《四依皇祖阅河堤诗韵》②。

阅河四依皇祖诗韵

阅河历历仰尧营，挈要云由地里行。

稍事调停在清口，下河连岁幸收成。

四依皇祖阅河堤诗韵

巡方两阅月，渡渎逮还宫。

吏治课惟悉，河防廑莫穷。

洪堤千载固，运口万艘通。

祖考垂经制，真同天地功。

以上四组八首御诗中，哪四首位于清江闸北岸？哪四首位于南岸？民国《淮阴志征访稿》卷二提供了其中四首诗的信息：乾隆十六年《恭依皇祖阅河

---

① 高晋、萨载、阿桂：《钦定南巡盛典》第八、卷十，《景印文渊阁四库全书》，台北：台湾商务印书馆，1986，第 148~149、191 页。

② 高晋、萨载、阿桂：《钦定南巡盛典》第十二、卷十四，《景印文渊阁四库全书》，台北：台湾商务印书馆，1986，第 217~218、261 页。

堤诗韵》碑在清江闸南岸；乾隆二十二年《阅河再依皇祖诗韵》碑在清江闸北岸，《再依皇祖阅河堤诗韵》碑在清江闸南岸；乾隆二十七年《阅河三依皇祖诗韵》碑在清江闸北岸。虽然信息不完整，但规律很明显，据此可推断七言四句的"阅河"御诗亭均位于清江闸北岸，五言八句的"阅河堤"御诗亭均位于南岸。

四 结 语

历史上的清江闸御诗碑早已毁于抗日战争，上述考证在很大程度上再现了御诗碑的历史原貌：两座精巧的御诗亭对称矗立于清江大闸两侧，亭内石碑上刻有康熙、乾隆皇帝的十首御诗。在运河漕运作为国家经济命脉的清王朝，在号称"九省通衢"的清江浦城，在号称"南船北马、舍舟登陆"交通枢纽处的清江大闸附近，南来北往的官绅商贾在此登岸观景，欣赏御诗，不失为一道亮丽的风景。

目前，清江越闸西北侧有一座于 2005 年新建的"御碑亭"，正面刻有"绩奏安澜"四个大字，大字两旁各有一行小字，分别为"赐总河高斌"和"乾隆五年二月二十五日立"。碑的背面是一篇现代人撰写的《绩奏安澜御碑记》，详细介绍了高斌的生平事迹以及碑的来历，"系依现嵌于清晏园的原碑，由淮安市富丽房地产集团出资，淮安市振玉碑刻社复制并记"。很显然，这块碑是根据乾隆五年赐江南河道总督高斌的御碑复制而来的，是清晏园（清代河道总督衙门所在地）古碑的复制品。实地考察今清江浦城内的清晏园碑廊，可发现确有"绩奏安澜"碑镶嵌于碑园墙上。乾隆五年（1740）赠高斌"绩奏安澜"碑时，皇帝尚未南巡，直到乾隆十六年（1751）才第一次南巡到淮安。

该"绩奏安澜"碑是否曾被立于清江闸附近？据咸丰《清河县志·建置》所列清河县九处"龙亭"来看，清江闸附近只有上文提到的南北两座御诗亭，其他七座分别在杨家庄、玉皇阁、顺黄坝、惠济祠、风神庙、关帝庙、御坝等地，清江大闸附近未见有"绩奏安澜"碑亭。今清晏园仍保存 13 块乾隆御碑，其中类似"绩奏安澜"的大字御碑五块，除乾隆五年（1740）赐河道总督高斌的"绩奏安澜"碑外，还有乾隆十六年（1751）赐高斌的"□□懋安"碑、乾隆三十年（1765）赐河道总督高晋的"底绩宣勤"碑、乾隆四十九年（1784）赐河道总督李奉翰的"保障□□"碑、乾隆某年赐河道总督白钟山的"□□底定"碑。因此，"绩奏安澜"原碑当立于河道总督府内，不是历史上的御诗碑。

总之，大运河是一条中外文化交流的通道，作为曾经的大运河国家工程纪念碑，御诗碑是历史上清江浦城一道亮丽的风景线和重要的地标性建筑，见证了最高统治者对淮安地区河工的重视。在当前"大运河文化带"建设的时代背景下，运河研究形成了热潮，在大运河文化内涵、保护规划、旅游开发等方面做了大量工作，但运河本体真实性与完整性的挖掘仍有待加强。应加强运河本体研究，重视图像资料、档案资料、诗文资料在历史研究中的运用，深入挖掘历史文化资源，讲述真实的运河故事，更大程度地再现大运河历史原貌，推动大运河文化遗产景观展示，打造特色文化地标，服务于地方文化建设和旅游开发。

明清江苏运河名镇盛泽[*]

郑民德[**]

盛泽镇古称合路、青草滩，位于浙江、江苏两省交界，吴、越分疆之处，初为村落，后随着明代京杭大运河的贯通，商业益加繁盛，在嘉靖年间成为运河沿岸著名的市镇，商贾辐集、百货罗列，镇民以丝织为业，产品除作为贡品外，还沿运河销往江浙、山东、北直等地区，甚至输往边疆与海外。清乾隆时，盛泽镇商业达到鼎盛，烟火万家，号为"巨镇"，与周边的平望镇、乌镇、新城镇、濮院镇、王江泾镇、震泽镇、南浔镇构成了运河沿岸规模最大、范围最广、实力最雄厚的市镇商业圈。盛泽镇的兴起与便利的运河交通密不可分，盛泽所在的苏州府吴江县，为重要的水路码头，河湖众多、港汊遍布，该县运河有获塘、石塘、土塘之称，环绕诸镇，其中浙西至盛泽镇运河因两岸用石砌成，故称石塘，"横贯江湖之交，为南北之枢纽，形如长链"，[①] 为江浙两省水陆通衢之处，大量商船、商货通过石塘进行运输，转运南北，售货东西，刺激了盛泽等镇商业、服务业的发展，使城镇繁盛达数百年之久。

一 运河商埠，丝业中枢

盛泽镇位于吴江县治东南六十里，距苏州府城一百里，居南北水陆通衢，运河交通独擅其利。城镇的兴起与发展、商业与文化的繁盛、居民生活水平的提高都与运河的畅通有着密切关系。明初盛泽为村落，仅有居民五六十家，不但土著人口较少，而且商业发展程度较低，基本没有流动的外地商贾。至成化年间，随着京杭大运河的畅通及其商贸交流功能的增强，"居民附集，商贾渐通"，[②] 成为运河沿岸重要商埠与码头，以发达的丝织业而著称于世。嘉

---

* 本文原载于《档案与建设》2019 年第 7 期。
** 郑民德，聊城大学运河学研究院副教授，博士、硕士生导师，研究方向为运河文化史。
① 丁元正：《乾隆吴江县志》卷一《沿革》、卷六《物产》，清乾隆修民国年间石印本，第 59 页。
② 仲沈洙：《盛湖志》卷上《沿革》《坊巷》、卷下《土产》《风俗》，江苏古籍出版社，1992，清乾隆三十五年刻本，第 374 页。

靖时，盛泽镇居民达到了上百家，逐渐成为江南丝织业的中心，形成了专业性的镇市，与震泽、南浔、平望、王江泾并称"巨镇"。盛泽的崛起除与便利的运河交通、苏浙两省交界的地理位置有密切关系外，还与这一区域发达的城镇商业、专业化的市场分工、民众经商意识的强化密不可分。

万历年间，盛泽镇达到了明代商业的鼎盛时期。据冯梦龙《醒世恒言》载，"镇上居民稠广，土俗淳朴，俱以蚕桑为业。男女勤谨，络纬机杼之声，通宵彻夜。那市上两岸绸丝牙行，约有千百余家，远近村坊织成绸匹，俱到此上市。四方商贾来收买的，蜂攒蚁集，挨挤不开"，① 当地百姓大都不从事农业生产，而是专以养蚕、植桑为业，靠此养家谋生。他们将蚕丝织成绸缎后，大户由牙行招引，商人上门收购，小户则需要到盛泽市上售于商客，而商人则来自全国各地，尤以运河区域的山东、江苏、浙江为多，山西、安徽两省商人也占有相当比例。关于当时贸易的具体情况，《占花魁》曾记道："在盛泽镇上，目今三眠已过，作茧抽丝，机户都织绸来出卖，各处客商俱带银来收货"，② 将繁忙的丝绸贸易及商旅走集的盛景进行了形象的描述。

明末清初，盛泽遭遇兵燹，大量商铺被毁，外商离散，城镇破坏严重。经过顺治、康熙两朝的休养生息，盛泽商业逐渐恢复，至乾隆朝时达到历史的最高峰。康熙朝时，盛泽"商贾远近辐集，居民万有余家，蕃阜气象，诸镇中推为第一"，③ 除丝织业外，这时的盛泽镇因人口聚集，百业兴盛，催生了大量从事中间贸易的牙行与牙人，无论是服务业、饮食业还是杂货业都有了迅速的发展。乾隆时，盛泽镇的丝织业与杭州、苏州等大城市齐名，其产品销往全国各地，"万家烟火，百倍于昔，其热闹与郡阊门埒"，④ "邑中所产皆聚于盛泽镇，天下衣被多赖之，富商大贾数千里辇万金来买者，摩肩连袂，如一都会焉"，⑤ 呈现一派繁华气象。市镇中街道纵横，"以街名者三，以坊名者五，以巷名者八，大街一在西肠圩，一在充字圩"，⑥ 另有后街、新街、

① 冯梦龙：《醒世恒言》，上海古籍出版社，2012，第 293 页。
② 李玉：《占花魁》第十一出《尘遇》，《后六十种曲》（第三册），复旦大学出版社，2013，第 124 页。
③ 徐崧、张大纯：《百城烟水》卷四《吴江》，北京古籍出版社，1979，第 125 页。
④ 仲沈洙：《盛湖志》卷上《沿革》《坊巷》、卷下《土产》《风俗》，清乾隆三十五年刻本，江苏古籍出版社，1992，第 374 页。
⑤ 丁元正：《乾隆吴江县志》卷一《沿革》、卷六《物产》，清乾隆修民国年间石印本，第 154 页。
⑥ 仲沈洙：《盛湖志》卷上《沿革》《坊巷》、卷下《土产》《风俗》，清乾隆三十五年刻本，江苏古籍出版社，1992，第 377 页。

太平街、花园街等，其中商业布局以市河为中心，两岸店铺林立、作坊遍布，同时各地商帮会馆、宗教庙宇、书院、桥梁点缀其间，其繁荣的程度超过了吴江县城。乾隆后，盛泽虽受战乱影响，但道光时仍"商贾辐辏，虽弹丸地而繁华过他郡邑"，[①] 咸丰年间太平军占据苏州城，盛泽镇也受其威胁，"时江浙商贩自上海出入寇中者，辄以盛泽为中枢，镇益富"。[②] 光绪年间，运河已不能贯通南北，但盛泽镇商业仍非常可观，清廷在镇市上设置厘金局，征收商业税收，每年达十余万两，用以满足军事、财政需求。民国时，盛泽受日本丝业及欧美呢绒业的影响，利益大减，繁盛已不如往昔。

明清两朝，在运河畅通的时期，盛泽镇吸引了大量的商贾前来经营贸易，形成了以丝织业为主导，百业兴盛的局面，与周边城镇构建了一个辐射数百里的运河经济、商贸圈，其中苏州府城居主导地位，而盛泽、震泽等市镇起着承上启下的作用，既有商货转运、销售的功能，连接起了城市与乡村，同时城镇自身的布局也具有相当的合理性，无论是商业空间、民众生活还是文化氛围，都融为了一体。而清末随着运河的淤塞、战乱频兴，盛泽商业受到一定冲击，特别是民国初年随着西方先进交通工具的兴起及织造技术的进步，盛泽镇逐渐落后于世界科技的潮流，走向了没落。

二 诸商汇集，会馆遍布

明清盛泽镇的繁荣与外地商帮的汇聚、经营是分不开的，这也是运河区域社会历史变迁的一个特色。在京杭大运河沿岸，很多城镇、乡村在国家漕运政策的刺激与推动下，成为河政中心、漕运码头、商业枢纽，政治、经济、文化地位迅速上升，吸引了大量的人群、商货聚集，而本土百姓也依赖便利的运河交通，从事一些手工业、商业、服务业的生产与经营。正是在内外合力的共同作用下，盛泽等市镇不断趋向繁荣，而其中外地商帮以其实力的强大、经营货物种类的繁多、商业文化的浓厚而起着主导作用。

盛泽镇位居水乡，有银鱼、湖珠、菱藕、饴糖等特产，但主要在当地销售与消费，外销者不多，而最知名者为绸、绫、罗、纱、绢，"不一而名，京

---

① 江苏省博物馆编《江苏省明清以来碑刻资料选集》，生活·读书·新知三联书店，1959，第446页。

② 徐珂：《清稗类钞》，中华书局，2003，第966页。

省、外国悉来市易"，① "盛泽镇，镇地不数里，民业织绸绢罗绮，衣被十余省，其盛时四方商旅麇至，地狭而人稠"，② 丝织品是外地商帮、商人经营的主要产品，并通过京杭大运河销往全国各地，甚至有经浙东运河出海前往日本、东南亚者，销售数额巨大，路途遥远。明代，外地商人多以个体经营为主，尚未形成正式的商业组织。清顺治朝，盛泽镇南京商人为强化行业合作，扩大商业规模，共同捐资修建金陵会馆，会馆建筑面积不大，附设于什锦塘关帝庙内。康熙十六年（1677）在盛泽经营的山东济宁州商人用价银二十二两购买西肠圩土地四亩五分，开始建设济宁会馆，康熙、乾隆、嘉庆年间济宁诸商屡次重修，经过上百年的经营，济宁会馆成为盛泽最大的商业会馆。济宁会馆又名任城会馆或大王庙，祭祀漕河与黄河之神金龙四大王谢绪，"吾江邑向无大王庙，其有于盛湖滨者，则自济宁州诸大商始。盖盛湖距县治五六十里，为吾邑巨镇。四方商贾，云集辐辏，所建神祠不一，而惟大王一庙，尤为巨丽……其庙制也，一仿北地祠宇，凡斧斤垩墁，以及雕绘诸匠，悉用乎北。故其规模迥别，眼界聿新，有非寻常诸庙所得而伦比者……先后縻金钱者数百万计，固济宁一州诸大商之力居多"，③ 从中可见济宁商人的实力非常雄厚。济南商人至盛泽镇时间晚一些，嘉庆年间建济东会馆，位于大适圩，四至分明，有大门、前厅、戏台、厢楼、跨楼、厨房数十间，太平天国期间济宁会馆被毁，而济东会馆屋宇尚存，民国13年（1924）重修，得以焕然一新。

晋商、徽商是明清两朝诸商帮的执牛耳者，其经商范围遍布整个运河流域。山西众商人于康熙四十九年（1710）在盛泽镇大饱圩建山西会馆，会馆因供奉山西乡土神关羽，所以又名关帝庙，是山西商人聚会、议事、祭神、娱乐的场所。徽州商人于嘉庆十四年（1809）在盛泽镇西场圩始建积功堂殡舍，后扩建为会馆，适宁国府旌德商人先建会馆因地隰水冲，于是同徽州商人合建徽宁会馆，"徽宁两郡，本属同省，今又同邑经营。古云，四海之内，皆为兄弟，何况毗连临郡耶。众勤易举，合成徽宁会馆"，④ 会馆供奉协天大

---

① 仲沈洙：《盛湖志》卷上《沿革》《坊巷》、卷下《土产》《风俗》，清乾隆三十五年刻本，江苏古籍出版社，1992，第404页。

② 金福曾：《光绪吴江县续志》卷一二《名宦》，清光绪五年刻本，第163页。

③ 怀耕、建秋、庄寅：《江苏吴江市盛泽镇碑拓档案中会馆史料选刊》，《历史档案》1996年第2期，第20页。

④ 江苏省博物馆编《江苏省明清以来碑刻资料选集》，生活·读书·新知三联书店，1959，第449页。

帝关羽、忠烈王汪公大帝、东平张公大帝及徽州本土名人朱熹。乾隆三十二年（1767）浙江宁波府、绍兴府两地商人在盛泽西场圩合建宁绍会馆，又名静安公祠。同一时期盛泽镇本土从事染红行业的作坊，为增强行业竞争力，在华阳街西口建华阳会馆，该会馆以行业命名，又称红花会馆。除此之外，在盛泽镇从事手工业与航运事务的绍兴籍工人、船夫为增强桑梓之情、互帮互助，共修绍兴会馆，不过因资金匮乏，组织松散，绍兴会馆只能附设于宁济侯祠内。

明清两朝，盛泽镇共有八所会馆，设置时间从清初至中后期，这些会馆多数由运河区域的商人或工人修建，其中山东两所、浙江两所、江苏二所、安徽一所（与南京商人合建）、山西一所，即便安徽、山西两省不位于运河沿线，但两省商人在运河区域经商的人员数量也非常庞大，其商业辐射范围遍及全国。而盛泽所有外地商人的共同特征是，他们均利用京杭大运河作为运输通道，将各类商货进行运销，从中获取利益。而大量会馆的建立，一方面增强了外籍商人的凝聚力与竞争力，加快了乡土文化在异地的传播与融入；另一方面对于商业交流的加深与市场网络的形成，也起到了重要作用。

三 运河文化，源远流长

在中国大运河已入选《世界遗产名录》，国家大力建设"运河文化带"的今天，保护好、传承好、利用好运河文化具有重要的意义。盛泽镇作为运河名镇，有着丰富的物质与非物质文化遗产，通过对城镇历史文化资源的挖掘、整理、研究，形成科学、系统的发展策略，无论是对于优秀传统文化的继承与发扬，还是对江苏省运河文化带的建构及城镇一体化、运河旅游开发都具有巨大的价值。

首先，打造"运河丝都"产业品牌，将传统丝织业不断改良、创新，与现代社会经济、旅游相结合，形成在运河区域独树一帜、别具特色的产品，成为城镇发展的金名片。明清盛泽镇丝织品种类繁多，"纺绸产杭州者名杭纺，产吴江盛泽镇者名盛纺，产四川者名川纺"，[1] 其中产盛泽者有香云纱、纺䌷、绫纱、素生纱等，厚薄各不相同，适合制作不同季节的服饰，也满足不同阶层与群体购买。盛泽丝织品的制作有着悠久的历史，其中的文化内涵

---

① 刘锦藻：《皇朝续文献通考》卷三八五《实业考八·工务》，民国影印十通本，第 6558 页。

异常丰富，甚至有诸多民间传说、故事渗透其中，通过对丝织品文化内涵的挖掘，以广告播放、电视制作、书面资料出版等形式进行宣传，强化城镇的品牌效应，吸引商业资源、旅游资源的聚集。

其次，以运河文化带建设为契机，在保护现有文化遗产点的基础上，适当恢复盛泽镇的古建筑，使悠久的运河文化能够延续。运河文化遗产点是运河城镇历史变迁的见证，蕴含着丰富的文化内涵，也是城镇底蕴的体现。同时结合城镇悠久的民俗文化、饮食文化、音乐舞蹈等非物质文化遗产，形成齐头并进、全面发展的局面。盛泽现存的运河文化遗产有先蚕祠、济东会馆、白龙桥、古弄堂等，其中先蚕祠又名蚕花殿、蚕王殿，是清代道光年间盛泽丝业商人所建，是商业交流、神灵祭祀的场所，而济东会馆为山东济南商人于清嘉庆年间所建，民国重修，是运河区域商帮、商业文化的重要见证，在保护好现存文化遗产的同时，适当恢复金龙四大王庙、徽宁会馆、关帝庙、海瑞祠、书院等，形成连贯、系统的建筑格局，为古镇旅游业奠定基础。明清盛泽镇有大量风俗节日与庙会，如中元节"四乡佣织多人及俗称曳花者约数千计，汇聚东庙并升明桥，赌唱山歌，编成新调，喧嚣达旦"。[1] 七月十五日盂兰节又称"游市河"，为最热闹之时，"类皆灯彩辉煌，亲朋宴集，又有雇画舫，设酒席，士约知心，女偕闺友，相与荡桨中流，彼此相觑，全无顾忌"，[2] 其他如新年灯会、东西两庙赛会都是盛泽传统盛会，通过对传统文化习俗中优秀的部分进行恢复，对于丰富民众生活、增加文化积淀都具有重要的意义。

最后，建设江苏省运河城镇观光带、生态带、旅游廊道，将盛泽、震泽、河下、窑湾、邵伯等运河古镇构建成运河城镇旅游综合体，在保持特色的同时，加强交流与合作，相互学习与借鉴，产生集聚效应，使运河文化的辐射力不断强化。同时，在秉持国家保护好、传承好、利用好的总体原则下，充分发挥自身的优势，将城镇运河文化的挖掘与生态建设、经济发展、民众生活水平提高相结合，实现运河文化的可持续性发展。

---

① 仲沈洙：《盛湖志》卷上《沿革》《坊巷》、卷下《土产》《风俗》，清乾隆三十五年刻本，江苏古籍出版社，1992，第403页。
② 壮者：《扫迷帚》，商务印书馆，1909，第81页。

五　运河文学与艺术

文学地理视域下的顾太清"大运河情结"*

伏　涛**

大运河在中国文化史、交通史上发挥过巨大作用，而且还将继续发挥其不可替代的作用。从隋代开始开凿，唐宋时代不断疏浚，将它改道、拉直、拓宽、加深。在元明时代，尤其是在元代发挥的作用最大。大运河这条中华大地上绚丽无比的"彩带"时至今日依然闪动着妙曼的身姿。晚清江浙境内的河段仍然在正常使用，这给顾太清文学作品中大运河抒写提供了现实依据。

太清的文学作品按其体裁可分为诗、词、小说、戏曲。诗词合集有 2012 年中华书局出版的《顾太清集校笺》（全二册）。小说有 1988 年北京大学出版社出版的《红楼梦影》，戏曲则有《桃园记》（收在《日本所藏稀见中国戏曲文献丛刊》中）。除戏曲外，其诗、词与小说均与大运河有着直接或间接的联系。为此，本文从诗词、小说两方面进行论说，先观其诗词中对大运河的"隐形抒写"。

一　太清诗词中大运河的"隐形抒写"

太清诗词中的空间标注甚多且极为准确，此纪实性无形中提高了其空间认知价值。她的这种及时准确的标注给我们的研究带来极大的方便。太清诗词中所涉地理位置颇有规律，基本集中在两个区域——北京、江南。前者是其主要生活之地，后者是其平生向往的去处。北京则主要集中在其住处——荣王府，以及她常住的大南峪别墅，这是她的安身之地。江南则是其精神向往之处，她心向江南。太清诗词中的江南主要是浙江，甚至可以说是杭州。北京、杭州是京杭大运河的北南两端，北端是太清身处之地，南端是其思念所在。太清情系大运河，大运河常常让一代才女身心异处，梦绕神思。下面

---

　*　本文原载于《明清小说研究》2019 年第 4 期。

　**　伏涛，吉林师范大学副教授，文学博士，硕士生导师，研究方向为明清、近代文学。

我们通过其心魂所化的诗词篇章走进满族女史顾太清的精神世界。

太清诗词中出现苏州的仅两首：一是《冬日接石珊枝舟抵姑苏信》，二是《江城子·记梦》（"我欲遍游香雪海"）①。前者是诗，后者为词。前者所言姑苏乃苏州古称，后者是词人记梦之作，其中提到的香雪海是苏州著名景点。这能看出作者对苏州的牵肠挂肚，念念不忘。

提及扬州的诗词有三首：诗为《人日雪中观音院送云姜夫妇扶谢太宜人枢归扬州》；词为《金缕曲·送纫兰妹往大梁》，该词句后有注曰："正月初七送云姜归扬州，七月初五送珊枝归武林"，② 以及《浪淘沙·正月廿七闻雁忆云姜》（"别后计行邮，将到扬州。相思一日似三秋"）。③ 前两首中的扬州是此行的归宿地，最后一首中扬州只是途中一站，是路过此地。对于扬州而言，太清好友云姜这次是过客，而非归人。扬州可能只是其好友此次行程中的落脚点，这源于太清的想象，从这想象中能看出她那颗重友生之情的心已随好友"吹梦到扬州"。"天下三分明月夜，二分无赖是扬州。"（唐·徐凝《忆扬州》）扬州曾经是多少世人向往之地！"腰缠十万贯，骑鹤下扬州。"（南朝·梁·殷芸《小说》）"人生只合扬州死。"（唐·张祜《纵游淮南》）扬州作为归宿地的两篇，彼此亦有不同：一是死别，一是生离。

太清诗词中所写地名最多者乃杭州，这主要是因为其闺中好友以杭城才女居多。另外，这与杭州的发达及其交通位置上的特殊性有关。其诗词中写及杭州的高达9题10首，分别是：《题钱塘女史沈湘佩鸿雪楼诗集二首》；《社中课题》（"十月乍传春信早"）；《水调歌头·谢古春轩老人见赠竹根仙槎》（"欲借长风便，吹我到杭州"）；④《乳燕飞·挽许金桥侄，呈珊枝嫂》（"断简残篇零落散，渺渺钱塘归路"），⑤ 有注释道："许氏先茔在杭州半山"；⑥《浪淘沙·送珊枝归武林》；《金缕曲·送屏山姊扶枢旋里》，注曰："姊居杭城横河桥"；⑦《重题昙影梦痕图》（"伤心一片桃花影，依旧春风到武林"）；⑧《忆人人·送屏山往杭州》；《立冬前三日许滇生六兄招同云林佩吉家霞

---

① 《顾太清集校笺》全二册，中华书局，2012，第468页。
② 《顾太清集校笺》全二册，中华书局，2012，第591页。
③ 《顾太清集校笺》全二册，中华书局，2012，第558页。
④ 《顾太清集校笺》全二册，中华书局，2012，第472页。
⑤ 《顾太清集校笺》全二册，中华书局，2012，第563页。
⑥ 《顾太清集校笺》全二册，中华书局，2012，第563页。
⑦ 《顾太清集校笺》全二册，中华书局，2012，第748页。
⑧ 《顾太清集校笺》全二册，中华书局，2012，第114页。

仙堪喜斋赏菊归来赋此兼忆屏山》（"料得西湖当此际，早梅消息渐芬芳"）。①

　　同样是杭州，有时称之钱塘，有时又谓之武林。由此可见杭州悠久的历史和深厚的文化积淀，也能感觉到太清对杭州的一往情深。其诗词之作中涉及杭州的山有孤山、半山，桥有断桥、横河桥。其中孤山常被写入诗词中，白居易就有：《孤山寺遇雨》、《题孤山寺石榴花示诸僧众》与《钱塘湖春行》等，其《钱塘湖春行》堪称名篇，其诗云："孤山寺北贾亭西，水面初平云脚低。几处早莺争暖树，谁家新燕啄春泥？乱花渐欲迷人眼，浅草才能没马蹄。最爱湖东行不足，绿杨阴里白沙堤。"② 断桥是中国古代四大民间爱情故事，也是"四大传说"之一《白蛇传》的发生地之一。"断桥相会"是其搬上舞台后著名的一出戏，断桥是有故事的地方。杭州半山现有国家森林公园。横河桥，宋称普安桥，明称横河二桥，清称西横河桥。杭州不愧为历史文化名城。

　　太清诗词中涉及杭州的地名意象有：钱塘、武林、杭州；地景意象有：孤山、半山、断桥、横河桥。这些均非平常地名地景，均有丰富的历史文化底蕴，都是颇有独特魅力的自然人文景观。它们几经风雨、历经沧桑，它们拥有多少动人的故事。只要想起它们独特的自然或人文景观以及丰富的历史文化底蕴，我们必然为之动容，一定对其心怀敬畏与感佩。它们很自然地进入我们的记忆，也时不时地浮现脑海、流于笔端、跃然纸上。

　　"江南忆，最忆是杭州。"（唐·白居易《忆江南·江南忆》）杭州值得回忆的内容实在很多，仅西湖一带便有"西湖十景"，而这是西湖景点中十分著名者，其他令人流连忘返的去处尚有不少。"三秋桂子，十里荷花"（宋·柳永《望海潮》）的杭州给多少来往的游人、历史的过客留下人生美好的记忆与难忘的回忆。"上有天堂，下有苏杭"（宋·范成大《吴郡志》），这已是不争的事实。太清对杭州的感情，既是对其山水的感情，更多的则是对这个地方人的感情。在情感世界里，人地往往分不开，也很难分开。太清的"杭州情结"既是对来自杭州才女们的深厚友情，其红尘伴侣中多江南才女，特别是杭州才女，又是久居京城的北方女史对南方人情风物的向往与怀念。向往，是对未知领域的渴望接近；怀念，是对过往人事的不舍与留念。太清诗词中的"杭州情结"饱含着她对杭州的一片深情，这可能源于她年轻时去过杭州，

　　① 《顾太清集校笺》全二册，中华书局，2012，第332页。
　　② 谢思炜：《白居易诗集校注》全六册，中华书局，2006，第1614页。

在那逗留甚至居住过，杭州的美丽山水深深吸引了太清。

太清《新笋》诗云"只因好雨不及时，恼人两月黄霾恶"。① 这是写雾霾的生态诗，在对自然生态的关注中流露出诗人对雾霾的厌恶，该诗作于道光十九年（1839），写作地点在砖塔胡同。这说明缺水的北京曾发生黄霾持续两个月之久，如此恶劣的环境让诗人更容易追忆与神往像杭州这样美丽的地方。追忆是说她去过杭州，神往是说她想去杭州。

杭州是太清闺密集中地，"何期闺阁辈，杰出欲空前"，② "闺中雅集皆仙侣，诗牌斗字攒新句。座中牛耳问谁持，词坛惟许君为主"。③ 太清闺密沈湘佩、吴藻等人来自杭城。"众香国里花同惜"，④ 惺惺相惜，友生情重。有聚就有散，聚少离多的她们一旦分离，不免相思。杭州闺密离开京城，返回故里时，诗人那颗深情之心便随之南下，这也是作品中多写杭州之因。

太清诗词中"杭州情结"甚为明显，广而言之，亦可谓"江南情结"。其"江南情结"主要体现在诗句"江南四月梅初熟，细雨薰风恰好时"，⑤ "思君买尽沿河鲤，不见江南尺素来"⑥ 以及词《忆江南》（题唐伯虎画《江南水村》五首）中，也含蕴在词句"彩笔一支，新诗千首，名重浙西东"[《一丛花》（题湘佩《鸿雪楼词选》)]⑦ 中。这里的"江南""浙西东"属于地域意象，指称的是客观存在的地理空间，其尺度大小不一，边界比较模糊。它们正是文学地理学所讲的感觉文化区，其形象不仅可感，而且一再被文学家所书写，也一再被文学读者所感知。

在对诗词中地名的钩稽归类统计中，我们发现江南城市地名甚多，其中杭州、苏州、扬州、镇江均为大运河沿线最为著名的城市。"运河四镇"中除淮安外其他三个城市均有涉及，比如《同治癸酉暮春送孙女溥蓉随婿赴任镇江以廿八字赠之》中的"此去江淮儿切记，六朝风景寄吾知"，⑧ 同治十二年（1873）诗人在孙女随婿赴任镇江时作诗为之送行。她恳切地要求孙女"六朝风景寄吾知"。诗人老境无聊，需要儿孙依从膝下，孙女远离，心中不胜离思

---

① 《顾太清集校笺》全二册，中华书局，2012，第 238 页。
② 《顾太清集校笺》全二册，中华书局，2012，第 112 页。
③ 《顾太清集校笺》全二册，中华书局，2012，第 344 页。
④ 《顾太清集校笺》全二册，中华书局，2012，第 600 页。
⑤ 《顾太清集校笺》全二册，中华书局，2012，第 116 页。
⑥ 《顾太清集校笺》全二册，中华书局，2012，第 332 页。
⑦ 《顾太清集校笺》全二册，中华书局，2012，第 602 页。
⑧ 《顾太清集校笺》全二册，中华书局，2012，第 370 页。

之苦。由此可知作者对"六朝风景"的向往，这是太清一贯的情思。镇江乃长江锁钥，是大运河必经之地。太清诗词中的大运河若隐若现，这些地名可看作诗人对大运河的间接描写。在这一点上，太清小说不同于诗词，在其小说中则有对大运河的直接抒写。诗画相通，擅长绘事的太清在文学作品中渗入画理是必然的，也是可以察知与理解的，当然，这也是研究太清文学作品一个很好的向度。顾太清生活在清代后期，大运河在其文学作品中被如此关注，被广泛而深入地书写，可见大运河已经深入满族女史的心灵，这说明，即便在清末，大运河在人们心中仍然占据着很高的地位。

大运河是人类文明史上的一大奇观，它是中华民族的骄傲。时至清代后期，它仍然发挥着不可替代的作用。通过满族女史文学作品中大运河"痕迹"，可以看出它深入人心。它在满汉文化交流中发挥如"高铁"般的作用，原本南北相隔的两地才女因为它才有机会走到一起，从而促进了满汉文化的交流。顾太清的文学成就离不开大运河，清代女性文学的兴盛离不开大运河。无论是个人文学进步还是整体文坛兴盛，大运河都发挥了很大的作用。在太清诗词中很少有沿线风物的描写，不像有些在京为官的江浙才子，在其诗作中几乎能够还原行进中运河路线。换句话说，就大运河而言，太清诗词在其交通地理上的认知价值不算太高，但其情感认知价值却不可低估，由此能深刻感知她与江浙才女的深厚友情、对江浙风土人情的向往以及对千年运河满满的感激之情。本来可能是"我住长江头，君住长江尾，日日思君不见君"（宋·李之仪《卜算子·我住长江头》）的两个人，因为大运河大大缩短了京杭两地才女的距离，各在一方的她们因为大运河提供的方便而有了邂逅的机缘。

二 《红楼梦影》中大运河的"移步换景"

如果说太清诗词中对大运河的抒写属于隐形抒写，那么在小说中则是显性描摹；如果把诗词中的运河抒写看成散点透视，那么在小说中则可视为工笔点染。阅读《红楼梦影》，我们能明显感受到其中的大运河抒写堪称精彩一笔。

小说第一回中写道："话说贾政扶贾母灵柩，贾蓉送了秦氏、凤姐、鸳鸯的棺木，到了金陵，先安了葬。贾蓉自送黛玉的灵，也去安葬。贾政料理坟墓的事。"① 《红楼梦》中提到："阿房宫，三百里，住不下金陵一个史。"② 贾母（史老太君）便来自这金陵（南京）史家。黛玉为姑苏人氏，亦即苏州人。送枢南行，先到南京，后到常州，再到苏州。贾政一行人后听到一些好消息，"便日夜趱行。一行到了毗陵驿地方，那天乍寒下雪，泊在一个清净去处"。③ 源于续写接榫的需要，这里几乎照搬原著。毗陵乃常州古称，也就是在常州驿站偶遇被拐骗的贾宝玉，宝玉失而复得。贾政此行江浙境里走的是水路，乘船走在大运河上，所到之处是南京、常州、苏州等地。大运河给小说中的贾政扶枢南行带来很大的方便。

小说第三回有云："且说贾政此时已入山东交界，运河堪堪冻实了，便叫人到码头上雇了两辆二套的太平车，他父子坐；四辆五套的大车，拉行李；还有几个骡驮子，便起旱登程。"④ 这是贾政返京回家行程中的情况，由于天寒结冰不能走水路，只好走旱路。这里介绍了陆路行走所用的运输工具，所用车辆和《红楼梦》中乌进孝进贡所用车辆明显不同。

第七回"梅公子会试进京　柳郎君搭帮探友"中写大运河最多。此中的梅公子虽胜出场屋，步入仕途，却向往优游卒岁的生活，他是作家着力塑造的心仪人物，在他身上似乎有奕绘的身影。奕绘 33 岁便抽簪归隐。《顾太清（西林春）年谱》载："道光十四年七月，建造大南峪，借十年俸银二万七千两，分二十年扣还户部……"，⑤ 次年"奕绘自请解去职务"⑥。宦海风波与向往自适是奕绘及早抽身的主要原因。太清罪臣之后的出身以及夫君的官场曲折让她对宦途如虎有着真切的体会，这是其向往山水烟霞之趣的心理底色。这在《红楼梦影》中的梅公子与柳湘莲身上得到体现。

　　这梅瑟卿并无弟兄，只有个胞伯，现作嘉兴府知府，膝下无儿，就是这梅瑟卿承祧两房，所以这梅太守寄信，叫到任上。过了年，进京会试。写了一只头号太平船，派了几个仆人择日下船。先把行李发去，又有寄去的许多东西，到京送亲友；又有妇人寄去的绣货花绒等类。……

---

① 顾太清：《红楼梦影》，北京大学出版社，1988，第 1 页。

② 曹雪芹著，无名氏续，程伟元、高鹗整理《红楼梦》，人民文学出版社，1982，第 58 页。

③ 顾太清：《红楼梦影》，北京大学出版社，2002，第 1 页。

④ 顾太清：《红楼梦影》，北京大学出版社，2002，第 17 页。

⑤ 顾太清撰，金启孮、金适校笺《顾太清集校笺》全二册，中华书局，2012，第 772 页。

⑥ 顾太清撰，金启孮、金适校笺《顾太清集校笺》全二册，中华书局，2012，第 773 页。

梅公子一一遵命，洒泪而别。带着家人们下了船，就有嘉兴县、秀水县都差人送了礼来，梅公子俱各璧回，次日天明，烧了福纸，送的家人回衙交差。这里鸣锣开船。①

"太平船"的"太平"二字、下船需要择日以及"烧了福纸"才登程这些源于迷信，"行船走马三分命"，在交通欠发达的时代乘船确有很多不安全因素，这里也写出当时走水路进京的不容易。

此时正是新春天气，两岸边嫩柳舒黄，一路上柔波泛绿。过了几个大码头。也有差人上去买些东西的时候，却也无甚耽搁。这日到了苏州码头上湾住船，真是天下第一繁华之处。看那河里的船只，岸上的轿马，又有经商买卖，昼夜不断，可谓"朝朝寒食，夜夜元宵"。梅公子带了两个家人进城去逛了一回，买了些玩物，下船吩咐家人，明日叫一只灯船去游虎丘。次日就雇了只极好的灯船，又叫了个有名的妓女金阿四伺候少爷。又请示要清音不要？②

这里对苏州的描写调动了作者诸多对江南美景的记忆储存和感情积淀，作者对这"花柳繁华地，温柔富贵乡"③的描写甚为详细，这不同于《红楼梦》，曹雪芹对苏州满怀深情且含深意地写道："这东南一隅有处曰姑苏，有城口阊门者，最是红尘中一二等富贵风流之地。这阊门外有个十里街，街内有个仁清巷。"④根据脂评，这里的十里街、仁清巷，谐音"势利街""人情巷"，借此表达的是作家对势利人情的憎恶。曹雪芹在此对苏州人文景观并未做具体细致的描摹，这给太清续书留下很大的抒写空间。曹雪芹将其心仪的林黛玉、香菱都写为苏州人，这便是人们常说的"山清水秀，人杰地灵"，由此可见他对苏州的赞美之情。在《红楼梦影》中太清写到虎丘之美："慢慢摇着船，趁着风和水软，看看那岸上的细草含烟，遥川凝黛，已到了虎丘。"⑤太清将柳湘莲在苏州的临时栖息地安排在太虚宫，将妓女阿四居住地安排在

①　顾太清：《红楼梦影》，北京大学出版社，1988，第46页。

②　顾太清：《红楼梦影》，北京大学出版社，1988，第46~47页。

③　曹雪芹著，无名氏续，程伟元、高鹗整理《红楼梦》，人民文学出版社，1982，第3页。

④　曹雪芹著，无名氏续，程伟元、高鹗整理《红楼梦》，人民文学出版社，1982，第7页。

⑤　顾太清：《红楼梦影》，北京大学出版社，1988，第47页。

吴县衙门后边的枇杷巷。

> 梅公子说："如今在何处作寓？"湘莲道："就在此不远，太虚宫暂住。"湘莲问："你的船在那里湾着？"瑟卿说："在阊门。"湘莲又问："你几时北上？"瑟卿说："本来明日就要起身开船的，便是多住一两天也没什么要紧。"①
>
> 瑟卿说："你住在那里？他来时好找你。"阿四说："住吴县衙门后边，枇杷巷。"瑟卿在湘莲肩上拍了一下说："记真了，枇杷花下闭门居。"②

太虚宫在山东烟台的栖霞市，是由我国道教全真龙门派创始人丘处机主持修建的。柳湘莲暂寓太虚宫，这与其性格一致，也写出他的"萍踪浪迹"，此乃常见的小说笔法。"枇杷花下闭门居"典出唐代王建《寄蜀中薛涛校书》，其诗云："万里桥边女校书，枇杷花里闭门居。扫眉才子知多少，管领春风总不如。"在此作者除了安排人物具体住处外，还生动刻画苏州段大运河沿岸风光。

> 此时月光初上，照的满船如同白昼。看那水面灯光月彩，真是万点金波，满河里游船已少，趁着这水影烟光，真令人有离尘之想。③
>
> 次日天明开船，走了有四五里的光景，湘莲指道："快了，那就是！"瑟卿顺着他的手一看，见松柏掩映，透出几段红墙。临近了，见墙头上露着碧森森的几竿修竹，又有一枝娇艳艳的红茶花探出墙外。④

在此诗充满诗情画意的语言中透出作家对苏州以及运河苏州段的深厚感情。作者在小说中提及的江浙之地有嘉兴、苏州、常州、镇江、扬州等，做精细描绘的是苏州，这能看出作者对大运河沿线城市苏州的情有独钟。在梅、柳二人的苏州盘桓、流连忘返中能体会到太清对苏州的感情与熟悉。小说中

---

① 顾太清：《红楼梦影》，北京大学出版社，1988，第48页。
② 顾太清：《红楼梦影》，北京大学出版社，1988，第50页。
③ 顾太清：《红楼梦影》，北京大学出版社，1988，第49～50页。
④ 顾太清：《红楼梦影》，北京大学出版社，1988，第50页。

的成功描写让人颇有身临其境之感，虎丘、山塘以及阊门恐怕是太清平生曾经的去处，最起码是其萦绕心头的向往。苏州之外，实写的还有镇江。

> 这日到了镇江，湾了船。次日叫了只江船，带了锦奴，主仆三人去逛金山。各处游玩多时，又登那宝塔，观看江景。①

镇江的金山、宝塔归于作者笔下，苏州、镇江外，尚述及扬州与淮安。

> 见瓜州一带帆樯上的号旗映着日光，灿若云霞，正是江天一览。……梅公子见天色尚早，教船家趁着这东风过江去，走到扬州，梅公子上岸，坐了轿子到扬州府去拜了年伯。那知府留吃便饭，天晚回船，知府又送了些土仪。次日早行，到清江浦换船，渡过黄河，便从王家营起旱进京。②

瓜洲渡位于扬州市古运河下游与长江交汇处，与镇江的金山隔江相对。瓜洲是历史上很著名的地方，白居易词云："汴水流，泗水流，流到瓜州古渡头。"（唐·白居易《长相思》）王安石《泊船瓜洲》诗曰："京口瓜洲一水间，钟山只隔数重山。春风又绿江南岸，明月何时照我还。"清江浦于明清时期是京杭大运河沿线享有盛誉的、繁荣的交通枢纽、漕粮储地和商业城市，至今已有600余年的历史，有南船北马、九省通衢、天下粮仓等美誉。明清时，以清江浦为重要组成部分的淮安，与扬州、苏州、杭州并称运河沿线的"四大都市""东南四都"。淮安地处淮河、古黄河、京杭大运河交汇处，2008年，中国古都学会授予淮安"中国运河之都"的称号，在京杭大运河沿线27座城市中，这是独一无二的。王家营是南船北马的交接点，它在明清进京求学、为官、授业者以及沿着运河南下之人的作品中频频出现。太清诗词中运河沿线的城市与其小说中有颇多叠合之处，由此可见她对运河沿线城市中杭州、苏州、扬州等地的无限深情。在《红楼梦影》梅、柳行程中作者着力写前段，也就是大运河的江浙段，对后段则一笔带过。主要写水路，陆路写得特别简略。太清文学作品中的运河是南段运河，其"大运河情结"中有

---

① 顾太清：《红楼梦影》，北京大学出版社，1988，第51页。

② 顾太清：《红楼梦影》，北京大学出版社，1988，第51~52页。

着显著的"江南情结"。下面再回到小说抒写上来，在《红楼梦影》中除了实写具体行踪外还虚写了柳湘莲其他足迹，通过梅、柳对话交代这几年柳湘莲去过的地方。

> 瑟卿问道："这几年到底在那里来着？"湘莲说："自那年为了件事出京，到广东香山县找个朋友。谁知道我的时气不好，才到几天他就丁忧了。我把他送到湖南原籍，住了半年。过了洞庭湖，在湖北住了几天，就往江西去游了游庐山。遇着个朋友，替他管了点闲事，上了趟杭州，就在西湖住下了。去年腊月二十四才到的苏州。"①

这可看出柳湘莲的行踪不定，漂泊江湖的具体空间位移，他去过北京、广东香山县、湖南、江西庐山、杭州西湖、苏州等地。此次进京后"还要出山海关逛逛医吾闾山呢"，② 这是其规划中的去处，该山在辽宁锦州境内。他可以沿着大运河到北京，然后再从北京去辽宁，这是最便捷的线路，大运河给柳湘莲的漫游提供了便利。

三 太清"大运河情结"的成因及其意义

纵观明清女性文坛，太清之作无疑是想象大运河最有力的文学支撑。大运河在太清不同文体作品中的呈现方式是不一样的。在其诗词中大运河可谓是"隐形存在"——缺席的在场，虽未直接写大运河，却时不时地提到大运河沿线的重要城市，这些城市是大运河沿岸璀璨的明珠，任凭沧海桑田，不改初心，坚持守护着大运河。大运河因为其点缀而熠熠生辉，它们让古老运河焕发出青春的魅力。这让沿着大运河南来北往的天涯倦客有了精神的栖息地，他们与大运河一道吸引过，正在吸引着，将来还将永远吸引无数奔走江湖的旅人。大运河犹如绿洲，仿佛灯塔，让怀揣理想者有了奔向下一个人生驿站的动力。运河沿岸古老的城市被一次次地提及，它们曾经引起多少生命驱驰与精神期待。

大运河在太清小说《红楼梦影》中则是显性的描写，其中有对大运河集

---

① 顾太清：《红楼梦影》，北京大学出版社，1988，第51页。
② 顾太清：《红楼梦影》，北京大学出版社，1988，第53页。

中且又深情的描摹。作家让心仪人物梅公子从嘉兴出发沿着大运河一路欢歌笑语,尽情饱览风光。"梅柳度江春"中足以看出作者对江南风物,尤其对苏州人文景观、地理风貌的熟稔与深情。无论是诗词中大运河沿岸的城市(尤其是"运河四镇"中的杭州、苏州与扬州),还是小说中具体描写的大运河及其沿岸城市风景以及人文风貌,让向往闲云野鹤生活的梅公子流连忘返,乐不思"考"。常年浪迹天涯的柳湘莲经常游山玩水,大享其趣,通过《红楼梦影》中这些描写能看出大运河在满族女史心中崇高的地位。

通过以上分别对太清诗词与戏剧中"大运河痕迹"的探究,我们发现在其诗词中主要是城市、景点的提及,这些是大运河的点缀。在小说《红楼梦影》中则有对大运河及其沿岸城市具体生动的描摹,这种对大运河南方段(江浙段)的大量提及与抒写是我们称为"大运河情结"的理由。下面我们分析一下太清"大运河情结"的成因。

一是交通运输上的特殊地位。在交通欠发达的时代,大运河在南北交通运输上发挥了不可替代的巨大作用。大运河是交通枢纽,也是情感、信息通道。没有大运河,太清南下,其闺密北上都是很难的。有了大运河,才有北方才女对江南风物的更多了解;有了大运河,才能让杭城才女有更多机会去北京。太清的南下让她对大运河以及大运河沿线城市都有一定的了解与记忆。其闺密的北上带来其家乡以及沿途耳闻目睹的信息。与"江南情结"相对的"京都情结"是外地人对京城的一种接近执念的向往。"'京都情结'的内在引力,最大限度地将各地的文人群体吸纳其中。"[①] 就是因为她们的到来,让顾太清与杭州才女有了更大的近距离接触深层次交往的可能性。她们之间的书信往来,彼此馈赠大多离不开大运河,"河流,是人类的母亲,是文明的摇篮,是文学的命脉"。[②] "运河作为连贯黄河、长江等水系的人工运河,则具有交而通之的'交通'优势"。[③] 太清便是这一优势的获利者,因此,她对运河心存感激,在其作品中便有许多和大运河相关的抒写,在此我们谓之为"大运河情结"。

二是江南之旅的早年记忆。美国学者魏爱莲猜测顾太清"似乎在江南居

---

① 梅新林:《中国古代文学地理形态与演变》上册,复旦大学出版社,2014,第16页。
② 梅新林:《中国古代文学地理形态与演变》上册,复旦大学出版社,2014,第168页。
③ 梅新林:《中国古代文学地理形态与演变》上册,复旦大学出版社,2014,第168页。

住了一段时间"，① 但对此未加证明。刘学颜在《绝代寂凉》中进一步认为："从顾太清的诗词所考，她曾随父漂泊过广东、福建与江南。与奕绘际遇相识是在苏州，很可能那时我们的女主人公——西林春随父游幕已经定居'阖庐'城了。她的多才多艺，善诗词，工书画，在文人圈子里很有些名声，这时，贝勒奕绘南游苏州。"② 这虽有想象成分，却有了旁证意识。这里的"阖庐"出自奕绘词《生查子》："相见十年前，相思十年后。江月阖庐城，春风恋纤手。梦好合欢才，梦短将离又。惆怅倦游人，梦绕寒山秀。"③ 张璋在《顾太清奕绘诗词合集·前言》中认为太清"十一岁之前居住在京都，因是罪人之后，家庭生活困难，十一岁之后流落江南，曾到过闽、粤，住过苏杭，度过很长一段流离生活"。④ 说得很肯定，不知依据何在。以上是太清是否有过江南之行的学界思考，总体看来论证乏力。说她可能去过苏州最有力的依据是《清平乐·春风春雨》所云："三十六陂芳草路，尚记昔年游处。"⑤ 说她去过江南是可信的。早年江南之行中留下多少难忘的记忆，这都是其创作的素材。太清自白"予性好登临"⑥，晚年仍然游兴不减，"年来不减登临兴，收拾烟霞过此生"⑦。登临是其烟霞之癖的诗中体现，早年的江南记忆、运河印象促进其文学创作，让她的作品多有"运河记忆"。

三是江南闺密的信息提供。除了江南之行的身之所经、心之所感、目之所见外，太清的江南闺密也是其运河信息的主要来源。太清的文化文学交流依托"杭州—北京"这一轴心。其闺密多浙人，如梁德绳、许云林、许云姜、沈湘佩、吴藻、李纫兰、陈尔士、余绣孙、陈素安、顾螺峰、蔡清华等，她们多来自杭州。太清与之过从甚密，深情相处，这给太清提供了诸多南北奔走漫漫沿途上的见闻，这些见闻中自然包括大运河以及沿线的一些著名城市与景点。这为太清诗词以及小说中的大运河抒写提供了帮助。太清"才气横溢，挥笔立成，待人诚信，无骄矜习气"。（《名媛诗话》）⑧ 如此才气、这般

---

① 〔美〕魏爱莲：《美人与书——19 世纪中国的女性与小说》，马勤勤译，北京大学出版社，2015，第 164 页。

② 转引自王永年等主编《房山大南峪与词人顾太清》，北京燕山出版社，2016，第 71 页。

③ 《顾太清奕绘诗词合集》，上海古籍出版社，1998，第 644～645 页。

④ 《顾太清奕绘诗词合集》，上海古籍出版社，1998，第 3 页。

⑤ 《顾太清集校笺》全二册，中华书局，2012，第 495 页。

⑥ 《顾太清集校笺》全二册，中华书局，2012，第 189 页。

⑦ 《顾太清集校笺》全二册，中华书局，2012，第 260 页。

⑧ 转引自《顾太清奕绘诗词合集》，上海古籍出版社，1998，第 755 页。

性格有助于其交际网络的形成，她和江南才女有着广泛而深入的交往。她曾和沈湘佩等人结社吟诗，"己亥秋，余与太清、屏山、云林、伯芳结'秋江吟社'"。① 除了和名媛才女、士大夫眷属游宴结社外，太清"也与异性达官名流如阮元、潘世恩、许乃普及载铨等时有唱和"。② 那些来自江南或去过江南的异性高官会给太清提供诸多有关大运河及其相关信息，这也是其创作素材的一个来源。

四是相关家人的讯息支持。时至晚清，承平日久，民族融合日见其盛，满汉文化交流与日俱深，去过江南的满族人越来越多。太清家人中就有人沿着大运河去过江南，夫君奕绘便是其中的典型。奕绘去过苏州有诗为证。"冬至苏州道，冒寒狠小车。"（《冬至苏州道上车中即景口占》）③《腊月廿七日重过苏州宿租户杨家和壁间韵》："云起万山迷，丰年酒价低。"④ 在奕绘作品中除了苏州，还提到了扬州，如《梦扬州·记庚辰三月病中梦》⑤，《思佳客·三月十七日雨中得扬州信，却寄赐卿》⑥。这足以证明奕绘去过江南，必然有苏州、扬州之行。太清与奕绘伉俪相得，"闺房韵事，堪媲赵管"⑦。14 年的恩爱夫妻，有说不尽的话题。奕绘的江南之行一定会和太清屡屡说起，这定为太清文学创作中的大运河抒写提供信息赞助。太清孙女随婿赴任镇江，这也会带回"六朝风景"的相关讯息。

以上简单分析了太清作品中"大运河情结"的成因，下面分析其文化意义。

一是文学地理学之启示。由于诗词和小说自身文体特征的规定性，让大运河沿岸城市的地域风貌在其中得到不一样的体现。在诗词中一般只是涉及大运河沿岸的著名城市与景点，包括杭州、苏州、扬州、镇江、孤山、断桥、香雪海等。大运河让才女们的彼此相思多了一条贯穿南北、连接京杭的线路与通道，那沿线城市是其相思的附着点，那些大运河沿岸的景点是其怀念的焦点。

---

① 《顾太清奕绘诗词合集》，上海古籍出版社，1998，第 757 页。
② 王永年等主编《房山大南峪与词人顾太清》，北京燕山出版社，2016，第 87 页。
③ 《顾太清奕绘诗词合集》，上海古籍出版社，1998，第 400 页。
④ 《顾太清奕绘诗词合集》，上海古籍出版社，1998，第 400 页。
⑤ 《顾太清奕绘诗词合集》，上海古籍出版社，1998，第 409 页。
⑥ 《顾太清奕绘诗词合集》，上海古籍出版社，1998，第 693 页。
⑦ 《顾太清奕绘诗词合集》，上海古籍出版社，1998，第 759 页。

在小说中大运河为太清的思想表达提供了载体，她写了从浙江嘉兴到王家营行程中运河沿线的风光与人文景观。作者移步换景地写出梅公子的一路观光与柳湘莲的笑傲江湖。既然是观光，那就不能不具体写及所到之处的一些自然景观。对沿岸风光的流连忘返透出的是作者逃避俗世纷争、向往闲云野鹤般生活的人生志趣与精神祈向。

大运河成就了太清的文学创作，太清的文学作品回馈了大运河。太清之作可谓文学地理学研究的范本，这给我们的文学研究多了个地理视角。对于文学地理学而言，它是一种民族上的丰富、性别上的添加、身份上的补充，也是题材上的扩展、内涵上的加深。

二是满汉文化交流的意义。有清一代，生活在北方的满族人，其"江南情结"甚为普遍。清词"男中成容若，女中太清春"，纳兰性德便有十分显著的"江南情结"，无论是纳兰性德，还是顾太清，其文学成就的取得都离不开满汉文化交流，太清文学上的进步少不了江南才子尤其是江浙闺密的助力。到了道咸年间，满汉文化交流已十分密切，尤其是那些站在文化高度、文学交流前沿的满族才子女史们。综观当时的女性文坛，笔者认为太清是满汉文化交流的女大使。由于地域、民族的差异，她对汉文化满怀憧憬，对满汉文化交流的便捷通道大运河以及大运河南段沿线城市风物满怀深情，其"大运河情结"便是满汉文化交流的征候。

三是游历对文学的促进。根据《红楼梦影》中比较成功的运河之旅的描写，我们不难看出她对这一带的熟悉以及熟悉背后的深情。对苏州一带（阊门、虎丘以及虎丘的千人石）她可说是如数家珍，如果没有亲自到过此地，是很难写得如此具体、这般到位的。浙江、江苏境里大运河段为梅瑟卿、柳湘莲的游玩，为太清小说中的运河抒写提供了可能性。到清江浦换船，渡过黄河，然后从王家营起旱进京，这在清代文献中常见，但像《红楼梦影》中描写得如此具体细致的却较为鲜见，由此可见作者对于这段运河是比较熟悉的，这得益于其游历。太清虽是天足，但侧福晋身份限制了其自由，婚后的她没有机会去太多地方。好在年轻时，具体是在 26 岁入府前去过江南的一些地方。年少时的南方经历给作者留下很深的记忆，这对其创作颇有助益。大运河让天足的太清得以游历江南名胜，也让裹着小脚的江南才女得以走出家门，走向广阔的空间、广袤的天地。大运河为女子的出游提供了帮助，她们的游历促进了女性文坛的兴盛。

四是文学理论上的启迪。我们必须承认即便太清没有去过南方，仅凭间接经验亦可写出大运河风光，但抒写的力度和表达的效果会有所不同。太清乃深于诗、多于情者，其咏歌嗟叹、低回不尽之所以能感人至深主要源自真切的生命感受。太清早年因为随父奔走江南，有幸与大运河结缘，大运河潺潺的流水激荡着作者的心魂。沿岸江浙一带的山水深深吸引了这位满族女子，沿途她登山临水。"登山则情满于山，观海则情溢于海"，[①] 登山观海给创作提供了素材，"山林皋壤，实文思之奥府"。[②] 太清好登临，"遇佳山水留诗句"，[③] 其文学创作大得江山之助。

如果太清不是因为祖父获罪，那么就没有或很难有早年随父乞食天涯的经历，太清的"大运河情结"告诉世人：文学作品有时便是人生苦难的结晶。出身钦犯的命运冷落，由江南山水来补偿。太清沿着运河走过，当年那踽踽的身影，化为运河文化的丰碑。

另外，太清作品中成功的大运河抒写也在证明"闭门觅句非诗法，只是征行自有诗"（宋·杨万里《下横山滩头望金华山四首》其一）的道理。太清若没有江南之行、运河之旅，就不可能在作品中留下如此深刻的运河痕迹。其文章妙处离不开天涯奔走，离不开运河沿线的山程水驿！

四　结　语

在不同文体文本中太清表达的情感不同，表达情感的方式方法有异。在其诗词中她通过地域、地理、地景意象来表达对江南及江南人的思念，这些意象的连接便成了大运河南段的流经。故可认为在其诗词中大运河是隐形的抒写。在小说中太清提到嘉兴、常州、扬州、苏州、杭州等地，在"梅柳度江春"中有了不同于诗词中的不时提及，这里则是细致描摹，尤其是大运河苏州段一路风景的描写把我们带入对大运河的追忆中。前者更多承载的是对江南闺密的情深，后者寄寓的是作者鲜明的人生态度：从庙堂向高堂，由朝廷向江湖的迁移。这一迁移中透出的是时代的音讯，流露的是一代女史的心音。大运河汩汩滔滔，千年不绝。大运河的流水陪伴多少人南来北往，奔走天涯，乞食江湖！大运河承载多少人的希望，又见证多少人生的遗憾与不幸。

---

① 刘勰著，范文澜注《文心雕龙注》，人民文学出版社，1958，第493~494页。
② 刘勰著，范文澜注《文心雕龙注》，人民文学出版社，1958，第695页。
③ 《顾太清集校笺》全二册，中华书局，2012，第189页。

大运河成就了多少锦绣文章，又有多少才子女史的美文佳什铸就大运河的辉煌、凝重与深沉。太清文学作品中的大运河抒写对我们了解清末运河及其周围城市、回顾运河文化均有助益，它为大运河的文学重塑、文学地理版图的复原提供文本支撑。

北京大运河碑刻的文化记忆与书风递嬗[*]

周　侃^{**}

大运河北京段横跨六区，纵贯千年，见证了沧桑巨变，孕育着丰厚文脉。与之有关的皇城旧都、水道码头、漕船闸坝、非遗工艺以及戏曲庙会、民谣习俗等，早已引起学界关注，而对于散落在大运河周边的众多书法遗迹，却甚少进入世人视野。镌刻于骨、木、石、铜上的文字书迹，如碑刻、崖刻、墓志、匾额、楹联以及经幢等，苍茫斑驳却又历历在目，这些书法艺术景观，忠实地记录着北京大运河流域的生产和生活变迁，承载着可以触摸的文化记忆。笔者带领学生沿途实地考察相关碑刻 200 余通，并一一记录梳理，大运河书法遗迹的整批存留不仅可补史料研究，而且使其承传的书法文化脉络更加清晰可见。

一　书迹分布

北京大运河文化带书迹，发端于隋唐，经宋元发展，明清时期达到鼎盛，以清代数量最多。从历时性考察，目前整理的最早书法佳作是元代《京畿都漕运使王君去思之碑》，欧阳玄撰文，王思诚书丹，记载元代山东乐陵人王德常任元京畿都漕运使及当时漕运等情况。元惠宗至正十五年（1355）立，因碑质是青白石，又长年埋没地下，保存基本完好。书丹者王思诚（1291—1357），《元史》有传，官至通议大夫、国子祭酒。^① 该碑书风近于欧柳，细瘦清劲，挺拔舒展，规整中富有变化，平正中险奇偶出，可以窥见元代书法取资晋唐，以复古为新的书法风尚。

距今最近且比较有代表性的一通，是民国 30 年（1941）刻写的佑民观

　＊　本文为高校智库与社会服务能力建设项目"北京大运河文化带文化遗产梳理与活态传承研究"阶段性成果。本文原载于《中国书法》2019 年第 15 期。

＊＊　周侃，首都师范大学中小学书法教育研究中心，副教授，研究方向为书法史、书法教育。

　①　宋濂：《元史》卷一八三《王思诚传》，中华书局，1976，第 4215 页。

《圣容万会堂碑》。佑民观，位于通州区张家湾里二泗村，这里曾是南北水陆要道的重要码头，供奉着河神和金花圣母。该碑由信士弟子金世芬（生卒年无考）撰文并书丹，碑阳"圣容万会堂"大字，宽绰典雅，方圆兼施。碑阴书法，纤细俊秀，跌宕有致，劲秀饱满。

从地域分布看，大运河北京段总长约82公里，横跨昌平、海淀、西城、东城、朝阳、通州六区，运河沿线52处物质文化遗产，如白浮泉遗址、瓮山泊（昆明湖）、汇通祠、积水潭、什刹海、永通桥、张家湾古城等，皆存有大量古代石刻。如北京城区内唯一的大运河古河道遗址玉河故道，存有《玉河庵碑》《李公德政碑》两通碑刻。玉河庵碑立于清嘉庆十三年（1808），是研究北京水系及大运河变迁的重要历史遗存。僧心然撰文并书丹。点画有力，排如算子，书写精严。遗憾的是，此碑石质不佳，又兼风化严重，部分字形模糊不清，仅残存214字。李公德政碑立于民国17年（1928），对于研究北洋军阀时期的北京史、民国灾荒史，特别是不断完善的北洋政府救灾制度和体系研究，具有重要的史料价值。此碑取法晋唐，笔画较为平正，圆笔居多，结体平正，体势宽博，整体显现圆润朴拙的气息。

通州区作为京杭大运河北起点和仓储漕运重地，记录有关大运河漕运文化的书法遗迹最多。较有代表性的，如明万历三十八年（1610）刻《燃灯塔碑》，记载唐贞观七年（633）建燃灯佛舍利塔之事。此碑面风化剥蚀严重，"燃灯佛"等字隐约可见，笔法字法有唐风遗韵。另如民国25年（1936）刻《重修通县胜教寺碑》，现存通州区佑胜教寺，姚学礼撰文，王子衡书丹。碑字颇得智永真书千字文神韵，字迹娟秀。此外，运河周边文化遗迹如白云观、敕建火德真君庙、拈花寺等其他庙宇内也保存了一定数量的书法遗迹，共同成为运河文化的重要组成部分。由于上述大部分遗产点经历多次整修，矗立其间的书法遗迹更显珍贵，亦使存留的历史片段得以真实再现。

二　书者风采

北京大运河碑刻书丹者，出自社会不同阶层，既有帝王贵胄、文人仕宦，又有普通民众和宗教人士等。千百年时光流逝，出身各异的书丹者早已化古，但他们留下的书迹却如活化石一般被珍存至今，历久弥香。以帝王书写者为主流的皇室书法，是大运河北京段书法遗产的突出代表。

皇家园林颐和园中楼阁院廊、山亭水榭，均有碑刻、楹联、匾额，凸显出清代皇家书法的典型性。园中书迹大都为乾隆皇帝、光绪皇帝及慈禧太后等皇室亲题，亦有当朝大臣文人捉刀代笔者。昆明湖畔现立有多通石碑，与大运河历史发展密切关联，最具代表性的石碑有万寿山昆明湖碑、绣漪桥北侧御制诗碑等。

万寿山昆明湖碑位于颐和园佛香阁前，清乾隆十六年（1751）立，乾隆御笔。碑形巨大，刻工精良，现存完好。碑身两侧为乾隆御笔吟咏昆明湖诗，记述疏浚昆明湖之始末，涉及通惠河及元代引白浮泉水工程，是研究北京运河发展史的重要参考。碑阳楷书大字，宽博端正，近于赵孟頫风格，一派端庄。大运河进入昆明湖入口的绣漪桥（闸）北侧，立有乾隆御制诗碑，上刻数首乾隆沿运河游玩的览景诗作。另有东堤御制诗碑，亦是乾隆吟咏昆明湖诗作。这两通诗碑以诗文形式记录了乾隆在运河沿岸的巡游情形，御笔亲书，显现出皇室雍容华丽之书风特质。此外，现存海淀区黑龙潭的碑石中，雍正御笔《御制黑龙潭碑》（刻立时间不详），记载雍正帝重新修茸黑龙潭龙神庙宇始末，行书刊刻，明显可窥《怀仁集王羲之圣教序》特征。乾隆年间龙王庙祈雨诗碑，碑文为乾隆御制诗数首，行书刊刻，间有草书韵味，点画圆润均匀，结体婉转流畅，书近赵孟頫。

康有为《广艺舟双楫》写道："国朝书法凡有四变：康、雍之世，专仿香光；乾隆之代，竞讲子昂，率更贵于嘉、道之间；北碑萌芽于咸、同之际。"[1]帝王以其书艺才情、人文修养和强大的政治手段推动和影响着书法发展，从康熙推崇董其昌到雍正追踪晋唐，再到乾隆独好赵孟頫，由董转赵的过程中清代帖学也达到鼎盛。北京运河书迹中的帝王宸翰，渗透并显现出清代皇家帖学一路的雍容气象。

帝王宸翰作为主体之外，大部分书丹者在书法史上籍籍无名，可能书写水平在当时并不闪光，但就大运河带的碑刻群整体而言，他们亦反映了一般书写者的书法特征。如明景泰七年（1456）《敕赐龙泉禅寺开山碑》、清乾隆十七年（1752）《都龙王庙置庙田碑记》、清光绪七年（1881）《重修凤凰山山顶龙王庙碑》等碑刻，摹刻工整清晰，记述了白浮泉开发、龙王庙修建的过程，具有一定的历史文献价值。书法风格受台阁体、馆阁体书风影响，笔画横平竖直，结字匀停，行列齐整，略显拘谨。可以说，普通的书丹者是书法家们风格传布的最好使者。书法家的书写技艺必须依赖大量的书写者学习

---

① 崔尔平注《广艺舟双楫注》，上海书画出版社，1981，第73页。

和传播。时代风格的形成显然仅靠少数的书法家也是不可能完成的，无数不知名的书写者对书法的时代特征的形成起到不容忽视的推动作用，对于全景式地认识当时书法发展的总体面貌具有重要的书法史学价值。

三 书艺风貌

北京段大运河书法遗迹，像一座天然的书法博物馆，浓缩并折射出书法艺术的璀璨光芒。从字体和书体看，真草隶篆行五体皆备，楷书碑刻数量最多，占到全部书法遗迹的 80%，且有小楷、大楷、榜书、北碑、唐楷、馆阁等别，可谓一应俱全，其中尤以清代碑刻的馆阁体楷书所占比重最高，并作为官方的书法样式，代表皇权、圣意，融入书法史长河之中。

由于北京大运河特殊的政治地位，沿途碑刻基本以官方行为为主，书丹者大都是官员士大夫。清代行楷书碑刻远盛于前代，呈现浓厚的馆阁体特征。从中亦可窥探朝廷书法风格以及帝王对于书家的偏好。今人论及馆阁体，多言其弊，事实上馆阁体作为一种特殊的历史存在，在当时有其实用价值和优越特质，并非"千人一面"。大运河碑刻的书丹者中，不乏高士奇（1645—1703）、张玉书（1642—1711）、蒋衡（1672—1742）、张照（1691—1745）、汪由敦（1692—1758）等书史名家。这些碑刻的整体呈现，可以为清代馆阁体的丰富书貌提供第一手实物资料，亦可由此勾勒出馆阁体由盛而衰的发展脉络。其中典型者，如康熙二十年（1681）《御制黑龙潭重建龙王庙碑记》，书写者高士奇，师法董其昌，温润娴雅，流畅熟练；康熙二十五年（1686）孔庙《御制至圣先师孔子赞碑》，张玉书书丹，圆劲秀逸，有董赵之遗意；雍正十年（1732）《诰命碑》，现存于通州大运河森林公园，刚柔相济而筋骨内含，有颜柳之风姿；雍正十一年（1733）《八里桥御制通州石道碑》，瘦劲挺拔，有欧柳之内蕴等，不一而足。

康雍时期的碑刻在"清真雅正"的正统书风影响下，呈现多元的审美追求。乾嘉时期，伴随着专制集权的高度集中，文学艺术各领域呈现标准化、程式化面貌，馆阁体也随之被固化。洪亮吉《北江诗话》云："今楷书之匀圆丰满者，谓之馆阁体。类皆千手雷同。乾隆中叶后，四库馆开而其风益盛。"①道光至清末，虽然碑学兴起，但在官方书写领域馆阁体仍居主体。《水窗春

---

① 洪亮吉：《北江诗话》卷四，人民文学出版社，1983，第 66 页。

呓》载道光时期"时尚楷书，所谓欧底赵面，皆华实挺秀"。[1] "欧底赵面""欧套赵""颜套赵""黑、方、光"等书写口诀或者书写评价标准，也正是当时馆阁体流行的明证。

清代中后期，随着金石考据学兴起，西周金文、秦汉刻石、南北朝摩崖和唐代碑刻进入书法研习领域，碑学渐兴，帖学式微，直至民国才又重新考量碑学与帖学造成的偏颇而于书风上，在延续中又有新变，这在《陶然亭碑》等民国书风中有所体现。馆阁体书风转变之势从这一时期大运河碑刻书风中看得非常清楚。现存紫竹院公园、立于光绪十一年（1885）的《重建紫竹院碑记》《福荫紫竹院碑》等，基于欧柳间架，兼具黄山谷行书之意。启功先生论书诗云："铭石庄严简札遒，方圆水乳费探求。"并自注道："端重之书，如碑版、志铭，固无论矣。即门额、楹联、手板、名刺，罔不以楷正为宜。盖使观者望之而知其字、明其义，以收昭告之效耳。扩而言之，如有人于门前贴零丁，曰'闲人免进'，而以甲骨金文或章草今草书之，势必各加释文，始能真收闲人免进之效。"[2] 启先生以其特有的幽默，点明铭石书贵在"庄严端重"的特点。上述列举运河沿途碑刻，尽管在书法史上并不特立独出，但是从整体考察仍可窥见铭石书风之庄谨气象无处不在。在心浮气躁的今天，依然令人感慨和向往。

北京大运河书法碑刻大都立于古迹当中，从皇家园林、亭台楼榭至庙宇道观、街巷民居，从水利建筑、普通古建到山川摩崖、田野墓志，作为书法传承的实物范本，可以探寻当时书法艺术与政治制度、文化政策的密切关联，亦可理解书法风格受到教化功能以及时代趣尚等因素制约。宋代金石学家王回（1048—1100）尝言"予尝阅古钟鼎碑碣之文，以证诸史及它传记，其褒颂功德，虽不可尽信，而于年月名氏，山川风俗，与其一时之文采制度，有得其详而史传追述乃其概耳"。[3] 挖掘大运河书法文化遗产蕴涵的人文价值，真正让书法文化从石碑上"走出来"，从碑帖里"活起来"，从文字中"动起来"，这也是亟待加以保护和研究的课题。

① 欧阳兆熊、金安清：《水窗春呓》卷下，中华书局，1984，第44页。
② 《启功丛稿·艺论卷》，中华书局，2004，第37页。
③ 王回：《故迹遗文序》，吕祖谦诠次《宋文鉴》卷八十七，商务印书馆，1937，第1182页。

六　大运河文化带建设

大运河文化带建设国际性传播
发展状况及策略*

——以江苏段为例

张　卫　樊佩佩　马　岚**

一　问题的提出

2017 年 2 月，习近平总书记在视察通州时强调指出，"要古为今用，深入挖掘以大运河为核心的历史文化资源。保护大运河是运河沿线所有地区的共同责任"。① 大运河是流动的文化，是祖先留给我们的宝贵遗产。当前，从国家到各省（市、区）都在寻求新的发展动能，培育新的核心竞争力。总体上已经处于工业化中后期的江苏，未来能否获得持续的发展动力，将在很大程度上取决于文化带建设质量的高低。文化软实力是未来一个国家、地区和城市发展竞争力的重要支点。党的十八大以来，习近平总书记多次在不同场合就国家文化软实力阐发了一系列重要论述。提高国家文化软实力，是我们党和国家的一项重大战略任务。习近平指出，"提高国家文化软实力，关系'两个一百年'奋斗目标和中华民族伟大复兴中国梦的实现"，"提高国家文化软实力，要努力提高国际话语权，加强国际传播能力建设"。② 大运河文化带建设是我国第一个以文化建设为主要指向的带状发展战略，具有重要的战略意

* 本文为 2018 年度江苏省重点智库研究项目"大运河（江苏段）文化带建设国际性传播研究"（项目编号：2018003）阶段性成果、江苏省社会科学院首批重点学科（社会学）资助项目阶段性成果。本文原载于《艺术百家》2019 年第 2 期。

** 张卫，江苏省社会科学院社会学研究所所长、研究员，江苏大运河文化带建设研究院院务委员，研究方向为文化社会学、城市社会学；樊佩佩，江苏省社会科学院副研究员，研究方向为政治社会学；马岚，江苏省社会科学院副研究员，研究方向为文化人类学。

① 鲍聪颖、高星：《北京大运河"五脉"：独具魅力的文化符号》，《北京日报》2017 年 12 月 25 日，第 16 版。

② 《习近平谈国家文化软实力：增强做中国人的骨气和底气》，人民网，http://cpc. people. com. cn/xuexi/n/2015/0625/c385474 - 27204268. html。

义。启动大运河文化带建设的国家战略，是中国崛起过程中的一种内在要求，同时也可以被视为从大国走向强国的一种外在呈现。加强大运河文化带建设的国际性传播，可以说是积极寻求新世界主义的价值认同以及与世界对话的努力。

江苏在全国率先实施中国大运河博物馆、大运河数字云平台、中国漕运城等标志性项目，启动大运河国家文化公园江苏段建设，全力打造大运河文化传承国家先行试点区，对于弘扬大运河本体文化及其衍生文化的历史贡献与当代价值、打造中华文化"金名片"具有重大时代意义。

全长 1794 公里的京杭大运河是世界上里程最长、工程最大的古代运河，也是最古老的运河之一。它是中国南北水运的大动脉，连接全国的政治中心和经济中心。但不同于巴拿马运河和苏伊士运河等具有国际战略意义的海运航道，京杭大运河主要是我国历代用于漕运、盐运的内河航道，加之历经断航和复航，所以国际知名度不及前述两条运河。提升其国际影响力，让大运河文化成为中国与国际接轨的纽带具有重要的现实意义。

二 当前大运河文化带建设国际性传播中存在的问题

当前江苏在推进大运河文化带建设国际性传播过程中，还存在一些问题，主要是：传播主体还较为单一和零散，各地、各部门在思想认识和协同配合发展方面有所欠缺；传播内容不够深刻和鲜活，尚未形成具有代表性的"标志性文化"；未充分运用数字化、新媒体等传播效率较高的方式来扩大传播的影响力；从当前传播效果来看，还不能激发"文化认同感"；国际性传播尚未引起全社会足够的重视。

（一）当前大运河文化带建设的传播主体还较为单一和零散，各地、各部门在思想认识和协同配合发展方面有所欠缺

当前江苏大运河文化带建设传播的主体是政府，大多是自上而下地由政府主导和推动的。各地、各部门对大运河文化带建设以及国际性传播工作的态度"冷热不均"，在思想认识和协同配合发展方面有所欠缺，有的地方将大运河文化带的建设和传播仅理解为文化部门、文物部门的工作，其他相关部

门参与度不高。① 从制度安排上看，各实施主体间协调性、系统性不足。另外，运河沿岸各个城市也各自为营，忽略了跨区域合作，没有形成合力。

另外，从实施主体上看，民间群体和非政府组织参与性不高，发挥作用有限。民间群体和非政府组织，由于其非官方属性往往在传播和交流中比政府更能采取灵活多样的交流方式，在影响人们思想和感情方面具有独特作用，更容易获得他国政府和民众的接受与好感，影响也更为持久和深远。② 从现实情况来看，当前并未有效发动这些非正式的力量，民间群体和非政府组织参与对外人文交流的主动性较低，发挥作用也十分有限。因而，未来既要发挥政府主导引领作用，又要调动更多社会力量参与，形成国际传播的合力。

（二）传播内容不够深刻和鲜活，没有形成具有代表性的"标志性文化"

在大运河文化带建设的传播内容方面，江苏各地较多强调运河的历史遗存和遗产保护，而对大运河在当前社会生活中发挥的现实作用关注不够。比如很多地区都在设计、规划运河古城的修复和重建，但重建只是文化的表象复制，这些被制造出来的文化符号虽然获得了短暂的商业利益，但是不能体现大运河文化的核心精神，且缺少当地民众的自觉参与传播，因此失去了鲜活的生活作为支撑。实际上，源于民间社会生活的运河文化底蕴才更具生动性和传承性，各地在这方面的宣传工作做得不足，对内在于运河文化中的运河周边日常生活文化关注度不够，在突出其普遍价值的挖掘和呈现方式上着力不足，传播的运河文化内容僵硬、缺乏灵活性和生动性、吸引力不足。

此外，各地对大运河文化建设规划虽大多依托各城市特色，但在实际执行中又遵循了一般模式，结果难免大同小异，没有形成具有地区特色的"标志性文化"。"标志性文化"是从民众生活层面筛选出的体现地方文化特征的事项，是区域社会生活整体特征的体现，通过它可以将运河与所在区域经济、文化和社会发展紧密科学地结合起来，焕发运河历史城市的新活力。③ 当前的问题，一方面是没有筛选、整合出这样的"标志性文化"，另一方面也缺乏一定的载体和平台将其构建的新的"文本"纳入现代文化体系当中。

---

① 黄杰：《强化大运河文化带建设系统性整体性协同性》，《群众》2018 年第 17 期。
② 杨荣国、张新平：《"一带一路"人文交流：战略内涵、现实挑战与实践路径》，《甘肃社会科学》2018 年第 6 期。
③ 王娜、郑孝芬：《"大运河文化带建设"背景下标志性文化研究——以大运河苏北段为例》，《淮阴工学院学报》2018 年第 2 期。

（三）尚未充分运用数字化、新媒体等传播效率较高的方式来扩大传播的影响力

目前，运河沿岸各市还没有集中性或者合作性地实施"大运河文化资源普查与数字化工程"，未能建立权威、统一、动态的大数据库，尚未在此基础上打造集管理、研究、展示与监测等功能为一体的大运河数字公共服务平台，对大运河文化带的数字化保护和传播力度不够。

数字媒体时代，移动互联网技术不断发展，信息获取更加简便，内容包罗万象。但受众的选择却日趋细分化、娱乐化，因此，传播内容必须以受众为中心，投其所好，这样才能夺人眼球，赢得受众。在运河文化展示和传播过程中，各地并未能充分运用手机、互联网、数字电视和数字电子报刊等多种现代化媒体进而达到充分传播大运河文化的效果。运河文化建设传播的参与平台应涵盖门户综合平台、资讯类客户端、社交平台、音视频平台、问答社区、直播和短视频平台以及文化类垂直网站，具体可借助文字、图片、音频、视频等多种形态进行运河文化带建设传播，使得过去单向的教育模式逐渐朝着互动探索模式的方向发展。

（四）从当前的传播效果来看，还不能激发"文化认同感"

当前大运河文化带的传播仍旧以产品、活动为依托，形成一种物化的、固态的、活动性的思路，而在激发受众发自内心的感受、培养群体性的感情以及形成区域性乃至国家性的文化符号、象征意义等方面还非常欠缺。这种传播的直接后果是人们虽然看到了一件产品、参观了一个景点、参加了一次活动，但是对于大运河仍旧没有概念，更谈不上会产生一种认同和归属的感觉。因而，运河文化带建设传播应该主要通过符号传达达到文化传播的目的，将产品、活动、项目与品牌文化、品牌精神甚至是生活方式等文化内涵相联系，而这也使得产品的价值体现逐渐从实用功能走向情感价值，进而转向文化观念。

（五）国际性传播尚未引起全社会足够的重视

当前江苏省除扬州市较为注重大运河文化与国际接轨之外，其他地区大多以国内传播为导向，鲜有以国外受众为对象的传播内容，国际传播尚未被提上议事日程。从对外传播媒介上看，近年来江苏媒体的国际传播能力虽然

得到了进一步的提升，但与世界一线媒体相比仍存在较大差距，在国际上的影响力不足，而强大的国际传播能力对于提升文化影响力、促进人文交流具有重要意义。当前已有的国际传播内容大多局限在呈现大运河的历史遗存上，没有把历史和未来、经济和文化、中国和世界等不同维度联系起来去分析思考，无法鲜明地体现、传达出大运河文化带与江苏地方文化、中华文明的关系，更谈不上把大运河文化带建设置于经济全球化和国际合作语境下，真正将大运河与世界体系联系起来思考其传播问题。[1] 未来的国际传播需要把现有单向呈现的思维转变为合作、融合、共赢的思维，在大运河文化带建设的国际传播与传播对象国家偏好及诉求之间找到结合点，通过跨学科、跨机构、跨国、跨界的合作提高大运河（江苏段）在国际上的知名度。

三　大运河文化带建设国际性传播的对策建议

就我国历史发展的轨迹来看，一直到清末，大运河沿线仍然是中国经济最富庶的地区，也是中国繁华城市的集中地带。大运河文化带，既是我国南北漕运的重要通道，也是隋唐以来我国丝绸之路、海盐之路、茶叶之路、瓷器之路的重要组成部分，更是商贸物流、政务及军事通道。到了近代，随着现代化交通方式的兴起，大运河的区位优势逐渐丧失，运河沿岸城镇开始迅速衰退，并且逐渐远离城市中心和商贸中心，或者说，城市中心已向交通更便利、商业更发达、文化更繁荣的地带迁移。因此，重现大运河文化带的繁荣取决于城市带建设的现代化程度。根据美国传播学家拉斯韦尔所界定的以传播者、传播媒介、传播内容、传播对象、传播效果五个方面为主干的传播学理论框架，[2] 本文认为，大运河文化带建设国际性传播应以人类命运共同体为核心出发点，面对不同文化背景，以寻求更丰富的信息交换、价值包容和文明理解为使命。基于此，大运河文化带建设国际性传播战略需要扩充传播的主体、拓展传播的场域和优化传播的结构，以期形成一种共商共建的态势，形成一种共赢共享的格局。应从全面复兴大运河文化入手，通过提高大运河沿线地区的城市化和国际化水平来提升大运河江苏段的文化影响力，具体从

---

① 赵永华、王睿路：《"一带一路"传播研究的局限与突破》，《中国出版》2018 年第 22 期。

② 〔美〕哈罗德·D. 拉斯韦尔：《社会传播的结构与功能》，何道宽译，中国传媒大学出版社，2013，第 35 页。

渠道、手段、载体、立足点等方面入手，对大运河文化带的保护、利用提出对策建议，以促进历史文化保护与现代城市功能的有机融合。

可通过"一都一线一带"的大运河文化辐射带，从"点""线""面"入手构建多点支撑的大运河城市文化带发展格局，加强沿运河各市文化与经济、社会资源融合，提高岸线利用效率，实现高质量发展、创新型发展。"一都"指的是"世界运河文化之都"；"一线"指的是大运河沿线运河文化创意小镇；"一带"指的是大运河沿线城市文化带。相对于传统文化遗产视角的价值，要突出大运河文化带的现代城市文化内涵，强调历久弥新的当代传播价值，通过"示范区""集聚区""辐射区"的运河城市文化体系发掘大运河的经济支点意义和增强城市带的辐射力，进一步提升国际传播影响力。

（一）加强大运河文化带建设与长三角一体化等国家战略对接，输出运河文化，提升沿线地区城镇化发展水平

当前，我国大运河文化带建设处于新的历史方位，被赋予新的功能，它不仅对接京津冀协同发展、长江经济带发展等国家战略，而且与长江三角洲区域一体化发展的国家战略直接交汇。大运河不仅是我国南北政治、经济、文化联结的纽带，也是沟通亚洲"内陆丝绸之路"和"海上丝绸之路"的重要枢纽，还将在推进长三角地区高质量城镇化发展中发挥更大作用。

将大运河江苏段文化带建设与"一带一路"倡议对接，不仅可以在传播基础层面与国家网络相联结，而且借助与"一带一路"上的新欧亚大陆桥、中国—中亚—西亚和中巴等主要经济走廊相连接，实现传播渠道的畅通进而输出运河传统文化，可以在更高层面上形成对运河国际传播文化的理解认同以及命运共担。

促进大运河江苏段文化带建设与国家区域发展战略的对接，主动融入长江三角洲区域一体化国家发展战略，可以依托长三角高度的经济社会发展水平率先建设一个大运河城市文化示范带，提升大运河江苏段城镇化发展质量，依托良好的基础设施条件、公共服务水平以及文化产业实力吸引更多的海外人士慕名前来。通过大运河江苏段城市文化带的建设来加强各个城市的交流互动，构建大中小城市和城镇协调发展的格局，率先形成运河文化发展共同体，促进区域和城乡协调发展，为长三角一体化进程提供内生性文化动力。

（二）顶层布局整合传播渠道，打造现代版"苏派运河文化"创意品牌，形成运河旅游节庆品牌联动效应

从省域高度推进整体营销，系统规划大运河文化带建设的集聚发展。可依托江苏各地独特的文化资源，尤其是融合楚汉文化、淮扬文化和吴越文化，充分利用先进技术手段改进江苏文化品牌传播模式。通过打造大运河全域旅游品牌，推进大运河文化带建设高质量发展，进而带动地区的整体复兴和城市活力的提升。

通过世界运河大会、世界运河城市论坛、世界运河名城博览会、世界遗产运河古镇合作大会、大运河文化旅游博览会等重大活动，整合旅游节庆资源，支持各地举办有地方特色、文化内涵和市场影响力的运河主题会展、演艺、民俗表演等品牌活动，加强与世界运河城市之间的文化旅游开发合作。建立日常性运河文化宣传推介体系以及在重大时间节点开展特色运河文化带项目，将文化保护、开发与旅游发展相结合，活化历史文化遗产，让运河文化发扬光大，实现"一河尽显江苏文化之美"。

通过数字化手段建立"大运河江苏段历史文化资源数据库"，对江苏大运河历史文化资源数据的存量、分布、内涵、价值、环境现状、保护程度、利用方式及效益等要素进行管理、维护以及更新，实现对历史文化资源保护的预控，渗透到建设规划的各个阶段，从源头上加强对历史文化资源的保护。

通过新媒体传播平台打造"大运河江苏段城市文化带数字博物馆"，对大运河文化带资源进行活化利用，让各类文化元素可视化、可触摸、可感知。特别是在城乡建设和城市更新过程中，充分利用各种城市空间，将多种现代生活元素、活动和场景，作为历史文化遗产的新型载体。尤其是通过街景、建筑、城市雕塑、街区、公园、城市地标、文创产品、文创空间等，将历史文化元素融入现代城乡百姓的生活中，让大运河文化可玩、可看、可赏、可消费，提升国内外影响力。

（三）以国际思维与国际化叙事方式进行话语表达，打造东方艺术形式的本土化国际传播，激发世界共鸣的东方价值

跨文化传播并非等于"只要是民族的，就是世界的"，而是民族的艺术需要具有国际思维的海外传播，借助当地机构提高渠道的通达性以及内容的可接受度。

在大运河文化带的国际传播方面，要加强中外合作，开阔开放多元的国际视野，竭力避免自说自话的局限与国外部分公众由于狭隘的"刻板印象"而抵触受传的情况，从而使大运河文化价值的传递更具公信力、感染力和传播力。

在传播手段上，要增强线上推介能力，创新营销推广方式，提升节庆活动内涵，扩大国内外影响力。把运河这一世界遗产介绍给世界游客，向世界讲好运河故事，推进江苏运河休闲产业项目创新，吸引国际友人来江苏快乐旅游。

在传播内容上，既要体现大运河文化所具有的民族特色和独特魅力，又要有国际视野，还要有国际化的表达方式。要选取适合受众需求和能引发普遍共鸣的传播内容，找到京杭大运河与其他国家文化价值的契合点，揭示运河文化所蕴含的独特而具有世界共鸣的东方价值，使运河文化的传递具有国际思维，凸显包容性和国际共享性。应高度重视运河文化内容的翻译质量，推动一批具有民族性、艺术性和可读性的大运河文化产品走向世界。

在传播者的选择和传播渠道方面，要因地制宜，开展本土化推广。其他一些国家已有的文化协会、行业协会和联盟等民间组织在当地有较大影响力，推广运河文化离不开与这些机构的合作。在海外设立中国大运河文化带推广分部，与当地文化界建立密切联系，借助这些第三方或本地化机构，可以为中华文化"走出去"并在当地落地开花创造条件。

（四）选取"枢纽经济＋产业经济发达＋运河文化内涵"城市打造"世界运河文化之都"，发掘大运河文化带的全球性战略意义

以"世界视野，中国高度，江苏特色"为主旨，通过对"世界运河文化之都"的打造，在浓缩的空间内形成新兴文化创意产业示范区、高级要素集聚的新型增长载体，构建富有竞争力和可持续性的新增长点乃至增长极。可以依托中国大运河原点城市、大运河联合申遗牵头城市——扬州，打造"世界运河文化之都"，精心谋划扬州大运河标志性文化景观，包括相关的大型文化园、广告艺术长廊、文化旅游服务设施，依托大运河标志性漕运码头、渡口以及舟楫等文化载体，提高扬州在中国丝路、瓷路、茶路、盐路、驿路上的重要地位，增强大运河文化带中心城市的辐射力。通过国际视野打造"世界运河文化之都"，让运河文化成为江苏文化旅游、博览、创意和出版等业态的新亮点和新名片。

（五）以生态和休闲文化旅游链打造运河文化创意小镇，发挥"珍珠链"效应，建设大运河线性活态遗产廊道

因漕运而兴的千年大运河曾催生了一大批运河城镇，运河和城镇自古构成了"命运共同体"。例如山阳（淮安）、清河、清江浦等城镇因运河而兴起，甚至因交通要津先后繁荣了几百年。而当今运河文化带作为文化建设的重要载体，必将和运河古城镇及其地域文化建设紧密结合，为运河城镇建设带来历史性的机遇，各具特色的城镇体系将会得到进一步的优化。

大运河文化带的建设并非静态的遗址保护，而是在经济社会发展、新型城镇化进程中的动态保护。应将历史文化遗存的保护纳入多规合一的规划体系之中。

通过生态和休闲文化旅游产业链运营运河沿线古镇和特色乡镇，打造一批运河文化创意小镇，将其作为运河城镇体系建设的重要载体。

通过"珍珠链"效应串联起大运河（江苏段）沿线的运河中心城市以及运河文化创意城镇群，打造线性活态遗产廊道。

以市场化手段、产业化进程、国际化的眼光打造大运河沿线城镇的休闲旅游产业带，实现运河文化与经济的结合，盘活大运河江苏段线性活态遗产廊道。

（六）在城市形象识别系统中融入运河元素，打造大运河城市文化带辐射区，发挥城市文化带的集群功能

大运河从古代重要的漕运通道发展成为现代航运的内河运输带，由大运河贯通的城乡经济带，既是传统农耕文明时代的新业态生长带，也是中国东部最重要的财富聚集带，更是沿大运河形成的社会文化交流带。借助大运河文化带建设的重大机遇，激活运河历史记忆，在大运河沿线城市形象识别系统中融入运河元素，向世界彰显大运河文化的历史魅力，深刻展示大运河的文化内涵和人文精神。

大运河文化带建设上升为国家发展战略后，必将促进运河全线特别是淮海经济区的苏北、鲁西、皖北、豫东等相对后发地区的发展。通过整合大运河中心城市、运河沿线创意小镇以及运河沿线城市群的地域文化资源，带动运河沿线城市文化、旅游、生态、休闲度假产业的提振，并形成快速崛起的高品位高效益的城市文化辐射带，以实现后发先至的效果。其中，要着力发

掘地方特色与区域独有的"文化特色"，提升大运河相关文化产业的发展层次，避免同质化和低端化倾向。要明确大运河江苏段城市文化带的核心产业、配套产业和支持产业，厘清产业集群工作重点，针对不同层次采取多元发展策略，快速形成良性竞合格局。力图实现大运河江苏段文化带建设"点""线""面"的全面对接，形成精致化的整体发展态势，以进一步提升大运河江苏段文化带的品位和效益。

运河对北京城市空间结构的影响研究[*]

——兼论运河文化带保护和建设策略

朱永杰　王亚男[**]

2018 年 3 月，《北京市大运河文化带保护建设规划》经北京市委常委会审议通过，虽然没有正式公布，但对于大运河文化带的保护发展将具有积极的推动作用。关于北京运河的研究多注重历史沿革、文化遗产保护等方面，有关运河和北京古今城市空间结构之间的联系的研究不够深入，且系统性不足。鉴于此，本文从运河对北京城市空间结构的影响入手，探讨当前运河和北京城市空间结构的联系，并从国际倡导的遗产廊道视角指出对北京运河文化带的保护和建设对策，以期为运河文化带的全面建设提供相关信息和思路。

一　运河开凿概况

（一）　汉至隋唐时期

汉献帝建安十一年（206），曹操征乌丸（桓），调动民工开平虏渠、泉州渠、新河三条运渠，以通水运。平虏渠经今通州潞县镇，再向北至张家湾镇。通过该渠，曹军漕船可自邺城直抵蓟城以东。进入北魏时期，此河道依然承担着运输粮食及衣物的任务，时称"笥沟"。辽代因用以转输辽东海运粮物，故改称港沟河，是今北京境内的一条重要运河。隋大业四年（608）春，开凿永济渠，是京杭大运河的最北段，自洛阳北达涿郡。唐代仍然沿用永济渠，基本保证该渠水运畅通。①

---

* 本文原载于《城市发展研究》2019 年第 12 期。

** 朱永杰，博士，北京联合大学北京学研究所副研究员，研究方向为北京学、历史地理学；王亚男，博士，中国城市科学研究会副研究员，研究方向为城市学、历史地理学。

① 魏徵、令狐德棻：《隋书》卷三《隋炀帝上》，中华书局，1982，第 70 页。

（二） 辽至清时期

辽时，沟水和沽水于今天津市宝坻区附近汇合后向南，在今宁河附近入海，即今蓟运河。从宝坻向西有运河，时称萧太后河，通潞水达通县。后分两支，一支沿潮白河至顺义［辽天庆元年（1111），将潮、白二河汇合口由通州上移至顺义北部牛栏山，成为辽代水运要道，是南部从水路向檀州运送军粮的干线］；一支西行沿闸河道通燕京城北护城河。通往燕京北护城河的河道，则为辽南京帝王、官吏和城内军民运输物资的通道。金初，利用辽萧太后河通漕，由于水量小，河的运量有限。泰和五年（1205），发军复浚漕渠，并开凿通州至中都漕渠。以高梁河为水源，以白莲潭（今积水潭）为调节水库，由中都北城壕直至通州，长 50 余里，名通济河，俗称闸河。为节约用水，河口及沿河段设闸。闸河开通后运用 19 年，于金迁都开封之后废止。在水源的开发上，元朝占了极其重要的地位。大都城市水利建设项目中以开凿运河最为著名，其中郭守敬督建的引白浮泉以开辟新的漕运通道和水源工程最为突出。至元二十九年（1292），河道告成，名为"通惠河"，粮船可从通州以南高丽庄经闸河入都城停泊在积水潭，形成"舳舻蔽水"的盛况。

明代对漕运十分重视。建北京之初，南粮仍由通州至京师。明宣德十年（1435）改造北京城，皇城东墙东移，通惠河一段河道被圈入城内，从而截断了船只进入积水潭的通道。正统年间，东便门外大通桥建成，通惠河起点移至该处，改名大通河。嘉靖年间营建宫殿，通过大通河运送大木。嘉靖六年（1527）对大通河进行了整修，同时将张家湾以上河道由通州城内改道城北接北运河，并在接口处建石坝拦蓄大通河水，这样一来漕粮借助大通河又可以进入京城。这一时期通惠河水源有限，漕运用水不足。清代继续使用通惠河，一直延续到清末。朝廷曾多次疏浚运河河道和护城河，并且扩建了西湖，使漕运水源有了保证。清代还导潮白河入北运河，以保持漕运通畅。

二 运河对北京城市空间结构的影响

（一）运河对古代北京城市空间结构的影响

1.影响了城市水道格局，调节了水环境

运河为北京输送漕运物资的同时，也改变了北京的城市水道脉络。运河曾一度流至北京城很多区域，形成城内外新的水道线路，滋润了流经的区域，也满足了一定的城市用水需求，调节了北京的水环境。

金代，闸河以高梁河为水源，以白莲潭为调节水库，由中都北城壕直至通州。这样一来，就能够引水南下进入中都的北护城河，为北京城注入新的水源，而且运河流经中都城护城河，既有利于城市用水的供应，也有利于调节护城河旁的水环境，支撑北京城的发展。元代，通惠河从大都城穿流，形成城市内部引人注目的新水脉景观。据《元史·郭守敬传》记载，[1] 通惠河是在元至元二十九年（1292）由郭守敬亲自主持、循金代闸河故道开挖的，历时一年多。水源源头主要是白浮泉，途中汇合了一亩泉、马眼泉，建造了白浮堤，然后穿玉泉山流入昆明湖，再东出长河（玉河），从和义门（西直门）北侧进入大都城。流入城内后，水道在今德胜门小关转向东南，注入积水潭和太液池（今北海、中南海），从前海向东南流出，经今地安门外东不压桥、地安门大街转向南流，经今南、北河沿大街出南水关流入护城河。然后出皇城过北御河桥（北京饭店西侧），经台基厂二条、船板胡同、泡子河再向东流向通县、高丽庄，和白河连接起来，全长约82公里。通惠河在大都城内流经了和义门、德胜门、积水潭、地安门大街、河沿大街、南水关、护城河等地，流域广阔、水道漫长，形成了都城之内的壮丽水景，改变了旧时的水道格局（见图1）。

元末明初，通惠河因上游河道堵塞，水流不畅，导致河中不能行船。多次修疏收效不大，积水潭码头逐渐废去，漕运船被迫改在大通桥下停泊。虽然运河不再连通北京城，但由于距离城市很近，仍然可以在一定程度上调节城市的水环境。而且，漕运河道虽不通城内，但是元代形成的运河水道线路没有完全消失，如什刹海水域仍是北京城内的主要繁华水域。清代与运河有关的城市河道发生了一些变化。《钦定大清会典事例》记载，[2] 京城河道西自玉泉山发源，以东为长河，经高梁河至城西北分为两条，一条循城北经地安门、朝阳门东进入通州，另一条由小关进入内城。进入内城的河道也分为二支，一支自地安桥以东经东步桥进入皇城的东北隅，另一支自西步梁桥进入皇城的西北隅，然后合流出玉河桥，成为紫禁城的护城河。玉河桥之水以南由内水关流出，汇于正阳门护城河，环绕九门，为内城的濠河。又自高梁桥

---

[1] 宋濂：《元史》卷一六四《郭守敬传》，中华书局，1976，第1589页。

[2] 昆冈：《钦定大清会典事例》卷九二四，光绪二十五年重修本。

分流经西角楼以南，历经右安门，东流至东角楼，折向北至北便门外，与内城濠河合流，汇于大通桥，是为外城濠河。

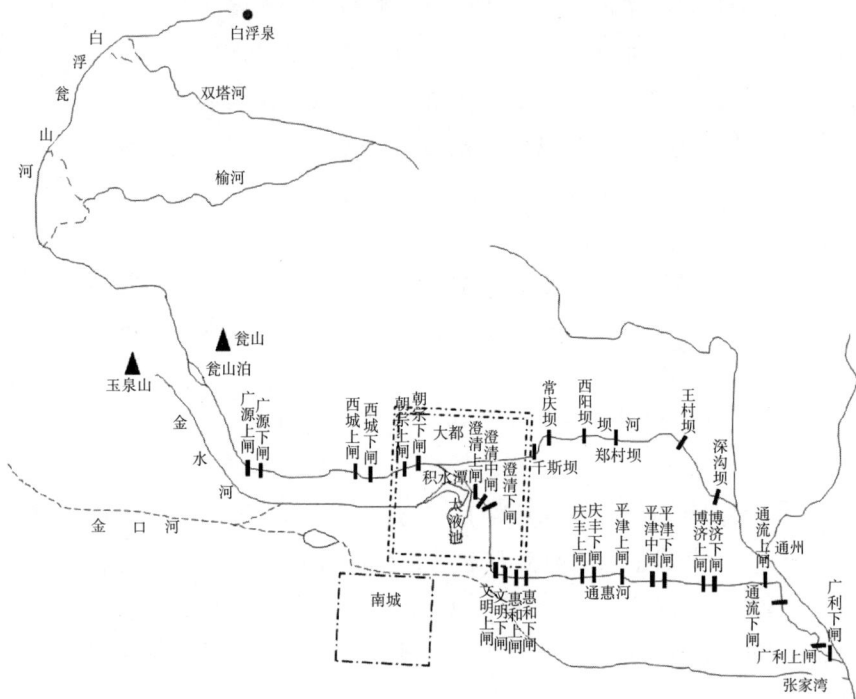

图1 元代北京主要运河河道

资料来源：见曹婉琳《北京运河文化带时空结构历史演变研究》，硕士学位论文，北京联合大学，2019，第21页。

运河除了漕运作用，还改变了北京城的水环境，一方面在城市供水方面发挥了重要作用，另一方面美化了城市的水面景观。运河的水连接起北京城内众多的河湖水域，滋润着两岸，围绕着金碧辉煌的宫廷建筑群，碧水轻波，回环流动，给北京城带来了无限活力与灵气。

元代在大都西北郊大规模兴建水源工程，开山凿渠，引泉水循高梁河输入大都，利用大都城内的湖泊调节水量，以满足运河通航用水的需要。水源工程的兴建，使太液池水量大增。这时的太液池北部与积水潭连成一片，形成水域辽阔、壮观的城市湖泊，在湖泊入口和出口设置了闸门控制水量。太液池在城南与通惠河相通，积水潭在城北与坝河相通，京杭运河北段的通航用水主要从这里进入。这处广阔的城市湖泊经过金代以来的不断改造，到了元代成了具有城市供排水、运河输水、优化环境等综合效益的城市水利工程。

明永乐十九年（1421）迁都北京，北京进行脱胎换骨的重建，城区南移。但是明皇城则全盘接受了元的大内，这时的太液池更向南扩展了。到了清代，这片水域又称南海、中海、北海，与什刹海、后海、西海并称北京"六海"。而且，永乐十六年（1418）因宫城建设的需要，将元南城墙南移，同时开挖了南城壕，即前三门护城河。东、西护城河仍然沿袭了元代的旧制，只是分别向南伸延与前三门护城河接通，向东经东便门进入了通惠河，这样运河和护城河就连接起来。护城河与城墙实现了动态水流与静态建筑相结合，使动态的秀美与静态的雄威交相辉映。运河水利工程造就的水环境是北京城市风貌不可忽略的重要方面：流动的河渠、宽阔的湖泊水体与规则的宫城建筑、市坊街道结合起来，将动与静对立之美展现得淋漓尽致。这种风貌体现了帝国都城的威严，又以湖光山色赋予城市灵气和美感。

2. 打破了商业区现状

北京的运河不仅发挥了重要的漕运作用，而且促进了北京码头商业区的发展。除了通州外，北京城内外有几处重要的码头商业区。

第一，积水潭码头商业区。积水潭是京杭大运河的北端码头，通惠河修通之后，江南漕船可以直达积水潭，促使这一区域商务、客运非常繁华，成为商业发展较快的区域。元代的积水潭水光波影、游船画舫、商旅云集，构成了一幅"江南水乡图"。当时潭旁的万宁桥，位于大都城中心，桥上地安门大街南北贯穿，桥下通惠河东西流过，可以说水陆交汇，成为京城的交通枢纽，有舟济、陆运之利。桥旁酒楼林立，人来人往，热闹非凡。从南方沿大运河北上进京的人，要在万宁桥畔下船登陆；离京南下的客人，也多在此登舟，顺通惠河转大运河南下。杨载《送人》诗就反映出了当时的情景："金沟河上始通流，海子桥边系客舟。却到江南春水涨，拍天波浪泛轻鸥。"

第二，大通桥至二闸码头商业区。明代以后，由于通惠河起点改在了东便门外的大通桥，大通桥至二闸一带成为码头，往来船只不断，岁运繁忙，漕粮高达640万余石。从明至民国，这里是北京著名的风景点之一。由于货物装卸、亲朋送别多在这里，二闸一带逐渐繁华起来，名气很大，成了重要的码头商业区。

第三，高碑店闸坝码头商业区。高碑店古村的历史久远，在元大都和通惠河以前，就已经出现了，在其后来的历史中，由于通惠河的建设，又有了新的发展。元代通惠河修建之时，为调节水位便于通漕，自瓮山泊至通州修建了24座水闸，每处皆设置上下双闸，其中有两处是三闸。高碑店村以东为一处三闸，称平津上闸、平津中闸、平津下闸。高碑店是古运河流经的重要区域，由于运河漕运、商业贸易、人流的推动，逐渐成了一处码头商业区。现在的通惠河，经过 20 世纪末的疏挖建设，重新流经高碑店，恢复了历史的面貌。水从颐和园下来，通惠河流经玉渊潭、木樨地、西便门、南外二环、东便门，至高碑店后向东到通州北关闸，然后进入北运河，完成了通惠河与大运河的连通。

3. 调整了仓储区结构

运河的漕粮运输，使北京城出现了很多的仓廒，从功能分区角度来说，这些仓廒所在区域形成了北京城新的仓储区。明代正统年间，东城裱褙胡同就已经设立了管理运粮的总督仓场公署。后来除了在通州修建粮仓外，北京内城沿朝阳门至东直门一线也增修了一系列粮仓。清代沿袭元明两代的漕运制度，实行"南粮北调"。每年从山东、河南、江苏、浙江、安徽、湖南、湖北等省征收米、麦、豆等粮食漕运京城，不过那时积水潭一带的港口已经荒废，东便门外大通桥附近成了卸粮的地方。漕粮运至北京、通州后，往往存储在京、通各仓。乾隆年间，北京和通州两地共有官仓 15 座，廒口（收藏粮食的仓房）1332 座。其中京师有官仓 13 座，共有廒口 932 座。13 座官仓的分布大致如下：朝阳门南的"禄米仓"；朝阳门北的"旧太仓"、"南新仓"、"富新仓"和"兴平仓"；朝阳门外的"太平仓"和"万安仓"；东直门内的"海运仓"和"北新仓"；东便门外通惠河北岸的"裕丰仓"和"储济仓"；德胜门外的"本裕仓"和"丰益仓"。其中，朝阳门附近粮仓最多，到了填仓时节，从南方漕运的粮米，要经过朝阳门进城。因此朝阳门又被称为粮门。朝阳门瓮城的内墙壁上刻着汉白玉谷穗一束，"朝阳谷穗"可以说是旧京城的一景。

京城的其他地方还有一些仓库。例如现在南河沿迤西的磁库、缎库、灯笼库等胡同就在过去的漕运河边，为了储运方便，这些库房多建在河道两岸。此外，在紫禁城内还专门设有"膳房库"，存放少量米、菜，以备皇帝膳食之用。因收获情况、气候、雨量以及运河水势的不同，每年漕粮运至京、通的数量和时间也都不一样。如果漕粮来得多，各仓廒存储不下时，只好露天存粮。随着时间的推移，漕运制度也在不断地发生变化。光绪三十一年（1905）漕运制度彻底废止、漕粮全部改征银两后，北京和通州的许多粮仓也就逐渐闲置起来或改作他用了。

4.对其他方面的影响

运河对于北京城还存在着其他方面的影响，这里以城市规划和休闲方面的影响来说明。以元代为例，根据侯仁之先生的研究，[①] 通惠河修成之后，积水潭水量丰盈，不仅水环境得以美化，而且类似全城心脏的位置更加显著。之所以这样说，是因为积水潭在大都城的规划上起着非常重要的作用。在确定大都城的城墙位置时，以积水潭东西岸的距离作为全城宽度的一半，因此西城墙的位置就定在了积水潭的西岸，中间留有一条顺城街。东城墙的位置也应该定在同一距离上，但由于地基的问题稍向内移，视觉上没有产生大的差异。大城南墙的位置，选择在皇城南墙与中都北墙中间的一条东西线上，北墙的位置以中心台至南墙的距离来确定。大都城南北长方形的轮廓这样框定后，当时水面浩瀚的积水潭自然就落在了类似全城心脏的部位上，在大都城的平面上十分明显地显示出来。所以说，积水潭在规划上作用很大，而运河由于为积水潭注入了更多的水源，积水潭类似中心位置的特点更加突出了。

元代通惠河的开掘对大都新城内市民的休闲活动起到了重大推动和刺激作用，形成了一些休闲路线和休闲区域。通惠河将通州京杭大运河段与积水潭、高梁河、玉泉山西湖等水体连接起来，并在沿线修筑了很多闸门，形成了一条著名的城内外相互连接的水上休闲娱乐活动线路。其中积水潭、西湖、高梁河也成为独立的休闲活动区域，游客可以自由选择自己的游览路线与区域。积水潭的繁荣刺激了水上游览活动的兴盛，使积水潭自身景色秀丽的休闲功能凸显出来，吸引了大批各阶层市民前来踏青、游玩、宴集，成为大都最著名的公共水上休闲地，并向积水潭的上游和下游水域拓展。今紫竹院公园的广源闸、丽正门东水关的文明闸以及下游的庆丰闸等，逐渐发展成为踏青、游览的场所。元代通惠河附近的一些壮观皇家寺庙的建设也大大提升了通惠河的休闲游览价值，如成宗大德九年（1305）在中心阁海子东建的大天寿万宁寺；广源闸东的大护国仁王寺、昭应宫；英宗时建的五华山大昭孝寺；泰定帝泰定三年（1326）建的卢师山大天源延圣寺以及香山碧云庵。这些皇家寺庙有佛教活动，是通惠河沿岸受游人青睐的地方。[②]

---

① 侯仁之：《北京都市发展过程中的水源问题》，《北京大学学报》（哲学社会科学版）1955年第1期，第142～168页。

② 吴承忠、韩光辉：《元大都休闲文化景观研究》，《北京社会科学》2006年第1期，第33～39页。

（二）运河对当前北京城市空间结构的影响

《北京城市总体规划（2016年—2035年）》提出了"一核一主一副、两轴多点一区"的空间结构定位，而且，它还提出了推进三条文化带的整体保护利用，着力保护和建设大运河文化带、长城文化带、西山永定河文化带。三个文化带的规划建设、保护发展，对北京实现中央确定的城市战略定位，特别是建设全国文化中心和世界文化名城，有着全面、系统的支撑作用。可见运河和北京的关系仍然紧密，影响着历史文化名城和生态景观等的结构布局，因此大运河文化带成为北京目前重点建设的三大文化带之一。《北京城市副中心控制性详细规划（街区层面）（2016年—2035年）》则提出城市副中心建设应该顺应自然、尊重规律，遵循中华营城理念、北京建城传统、通州地域文脉，构建蓝绿交织、清新明亮、水城共融、多组团集约紧凑发展的生态城市布局，形成"一带、一轴、多组团"的空间结构。对城市副中心生态建设提出了要求，更加关注水脉网络和景观的规划建设。因此，对于运河文化比较集中的北京城市副中心建设而言，运河文化带的规划和发展具有十分重要的作用和意义。

当前北京大运河文化带的保护建设具有丰富的运河资源优势和良好的文化基础，是运河对北京仍然持续影响的重要体现。目前京杭大运河北京段从空间角度来说途经昌平、海淀、西城、东城、朝阳和通州六区，文化遗产比较丰富，根据2012年的规划统计，该规划公布了40处物质遗产，11处非物质遗产。其中高粱闸、什刹海等10处被列为全国重点文物保护单位，两处河道、两处遗产点入选世界遗产名单，分别是通惠河北京旧城段（包括什刹海和玉河故道）和通惠河通州段，以及西城区澄清上闸（万宁桥）和东城区澄清中闸（东不压桥）。北京的运河文化资源空间分布广，分布在核心区、中心城以及城市副中心等区，呈线状分布。运河文化带融合了文化风貌和生态环境两个方面，分布着诸多遗产和生态景观。有些遗产属于世界遗产，有些则为国家、市级或者区级文保单位，历史文化价值突出；一些河道景观为遗址类，有待挖掘，一些河道则较为完整，可以规划建设成为环境优美的景观廊道。运河文化带上的非物质文化遗产也很丰富，是区域文化的重要载体，有助于提升区域的文化魅力和品质。这些资源和所在区域发生了一定的互动关系，是区域文保资源、公园、旅游地、水面、水道等的组成部分，尤其城市副中心的运河相关资源成为区域经济、文化发展的重要凭借。而各区对于这些资源的规划和利用，也会有助于更好地保护这些资源，如果能从市级层面、京津冀或国家层面规划运河文化带相关资源，将可以提升运河文化带的整体保护质量，系统提升经济、文化的发展水平。

三 遗产廊道视角下的运河文化带保护与建设对策

2019 年 2 月，中共中央办公厅、国务院办公厅印发了《大运河文化保护传承利用规划纲要》，明确要按照"河为线，城为珠，线串珠，珠带面"的思路，凸显文化引领、多点联动形成发展合力的空间格局框架，并根据大运河文化影响力，以大运河现有和历史上最近使用的主河道为基础，统筹考虑遗产资源分布，合理划分大运河文化带的核心区、拓展区和辐射区，清晰构建大运河文化保护传承利用的空间布局和规划分区；该规划纲要从强化文化遗产保护传承、推进河道水系治理管护、加强生态环境保护修复、推动文化和旅游融合发展、促进城乡区域统筹协调、创新保护传承利用机制等 6 个方面着手，阐述各方面重点工作、重点任务和重要措施，并提出文化遗产保护展示、河道水系资源条件改善、绿色生态廊道建设、文化旅游融合提升 4 项工程，以及精品线路和统一品牌、运河文化高地繁荣兴盛 2 项行动。

关于大运河文化带的保护发展，学术界从规划、遗产保护、水利建设等视角提出的建议颇多。结合国际的视野和《大运河文化保护传承利用规划纲要》的思路，根据北京大运河文化带的线性文化特征，当前应该充分考虑从遗产廊道的视角系统建设该文化带。遗产廊道（Heritage Corridor）是一种新兴的线性遗产保护战略方法，发端于美国，和绿道以及文化遗产保护区域化的发展息息相关。从内涵上而言，遗产廊道是多种遗产资源比较集中的线性景观，环境改善是其中的重要建设内容，同时伴有对传统建筑的利用、旅游娱乐以及经济发展等内容。[①] 北京运河遗产廊道是集北京运河文化遗产、运河绿色景观和运河相关经济发展于一体的综合性线性文化景观。核心内容包括运河文化遗产带的构建和保护、生态环境的建设与保护以及产业经济的复兴和提振，缺一不可。具体而言，针对北京的运河线性特征，一方面应该做好运河遗产保护工作和提升运河沿线区域的环境质量；另一方面应该立足可持续发展的视角，充分利用旅游、文创等相关产业推动北京运河沿线区域的经

---

① Charles A. Flink and Robert M. Searns, *Greenways*, Washington: Island Press, 1993, p. 167.

济合理发展。只有保护传承和利用发展相辅相成，方能最终形成品质较高的遗产保护带、生态环境廊道和经济发展区域，为运河沿线区域的居民提供全方位的服务。

北京运河遗产廊道的构建需要从多个方面入手，形成合力，主要建设内容包括：深入挖掘运河文化带历史文化价值，形成运河文化认同；针对运河文化带遗产采取分类保护策略；对运河文化带生态环境的打造和保存；旅游、文创等领域的经济复兴方案；面向公众的休闲和展示对策；具体的贯彻方案和管理方式。

（一）深入挖掘运河文化带历史文化价值，形成运河文化认同

北京的运河文化带保护和建设应该和国家大运河文化结合起来，一方面国家需要挖掘大运河历史文化的价值和内涵，增强对大运河文化的认同；另一方面北京也应该在配合国家运河文化保护和建设的同时深入挖掘区域内的运河文化带文化价值，探索运河文化带的区域特色，增强民众的文化自觉意识以及对国家文化的自豪感，在提升区域运河文化认同的基础上促进整个国家对运河文化的认同。

（二）针对运河文化带遗产采取分类保护策略

运河文化带遗产可以分为四大类进行保护：运河河道和水源；村镇、社区和街区等聚落和开放区域；运河相关物质遗产，包括闸、桥、码头、仓储设施、城垣和厂窑址、寺庙古塔以及其他遗产；非物质文化遗产。以运河河道和水源遗产（见图2）保护为例，主要保护资源应该包括运河旧河道及其沿线公园或带状区域、运河旧水源区域及其所属公园、运河航道遗址或遗存。应该采取如下主要保护对策：在条件具备的地方恢复运河滨水区；对于现有的水体类河道和水源，在保护现状的基础上提升环境生态质量；对已成为湿地的地区，增加水源、恢复河道，提高生态价值；加大对运河航道遗址或遗存的考古探测，对已进行考古探测的地区继续深入，对成为城市的地区保持现状。同时考虑标示和解说要点，对已有水体河道在适宜地点增加指示牌和解说设施，对水量有限的湿地河道通过标示加大阐释运河历史和价值的力度，尽可能地借助河道无存、被城市掩埋的运河命名所在区域的街巷胡同。另外，还需要适度采取经济复兴措施，规划新的滨水区，拓展运河的商业和休闲用途，并借助生态景观的价值，强化现有水道和湿地的观光休闲功能。以通惠

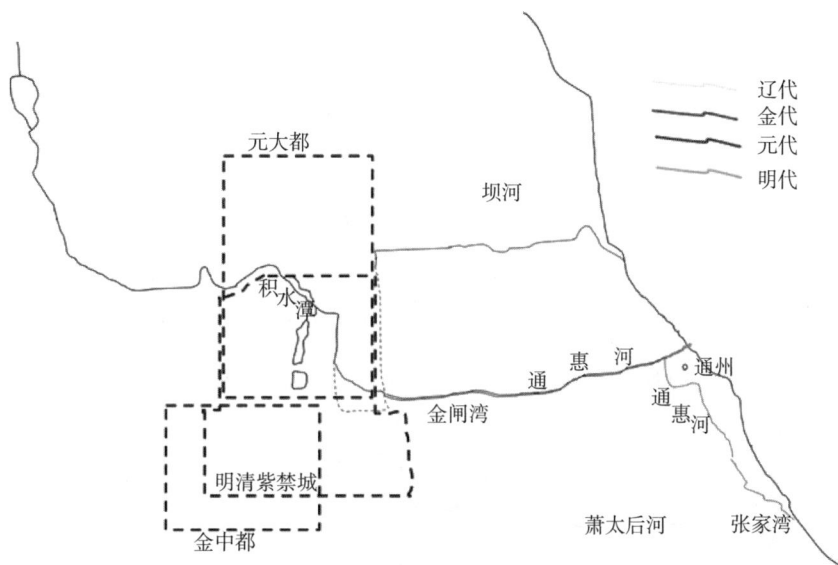

图 2 北京运河文化带历代主要河道遗址

资料来源：见曹婉琳《北京运河文化带时空结构历史演变研究》，硕士学位论文，北京联合大学，2019，第 30 页。

河古道、颐和园昆明湖和什刹海为例，当前针对这些被列入世界遗产的水道和水源，须按照世界遗产保护要求进行建设。其中通惠河古道之玉河故道应继续开展深层次的考古探测，采取控源截污、垃圾清理、清淤疏浚、生态修复等措施提升环境质量；在重要河段、入口和交通节点增加标识，加大展示的力度；通惠河古道、颐和园昆明湖和什刹海应该继续进一步结合旅游和商业发展，增加休闲方面的吸引力，全面推动经济的复兴和发展，进而实现可持续保护和发展的目标。

（三）对运河文化带生态环境的打造和保存

重视运河文化带绿色生态环境带的建设，在现有的基础上，深度做好大运河两岸生态环境方面的整体规划，划定生态控制线、河湖保护线、绿地系统线，针对一些重点区域打造高品质生态景观廊道，如城市副中心应该以大运河为骨架，构建城市水绿空间格局，加强生态建设，统筹两岸公共空间、城市功能、交通组织和滨水景观，切实实现水城共融、蓝绿交织的建设目标。还应该进行运河文化带生态修复、增加大运河绿化景观，针对重点河段或区域开展生态环境治理、水系保护、景观设计；聚焦北运河、通惠河、萧太后河等开展综合治理，加强老城内历史水系保护，研究制定古河道恢复和景观设计方案；推进凤山、东沙河等重点区域生态治理；结合南长河公园、西海子公园等生态建设，构建大尺度绿色开放空间，更好服务群众休闲游憩。

（四）旅游、文创等领域的经济复兴方案

精心培育大运河文化品牌形象，围绕旅游、文化创意产业等制定运河文化带经济复兴方案。调整和完善运河文化带旅游休闲和文化产业功能布局，处理好遗产保护与旅游开发的关系，开通以水上旅游观光为主的通航线路，同时强化京津冀内在文化联系，完善文化创意、文化展示等功能，发展历史文脉与时尚创意相得益彰、彰显京华特色和多元包容的文化创意产业，为发展文化旅游产业提供有力支撑。总之，当前北京市一方面应深入开发运河旅游资源，采取地区之间联动的方式，科学合理地进行宣传，大力促进运河文化旅游业吃、住、行、游、娱、购六大要素整合创新，将与运河文化资源有关的旅游业推向一个新的阶段；另一方面应该围绕着运河文化资源，整合利用现有的文创产业园区，同时适度建设一些创意产业园区，加大运河文化产业的发展力度。

（五）面向公众的休闲和展示对策

提高公众历史认知，为公众提供高质量文化交流场所，塑造凸显运河记忆的文化魅力场所。鼓励北京运河文化带公共空间与城市体育、文化设施融合利用，充分考虑不同人群的使用需求，建设生活方便、尺度宜人、充满活力的公共空间。健全北京大运河遗产展示体系，利用城市绿道和文化景观廊道组织运河文化探访路线，梳理、提炼、统一大运河文化符号与文化标识，通过景观营造、意向展示、地面标识等多种方式，因地制宜、科学再现运河文化的特色。还应该广泛收集和保护非物质文化遗产，讲好运河故事，建设与运河文化相关的遗址公园、博物馆、展览馆，依托大型公共空间策划节日庆典、演唱会等文化展示与表演活动，全方位地展示北京运河文化。

（六）具体的贯彻方案和管理方式

根据遗产、生态环境以及经济等方面的保护与建设需要，综合打造运河文化带线性廊道。制定运河文化带相关的具体法规制度，切实保障文化带的

保护与建设。实现文化带所在六区之间的区域联动，协同保护和建设运河文化带，同时针对运河文化带不同区域的特点，采取因地制宜的保护和建设对策。具体而言，规划与建设中应该采取多种有效的管理措施，形成运河文化带遗产名录、建立运河文化带信息库等都有助于文化带的保护与建设。加强文化带的监督管理也是当前的重要措施之一。例如，在河道保护建设方面，可以对大运河有水段实行按月、全面监测，建立监测点，及时掌握水质状况，并对大运河沿线开展污染溯源，还可以采取巡查和随机抽查的方式，对违法违规行为进行必要的惩处，全面监管运河文化带。

七　运河遗产保护与旅游开发

基于手段目的链的博物馆游客
满意因素与价值追寻研究*

——以中国漕运博物馆为例

李永乐　孙　婷　华桂宏**

一　问题的提出

在"以物为基础"的前提下，博物馆的设计与运营逐渐转向"以人为中心"，博物馆观众（游客）研究也从学术研究的边缘走向中心。博物馆是重要的教育场所和文化旅游景点，但与正式的学习机构及娱乐场所有所不同，博物馆游客的感知与认知规律有其独特性。博物馆需要以观众为中心，不仅要考虑"我能给观众什么"，更需要考虑"观众需要什么"。已有研究表明，游客在博物馆可以获取知识、愉悦身心，但学界尚未有文献研究博物馆游客价值追寻的形成机理与内在过程。

从哲学的意义上看，价值是被理解的客体与有认知能力的主体之间的一种效益关系，从主体的角度来看，价值体现在与客体相关的感觉中，或是被客体激发的某种兴趣。① 在旅游活动中，价值是游客被旅游目的地激发产生的最高层次的感觉与兴趣，是游客出游的终极目的与追求。目前学术界关于游客价值的研究多数出现在出境旅游②、节庆旅游③、主题公园旅

---

　* 本文原载于《东南文化》2019 年第 3 期。

　** 李永乐，博士，江苏师范大学校聘教授，大运河研究院副院长，研究方向为文化遗产、文化产业与旅游；孙婷，江苏师范大学历史文化与旅游学院研究生；华桂宏，博士，教授，江苏师范大学"一带一路"研究院院长、大运河研究院院长，研究方向为文化与经济。

　① M. Alicke, *Social Values and Social Change*：*Adaption to Life in America*, New York：Praeger, 1983, p. 3.

　② 李吉鑫：《春节出境游感知价值及其影响研究——"心境"的调节作用》，《中国管理信息化》2018 年第 23 期。

　③ 李慧、靳梦菲：《基于扎根理论的节事潜在游客感知维度》，《管理与经济》2018 年第 12 期。

游①等领域，尚欠缺对博物馆游客价值追寻的研究。

本研究基于手段目的链（Means-end Chain, MEC）理论，提炼、分析博物馆游客满意因素（不满意因素无法引致价值追寻，故忽略），通过构建模型把博物馆客观属性、游客满意因素和游客价值相联系，揭示博物馆游客感知的属性意义并上升到游客价值意义的内在机理与过程。该项研究不仅能够丰富博物馆和游客价值的理论研究，而且对博物馆的建设及旅游发展亦具有较重要的实践指导意义。

二　文献综述

（一）博物馆与旅游

国外对博物馆与旅游的研究起源于 20 世纪 20 年代末，初期主要集中在博物馆场馆建设、博物馆旅游功能开发等方面。从 20 世纪 80 年代开始，逐步过渡到以博物馆旅游者为研究主体，对博物馆游客的行为特征②、心理③、动机需求④、满意度⑤等方面进行讨论。国外学者比较注重通过模型来分析、预测博物馆旅游市场的变化，产生了诸多概念模型与理论框架，如博物馆潜在观众的决策模型⑥、"互动—体验"模型⑦、"同心圆"博物馆营销概念⑧、博物馆旅游者满意度测评体系⑨等，这些框架和模型对后续研究都具有指导意

① 江芮瑞、杨钊、刘翟淳：《主题公园游客满意度：量表开发与实证研究》，《四川师范大学学报》（社会科学版）2018 年第 5 期。

② L. P. Mey et al. , "Service Quality, Visitor Satisfaction and Behavioral Intentions: Pilot Study at A Museum in Malaysia," *Journal of Tourism* 9. 1 (2009): 226 – 236.

③ Harrison Julia, "Museums and Touristic Expectations," *Annals of Tourism Research* 24. 1 (1997): 23 – 40.

④ Jiao Ji et al. , "Chinese Family Groups' Museum Visit Motivations: A Comparative Study of Beijing and Vancouver," *Curator: The Museum Journal* 10 (2014): 81 – 89.

⑤ Luisa Giacomo, "Emotions and Visitors' Satisfaction at A Museum, Internal of Culture," *Tourism and Hospitality Research* 8 (2014): 420 – 431.

⑥ R. A. Davies, "Prentice Conceptualizing the Latent Visitor to Heritage Attractions," *Tourism Management* 16. 7 (1995): 491 – 500.

⑦ J. H. Falk et al. , *The Museum Experience*, Washington D. C. : Whales Back Books, 1992, p. 1.

⑧ R. Prentice, "Experiential Cultural Tourism: Museums & the Marketing of the New Romanticism of Evoked Authenticity," *Museum Management and Curatorship* 19. 1 (2001): 5 – 26.

⑨ M. Marek et al. , "Evaluating a Museum as a Tourist Product: Using the Servqual Method," *Museum Management and Curatorship* 20. 3 (2005): 235 – 350.

义。国内博物馆与旅游的研究始于 20 世纪 80 年代，王玲和毛希圣①、吴卫国②、陆建松③等指出旅游事业和博物馆相互依存，并对我国建设特色博物馆提出了对策。周燕群④、宋颂⑤等学者对国外博物馆与旅游相关研究进行了译介，为国内研究拓展了新的思路。朱砚秋认为博物馆与文化旅游相结合有得天独厚的条件。⑥ 之后，项隆元、陈建江等发现博物馆游客的动机和需求不单单是接受教育，而更偏向于"娱乐休闲"。⑦ 国内学者亦研究了博物馆游客的具象认知⑧、场馆学习⑨、行为特征⑩、体验感受⑪等，结果显示博物馆游客感受、认知及行为会对其满意度、重游意愿等产生直接影响。

（二）手段目的链（MEC）

手段目的链相关概念起源于著名社会心理学家米尔顿·罗克奇（Milton Rokeach）关于价值观的研究，⑫ 在此基础上，乔纳森·古特曼（Jonathan Gutman）等学者提出了手段目的链理论，⑬ 该理论认为产品或服务本身的属性（attributes）即手段，结果（consequences）和价值（values）就是目的。21 世纪初，艾莉森·麦金托什（Alison J. McIntosh）和默里·蒂恩（Maree Thyne）

① 王玲、毛希圣：《北京文物与旅游事业》，《未来与发展》1982 年第 1 期。
② 吴卫国：《博物馆与旅游》，《中国博物馆》1986 年第 2 期。
③ 陆建松：《博物馆与都市旅游业》，《探索与争鸣》1997 年第 11 期。
④ 周燕群：《博物馆与旅游》，《中国博物馆》1986 年第 3 期。
⑤ 爱德华·P. 亚历山大、宋颂：《博物馆的解释功能》，《东南文化》1990 年第 4 期。
⑥ 朱砚秋：《国际文化旅游的兴起与中国博物馆》，《中国博物馆》1991 年第 2 期。
⑦ 项隆元、陈建江：《博物馆观众娱乐性需求的认识与博物馆娱乐功能的确立》，《北方文物》2002 年第 4 期。
⑧ 周婧景：《具身认知理论：深化博物馆展览阐释的新探索——以美国 9·11 国家纪念博物馆为例》，《东南文化》2017 年第 2 期。
⑨ 赵星宇：《"博物馆学习"还是"场馆学习"：试论 Museum Learning 的中文表达》，《东南文化》2017 年第 5 期。
⑩ 周婧景、严建强：《阐释系统：一种强化博物馆展览传播效应的新探索》，《东南文化》2016 年第 2 期。
⑪ 史吉祥：《博物馆观众研究是博物馆教育研究的基本点——对博物馆观众定义的新探讨》，《东南文化》2009 年第 6 期。
⑫ Milton Rokeach, "Beliefs, Attitudes, and Values：A Theory of Organization and Change," *Revue Française De Sociologie* 11. 3 (1968)：202 – 205.
⑬ Jonathan Gutman, "A Means-end Chain Model Based on Consumer Categorization Processes," *Journal of Marketing* (1982)：60 – 72.

最早将MEC理论用于旅游研究领域，分析游客旅游体验和满意度影响因素，[①] 此后越来越多的学者将该方法应用于旅游领域的研究，如旅游者动机与行为[②]、遗产地旅游市场分析[③]、滑雪旅游目的地选择[④]等。国内学者运用 MEC 理论分析了旅游者和旅游产品的感知关系[⑤]、出境游客满意因素[⑥]、旅游者出游动机[⑦]等。对海岛旅游者[⑧]、遗产旅游者[⑨]等的研究表明 MEC 理论对消费者（游客）感知价值的研究行之有效。与其他方法相比，该理论最大的优势在于能够将研究中所涉及的各种"概念"置于一个层次性的框架中，互相链接，层层递进，从而解释具有自我含义的结果、价值和游客的感知与行为之间的关系。

三 研究方法与研究过程

（一）研究方法

1. 阶梯法

采用手段目的链理论的主流分析方法——软式阶梯法，采取一对一、面对面半结构化深入访谈的方式，分析博物馆属性与游客获得结果、价值之间的联系，在具体的属性、结果层面和抽象的、更高层次的价值追寻之间搭建桥梁，寻找三个层次的价值阶梯。

游客调查于 2018 年 8～10 月进行，随机对中国漕运博物馆（以下简称

---

① A. J. McIntosh，"Understanding Tourist Behavior Using Means-end Chain Theory，"*Annals of Tourism Research* 32（2005）：259–262.

② A. J. McIntosh，et al.，"Understanding Tourist Behavior Using Means-end Chain Theory，"*Annals of Tourism Research* 32.1（2005）：259–262.

③ B. Jewella et al.，"Adding Psychological Value to Heritage Tourism Experiences，"*Journal of Travel and Tourism Marketing* 11.4（2002）：13–18.

④ D. B. Klenosky，"Understanding Factors Influencing Ski Destination Choices：A Means-end Analytic Approach，"*Journal of Leisure Research* 25.4（1993）：362–379.

⑤ 徐胜兰：《方法—目的链理论在喀斯特旅游产品开发中的运用——以兴文石海洞乡地质公园为例》，《中国岩溶》2004 年第 2 期。

⑥ 王跃伟、陈航：《基于"手段—目的"链的旅游者满意因素分析：以辽宁赴台旅游者为例》，《旅游学刊》2011 年第 6 期。

⑦ 邢宁宁、杨双双等：《90 后出境旅游动机及价值追寻》，《旅游学刊》2018 年第 9 期。

⑧ 胡露露、龚箭、胡静：《基于方法—目的链模型的海南岛旅游者价值研究》，《华中师范大学学报》2013 年第 5 期。

⑨ 崔庆明、和琳珊、徐红罡：《遗产旅游动机的核心—边缘结构研究——以丽江为例》，《旅游学刊》2016 年第 10 期。

"漕运馆")游客进行了深入访问交谈。首先，询问游客在参观博物馆过程中满意的内容和属性，然后一直以"为什么该内容或属性对你而言是重要的"追问游客，直至游客回答"我不知道"或"就是这样"为止。在整个访谈过程尽量引导游客说出属性、结果、价值三个部分的内容以及各部分间的逻辑，并根据游客的谈话内容调整问题顺序，实现阶梯向上攀升的过程。以往学界运用阶梯访谈法的学术成果，他们在运用此方法时普遍采用较小或中等规模的样本，[①]并且证明了其科学性。从本次访谈样本的整理结果看，从前 10 位游客中提取出来的满意因素占所有关键词的 64%，前 30 位占到约 90%。其他学者的研究已证明当游客超过 40 位时，几乎提取不出任何新的内容，[②]本研究亦是如此。为进一步增强结果的客观性，笔者最终选取了 51 位游客，结果显示，51 位游客样本所表达的内容具有集中性和相似性，样本具有较高的代表性和研究价值。每位游客访谈时长为 20~30 分钟，在游客知情、同意后，笔者对访谈内容逐字转录。

2. 网络文本分析法

随着互联网技术的发展与普及，近年来，网络文本分析法是目的地形象[③]、消费者感知与满意度[④]等研究中最常见的方法之一。考虑到软式阶梯法耗时长、成本高，调查结果可能受工作人员的主观影响，笔者结合网络文本获取大量游客留言与评论，丰富、充实访谈文本内容，有利于研究的深入和全面开展。在评价较好的五家网站（携程旅行网、同程网、去哪儿旅行网、美团网和大众点评网）上以"中国漕运博物馆"为关键词，检索出相关的评论和游记 422 条，经筛选后获得 287 条可作为研究资料的优质条目。本研究保留了包含博物馆游客完整体验过程和情感经历且具有较好逻辑性的条目，剔除重复的、仅有图片或仅介绍景区的条目。

研究者对上述访谈文本和网络文本逐条反复研读，分析每一个条目中蕴含的内在关联，找出其攀升向上的逻辑。

---

① G. S. Grunert, *Understanding Consumer Decision-making*: *The Means-end Approach to Marketing and Advertising Strategy*, Lawrence Erlbaum Associates , 2001, p. 63.

② J. C. Crotts, "Exploring and Enhancing the Psychological Value of a Fine Art Museum," *Tourism Recreation Research* 23. 1（1998）: 31–38.

③ 宋炳华、马耀峰等：《基于网络文本的 TDI 感知探究——平遥古城实证分析》，《干旱区资源与环境》2016 年第 3 期。

④ 何琼峰：《基于扎根理论的文化遗产景区游客满意影响因素研究——以大众点评网北京 5A 景区的游客评论为例》，《经济地理》2014 年第 1 期。

3. 内容分析法

内容分析法关注显性内容，并阐述该内容及其背后的抽象概念，能够把文字、描述等非量化的信息转化为便于研究的定量化数据，揭示文本中的隐含信息，获得有效信息并加以分析。本研究利用内容分析软件 ROST CM6 对51 位游客的访谈内容和 287 条网络文本进行词频统计。删去如"这个""但是"等代词、介词、量词，分析剩余实词，得到博物馆游客感知满意因素词语共 189 个，并把意义相近的词语归到一类。对于一些意义中性的词语，则需要回到文本中进行仔细研读和分析。例如，要识别审美印象中的"不错"到底由"知识教育""科技支持"，抑或"工作人员"引致；确定"淮安"在文本中具体指地理位置还是家乡情怀。

（二）数据整理与分析

在内容分析的基础上，运用手段目的链理论模型，提取游客感知中的满意因素，绘制关联矩阵与价值层次图，具体包括三个步骤：第一步，将文本编辑、总结与提炼，形成准确合适的含义类别，把文本数据中提取出的属性、结果和价值三要素分别编入相对应的含义类别中，得出漕运馆的基本属性、游客感知结果及其追求的最终价值，并进行编码，获得游客满意因素归类表（见表1）；第二步，基于前期内容分析的结果，标识博物馆游客属性、结果和价值之间的关联关系，构建一个涵盖全部样本数据的关联矩阵（incidence matrix）；第三步，科学确定阈值（cut-off point），过滤次要的"手段目的链"关系，将最主要的关系以网络图的形式整体呈现出来，最终形成一个价值层级图（Hierarchical Value Map, HVM）。

表 1 漕运馆游客满意因素归类

满意因素关键词（频次）	总词频	归类	层级
漕运文化（142），京杭大运河文化（22），漕运历史（25），漕运古迹（9），历史变迁（9），运河之都（8），运河城市兴衰（5），船舶运输（4），交通枢纽（4），税收（4），四大都市（4），官制（4），明清（3），经济制度（3），沟通南北（3），漕帮（3），中转站（1）	253	漕运历史与文化（A1）	属性
高科技（38），声光电设备（24），互动（17），设施先进（15），环形投影（12），4D 电影（9），声像感应（9），玻璃影像（8），现代感（7），多媒体技术（7），实景还原（6），艺术沙盘（4），船型互动桌（2），视觉冲击（3），多感官（2），立体效果（1）	164	科技支持（A2）	

满意因素关键词（频次）	总词频	归类	层级
导游讲解（56），介绍详细（11），图片（8），生动形象（7），宣传片（4），指示牌（3），游览示意图（2），文字资料（2），自助解说设备（1），解说牌（1）	95	解说系统（A3）	属性
内容丰富（18），出土文物（15），船模型（8），漕运记录（7），信函（7），量具（6），漕运工具（6），生活用品（6），货币（4），动态展示（4），雕像（3），精致（3），静态展示（2），紧凑（1）	90	展品（A4）	
讲解细致（26），热情（21），换票服务（17），保安（4），提醒台阶（3），指引方向（3），提供建议（1），态度好（4），服务周到（1）	80	工作人员（A5）	
建筑有特色（10），建筑规模大（11），特别（展厅在地下）（31），明清风格（4），古色古香（3），占地面积大（3），中国式建筑（2），典雅凝重（2），品字形（2），有排场（1）	69	建筑特色（A6）	
淮安（16），漕运总督衙门遗址（11），漕运广场（9），周恩来故居（8），淮安府署（7），景点集中（7），镇淮楼（5），市区（2），京杭大运河沿线（2）	67	地理位置（A7）	
环境不错（31），游客少（12），凉快（7），布展良好（6），安静（5），干净（2），优美（1）	64	馆内环境（A8）	
中国唯一（12），漕运为主题（7），（体现）淮安（6），沿线重要博物馆（5），国家高等级博物馆（2），4A级景区（2），专题博物馆（1）	35	博物馆地位（A9）	
了解历史（37），学到知识（25），儿童教育（20），增长见识（17），寓教于乐（16），学到东西（12），从中受益（8），有收获（6），有教育意义（5）	146	知识教育（C1）	结果
感受漕运（58），专业（18），历史悠久（18），氛围好（12），文化感触深刻（7），感受运河文化（6），底蕴浓厚（3），文化气息浓厚（2）	124	文化感受（C2）	
感叹民族历史（13），惊叹淮安（12），民族骄傲（12），中华自豪（8），民族魅力（6），感慨（3），全面完整展示（3），感叹古人智慧（2），爱国意识（1），中华五千年文化（1），中华文化蔚为大观（1），刮目相看（1）	63	民族认知（C3）	
不错（59），特别（9），很好（8），美感（7），惊人（3），美不胜收（1），琳琅满目（3），气势恢宏（2），叹为观止（1），整体上有特色（4），津津有味（1），流连忘返（3），场面震撼（5）	106	审美印象（C4）	

续表

满意因素关键词（频次）	总词频	归类	层级
开阔眼界（8），新奇（14），有趣（24），饶有兴致（1），互动体验（7），增加兴趣（3），惊喜（1），穿越古今（2），身临其境（1），别致（2）	63	求新体验（C5）	结果
亲子休闲（51），舒服（14），喜欢（10），闲逛（9），放松（18），交友（15），消磨时间（11）	128	放松心情（C6）	
代际（21），历史继承（20），源远流长（1），有意义（16），文化精髓（6），灿烂文化（1），用心传承（4），见证（1），历史的辉煌（7）	77	文化传承使命感（V1）	价值
博物馆情怀（4），沧桑（2），（代表）淮安（13），喜欢历史（4），兴衰变迁（8），伟大历史（6），心里有触动（2），弘扬精神（1）	40	历史与家国情怀（V2）	
知识提升（96），学习充电（14），陶冶情操（8），熏陶（3），见识增长（13），此次行程有意义（19）	153	自我提升成就感（V3）	
开心（48），体验不错（39），好玩（20），愉快（26），家人相处融洽（34），加深感情（8），欢喜（11），体验很好（8）	194	愉悦感（V4）	

资料来源：本篇所有图表为笔者根据软件运行结果自制，不再赘述。

（三）关联矩阵与价值层级图

手段目的链分析首先要建立一个由受访者提供的所有信息组成的关联矩阵（见表2），矩阵的行和列由属性（A1～A9）、结果（C1～C6）和价值（V1～V4）构成。矩阵中的输入项是漕运馆游客满意因素被关联的次数，代表一个概念类别（行）与其相对应的另一个概念类别（列）之间的引致次数（包括直接关系和间接关系）。[①]

价值层级图反映的是不同层次要素之间的主要关系。选择阈值的标准是要选择一种定量展示位居主导地位的关系。根据理查德·巴戈齐（Richard P. Bagozzi）和普拉蒂巴·达布霍卡尔（Pratibha A. Dabholkar）提出的方法，[②]本研究选取19作为显性关系阈值、53作为重要关系阈值。阈值19及以上单元数量所占比例为70%，要素之间的关联占所有关联的89%，最终在层级图

---

① 曲颖、贾鸿雁：《国内海滨城市旅游目的地推拉动机关系机制研究——"手段–目的"方法的应用》，《旅游科学》2013年第8期。

② R. P. Bagozzi, "Consumer Recycling Goals and Their Effect on Decisions to Recycle: A Means End Chain Analysis," *Psychology & Marketing* 11. 4 (1994): 313–340.

中呈现出来；小于 19 的关联线因对结果的作用不明显，故不被标出；阈值 53
及以上单元数量所占比例为 20%，占所有关联的 49%，关联线被标粗，标粗
的关联线代表各要素之间关联性强（见图 1）。

表 2　漕运馆游客价值链接关联矩阵

	知识 教育 （C1）	文化 感受 （C2）	民族 认知 （C3）	审美 印象 （C4）	求新 体验 （C5）	放松 心情 （C6）	文化传承 使命感 （V1）	历史与 家国情怀 （V2）	自我提升 成就感 （V3）	愉悦感 （V4）
漕运历史与 文化（A1）	52	164	37							
科技支持 （A2）	39			28	97					
解说系统 （A3）	58	19		18						
展品 （A4）	22	40		28						
工作人员 （A5）	26			54						
建筑特色 （A6）		11		27	15					
地理位置 （A7）			36			18				
馆内环境 （A8）				17		47				
博物馆 地位（A9）		8	23	4						
知识教育 （C1）							25		105	16
文化感受 （C2）							66	21	25	12
民族认知 （C3）							16	47		
审美印象 （C4）							8	7		91
求新体验 （C5）									23	40
放松心情 （C6）										108

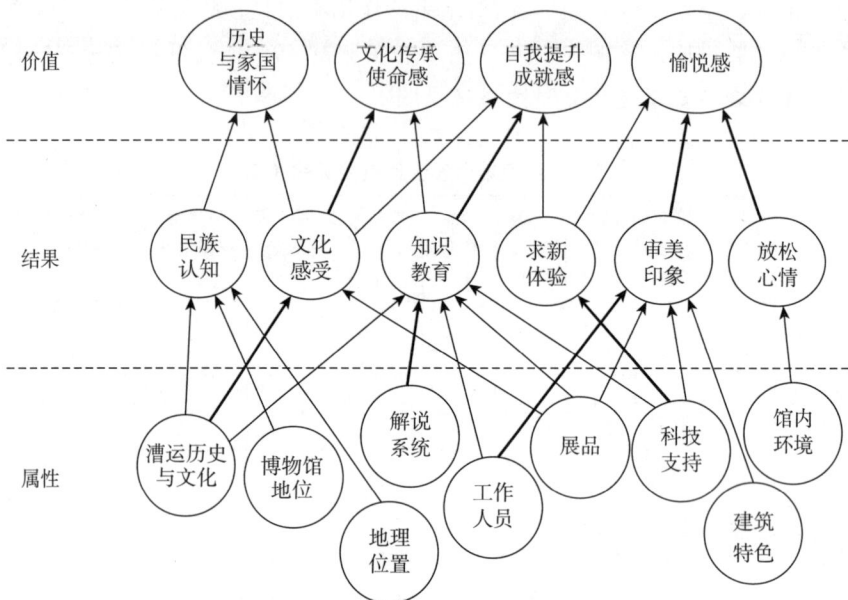

图 1　价值层级图（HVM）（阈值 = 19，53）

四　价值追寻与手段目的链分析

（一）价值追寻分析

文化传承使命感（V1）作为游客感知的高级情感，主要由知识教育和文化感受两个结果引致。知识教育来自解说系统、科技支持、工作人员、展品和漕运历史与文化五个属性，关联属性（要素）最多，充分体现了博物馆普及知识、文化育人的功能。文化感受来源于两个属性：漕运历史与文化和展品。文化传承是指文化在代际传递和承接的过程，是个人和人类社会发展进步的内在精神动力和必备条件，"个人的明智来自于他记忆的连续性，团体的明智则需要其传统的延续"。[①] 经过有效的解说和良好的服务，在高科技手段的支持下，游客充分感知大运河漕运历史所蕴含的中华民族杰出的创造力和优秀文化，感到有责任、有义务把这种优秀文化世世代代传递下去，并且创

---

① 〔美〕威尔·杜兰特、阿里尔·杜兰特：《历史的教训》，倪玉平、张闰译，四川人民出版社，2015，第 127 页。

造出属于自身所处时代的更加灿烂辉煌的文化。

> 带孩子来博物馆参观学习，可以很好地了解漕运这一中国历史上存在了 2500 年的事物，它的兴起、兴盛……这些文化精髓我们的孩子要好好传下去！①

历史与家国情怀（V2）主要由游客的文化感受和获得的民族认知所诱发。民族认知来自漕运历史与文化、博物馆地位和淮安的地理位置。历史与家国情怀是一个人对自己民族历史和家乡、国家所怀有的真挚情感，是对国家富强、家乡振兴和人民美好生活的理想追求，是对民族和家国的高度认同感和归属感，是深层次的文化心理密码。当游客身处造型独特、古朴典雅的博物馆时，看到琳琅满目的陈列展品，感受到淮安曾经的辉煌和独特的漕运文化，这种文化是我们伟大的中华民族祖先创造的，是在我们生于斯、长于斯的家国热土上创造的，自然而然会对我们的民族有更深刻的认知，并为自己民族和家乡的灿烂文化感到自豪，滋生出与民族家国休戚与共的壮怀。

> 淮安曾经是古代的交通要道，在这里大运河和淮河交集在一起。那时候主要靠船舶运输，因此这里的船运非常发达。博物馆展示了那时候的辉煌历史。中国历史源远流长，惊叹淮安的历史，家乡棒棒的！为家乡点赞！②

自我提升成就感（V3）主要来自知识教育、求新体验和文化感受三种结果因素。成就感是愿望与现实达到平衡状态从而产生的一种心理感受，是个体对一件事物或现象根据自己意愿进行自我目标定位和实现的过程感受。成就感来自需求层次跃升的实现，是个人对自我价值的一种良好评价。寻求知识和教育是每个人生命中不可或缺的一部分，博物馆是社会教育的重要场所以及文化旅游的热门景点，肩负着传播历史文化与科学知识的重任。游客在博物馆的文化氛围中了解文物展品背后的故事，不自觉地接受熏陶，从崭新的体验中获得知识、增长见识、开阔视野、涵养性情、陶冶情操，最终实现

---

① 来自观众调查样本 18。
② 来自观众调查样本 7。

自我提升。

　　真没想到一个小小的漕运博物馆里面竟然有这么大的文章！很有底蕴，让我在不知不觉中受到文化的熏陶……里面有以前的货币，有大运河的点点滴滴，让我对漕运有了深刻的认识，更主要的是增长了自己的知识，这次行程收获满满，真有意义啊！①

　　愉悦感（V4）是一种积极的情感反应，也是人最优化的心理状态，主要由放松心情、审美印象及求新体验等结果产生。康德说过，愉悦感是"和我们称之为美的那个对象的表象结合着的"。在日常生活中，愉悦感指引着我们的行为，它既能作为目的，也可以是尺度。参观漕运馆的游客多是为了放松自己的心情，寻一处文雅、静谧之所，享受片刻沉淀。游客在博物馆中独自找寻一次精神洗礼或与家人度过悠闲时光，这样的经历会给游客带来舒畅的心情，产生满足感。大多数游客需要的博物馆，不是高高在上的、向游客布道的古板教师，也不是让游客看完就抛诸脑后的枯燥课本，而应该实现知识性、审美性和趣味性的统一。

　　里面还是挺不错的，有巨幅投影卷轴、沙盘、船型互动桌等高科技体验，参观博物馆的过程十分生动有趣，我们可以和投影互动，小朋友很喜欢玩，很开心的一次体验！超赞！②

（二）手段目的链（MEC）分析

　　本研究得出五条重要 MEC。MEC1（漕运历史与文化—文化感受—文化传承使命感），体现出漕运馆在营造漕运文化氛围方面是成功的。访谈中多数游客提到博物馆的环形投影给他们留下了深刻印象，让他们身临其境，获得"进入历史场景的感觉"。游客表示漕运馆通过陈列巨大的漕船模型、真实的器具、泛黄的卷宗和栩栩如生的人物塑像，将那个时代的人事景观以最直观的形象呈现在观众面前，有助于他们对漕运文化的理解。博物馆对漕运文化

---

① 来自观众调查样本 26。
② 来自观众调查样本 13。

的凝练和展示，让游客认识到中华漕运历史的源远流长，感受到漕运文化蕴蓄的精神内涵。

MEC2（解说系统—知识教育—自我提升成就感）说明，如果游客对获得文化知识有更高的要求，就有益于游客更深入地利用博物馆的解说系统。访谈中一些游客提出他们对认识和理解出土文物的价值或了解其背后的故事存在一定的困难，但通过阅读导览牌、听讲解员讲解、使用多媒体工具就可以减少这种障碍。在各种解说系统中，优秀的人工解说对提高游客的满意度作用最大，而且解说员通过提醒、推荐、引导游客使用其他类型的解说工具，提升了整个解说系统的有效性。解说系统中高科技手段的运用不仅补充了博物馆的展陈，也给习惯传统展览的游客带来新的感受，尤其受到儿童游客的欢迎。游客表示，漕运馆中的巨幅投影和4D电影能够帮助他们更好地接受文化信息、获得知识，产生成就感。

链条3~5在"价值"层次上都指向愉悦感，从这几条殊途同归的链条中分析发现，在博物馆旅游中，游客寻求轻松感和愉悦感同样占其需求的很大一部分。第一，MEC3（科技支持—求新体验—愉悦感）体现出漕运馆游客满意因素中的一个亮点，访谈中许多游客对艺术沙盘、船型互动桌、玻璃影像、虚拟地球等高科技赞不绝口，说明馆方充分考虑了游客体验的需求，在展示上增强了表现力，在视觉上增强了冲击力，触发了游客好奇心并吸引其参与其中。在这种新奇的体验过程中，游客始终有"发现与探索"的快乐感，而不是简单的"被教育"。第二，MEC4（馆内环境—放松心情—愉悦感）表明游客的认知系统虽然根植于身体，但身体却存在于环境中，游客与馆内环境产生互动，认知才会得以产生，因此干净整洁、赏心悦目的馆内环境能够提升游客的愉悦感与满意度。第三，MEC5（工作人员—审美印象—愉悦感）揭示了博物馆工作人员专业的讲解、贴心的提示、周到的服务是游客直观感受的来源，给游客留下良好的审美印象。参观漕运馆时，游客不免高度集中精神，易于感到疲劳，工作人员与游客进行互动，可以避免刻板地传递知识，让游客在交流中放松心情，提升愉悦感。

五　相关建议

通过分析价值层级图，属性、结果、价值三个层次紧密连接、层层向上递进，MEC链的构建架起了联系博物馆属性、感知结果与游客价值的桥梁，揭示了漕运馆游客四个价值追寻逐步形成的过程与机理。

根据研究结果，漕运馆应紧紧抓住最主要的手段目的链和关联性较强的属性要素，即从漕运历史与文化、展品、科技支持、解说系统、工作人员、馆内环境等方面着手，把出发点和着力点放在漕运历史文化的多角度呈现上，运用高科技、多媒体手段丰富解说系统，提升工作人员的服务质量，塑造优质的博物馆环境，最大限度地帮助游客实现价值追寻。展品是博物馆的基础和根基，博物馆要多方收集、不断充实展品，利用丰富的展品解读漕运历史与文化的深刻内涵；及时汲取运河研究、博物馆研究的最新成果，将学术研究成果转化为明白易晓的展览形态，增加展示内容，提升展览水平。同时，知识教育是博物馆和游客共同追求的结果，在愉悦感的体验中获得知识教育和文化感受，进而产生价值追寻，是博物馆教育和博物馆旅游的理想路径和发展趋势。漕运馆应针对变化，既要兼顾游客学习文化知识的诉求，也要给游客提供休闲放松的场所，与时俱进地更新技术、设备，优化人员服务，在互动交流中增加游客的愉悦体验。

在强化知识性、教育性、文化性的同时，博物馆要探寻、关注游客愉悦性体验的影响因素，具体就要从科技支持、工作人员、展品、馆内环境和建筑特色等方面进一步提升，使游客产生好奇、新鲜、审美和放松的身心感受，在游客的愉悦体验中实现博物馆的使命与价值。

需要指出的是，本研究尚存在一些不足之处：第一，考虑到非节假日游客数量过少，笔者选择双休日、国庆节等时段前往案例地进行调研，虽然囊括了主要客源群体，但客观上造成了对非节假日游客群体的关注度不够；第二，调研过程中无法完全排除主观性，因此在访谈过程中，笔者遵循了一系列的询问技巧，以尽量减少和避免这一操作程序本身可能带来的负面影响。网络文本分析法的运用在一定程度上弥补了以上两点不足。

后续研究可以对博物馆游客群体进行细分，博物馆游客群体可以按照社会经济属性（收入水平、受教育程度等）、出游动机（休闲型、交往型、学习型等）、旅游行为（游前准备、游中互动）以及是否属于思考型游客进行划分，以探索不同群体之间满意因素与价值追寻的差异，从而推动博物馆观众（游客）研究的持续深入。

北运河文化遗产保护与应用的社会感知研究[*]

王长松　李舒涵　王亚男[**]

社会感知是个体和群体对空间（space）的感觉和认知，表现为人的行为与空间环境的交互关系，形成不同层次的场所（place）。所以，社会感知也是了解人地关系的重要途径。随着计算机网络技术的发展，大数据为社会感知的研究提供了海量的样本数据，这些数据虽然依存于信息通信技术建构的联系中，距离衰减效应较弱，但并非已经消亡，可以归因于网络空间的联系是真实世界中联系的映射。[①] 文化遗产的保护与应用，也是构建典型场所的过程。北运河，古称潞河、白河，属于京杭大运河北段，流经北京、河北和天津三省市。在京津冀协同发展的背景下，北运河作为典型的跨区域线性文化遗产，是发掘文化遗产价值、促进区域文化发展的重要载体。了解北运河文化遗产的社会感知、发掘文化遗产对社会的影响，是考察北运河文化遗产保护与应用效果的一种重要途径，能够促进文化遗产保护和应用的转型或升级。

一　文献综述

社会感知包括两层含义，首先是感知现实世界，然后觉察并做出相应反应。感知可分为环境感知和群体感知，前者是对周围物质环境的认知，后者是对社会环境的认知。[②] 国外的研究者更多地聚焦于社会感知计算，这一概念于 2005 年首次被 Alex Pentland 提出来，[③] 之后 Pentland 和 Lazer 等通过收集和

[*]　本文原载于《城市发展研究》2019 年第 8 期。

[**]　王长松，北京大学城市与环境学院研究员，博士生导师，研究方向为城市与区域历史地理、文化遗产管理；李舒涵，上海交通大学媒体与传播学院博士研究生，研究方向为城市传播、文化遗产管理；王亚男，中国城市科学研究会研究员，研究方向为城市与区域历史地理。

① 刘瑜：《社会感知视角下的若干人文地理学基本问题再思考》，《地理学报》2016 年第 4 期。

② Joachim Kimmerle et al. , "Group Awareness and Self‑presentation in Computer‑supported Information Exchange," *International Journal of Computer‑supported Collaborative Learning* 3.1（2008）：85‑97.

③ Alex Pentland, "Sociallya Ware Computation and Communication," *IEEE Computer* 38.3（2005）：33‑40.

分析海量生活数据来理解个体、组织和社会，其思路和目标与社会感知计算相同，但更侧重于计算和分析。① 文化遗产的感知和态度研究兴起于 20 世纪 70 年代，这一研究有助于地方政府了解文化遗产的内在价值和社会影响力，减少社会与文化遗产或文化景区之间的冲突，从而获得社会对文化遗产的支持，制定更科学的文化遗产保护和利用规划。②

在社会学研究领域，群体对文化遗产体验与评价的感知研究中，传统的获取数据与分析手段，是通过问卷调查或访谈获取文本数据后，利用统计和模型构建对文化遗产进行保护效果评价或价值评估的。③ 例如，从文化遗产特性、价值、意义、保护利用、公众及社区参与等方面进行分析，进而探索其管理与发展路径等，④ 能更好地发掘遗产的保护利用价值、探索文化遗产的保护模式与发展路径，从而实现遗产的可持续发展。⑤ 有的研究以某一文化遗产为研究案例，对其面临的问题进行分析并提出解决方案，或对不同类型文化遗产的社会感知影响因素进行界定。⑥ 大数据时代的来临，促使网络交流的强化和公众话语权的提升，海量数据也推动了深化社会感知研究的趋势。⑦⑧

国内运河文化遗产研究主要着眼于运河文化历史及其特点⑨⑩⑪、运河变迁⑫⑬、

① David Lazer et al. , "Computational Social Science," *Science* 323. 5915 （2003）: 721 – 723.

② Samuel V. Lankford et al. , "Developing a Tourism Impact Attitude Scale," *Annals of Tourism Research* 21. 1 （1994）: 121 – 139.

③ 湛东升等：《问卷调查方法在中国人文地理学研究的应用》，《地理学报》2016 年第 6 期。

④ Jennifer H. et al. , "Interpreting the Bendigo Chinese Heritage Precinct," *Ballarat Vic Bhs Publishing* （2007）: 203 – 223.

⑤ Naho U. Maruyama et al. , "Residents' Attitudes Toward Ethnic Neighborhood Tourism （ENT）: Perspectives of Ethnicity and Empowerment," *Tourism Geographies* 19 （2017）: 265 – 286.

⑥ Rasoolimanesh, S. Mostafa. , et al. , "Urban vs Ruraldestinations: Residents' Perceptions, Community Participation and Support for Tourism Development," *Tourism Management* 6 （2017）: 147 – 158.

⑦ 张高军、李君轶、张柳：《华山风景区旅游形象感知研究——基于游客网络日志的文本分析》，《旅游科学》2011 年第 4 期。

⑧ 刘逸、保继刚、朱毅玲：《基于大数据的旅游目的地情感评价方法探究》，《地理研究》2017 年第 6 期。

⑨ 李泉：《中国运河文化的形成及其演进》，《东岳论丛》2008 年第 3 期。

⑩ 王云：《近十年来京杭运河史研究综述》，《中国史研究动态》2003 年第 6 期。

⑪ 王永波：《运河文化的运动规律及其启示》，《东南文化》2002 年第 3 期。

⑫ 王云：《明清山东运河区域社会变迁的历史趋势及特点》，《东岳论丛》2008 年第 3 期。

⑬ 范今朝、汪波：《运河（杭州段）功能的历史变迁及其对杭州城市发展的作用》，《浙江大学学报》（理学版）2001 年第 5 期。

运河遗产与保护①②、运河与城市③、运河旅游④⑤⑥等方面，对运河文化遗产的感知研究尤其是以网络文本为研究数据的研究成果较少。另外，已有的运河研究主要集中于京杭大运河扬州段及杭州段等，缺乏针对北运河文化遗产的感知研究。本文以北运河文化遗产为研究对象，通过对网络文本数据的分析，梳理文化遗产区域的特征，并探索社会群体的感知维度和情感态度，为北运河文化遗产的高效保护及应用拓展等提供借鉴。

二 数据选取与研究方法

北运河文化遗产历史悠久、积淀深厚，笔者基于北运河现有的保护现状，选取了五个典型的北运河文化遗产保护区，分别是北京市西城区的什刹海历史文化保护区、昌平区的白浮泉湿地公园、通州区的大运河森林公园，以及天津市的三岔河口历史文化区、武清区的北运河郊野公园。

什刹海也称积水潭，是北京城内面积最大、风貌保存最完整的历史街区，元代为京杭运河的终点码头，南北的物资转运使其成为大都最大的商业繁华区。明代什刹海转变为供百姓游乐的风景胜地，清初成为官宦公用的园囿，清中叶时开始恢复商业活动。⑦ 白浮泉遗址曾为京杭运河的水源地，元代开凿白浮引水济漕，其是重要的运河文化遗产，2015 年改造为白浮泉湿地公园。通州大运河森林公园，于 2011 年建成开放，依托北运河河道节水绿化，增建休闲娱乐设施，现为国家 4A 级旅游景区。天津三岔河口历史文化区是子牙河、北运河、南运河、海河的交汇处，被称为天津的发祥地，金代至清代一

---

① Yu Kongjian, Xi Xuesong, "The Definition of the Grand Canal Heritage Corridor Based on the Genesis Perspectives," *Progress in Geography*, 2010, 29 (8): 975 – 986.

② 陈喜波、韩光辉、王长松：《通州新城建设与运河文化遗产保护》，《北京大学学报》（哲学社会科学版）2011 年第 3 期。

③ 王瑞成：《运河和中国古代城市的发展》，《西南交通大学学报》（社会科学版）2003 年第 1 期。

④ 黄昊、贾铁飞：《古运河旅游开发及其空间模式研究——以京杭大运河长江三角洲区段为例》，《地域研究与开发》2013 年第 2 期。

⑤ 吕龙、黄震方：《遗产廊道旅游价值评价体系构建及其应用研究——以古运河江苏段为例》，《中国人口·资源与环境》2007 年第 6 期。

⑥ 李永乐、杜文娟：《申遗视野下运河非物质文化遗产价值及其旅游开发——以大运河江苏段为例》，《中国名城》2011 年第 10 期。

⑦ 谌丽、张文忠：《历史街区地方文化的变迁与重塑——以北京什刹海为例》，《地理科学进展》2010 年第 6 期。

直是关键的漕运枢纽地区。北运河郊野公园，于2012年建成开发，集旅游休闲和泄洪排污功能于一体，北运河与龙凤河交汇，历史上为筐儿港减河渠首地区，也是运河文化遗产改造应用的重要区域之一。五个研究区域的运河文化丰富、资源禀赋各异、创新发展程度不均，是研究京杭大运河文化遗产保护和应用的典型案例。

本研究综合比较旅游出行网站上关于五个研究对象的评论后，选取评论文本较多的携程旅行网、去哪儿旅行网、大众点评网为数据主要来源平台。另外，相关网络报刊报道、博客文章等评论文本为辅助数据。运用八爪鱼数据采集软件，抓取上述网站的文本评论数据，共计获得16933条有效评论文本数据。获取数据原则：第一，将检索时间定为2013年4月1日至2018年12月31日；第二，在保证样本数据与所研究目的高度相关的前提下，去除评论中无意义的或虚构假想的文本；第三，去除高度重合的评论文本。

三　结果分析

首先，将文本数据导入 ROST CM6 中进行文本分词及高频词分析，梳理五个研究区域的感知形象。其次，再将高频词共词矩阵导入 UCINET6 中构建高频词语义网络，并同时利用 SPSS22.0 分析高频词的相关性，得到高频词相关系数矩阵，利用这一相关系数矩阵进行系统聚类分析，总结社会感知维度。最后，利用高频词分析五个研究区域的情绪感知。

（一）感知形象分析

文本数据中的高频词语，主要包括地点、建筑与设施、活动、文化或历史、人物等，能够比较全面地体现五个研究区域的文化特征。从文本数据和高频词数量来看，什刹海历史文化保护区网络评论数量最多、知名度最高，是最受社会群体关注的区域，大运河森林公园和北运河郊野公园位居其后，而白浮泉湿地公园和三岔河口历史文化区的关注度最低。

高频词反映了社会群体对空间高度映射的细节特征，说明了空间的具体形象。什刹海历史文化保护区的高频词有"什刹海""北京""酒吧""晚上""胡同""王府""冬天""夏天"等，比较鲜明地表现了北京旧城历史街区特色空间形象元素，包括特色建筑、季节、时间等。白浮泉湿地公园的高频词有"公园""白浮泉""昌平""环境""湿地""遗址""大桥""地方""历史""免费"等，也明确反映了这个区域文化遗产的应用方向。大运河森林公园的高频词有"公园""孩子""森林""地方""环境""大运河""适合""项目""通州""玩的"等，说明了这个区域是利用运河改造成的森林公园，为城市提供绿色生态和休闲娱乐空间。天津的三岔河口历史文化区高频词有"天津""河口""三岔""运河""海河""码头""附近""发祥地""交汇处""狮子"等，明确反映了这个区域的河流环境和文化特征形象。北运河郊野公园的高频词有"地方""烧烤""公园""环境""运河""休闲""帐篷""郊野""武清""孩子"等，也指明了这个区域是利用运河改造成的休闲娱乐场所（见表1）。

表1 五个研究区域的前20位高频词

什刹海历史文化保护区		白浮泉湿地公园		大运河森林公园		三岔河口历史文化区		北运河郊野公园	
特征词	频次	特征词	频次	特征词	频次	特征词	频次	特征词	频次
什刹海	1710	公园	178	公园	715	天津	145	地方	668
北京	1514	白浮泉	121	孩子	329	河口	144	烧烤	648
酒吧	1497	昌平	120	森林	233	三岔	144	公园	603
地方	909	环境	113	地方	221	运河	127	环境	565
晚上	694	湿地	112	环境	220	海河	125	运河	562
胡同	469	遗址	99	大运河	206	码头	110	休闲	549
王府	467	大桥	98	适合	175	路过	109	帐篷	444
冬天	431	地方	98	项目	175	附近	108	郊野	437
夏天	418	历史	87	通州	169	发祥地	108	武清	436
公园	356	免费	79	玩的	157	交汇处	89	孩子	435
划船	352	风景	77	运河	150	狮子	69	设施	435
热闹	335	保护	73	设施	146	摇篮	64	儿童	431
滑冰	330	龙山	68	免费	142	大悲院	61	收费	431
特色	307	门票	68	空气	132	历史	59	驿站	328
风景	294	北京	66	景色	120	林桥	58	适合	327
景色	282	大运河	61	自行车	107	休闲	58	免费	326
小吃	279	方便	59	周末	92	亲水	56	朋友	325
景点	255	空气	58	停车	91	位于	56	野餐	323
荷花	248	文化	57	方便	91	景点	53	河边	321
烟袋	237	建设	52	游乐	89	永乐	51	建设	221

资料来源：本篇所有图表为笔者根据软件运行结果自制，不再赘述。

通过将五个研究区域的部分共有高频词和部分相异高频词进行对比，我们能够发现它们之间的文化相似性和差异性。本研究将共有高频词分为三类，即历史文化类、设施活动类和风景环境类。在历史文化类感知中，什刹海虽然文化丰富，但是没有运河标签；大运河森林公园和北运河郊野公园虽然有运河标签，但没有历史文化感知，这两个区域开发应用的模式也相似，从设施活动类感知高频词中可知，公园的休闲娱乐项目多样化。白浮泉湿地公园和三岔河口历史文化区的休闲娱乐感知高频词相对偏少和单调。在风景环境类高频词中，三岔河口历史文化区的感知偏弱（见表2）。

这五个研究区域的独有特征也较为明显，由表3可以得知，什刹海历史文化保护区与其他区域相比，社会感知形象具有更丰富的文化元素。第一，文本评论中和什刹海同时提及的区域，包括北海、南锣鼓巷、鼓楼等，它们与什刹海距离较近，多样的文化遗产起到集聚效应，提高了什刹海区域的知名度；第二，什刹海区域以胡同和四合院为北京传统建筑的典型，还有王府、故居、酒吧，夏季可以游船观荷，冬季可以滑冰娱乐，融文化、休闲与商业为一体，凸显了什刹海历史文化保护区域多角度的挖掘与发展模式；第三，什刹海区域旅游业较为发达，保存了传统的特色交通工具作为吸引游客的旅游服务方式之一，具体来说有三轮车和黄包车，在宣传历史文化的同时，又创新了商业业态。

表 2　五个研究区域的部分共有高频词

特征词分类	特征词	什刹海历史文化保护区	白浮泉湿地公园	大运河森林公园	三岔河口历史文化区	北运河郊野公园
历史文化	（大）运河		√	√	√	√
	遗址		√		√	
	历史文化	√	√		√	
设施活动	公园	√	√	√		√
	游乐园（区）			√		√
	帐篷			√		
	自行车	√		√		√
	游（划）船	√		√	√	
	散步（步行）	√	√	√		
	钓鱼（垂钓）			√		√
	野餐（露营）			√		
	孩子					√

特征词分类	特征词	什刹海历史 文化保护区	白浮泉 湿地公园	大运河 森林公园	三岔河口 历史文化区	北运河 郊野公园
风景环境	风景（景色）	√	√	√		
	环境		√	√		√

表3　五个研究区域的部分相异高频词

特征词分类	什刹海历史 文化保护区	白浮泉 湿地公园	大运河 森林公园	三岔河口 历史文化区	北运河 郊野公园
地名	北京	昌平	通州	天津	武清
特色建筑设施	酒吧、四合院、 王府、故居、胡同、 鼓楼、冰场	龙王庙	码头	纪念碑、教堂、 大悲院、码头	
特色交通工具	三轮车、黄包车				
特色功能	荷花	水源、引水渠	森林	航运	
特色活动	滑冰				烧烤
历史人物	宋庆龄	郭守敬		隋炀帝、李叔同	

在白浮泉湿地公园的感知结果中，较多地出现了与运河相关的感知词语，包括水源、引水渠，这一感知结果表明白浮泉湿地公园的运河文化特色较为突出，此外白浮泉湿地公园多与颐和园同时提及，还有被评论较多的是龙王庙。通州大运河森林公园主要特色建筑是码头，景观特色主要是森林。三岔河口历史文化区在特色建筑方面较为突出，包括纪念碑、教堂、大悲院、码头等。其历史文化也较突出，因北运河、南运河、子牙河于此相汇，故以航运为特色形成了独特的社会感知。北运河郊野公园的地名高频词是武清，在一定程度上说明了其影响范围，特色活动的感知高频词是烧烤，在实地调查中也发现烧烤是家庭友人最主要的休闲活动方式之一。

（二）社会语义网络结构分析

社会语义网络主要分析高频词之间的关系，可以直观展示中心关键词的位置，以及通过高频词之间的距离远近和共现关系，判断它们的关系紧密程度。通过UCINET6软件对五个研究区域的评论文本进行语义网络分析，并可视化为社会语义网络结构图（见图1~图5）。

由图1可知，什刹海历史文化保护区一级核心高频词为"什刹海"、"北京"和"酒吧"，说明什刹海成为北京城市形象中特色的文化区域代表，二者的感知关联度极高，而酒吧也被社会群体高度认知为什刹海的特色业态。其

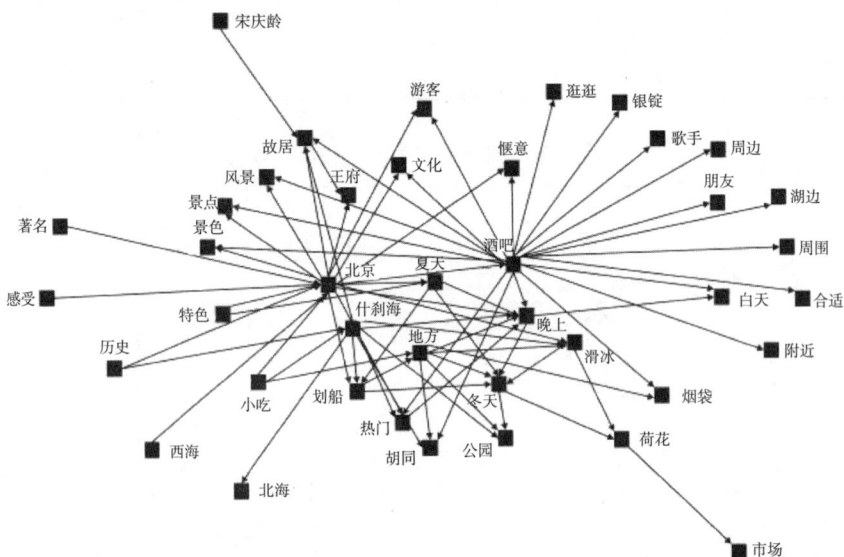

图1　什刹海历史文化保护区语义网络结构

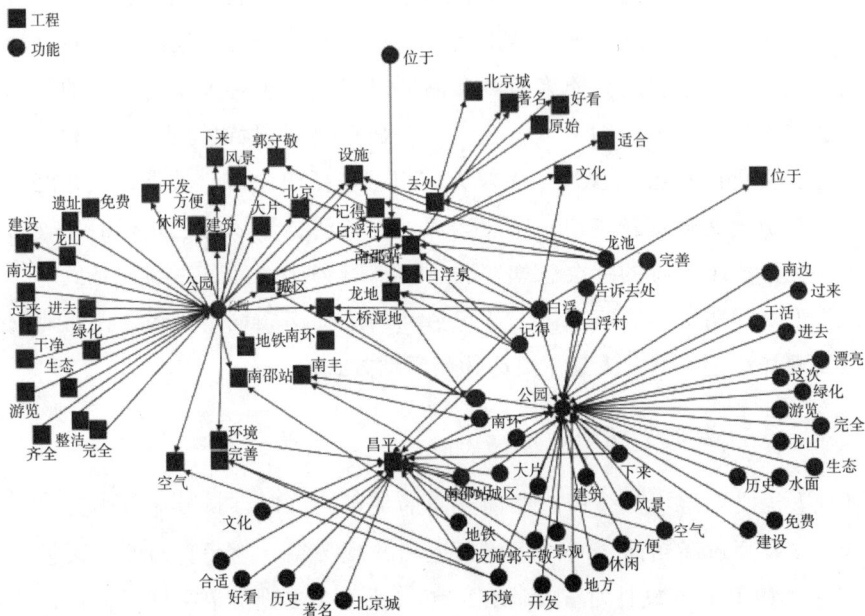

图2　白浮泉湿地公园语义网络结构

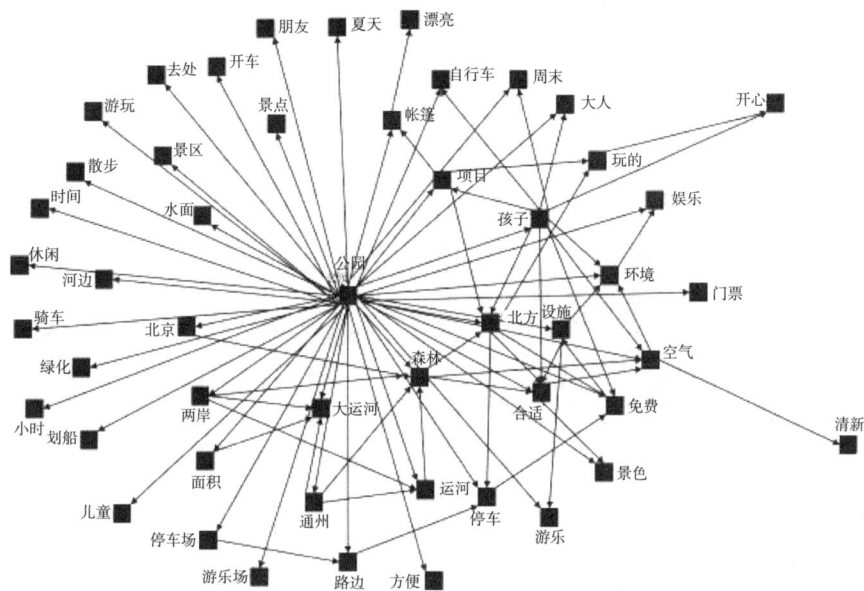

图3　大运河森林公园语义网络结构

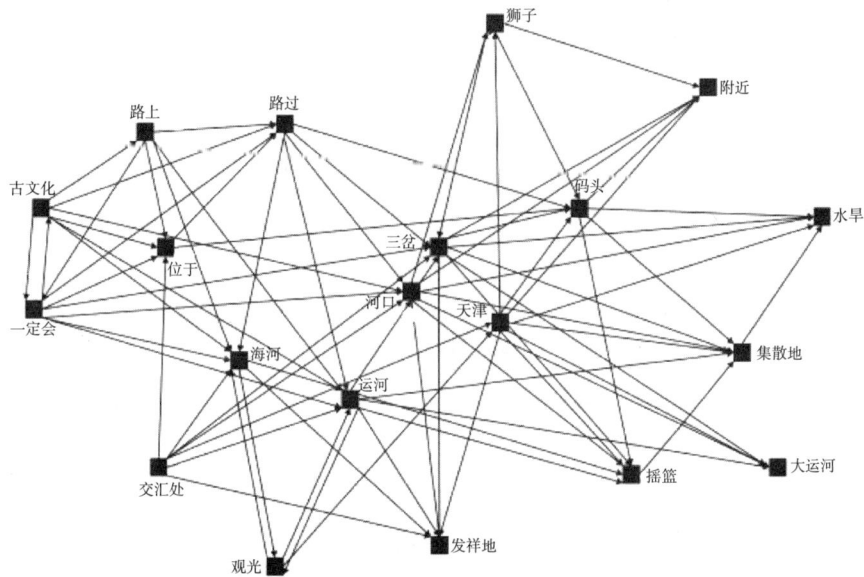

图4　三岔河口历史文化区语义网络结构

二级核心词语，包括"夏天""冬天""晚上""胡同""王府""划船""滑冰"等，归结为什刹海历史文化保护区的传统街区建筑特色、不同季节的特色水上活动，反映出什刹海传统建筑、水系与商业活动在不同季节、时间上

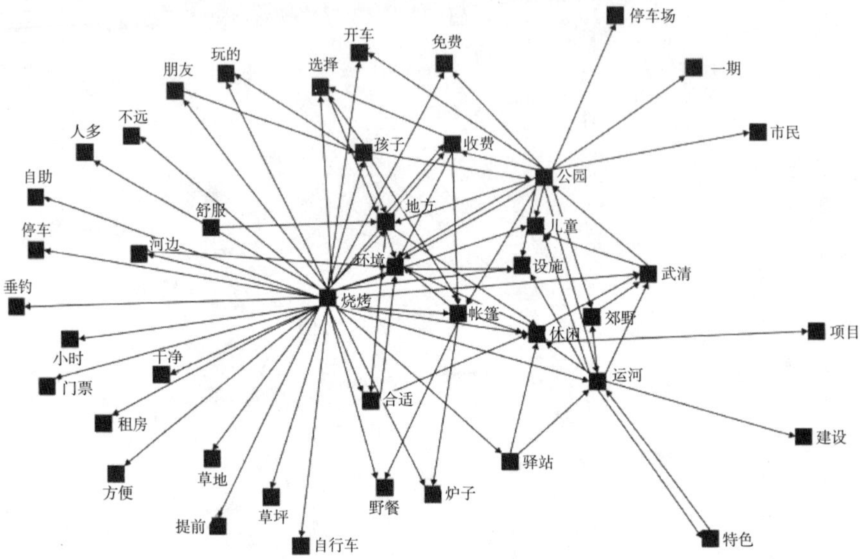

图5　北运河郊野公园语义网络结构

的深度融合，既有老北京的传统文化，又有酒吧等新潮文化。

白浮泉湿地公园的一级核心高频词是"公园"和"昌平"，明确表示了空间感知的归属地。与"公园"共现的高频词主要是对公园的环境、建设、历史、地理、景观、可达性等方面的评价，与运河相关的词语提到了元代实施白浮引水工程的郭守敬。但是在共现词语中不包括"北京城""著名""原始""适合""好看"等，也说明了白浮泉湿地公园在文化层面还存在拓展和提升空间。通州大运河森林公园，同样也以"公园"为高频词，共现词语主要包括"划船""游乐场""帐篷""自行车"等娱乐活动项目，以及关于景色、时间和基础设施等词语，反映出大运河森林公园的特征以休闲娱乐、生态环境为核心。二级核心词语是"森林""孩子""大运河""地方""设施""空气""适合""免费"等，说明了以携子家庭为主体的户外活动空间特征。与"大运河"共现的高频词是"北京""通州""森林""两岸""面积"等，表现出了运河位置以及公园依托运河扩展绿化空间。

天津三岔河口历史文化区的语义网络结构相对复杂，各个关键词语之间的关系较为紧密，且中心性较强，体现了区域内相关文化的高度关联特征。一级核心词语有"天津""三岔""河口"，突出展示河道交汇与城市起源原点的关系。二级核心词语有"运河""海河""码头""路过"，也能表现出突出的水文化特征，而"路过"说明了社会群体是在旅途中短暂体验，该历史文化区在景观吸引力和停留时间上都有提升的空间。北运河郊野公园和通州大运河森林公园开发利用模式相似，以运河河道为依托，改造成以生态环境和休闲娱乐为主要功能的城市公园。而北运河郊野公园的一级核心词语是"烧烤"，说明了公园休闲娱乐的主要方式，与运动、交通、时间、环境等各类词语都有共现关系，人们的休闲行为选择与环境相结合，形成了鲜明的感知。其二级核心词语包括"公园""儿童""孩子""地方""环境""帐篷""休闲""运河""武清"等，也表现了公园是以携子家庭为主体的休闲活动空间和运河的归属地。

（三）社会感知维度分析

通过利用软件 SPSS22.0 对五个研究区域的高频词相关系数矩阵进行聚类分析，可以总结出社会群体对它们的感知维度（见表4）。社会群体对什刹海历史文化保护区的感知维度，主要包括时空特征、历史文化、活动与业态、体验评价等四个方面，在不同季节、每天的不同时间呈现不同感知状态，但总体来看以热闹为主要氛围，是一个融北京传统历史文化与现代休闲活动为一体的旅游商业化地区。白浮泉湿地公园的感知维度，主要包括地理位置、历史文化、生态环境、基础设施等四个方面，可见其保留历史文化较为完整，并且在此基础上借助生态环境优势改造成城市公园。通州大运河森林公园的感知维度，主要包括生态环境、基础设施、娱乐活动、体验评价等四个方面。在改造运河生态环境基础上建设森林公园项目，以实现生态环境与娱乐相结合。天津的三岔河口历史文化区的感知维度，主要包括水系特征、历史文化和旅游功能，反映出了独特的水文化与城市深厚历史的关系，在城市旅游功能上有观光和集散地作用。北运河郊野公园的感知维度，主要包括生态环境、基础设施、娱乐活动及社会群体等四个方面，总体来看是适合携子家庭为主体人群的郊野休闲娱乐场所。

经过感知维度分析，可知五个研究对象的文化遗产应用类型，什刹海历史文化保护区是文化与休闲相结合的发展模式。白浮泉湿地公园属于历史文化与生态环境建设相结合的发展模式。通州大运河森林公园与北运河郊野公园同属于生态环境型与家庭娱乐相结合的发展模式，而北运河郊野公园更突出儿童的适应性和烧烤活动的体验。天津三岔河口历史文化区感知维度偏少，明显属于文化型发展模式，虽然有深厚和丰富的历史文化元素，但吸引度偏低，文化体验偏差以及休闲活动偏少（见表5）。

表 4　五个研究区域的感知维度对比

什刹海历史文化保护区		白浮泉湿地公园		大运河森林公园		三岔河口历史文化区		北运河郊野公园	
感知维度	部分关键词	感知维度	部分关键词	感知维度	部分关键词	感知维度	部分关键词	感知维度	部分关键词
时空特征	夏天、冬天、晚上、白天、湖边、北海	地理位置	南环、南丰、白浮村、龙池、昌平	生态环境	两岸、绿化、森林、大运河	水系特征	海河、子牙河、河口、运河	生态环境	河边、郊野、清、运河
历史文化	故居、胡同、王府、历史	历史文化	原始、历史、遗址、郭守敬、龙王庙	基础设施	停车场、游乐场项目	历史文化	发祥地、古文化、摇篮、交汇处	基础设施	项目、停车场
活动与业态	划船、滑冰、小吃、荷花、酒吧	生态环境	湿地、干净、生态、绿化、水面	娱乐活动	游乐、娱乐、帐篷、自行车	旅游功能	观光、码头、集散地	娱乐活动	自行车、烧烤、开车、帐篷
体验评价	热闹、惬意	基础设施	地铁、设施、开发	体验评价	免费、方便、开心			社会群体	市民、儿童

资料来源：根据分析结果汇总。

表5　五个研究区域的感知类型

感知类型	研究对象	类型说明
文化与休闲型	什刹海历史文化保护区	传统历史文化与现代休闲方式结合
文化与环境型	白浮泉湿地公园	历史文化与生态环境结合
环境与娱乐型	大运河森林公园	自然条件改造结合现代娱乐项目
	北运河郊野公园	自然条件改造结合现代娱乐项目
文化型	三岔河口历史文化区	具有深厚的历史文化，吸引力较差

（四）社会感知情感分析

情感分析是社会感知中重要的研究内容，能够体察出社会群体对感知对象的喜爱偏好程度，反映了不同的空间经过人们活动后的情绪表达。通过将高频词输入 ROST CM6 软件进行情感分析，我们发现，总体上五个研究区域的高频词的积极情绪比例高于消极情绪，没有极端的消极情绪词语，每个研究区域也存在相异的情感表达。大运河森林公园的积极情绪比例最高占到80%，消极情绪也最低，相关高频词占比为11%。什刹海历史文化保护区与北运河郊野公园的积极情绪占比相近，分别是66%和61%，而什刹海的消极情绪占比略低，为12%。白浮泉湿地公园和三岔河口历史文化区的积极情绪占比相近，分别是48%和44%，而三岔河口历史文化区的消极情绪占比最高，为33%（见表6）。

与情绪相关的词语更能表达感知情感的程度，大运河森林公园的情绪相关词语最为丰富，尤其是与"刺激"性娱乐项目有关，但总体上是一个热闹的氛围。什刹海历史文化保护区的情绪相关词语也比较丰富，但"安静"等词语明确表达了这个区域的安静氛围。白浮泉湿地公园和北运河郊野公园的情绪相关词语比较相似，而三岔河口历史文化区的情绪表达词语最少，空间的情感表达比较单调（见表7）。

表6　五个研究区域的感知情感对比

情感类型	什刹海历史文化保护区		白浮泉湿地公园		大运河森林公园		三岔河口历史文化区		北运河郊野公园	
	词语数（个）	比例（%）	词语数（个）	比例（%）	词语数（个）	比例（%）	词语数（个）	比例（%）	词语数（个）	比例（%）
积极情绪	2154	66	183	48	2142	80	417	44	986	61

续表

情感类型	什刹海历史文化保护区		白浮泉湿地公园		大运河森林公园		三岔河口历史文化区		北运河郊野公园	
	词语数（个）	比例（%）	词语数（个）	比例（%）	词语数（个）	比例（%）	词语数（个）	比例（%）	词语数（个）	比例（%）
中性情绪	741	22	114	30	231	9	216	23	264	16
消极情绪	404	12	82	22	305	11	320	33	374	23

表7　五个研究区域的情绪相关高频词对比

什刹海历史文化保护区		白浮泉湿地公园		大运河森林公园		三岔河口历史文化区		北运河郊野公园	
高频词	频数	高频词	频数	高频词	频数	高频词	频数	高频词	频数
热闹	335	方便	59	玩的	157	休闲	58	休闲	549
惬意	221	休闲	46	方便	91	漂亮	27	方便	197
漂亮	146	漂亮	45	开心	66			放松	185
好玩	123	原始	36	休闲	63			干净	161
舒服	120	干净	35	优美	51			舒服	77
休闲	115	清新	22	漂亮	49				
安静	108			清新	42				
开心	93			放松	39				
优美	92			刺激	31				
				干净	29				
				惬意	27				
				舒服	26				

四　结论与讨论

北运河五个研究区域的社会感知要素，主要包括地点、历史、文化、建筑与设施、活动、人物等，它们既有一定的共性，又存在较大差别，说明了不同区域环境和文化的差异化特性，具体表现为社会感知要素数量有差异、感知维度内容不同，即北运河文化遗产的类型、价值及开发改造方式不完全相同，总体而言，对运河的历史和文化层面感知程度较浅，而对运河文化遗产的现实应用感知程度较深。北运河文化遗产的发展模式与其资源禀赋有一定关系，本文中的五个运河遗产区域的发展模式，可以归纳为四个类型，即文化与休闲型（什刹海历史文化保护区）、文化与环境型（白浮泉湿地公园）、环境与娱乐型（大运河森林公园、北运河郊野公园）、文化型（三岔河口历史文化区）。社会群体对五个研究区域的情绪感知也不尽相同，总体上积极情绪感知比例大于消极情绪感知，运河历史文化内容较少，休闲娱乐氛围浓厚。

根据研究结果，北运河不同文化遗产区域可以在以下几方面加强保护与应用。第一，笔者认为北运河已经不具备航运功能，只有排污和泄洪的功能，通航或复航的再利用没有必要，反而会对北运河文化遗产造成破坏。应该在充分了解北运河不同文化遗产区域的自然条件和文化资源的基础上，选择分类保护与差异性发展模式，形成不同类型的文化功能区，同时增强各个文化功能区的内部联系，构建北运河文化带。第二，北运河的历史文化感知较弱，尤其是环境与娱乐型发展模式的区域，需要加强改善北运河历史文化的解说体系，增加相关文化活动内容，增强社会群体对运河文化的认同感，传承北运河文化遗产的重要价值。第三，对于社会感知维度偏少、感知情绪偏低的区域，以及新建设的北运河文化遗产展示休闲区域，需要通过开展增强社会群体的深度文化体验等活动提升北运河文化遗产的活力。

八　运河考古

宋代运河水闸的考古学观察[*]

官士刚^{**}

"河出自然，无所用闸，河由穿凿，闸以收之"，① 由 "穿凿" 而来的运河从一开始就跟闸有着密不可分的联系，通过闸来 "节宣"② 和 "蓄养水力"③，以保证航行和运输的需要。所以到唐开元初年，大运河扬州段就出现了 "我国有据可考的最早的船闸"——扬子津斗门。④ 不过，这一时期的船闸还仅仅只是在功能上具备了雏形，结构上并不完善，直到北宋雍熙元年（984） "累石及安木傍壁"⑤ "设悬门积水"⑥ 的西河闸在运河跟淮河连接处建成，运河水闸的形制和结构才正式定型。此后，运河水闸沿着从木质到石质、由 "悬门" 式闸门到 "叠梁"⑦ 式闸门的方向逐步演进，这种发展演变的趋势在宋代运河水闸的考古资料中体现得十分清晰。

一 宋代运河水闸的考古发现

自 2006 年 12 月国家文物局将大运河列入《中国世界文化遗产预备名

---

* 本文原载于《运河学研究》第 3 辑，社会科学文献出版社，2019，第 112 ~ 130 页。

** 官士刚，聊城大学历史文化与旅游学院副教授，历史学博士，研究方向为运河考古、宋元明考古。

① 陈锦：《勤余文牍》续编卷二《运河复古议》，《续修四库全书》编纂委员会编《续修四库全书》第 1548 册，上海古籍出版社，2002，第 699 页。

② 钱泳撰，张伟校点《清代史料笔记丛刊：履园丛话》卷四《水学·建闸》，中华书局，1979，第 100 页。

③ 傅泽洪辑录《行水金鉴》卷一百三十《运河水》，商务印书馆，1937，第 1890 页。

④ 郑连第：《唐宋船闸初探》，《水利学报》1981 年第 2 期。

⑤ 罗振玉：《鸣沙石室佚书正续编》，北京图书馆出版社，2004，第 249 页。

⑥ 脱脱等：《宋史》卷三百七《乔维岳传》，中华书局，1977，第 10118 页。

⑦ 河道两旁有两个开在木头或者石块内相对布置的垂直门槽，槽内可滑动一连串大木闸板，用绳子绑在它的两端，以便将闸板随意放下或拉起。每边岸上都有绞车或滑轮装在木头或石架上，像起重机一样，以帮助放好或撤除闸板。这种方法有时改进为把大木板连在一起，形成一个连续的平面，然后将平衡重块放在缆索的末端，使闸板可在门槽里升高或降低。参见〔英〕李约瑟《中国科学技术史》第四卷《物理学及相关技术》，第三分册《土木工程与航海技术》，科学出版社，2008，第 399 ~ 400 页。

单》，大运河申遗工作正式启动，到 2014 年 6 月中国大运河申遗成功，八年的时间内围绕着大运河进行了大量的考古工作，最能体现中国大运河技术水准的水闸更是考古工作的重点，取得了一批调查、勘探和发掘资料。其中，属于宋代水闸遗址的是位于江苏省镇江市的京口闸遗址和位于浙江省海宁市的长安闸遗址。

（一）镇江京口闸遗址

京口闸遗址位于江苏省镇江市中华路以东、长江路以南、宝塔路以西，面积 9 万余平方米。为配合大运河申遗和镇江市的城市建设，镇江博物馆联合南京市博物馆先于 2011 年 8 月至 12 月对京口闸遗址进行了勘探，然后根据勘探获得的信息在 2012 年 6 月至 2013 年 1 月对东侧闸体进行了重点发掘，清楚地呈现了京口闸的发展演变情况，并弄清了闸体的形制和内部结构。[1]

由于西侧闸体掩埋在中华路下面而无法发掘，因此，京口闸遗址的发掘仅针对已发现的河道和东侧的闸体。经过解剖，京口闸的时代跨度很大，从唐代一直到清代（见图 1）。其中，唐代为《新唐书》所载齐澣修建的京口埭[2]的东侧埭体，在清代东侧闸体东约 16 米处；北宋时期揭露了东侧闸体的下雁翅，在清代东侧闸体东 10~13 米处；南宋时期仅揭露了东侧闸体的石墙和夯土，在清代东侧闸体东 5.8~9 米处；明代东侧闸体揭露较为完整，包括闸口、上下裹头、夯土等，在清代东侧闸体东约 5.5 米处；清代东侧闸体分为三期，一期揭露出了闸墩、裹头、夯土和河岸，二期揭露出了闸体、闸口和雁翅，三期则揭露出了加修的闸体、河岸和码头。[3] 显然，从唐代到清代，京口闸（埭）一直在发生向西的位移。结合距此直线距离约 900 米处、2009~2010 年发掘的宋元粮仓遗址中所揭示出的宋代至清代运河河床一直在向北位

---

[1] 霍强、陈长荣：《江苏镇江考古发现明清京口闸遗址》，《中国文物报》2013 年 5 月 15 日，第 8 版。

[2] 欧阳修：《新唐书》卷一百二十八《齐澣传》，中华书局，1975，第 4470 页。在 2012 年 6 月至 2013 年 1 月对镇江明清京口闸的发掘过程中，京口埭得以部分揭露，由此可以大致看出唐代埭的建造方法：埭由含沙性的黄褐夹青灰色土分层夯筑而成，土质致密紧实，就揭露的部分而言，共分四层，总厚度约为 1.65 米，每层厚度约为 0.4 米，夯筑水平很高，每层都有密集的夯窝，夯窝直径约 5 厘米，圆形弧底，整个夯土层略呈弧形分布，不过，遗憾的是，并未发现石料和草。参见镇江博物馆编著《镇江京口闸遗址》，江苏大学出版社，2015，第 22 页。

[3] 镇江博物馆编著《镇江京口闸遗址》，江苏大学出版社，2015，第 22~30 页。

移的情况（见图2），① 大运河河道自唐代至清代在镇江存在一个向西、向北移动的过程，而大运河跟长江连接的入江口在逐渐向西转移，当无疑问。

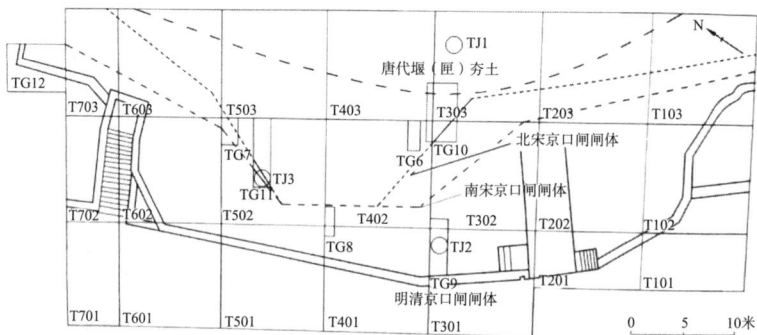

图1　唐代至明清时期京口闸东侧闸体位置示意

资料来源：镇江博物馆编著《镇江京口闸遗址》，江苏大学出版社，2015，第22页。

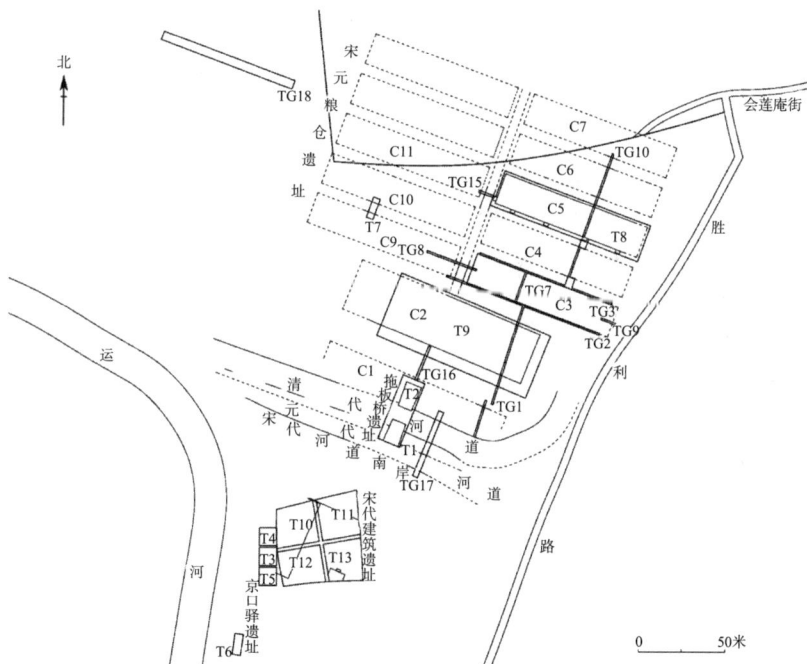

图2　镇江宋至明、清运河河道位移示意

资料来源：《江苏镇江双井路宋元粮仓遗址考古发掘简报》，《东南文化》2011年第5期。

---

① 南京博物院、镇江博物馆：《江苏镇江双井路宋元粮仓遗址考古发掘简报》，《东南文化》2011年第5期。

北宋京口闸东侧闸体的下雁翅结构为中间夯土的夹板墙，包括板墙、木桩、木方和夯土4部分（见图3）。京口闸雁翅墙体的主要支撑为两排板墙，由于地势，北边一排板墙较南侧一排更高，也正是因此，发掘揭露出来的北侧一排的高度只有0.3~0.6米，而南侧一排则有3米之高。两排板墙均由宽0.3米、厚0.05~0.1米的木板横向叠加而成，二者南北相距0.75米。板墙由木桩和木方来加以固定，其中，每排板墙的南侧都有一排交错排列的木桩紧紧贴附其上，并用方形铁钉铆合固定，北侧一排木桩稍细，直径0.2米，分布稍显稀疏，间距为0.9米，南侧一排稍粗，直径0.25米，分布较为密集，间距0.65米。木方共分三部分，板墙南侧的部分跟板墙一样呈东西向，并紧紧贴抵在板墙中部起加固作用，另外两部分则跟板墙垂直，且呈上、下两层分布，间隔约1米，分别以跟板墙垂直的南北向抵在板墙的上部和中部，上层木方横置于板墙上方以抵护，下层木方则在板墙中部垂直穿过，跟南侧的东西向木方以榫卯形式连接，呈"T"字形，木方的规格大致相同，宽0.35米、厚0.3米，木方上都凿有长方形孔以便打入地钉加固。墙体的主体是夯土墙，就揭露的部分而言，总厚度为0.85~3.75米，填筑在板墙与木方铆合形成的空间内，共分五层：最下一层为含沙性的黄灰色土，第二层为含沙性的灰黄色土，第三层为含黄土块的黄褐色土，第四层为含沙性的青灰色土，最上一层为含黄土块和含沙性的黄灰色土。从分层来看，夯土墙的做法是将不同质地的土放入两排板墙中逐层夯筑，夯筑水平较高。[①] 北宋京口闸雁

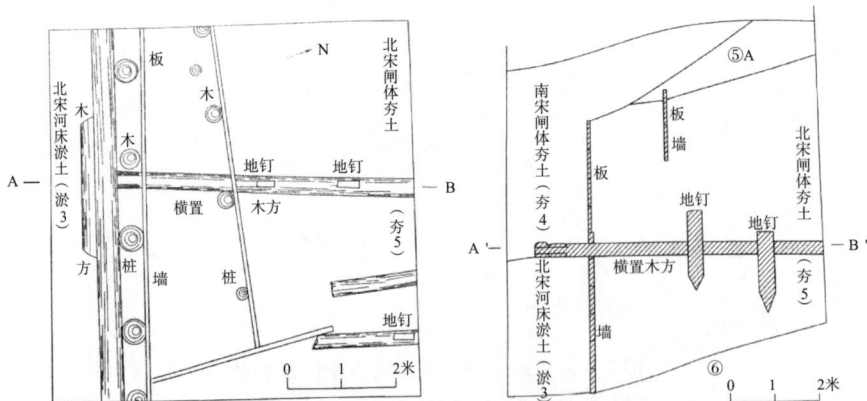

图3　京口闸北宋闸体雁翅结构平、剖面

资料来源：镇江博物馆编著《镇江京口闸遗址》，江苏大学出版社，2015，第23页。

---

① 镇江博物馆编著《镇江京口闸遗址》，江苏大学出版社，2015，第22~24页。

翅墙体的土质和土色跟宋元粮仓遗址第四层的完全一致，跟该遗址北宋仓基夯土和碑墩的土质、土色亦完全一致。①

（二）海宁长安闸遗址

长安闸遗址位于浙江省海宁市长安镇区闸塘湾及其西侧，面积约 20 万平方米。其中，上闸遗址位于闸塘湾南端的长安镇城区东、西街交界处，中闸遗址位于中闸桥南侧的长安镇城区双闸路北端，紧邻铁路，下闸遗址位于闸塘湾北岸的长安镇城区辛江路南端，而上澳遗址和下澳遗址则分别位于上闸遗址、下闸遗址的西侧和西北侧。该遗址很早就已暴露于地表，1985 年海宁市文物部门虽然对其登记备案，但却一直没有发掘。

为了配合大运河申遗工程，在海宁市文物保护管理所配合下，浙江省文物考古研究所于 2012 年 3～6 月对长安闸遗址的"三闸两澳"及相关设施进行了调查和发掘，基本弄清了文献中无载的"三闸"和"两澳"的具体位置和结构、形制；2013 年 3～4 月再次调查"两澳"遗址，找到了连接上澳和上闸之间的澳口遗址。

由于近现代的破坏和民居、厂房等建筑的占压，上闸遗址和两澳遗址都仅仅进行了调查，并未发掘，而下闸遗址和中闸遗址虽然进行了发掘，但东北西南走向的下闸仅存相对完整的一条北闸墙，正南正北走向的中闸则仅存南半部的一半，包含东、西闸墙的各一半（见图 4）。不过，上闸跟中闸之间的河道长度却得以测量清楚，长度为 180 米，按照宋代 1 步合今 1.54 米的比例，② 则上闸跟中闸之间的距离约为 117 步，跟《咸淳临安志》所载中闸"八十余步至上闸"③ 有较大差距。

尽管如此，如果将中闸遗址和下闸遗址结合起来看，长安三闸的结构和形制大致能够复原出来。长安三闸的平面均为对称的"八"字形，无闸墩，由闸室直墙、闸门柱、翼墙、迎水雁翅和分水雁尾五部分组成。三闸中仅有中闸可测闸门宽度，宽 6.9 米，仅有下闸可测闸室长度，长 6.3 米，上闸闸室长度应同于此，中闸除了闸门柱垂直于河道方向外，其余的闸墙均呈"八"

---

① 南京博物院、镇江博物馆：《江苏镇江双井路宋元粮仓遗址考古发掘简报》，《东南文化》2011 年第 5 期。

② 陆敬严、华觉明：《中国科学技术史（机械卷）》，科学出版社，2000，第 142 页。

③ 潜说友纂修《咸淳临安志》卷三十九《山川十八》，《宋元方志丛刊》（第四册），中华书局，1990，第 3715 页。

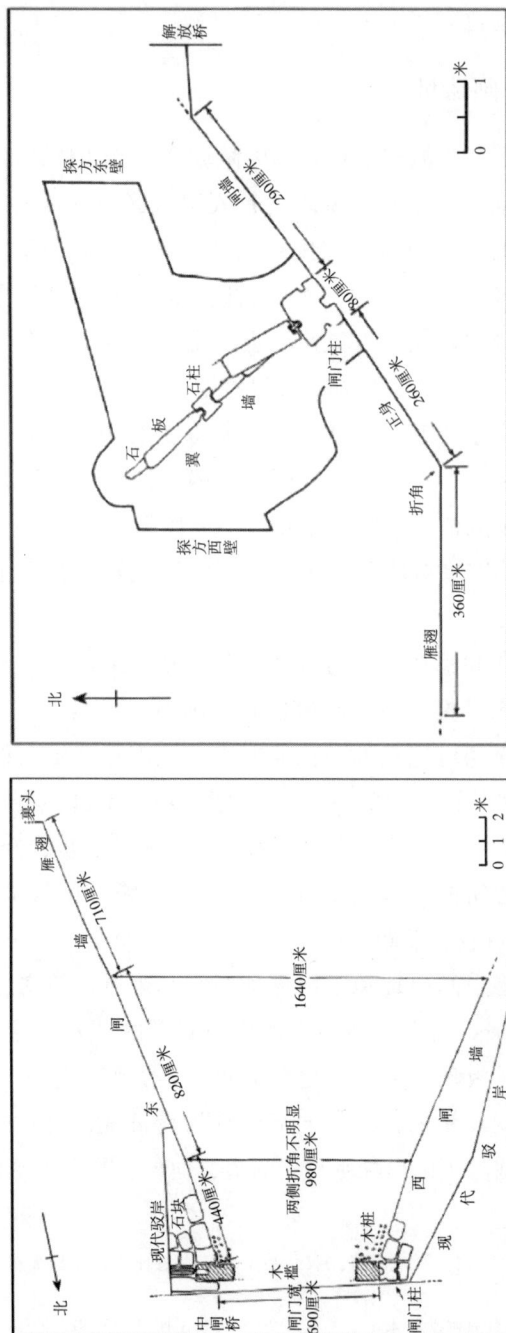

图4 长安闸中闸和下闸平面（左侧为中闸，右侧为下闸）

资料来源：《东方博物》（第48辑），浙江大学出版社，2013，第28、29页。

字形展开，直墙跟雁翅、雁尾没有明确的区分，也即闸室长度为闸门柱的宽度 80 厘米。中闸底部有木门槛，其西端和东端分别延伸进入西、东闸门柱的底部约 0.7 米，暴露在外的部分长 1.03 米、宽 0.65 米、厚 0.35 米，为了固定木门槛，木门槛的底部和两侧均有木桩打入河底。①

除了上述运河上的水闸之外，其他考古发现的宋代水闸还有 2003 年发掘的扬州宋大城南宋至元代北门水门遗址，② 2008 年发掘的仪征南宋至清代真州城东门水门遗址，③ 2009 年发掘的泰州后周和宋代古城南水关遗址，④ 2016～2017 年发掘的仪征南宋真州城西翼城下水闸遗址。⑤ 这些水关遗址中均发现有水闸遗迹，有些还跟运河有直接或间接的关系，如扬州宋大城北门水门遗址所处位置，是五代时期的"周小城"和宋代的"大城"共同的北城墙跨越玉带河（宋大城的官河，时称"漕河"）之处。⑥ 仪征真州城东门水门"所跨越的河道宋代称运河，又称漕河，即是现在仪扬运河在宋代的通江运道"。⑦ 这些水关遗址连同上海志丹苑水闸遗址，都可以为考察与它们同时代的运河水闸的建造技术提供重要的实物佐证，尤其是宋、元等较早时期缺少足够实物证据的运河水闸。

二 考古所见宋代运河水闸的建造技术

镇江京口闸和海宁长安闸分别属于北宋和南宋时期的运河水闸，透过两个遗址的考古发现，我们可以管窥北宋时期和南宋时期水闸的建造技术。

---

① 浙江省考古研究所、海宁市文物保护管理所：《江南运河长安闸遗址的调查与发掘》，浙江省博物馆编《东方博物》（第 48 辑），浙江大学出版社，2013，第 28 页。

② 中国社会科学院考古研究所、南京博物院、扬州市文物局江苏扬州唐城考古队：《江苏扬州宋大城北门水门遗址发掘简报》，《考古》2005 年第 12 期。

③ 扬州市文物考古研究所、仪征市博物馆：《江苏仪征真州城东门水门遗址发掘考古发掘简报》，《东南文化》2013 年第 4 期。

④ 南京博物院、泰州市博物馆：《江苏泰州城南水关遗址发掘简报》，《东南文化》2014 年第 1 期。

⑤ 陶敏：《仪征一工地发现疑似宋城墙遗址　挖出木桩带、瓷片和城墙砖》，《扬州晚报》2017 年 2 月 26 日，第 A04 版。

⑥ 中国社会科学院考古研究所、南京博物院、扬州市文物局、江苏扬州唐城考古队：《江苏扬州宋大城北门水门遗址发掘简报》，《考古》2005 年第 12 期。

⑦ 扬州市文物考古研究所、仪征市博物馆：《江苏仪征真州城东门水门遗址发掘考古发掘简报》，《东南文化》2013 年第 4 期。

（一）北宋木构水闸的建造

镇江京口闸北宋时期的闸体仅仅发掘了东侧闸体的下雁翅（见图5），因此无法知晓其整体面貌，但结合文献还是能找到一些线索的。

1. 北宋水闸的特征

元人沙克什《河防通议》中曾以"安置闸坝一座物料"为题，详细记载了建造一座闸的物料及其规格。据刘浦江先生研究，沙克什的《河防通议》乃是以"金都水监本《河防通议》（监本）和宋沈立《河防通议》（汴本）为蓝本，经他删定合编而成的"，[①] 其中的"汴本"所载内容即为沈立《河防通议》中所载的内容，而"安置闸坝一座物料"的相关内容恰恰出自"汴本"，从这个意义上说，沙克什《河防通议》中所载的"安置闸坝一座"中的"闸坝"，就是北宋时期的水闸。

图 5　北宋京口闸东侧闸体的下雁翅

资料来源：见南京市博物馆、镇江博物馆《江苏镇江京口闸遗址发掘简报》，《东南文化》2014 年第 1 期，"彩插一"。

《河防通议》记载，北宋时期建造一座闸需要的物料包括"厢板八十片，擗土板八十片，底板四十片，四摆手板六十片，以上计二百六十片"，此外还有"截河板六十片""刺水板二十片""吐水板二十四片""板橛四十八个"

---

① 刘浦江：《宋、金治河文献钩沉——〈河防通议〉初探》，北京大学中国古代史研究中心编《舆地、考古与史学新说——李孝聪教授荣休纪念论文集》，中华书局，2012，第 377 页。

"立贴木一十二条""卧贴木三十条""金口立贴木四条""压板地栿九条""辘颊木八条""顺水地栿二条""过水地栿二条""排槎木柱二十条""角柱四条""金口柱二条""衬板地栿一十二条""吐水地栿五条""刺水地栿二条""涎衣梁四条""门渠栿一条""攀面拽后橛八条""脚板二片""闸板八片""地丁五十八条""吐水桩三十条""凤翅桩二十条""口木四条""永定柱五十二条""拽后木五十二条""转轴四条""上下水拦口桩一百六十条""梁头锔五十二道""钉梁头三寸丁三百一十二个""板钹股三十二个""起板钩索三十二条""打板索上钩环二副""挂板钩搭三十二个""丁铁梁头计三千八百七十八个,平盖五寸丁三千一百一十二个,候头一尺丁三百四个"。① 很显然,在所有物料中只有木质和铁质材料,不见石质材料,则用《河防通议》所载物料建造的只能是木构水闸。由此而言,北宋时期的水闸当为木构水闸。

著名建筑史学家傅熹年先生曾根据《河防通议》所载的物料绘制了宋代木构水闸示意图(见图6)。在傅先生所绘宋代木构水闸示意图中,《河防通议》所载之物料名称仅仅出现了11种,而这些物料的名称在宋元时期其他文献中都能找到对应的词。"厢板""四摆手板""地丁"应当对应着《营造法式》之"卷輂水窗"中提及的"厢壁板""四摆手"和"地钉",② "卷輂水窗"为宋代城市的水关,《东京梦华录》载北宋东京城"东城一边其门有四,东南曰东水门,乃汴河下流水门也,其门跨河有铁裹窗门,遇夜如闸垂下水面",③ 显然这种水关的形制"如闸";"擗土板""吐水板""底板""攀面拽后橛""拽后木"则对应着元初《水利集》之"建石闸"中提及的"擗土桩""断水板""底板石""拽后桩""拽后木",④ 而无论是"擗土板"还是"擗土桩",其形制应当都是"擗土木雁翅"⑤。至于各种"地杖"等找不到对应词的那些物料,应当是木构水闸中特有的结构,在石质的"卷輂水窗"和石闸中均不存在。

① 沙克什:《河防通议》卷上《料例第三》,王云五主编《丛书集成初编》第1486册,中华书局,1985,第11页。

② 李诫:《营造法式》(一)卷三《壕寨制度·石作制度·卷輂水窗》,商务印书馆,1933,第67页。

③ 孟元老撰,王永宽译注《东京梦华录》卷一《东都外城》,中州古籍出版社,2010,第23页。

④ 任仁发:《水利集》卷十《营造法式·造石闸》,《续修四库全书》编纂委员会编《续修四库全书》第851册,上海古籍出版社,2001,第115~117页。

⑤ 司农司撰,石声汉校注《农桑辑要校注》卷二《播种》,农业出版社,1982,第39页。

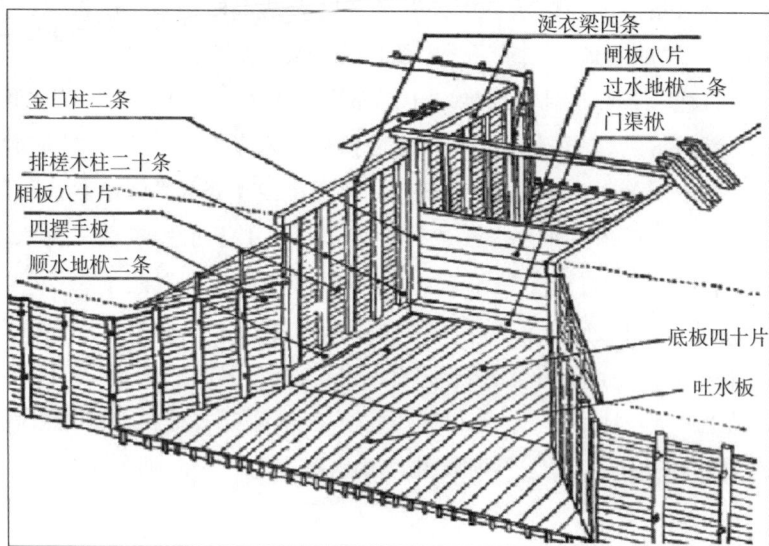

图 6　宋代木构水闸示意

资料来源：见傅熹年《唐长安大明宫玄武门及重玄门复原研究》，《傅熹年建筑史论文集》，文物出版社，1998，第 216 页。

2. 北宋水闸的雁翅和闸口

根据发掘报告，北宋京口闸遗址雁翅所使用的木料主要包括宽 0.3 米、厚 0.05～0.1 米的板墙木板，直径 0.2～0.25 米的木桩，以及宽 0.35 米、厚 0.3 米的木方。[①] 按宋营造尺 1 尺 = 31.4 厘米折算，则板墙木板宽 0.96 尺、厚 1.6～3 寸，木桩直径 6.4～8 寸，木方宽 1.1 尺、厚 0.96 尺，这跟"阔一尺，厚二寸"的四摆手板、"径七寸"的凤翅桩和"阔一尺，厚八寸"的衬板地杖[②]的尺寸大致吻合。从这个意义上说，北宋京口闸遗址雁翅的板墙木板、木桩和木方分别对应的就是《河防通议》中所载的"四摆手板"、"凤翅桩"和"衬板地杖"，北宋京口闸遗址的情况能跟《河防通议》中所载北宋木构水闸的数据相互印证。

此外，《河防通议》中所载建造一座水闸的物料还包括"金口立贴木四条，各长一丈五尺，阔七寸，厚五寸；……金口柱二条，各长二丈一尺五寸，

[①] 镇江博物馆编著《镇江京口闸遗址》，江苏大学出版社，2015，第 22～24 页。

[②] 沙克什：《河防通议》卷上《料例第三》，王云五主编《丛书集成初编》第 1486 册，中华书局，1985，第 11 页。

阔一尺五寸，厚一尺；……闸板八片，长二丈三尺，阔一尺四寸，厚六寸"，①由于水闸的闸门通常称为金门，则闸口即为金口，这在傅熹年先生所绘图中十分明确，因此这里的"金口柱"就是木构水闸的闸门柱，"二条"则是两侧各一根，另外的四条"金口立贴木"显然就是附着在金口柱两侧起固定作用的装置。另外，宋人胡宿《真州水闸记》中所载真州水闸的形制是"横木周施，双柱特起"②，"横木周施"表明了该水闸木构的特征，而"双柱特起"说的就是该水闸的闸门柱情况，闸门两侧各有一根闸门柱，而且特别突出。文献中的这些记载充分表明北宋京口闸的闸口应该有专门的闸门柱。

《河防通议》中所载金口柱"长二丈一尺五寸，阔一尺五寸，厚一尺"，闸板"长二丈三尺，阔一尺四寸，厚六寸"，③按照宋营造尺 1 尺 = 31.4 厘米计算，则金口柱长 6.75 米、宽 0.47 米、厚 0.31 米，闸板长约 7.22 米、宽0.44 米、厚 0.19 米。由于金口柱的厚度为 0.31 米，按照槽口进深稍多于金口柱厚度的 1/2 计算，再结合前述水闸槽口的进深数据，大致按进深 0.21 米计算，则北宋时期木构水闸的闸口宽约 7.22 - 0.21 - 0.21 = 6.8 米，高度约为6.75 米，闸槽口宽约 0.19 米、进深 0.21 米。

3. 北宋水闸的闸基

虽然北宋京口闸遗址并未发掘至闸基，根据《河防通议》的记载亦无法复原北宋时期木构水闸的闸基情况，但北宋时期木构水闸的闸基可以根据其他考古资料来进行推测。由苏州齐门古水门水闸遗址的基础部分来看（见图7），其底部是在河底之上用 100 多根圆木做成三层叠压的木排，中间一层的50 根圆木垂直于水流方向横铺于闸底，该层的东、西两端上、下各有 6 根圆木顺水流方向叠压于圆木之上，从而形成上、下两层。下层圆木的安置方法较为特别，其先将朝上一面用工具刨平，然后放入由生土层向下挖出的凹槽内，凹槽的深度刚好是圆木的直径，这样就充分保证了下层的圆木放入凹槽中后恰好跟生土层表面持平，使得中间一层圆木可以牢牢着力于生土层上，三层圆木之间用铁锭连接，中间的空隙则嵌入石块或者石片，最大限度减少

① 沙克什：《河防通议》卷上《料例第三》，王云五主编《丛书集成初编》第 1486 册，中华书局，1985，第 11 页。
② 胡宿：《文恭集》卷三十五《记·真州水闸记》，王云五主编《丛书集成初编》第 1889 册，中华书局，1985，第 420 页。
③ 沙克什：《河防通议》卷上《料例第三》，王云五主编《丛书集成初编》第 1486 册，中华书局，1985，第 11 页。

虚空的部分，保证支撑的稳固性。这样的结构，既保证了该水闸基础能够充分起到支撑作用，又使两端的上、下两层圆木可以牢牢固定住中间一层，从而"形成三层叠压稳固的木结构基础"[①]。值得注意的是，在三层木排的南、北两侧均垂直打入一排木桩，而在中间一层圆木的两端各对称盘砌四层青石，青石的尺寸是长11.5米、宽0.9米、厚0.27米，这两项措施进一步确保了闸基的稳定性。京口闸遗址的闸基虽然未必完全如此，但应该存在类似于此的可能性。

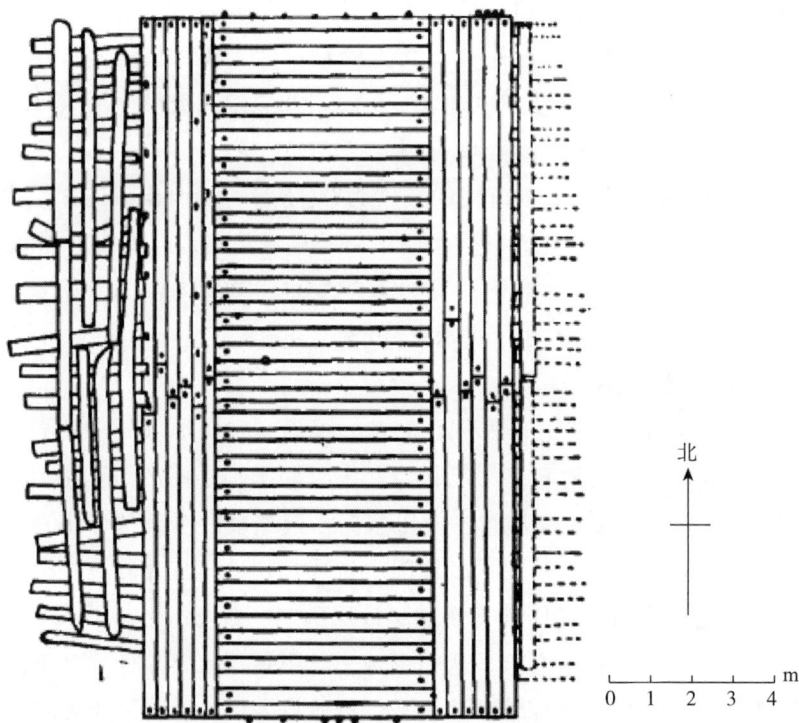

图7 苏州齐门古水门木结构基础平面

资料来源：见苏州博物馆考古组《苏州发现齐门古水门基础》，《文物》1983年第5期，第55页。

（二）南宋石构水闸的建造

在长安闸的"三闸两澳"中，虽然仅仅发掘了部分中闸和下闸遗址，但将二者结合起来，可以较为清晰地呈现长安闸的结构和建造技术。

———————

[①] 苏州博物馆考古组：《苏州发现齐门古水门基础》，《文物》1983年第5期。

1. 长安闸的结构

根据发掘报告，长安三闸均无闸墩，[①] 如图 8 所示，闸门柱均嵌入闸墙的中部，中闸闸门柱平面为边长约 0.8 米的正方形，下闸闸门柱平面为长 0.8 米、宽 0.68 米的长方形。闸门柱均四面有槽：朝向闸内的槽口尺寸均较大，中闸门柱的槽口宽 0.2 米、进深 0.18 米，下闸门柱的槽口宽 0.18 米、进深 0.2 米，当为安置闸板所用；两侧的槽口均向闸室一侧偏，中闸门柱两侧槽口均宽 0.09 米、进深 0.09 米，下闸门柱两侧槽口均宽 0.08 米、进深 0.07 ~ 0.09 米，主要是将闸室直墙中条石上的榫部嵌入槽内，用灰浆注缝，起到固定闸门柱的作用；内侧的槽口尺寸也较小，中闸门柱槽口宽 0.1 米、进深 0.08 米，下闸门柱槽口宽 0.09 米、进深 0.06 米，上部主要是嵌入燕尾榫铁锭以连接翼墙上部的长条形顶石，中部和下部则主要是跟翼墙中、下部石板上的石榫相连，而翼墙中的石板之间亦自上而下榫卯相连，并用灰浆灌缝，在确保翼墙稳固的同时，也将闸门柱牢牢锁在翼墙上。[②]

如图 9 所示，闸门柱内侧槽口所连接的上部长条形顶石、中下部的两组石板和一根石柱构成了翼墙，中闸的翼墙没有石柱，仅有中下部的三块石板。如上所述，这些石板和石柱之间彼此以榫、槽相连，并用包括糯米、鸡蛋清在内的特殊黏合剂填缝。[③] 石柱西侧为支撑翼墙的叠砌石块，石块之间亦用灰浆灌缝；东侧为掺杂在沙土中的乱石块，对翼墙也有支撑作用。

上文已述长安闸的闸门柱和翼墙均为石质，长安闸的闸墙也均为长方形条石错缝叠砌而成。砌墙所用条石规格尺寸不一，长 0.55 ~ 1.1 米、厚 0.13 ~ 0.2 米。底部打满地钉，地钉直径 0.08 ~ 0.15 米，间距为 0.1 ~ 0.3 米。中闸西闸墙残长 12.2 米、残高 1.7 米，东闸墙残长 19.7 米、高约 3 米，东闸墙自闸门柱向外 4.4 米之处似乎有折角，但并不明显，无法区分是闸室的直墙还是雁翅，东侧雁翅的东南端有裹头的遗存；下闸闸室的西直墙长 5.5 米，西直墙根西雁翅的折角为 145°，雁翅残长 3.6 米。在下闸西直墙高于正常水位约 0.5 米的地方分布有 4 个半圆形的小孔，间距均为 0.53 米，直径均为 0.16 米，且都向闸室内倾斜，就小孔的位置而言，应该是上、下斜向撑木的着力点，由于

---

① 张宏元等：《江南运河长安闸遗址的调查与发掘》，浙江省博物馆编《东方博物》（第 48 辑），浙江大学出版社，2013，第 28 页。

② 张宏元等：《江南运河长安闸遗址的调查与发掘》，浙江省博物馆编《东方博物》（第 48 辑），浙江大学出版社，2013，第 27、29 页。

③ 国家文物局：《申报世界遗产文本：中国大运河》（未刊资料），2013，第 144 页。

在闸墙上未见绞关的痕迹，笔者推测这些小孔当为安置起降闸板的设施所用。①

图8 长安闸中闸和下闸闸门柱（左侧为中闸西侧闸门柱，右侧为下闸东侧闸门柱）
资料来源：《东方博物》（第48辑）浙江大学出版社，2013，第28、30页。

图9 长安闸翼墙残迹和翼墙结构（左侧为翼墙残迹，右侧为翼墙结构）
资料来源：《东方博物》（第48辑）浙江大学出版社，2013，第28、32页。

2. 长安闸的技术数据

作为世界航运史上现存建造年代最早的复闸，长安闸首创的运河闸澳制，通过上、中、下三闸和上（积水）、下（归水）澳等完善的工程设施，既能通过水量的调节来让航道更加平稳，又能通过水量的循环利用来达到节约用水的目的，代表了我国古代水利工程技术的最高水准。由于长安闸的中闸保留了以闸门柱为起点的一侧完整闸体，因此可以对该遗迹的关键结构和参数进行推算，以体现该水闸的工程技术水准。

首先是水闸泄流能力。虽然揭露出来的水闸遗址闸门柱高度无法完全反映闸室的高度，如长安闸下闸闸门柱水面以上可见部分高度约为2.7米，中闸则为1.9米。前述根据《河防通议》所得北宋水闸的闸口宽6.8米，闸室高约6.75米，闸槽口宽约0.19米、进深0.21米，而长安闸中闸的闸口宽约

---

① 张宏元等：《江南运河长安闸遗址的调查与发掘》，浙江省博物馆编《东方博物》（第48辑），浙江大学出版社，2013，第27~28页。

6.9 米，闸槽口宽约 0.2 米、进深 0.18 米，但考虑到同一时代水闸的各种参数变化不会太大，则将长安闸中闸室的高度定为 6.8 米。要运用有关的流量公式来进行计算，就必须要知道水闸使用时的水情及水位，由于这一点并不具备，所以只能通过假定一般情况下水流速度应接近于或小于土的不冲流速来进行推算。

由于过水的断面高度 h 为 6.8 - 0.35（闸底木门槛的高度）= 6.45 米，过水断面的宽度 b 即为闸门的宽度 6.9 米，长安闸所在地域的土质为"青黄色泥沙土"，这种土在中等密实情况下水深大于 3 米的容许不冲流速值 v 为 0.4 米每秒，假设以此流速作为水流过闸的平均流速，则长安闸中闸的最大泄流量 Q = v × h × b = 0.4 × 6.45 × 6.9 = 17.8 米³/秒，即每秒约 17.8 立方米水量，而水闸的单宽流量① q = Q/b = 17.8/6.9 = 2.6 米³/（秒·米）。很明显，长安闸中闸的单宽泄流量值较小，而且如前所述，中闸闸室的长度很小，几乎等于闸门柱的宽度，因此，水流通过闸室并不需要太多时间，通过后即快速扩散，对于消能防冲的要求极低，该水闸不需要太过复杂的消能工。②

其次是水闸建成后对水流速度和泥沙冲刷的影响。该项目的推算以仅仅考虑水闸闸门的束窄功能和闸门的启闭功能为前提。U 为水流流速，长安中闸进水口闸墙最宽处约为 23 米，河道的宽度肯定大于这一数字，水闸建成后中部收窄，闸门宽度仅为 6.9 米，如果以最小的束窄比而言，则水流速度至少要增加 3.3 倍。随着流速的增加，水流的挟沙能力也会随之提高。根据挟沙力公式 $S_* = 0.07 (P_s U^3/ghw)^{1.14}$，其中，$S_*$ 为挟沙力，P_s 为悬沙密度，U 为平均流速，g 为重力加速度，h 为水流深度，w 为沙粒沉降速度。在这一公式中，假定其他参数不变，仅考虑水流流速对挟沙力的影响，当水流流速增加 3.3 倍时，则水流的挟沙能力将增加 61 倍。

三　宋代水闸建造技术的进步

镇江京口闸遗址和海宁长安闸遗址分别代表了北宋和南宋运河水闸的情

---

① 单宽流量是水力学中的一个重要概念，指过水断面为矩形时单位宽度通过的流量。参见四川省水利电力厅编《水利管理常用词汇》，四川科学技术出版社，1983，第 35 页。

② 消能工指消除泄水建筑物或落差建筑物下泄急流的多余动能，防止或减轻水流对水工建筑物的冲刷破坏而修建的工程设施。参见徐乾清《中国水利百科全书》，中国水利水电出版社，2006，第 1512 页。

况，将二者发掘呈现出来的情况相结合，就可以发现宋代运河水闸建造技术的进步之处。

首先，水闸主要物料由木质变为石质。众所周知，石材的重量要远远大于木材，用一系列石材建造的石质水闸其自重本身就是一个很大的问题，单靠自然的基础很难承受，因此，水闸材质由木到石变化的一个重要前提是解决水闸的基础问题，即必须要用人为干预来辅助自然地基承受石材的自重。这种人为的干预一是靠选址时对于建闸地域土质的判断，二是通过密植地钉来予以加固，更多情况下，在无法选择建闸地域的情况下，就要靠密植地钉。从现有的文献资料和考古资料来看，北宋时期似乎并没有解决这一问题，如前述《河防通议》所载建造一座水闸所用的物料中仅有"地丁五十八条，各长六尺，径六寸"，[①] 如果勉强将"吐水桩三十条"纳入起固定作用的地钉之列，一座水闸总共也仅有 88 根地钉，支撑一座木闸似乎可以，但要支撑通体石材的石闸，是远远不够的。以长安闸为例，其西闸墙"底部植满木桩，木桩直径 8～15 厘米不等，木桩间距约为 10～30 厘米"，[②] 西闸墙的残长为 12.2 米，假定木桩间距为 20 厘米，且仅有一排，则这一排木桩数应为 61 根。以此推算，仅仅西闸墙的地桩数量就要超过上述的 88 根，何况东闸墙底部也是"直径 8～15 厘米的木桩"，还有翼墙的木桩、木门槛底部及两侧的木桩和闸底板的木桩。

北宋时期的水闸虽然由于地钉的问题而没有最终迈出从木质到石质的关键一步，但却进行过类似的尝试。2009 年 12 月至 2010 年 6 月发掘的江苏泰州城南水关遗址早期水门遗迹中，在条石垒砌的摆手"残损位置发现残留有十多根直径 6～15 厘米的木桩，木桩的底端被削成了三棱形"，[③] 这些木桩就是水门翼墙之下的地钉，显然数量不是很多，所以仅能支撑水门这种墙体长度、宽度和高度均不是很大的建筑。到北宋末年的《营造法式》开始有了"单眼卷輂，自下两壁开掘至硬地，各用地钉打筑入地"[④]的明确规定。显然，

---

① 沙克什：《河防通议》卷上《料例第三》，《丛书集成初编》第 1486 册，中华书局，1985，第 11 页。

② 浙江省考古研究所、海宁市文物保护管理所：《江南运河长安闸遗址的调查与发掘》，浙江省博物馆编《东方博物》（第 48 辑），浙江大学出版社，2013，第 28 页。

③ 南京博物院、泰州市博物馆：《江苏泰州城南水关遗址发掘简报》，《东南文化》2014 年第 1 期。

④ 李诫：《营造法式》（一）卷三《壕寨制度·石作制度·卷輂水窗》，商务印书馆，1933，第 67 页。

南宋水闸易木为石的变化当是地钉技术逐步提高的结果。

其次，闸门柱的安全和固定措施更加完善。在北宋的木构水闸之下，其闸门柱只能采用跟闸墙分体建造然后再嵌入的方式，即前引《河防通议》中单独的"金口柱"，其实这种木制闸门柱在前述南越国汉代木构水闸遗址中即已存在（见图 10），南越国汉代木构水闸的闸门柱是在闸口"两侧竖木桩用榫卯嵌入枕木（闸底基座——引者注）的两端"，中间的两根木桩上凿有宽 0.1 米、进深 0.12 米的槽口，槽口中横排有"3 块挡板，残高约 1.7 米"。[①]这两根位于中间、凿有槽口的木桩就相当于北宋的"金口柱"，也就是说，从汉代到北宋 1000 多年的时间内，木构水闸的闸门基本没有变化，之所以会如此，笔者认为是因为这种闸门形制是木构水闸的唯一选择。

南宋时期，水闸虽然易木为石，但这种闸门形制却继续沿用，也就出现了长安闸嵌入闸墙中部、四面开槽的正方体或长方体闸门柱。[②] 较之之前的木制闸门柱，长安闸的闸门柱多出的两个侧面槽口和背面槽口均为连接两侧闸墙和背后翼墙的石"卯"，用以跟两侧闸墙和背后翼墙石板上的"榫"对接，所以这三个槽口尺寸均要远远小于闸门柱内侧用于安置闸板的槽口。以中闸为例，闸门柱内侧用于安置闸板的槽口宽 0.2 米、进深 0.18 米，两侧槽口则宽 0.08 米、进深 0.07～0.09 米，外侧连接翼墙的槽口宽 0.09 米、进深 0.06 米，[③] 下闸闸门柱两侧和外侧槽口的尺寸跟下闸基本相同。[④] 闸门柱两侧和外侧的槽口除了跟两侧闸墙和背后翼墙以榫卯形式连接外，还用灰浆灌缝以进一步加固。如图 11 所示，这种嵌入闸口直墙的闸门柱形式，到元代初年依然使用，[⑤] 且不设闸墩。

除了闸门柱以特殊形制来确保稳固之外，长安闸还有特制的翼墙来牵拉闸门柱以进一步确保闸门柱的安全。长安闸翼墙的建造方法，前面已经阐明，

① 广州南越国遗迹申报世界文化遗产工作领导小组办公室编《南越国遗迹》，广东人民出版社，2011，第 22 页。

② 中闸闸门柱平面为边长约 0.8 米的正方形，下闸闸门柱平面为长 0.8 米、宽 0.68 米的长方形。参见浙江省考古研究所、海宁市文物保护管理所《江南运河长安闸遗址的调查与发掘》，浙江省博物馆编《东方博物》（第 48 辑），浙江大学出版社，2013，第 27、29 页。

③ 浙江省考古研究所、海宁市文物保护管理所：《江南运河长安闸遗址的调查与发掘》，浙江省博物馆编《东方博物》（第 48 辑），浙江大学出版社，2013，第 29 页。

④ 具体数据参见浙江省考古研究所、海宁市文物保护管理所：《江南运河长安闸遗址的调查与发掘》，浙江省博物馆编《东方博物》（第 48 辑），浙江大学出版社，2013，第 27 页。

⑤ 上海博物馆编《志丹苑：上海元代水闸遗址研究文集》，科学出版社，2015，第 36～37 页。

图 10 南越国木构水闸闸门柱（由西向东）

资料来源：广州南越国遗迹申报世界文化遗产工作领导小组办公室编《南越国遗迹》，广东人民出版社，2011，第 38 页。

图 11 元初志丹苑水闸的闸门柱

资料来源：见上海博物馆编《志丹苑：上海元代水闸遗址研究文集》，科学出版社，2015，第 20 页。

此不赘述。

最后，闸墙砌筑的黏合剂更加先进。长安闸砌筑所用黏合剂除了前述的灰浆之外，还有一种就是翼墙内部石板之间连接所用的包括糯米、鸡蛋清在内的特殊黏合剂。[①] 无论是灰浆还是用糯米和鸡蛋清特制的黏合剂，北宋时期都不存在，都是到南宋时期才出现的。

就现有的考古发掘资料而言，江苏扬州宋大城北门遗址第 I 期门道边壁属于五代末期至北宋初期，其砌筑大城砖所用的黏合剂是泥浆，而到第 II 期即南宋时期的门道边壁，黏合剂就成了石灰膏；[②] 属于北宋时期的江苏泰州城南水关遗址早期遗迹，其"石材上下层之间填以糯米汁砂浆"；[③] 属于南宋时期的江苏仪征真州城东门水门遗址石壁则是"用白灰膏粘合"，[④] 同样属于南宋时期的宋大城北门水门遗址的"石壁是加工过的条石错缝垒砌而成，条石之间用掺加糯米汁的石灰膏进行粘合"，北段摆手的"石条之间用白灰膏粘合"。[⑤] 由这些发掘记录不难发现北宋到南宋时期砌砖或石所用黏合剂的发展顺序：从五代至北宋初期的泥浆，到北宋时期的糯米汁砂浆，到南宋时期的石灰膏或掺加糯米汁的石灰膏，正如《江苏扬州宋大城北门水门遗址发掘简报》中所言，"从砌石、砌砖用石灰膏进行黏合的特点来看，目前揭露出来的水门遗址极有可能是南宋时期的遗存"，[⑥] 同属于南宋时期的长安闸翼墙则使用了掺加糯米、鸡蛋清在内的特殊黏合剂，呈现出了较为清晰的演进脉络。从中不难发现，黏合剂的配比技术越来越高，黏合效果也相应越来越好。

---

① 国家文物局：《申报世界遗产文本：中国大运河》（未刊资料），2013，第 144 页。

② 中国社会科学院考古研究所、南京博物院、扬州市文物局江苏扬州唐城考古队：《江苏扬州宋大城北门遗址的发掘》，《考古》2012 年第 10 期。

③ 南京博物院、泰州市博物馆：《江苏泰州城南水关遗址发掘简报》，《东南文化》2014 年第 1 期。

④ 扬州市文物考古研究所、仪征市博物馆：《江苏仪征真州城东门水门遗址发掘考古发掘简报》，《东南文化》2013 年第 4 期。

⑤ 中国社会科学院考古研究所、南京博物院、扬州市文物局江苏扬州唐城考古队：《江苏扬州宋大城北门水门遗址发掘简报》，《考古》2005 年第 12 期。

⑥ 中国社会科学院考古研究所、南京博物院、扬州市文物局江苏扬州唐城考古队：《江苏扬州宋大城北门水门遗址发掘简报》，《考古》2005 年第 12 期。

九　当代运河规划、建设与管理

里运河堤防险工险段典型失效模式分析*

戴永琪　李宏恩　刘晓青**

我国地域辽阔，江河湖泊情况复杂，部分区域洪涝灾害频繁，对周边地区和人民造成非常严重的损失和影响。堤防工程作为我国防洪工程体系的重要组成部分，是指沿河、渠、湖、海岸或行洪区、分洪区、围垦区的边缘修筑的挡水建筑物，[①] 能够有效地抵御洪水的侵袭，是事关我国国民经济的重要水利基础设施。但是，由于我国的堤防工程历史悠久，现有的堤防大多是在民埝或者旧堤基础上加高培厚从而逐渐形成的，没有经过专业的地质勘探和地基处理，也没有严格控制设计标准和施工填筑质量，并且在长期运行过程中历经多次加固、抢险和生物破坏，堤身和堤基的情况非常复杂，存在诸多安全隐患，严重威胁堤防工程的安全。[②] 因此，进行堤防工程险工险段典型失效模式分析是十分必要的。

在国外，随着计算机信息技术的快速发展，一些国家逐步建立起堤防工程的自动化监测系统，[③] 对复杂繁多的堤防信息和监测资料进行有效管理和实时分析，并开发相应的监测资料安全评价系统，对堤防工程的重点堤段和问题堤段进行实时评估，为防汛查险争取了主动性，也为实现对整个堤防系统的科学化管理奠定了基础。例如，日本、荷兰等一些发达国家的堤防管理决策系统是比较先进的，其核心是建立了基于堤防信息管理系统和工程风险分析的堤防工程安全评价体系。[④] 20 世纪末，我国许多学者就对大坝安全评价

---

* 本文原载于《水利水运工程学报》2019 年第 2 期。

** 戴永琪，河海大学硕士研究生，研究方向为水工结构数值模拟与安全评价；李宏恩，博士，南京水利科学研究院正高级工程师，政策与法规研究室主任，研究方向为水库大坝安全管理；刘晓青，博士，河海大学教授，研究方向为水工结构设计与分析。

① 曹云：《堤防工程风险因子分析和风险计算模型研究》，《水利与建筑工程学报》2006 年第 4 期。

② 赵二峰、何晓洁、黄浩：《黄河下游堤防失事模式及识别方法》，《人民黄河》2014 年第 11 期。

③ 李青云、张建民：《长江堤防工程风险分析和安全评价研究初论》，《中国软科学》2001 年第 11 期。

④ 庞金龙：《宁夏黄河堤防风险分析及洪水影响评估》，硕士学位论文，天津大学，2016。

进行了较为深入的研究，但是对堤防安全评价方面的研究在那时才刚起步，主要也是在借鉴大坝安全评价理论经验的基础上逐步发展起来的。近年来，堤防工程安全评价的重要性已经引起了我国有关部门的重视，堤防的安全评价及其鉴定成果成为堤防加固设计和立项审批的重要依据之一。[①]《堤防工程设计规范》明确规定，堤防的安全鉴定是对所研究堤段防洪能力的综合检验和评价，是堤防加固设计前工作的重要组成部分。

里运河堤防工程沿线现存的清水潭、车逻坝、小蔡潭等13处险工险段不仅普遍存在不良地质条件段、穿堤涵洞多、多次加固堤段资料不详等工程问题，更具有位于南水北调东线输水主干线、部分沿线建筑为文物保护对象等工程特殊性。因此，针对上述问题开展的里运河堤防险工险段失效模式分析与安全评价研究，为里运河堤防工程的设计加固工作提供依据，对确保南水北调东线工程运行调度与沿线公众生命财产安全具有重要的实际意义和实践价值。

一 里运河堤防工程概况

里运河是京杭大运河最早开凿的河段，自古在"盐运"、"南粮北运"及"北煤南运"等通航活动中作用巨大。南水北调东线工程全线贯通后，里运河作为输水主干线肩负了重要的提水北送任务。里运河位于南水北调东线江苏省内，介于长江和淮河之间，北接中运河，南接江南运河，是输水河道和通航河道，同时也是淮河入江水道的一条泄洪通道。里运河设计水位为8.5米，而其两岸地面高程较低，因此水位一直高于两侧地面。扬州市管辖的高邮、江都段内的里运河堤防为国家一级堤防，东堤全长74.4千米，防洪标准为100年一遇。里运河东堤自北向南分为里运河高邮段、里运河江都段和江都高水河三个堤段，其沿线的大部分堤防及穿堤建筑物建设年代久远，最早涵闸（如子婴闸）为文物，历史可上溯到清朝。里运河东堤目前普遍存在堤防超高不足、堤身单薄、窨潮渗漏、堤后深塘、堤基深淤、护坡损坏和沿线建筑物老化严重等安全隐患。里运河东堤是高邮和江都两地的防洪安全屏障，是沿线群众生产生活的安全保障。

---

① 汪自力、顾冲时、陈红：《堤防工程安全评估中几个问题的探讨》，《地球物理学进展》2003年第3期。

二　里运河东堤典型失效模式分析

（一）土堤失效模式

根据有关堤防破坏的现场调查资料和历史文献资料分析，土堤的失效模式可分为水文破坏和结构破坏。水文破坏是指堤防由于水文因素的不确定性造成的堤防失事，水文因素的不确定性主要考虑实际水位或流量超过设计标准的情况，因此水文破坏主要为漫堤破坏。结构破坏则是指堤防由于材料和组成等各种结构因素的不确定性造成的堤防失事，主要包括渗透破坏和失稳破坏。[①]

1. 漫堤破坏

漫堤破坏可分为洪水漫溢和洪水漫顶两种表现形式，前者指洪水位已经超过堤顶，由于堤前洪水直接漫过堤顶造成的堤防失事；后者指洪水位并没有超过堤顶，而是由于风荷载等作用使波浪爬高越过堤顶造成的堤防失事。[②]漫堤破坏通常是由堤防高度不足（堤顶未达到设计高程或堤防设计标准过低）或者堤前水位过高（发生超标准洪水）而造成的。

里运河江都段共有邵伯临镇和昭关船厂北两处堤防超高不足，江都高水河沿线有邵伯保卫战烈士陵园南人字坝一处堤防超高不足。若河道实际发生超标准洪水，这三处堤段很可能由于堤顶高程不满足设计要求而引起堤防漫堤破坏。

通过上述对里运河东堤漫堤破坏机理的分析可知，堤防工程漫堤破坏的内部因素主要是堤防高度不足，外部因素主要是超标准洪水。

2. 渗透破坏

渗透破坏是堤防工程的主要破坏形式，我国历史上的堤防决口绝大多数都与堤防的渗流有关。[③]渗透破坏是指堤身或堤基由于渗流时产生的渗透力而导致的堤防破坏，可分为管涌、流土、接触冲刷和接触流失四种表现形式。其中，在单一土层中主要发生管涌和流土破坏，而接触冲刷和接触流失主要

---

① 邢万波：《堤防工程风险分析理论和实践研究》，博士学位论文，河海大学，2006。
② 费小霞、李锋、李华：《堤防工程风险分析研究综述》，《河南水利与南水北调》2009 年第 5 期。
③ 雷鹏、肖峰、张贵金：《基于 AHP 的堤防安全评价系统研究》，《人民黄河》2013 年第 2 期。

发生在两种土层的接触面处。

江都高水河东堤沿线共有土山洞北和人字坝两处堤身，且极其单薄，亟须加宽堤身处理。由于这些堤段的堤身单薄（堤身断面不足），堤防背水坡会出现渗水现象，随着汛期洪水位的升高，当堤身的实际渗透坡降大于堤身土层的允许坡降时，渗透水流会将堤身透水层的细颗粒冲刷带走，可能引起堤防管涌破坏。

里运河高邮段的车逻坝背水坡在里运河高水位运行时曾出现多处渗漏点；里运河江都段共有崇湾斜路南、崇湾油码头、戚运公路北、小六堡、戚运公路南、小蔡潭南、新庄路北、王庄路北、昭关坝、宋家浅、昭关闸、江港作业区、铜材厂院内和万寿宫等14处窨潮渗漏段，部分堤段的渗漏情况经历年防渗、导渗处理有所缓解，但仍存在窨潮渗漏现象；江都高水河共有江都老船厂段、原刘庄小桥北段、谈庄洞南和邵伯临镇大王庙段背水坡等四处窨潮渗漏段。窨潮渗漏是指运河高水位运行时堤防背水坡渗水的现象，可能造成堤坡冲刷和堤身漏洞等险情，容易引起堤防渗透破坏。

里运河高邮段沿线有多处堤后深塘和鱼塘，严重侵蚀堤防土体，且堤防两侧水位差很大，导致堤防渗漏严重；里运河江都段共有来圣庵、小六堡、小蔡潭、荷花塘、昭关坝和宋家浅等六处堤后深塘，这些深塘大都是人工养殖的鱼塘，对堤脚的侵蚀不容小觑；江都高水河共有黑鱼塘、南塘和人字头坝等三处堤后深塘，加之这些堤段堤身质量较差，渗漏情况严重。这些堤段的堤后深塘使得堤基长时间浸水，导致堤基及其附近土壤变得潮湿松软且透水性强，渗漏严重，容易引起渗透破坏。随着汛期洪水位的升高，当堤基的实际渗透坡降大于堤基土层的允许坡降时，渗透水流会将堤基透水层的细颗粒冲刷带走，引起堤防管涌破坏。同时，堤后深塘堤段的堤防两侧水位差较大，在渗透动水压力的作用下，堤脚局部土体浮动流失，引起堤防流土破坏。

通过上述对里运河东堤渗透破坏机理的分析可知，堤防工程渗透破坏的内部因素主要与堤身断面形式、堤身和堤基的材料及力学特性如堤防填筑材料的级配、密实度以及土层的渗透特性等条件有关。除此之外，洪水期间波浪对堤防迎水面强烈的冲击作用和对堤基产生的淘刷作用等外部因素也是引起堤防渗透破坏的原因。

3. 失稳破坏

失稳破坏也是堤防工程中常见的破坏形式。失稳破坏是指堤防由于局部岸坡土体的滑动或崩塌而造成的堤防破坏，可分为滑坡和崩岸两种表现形式，① 通常发生在暴雨、长期降雨以及退水期。

里运河高邮段共有邵家沟至头闸段和清水潭段两处堤基深淤，堤基淤土最深处达 30.8 米，堤身不稳定，存在安全隐患；里运河江都段共有东堤小六堡塘北、蔡家潭、宋家浅和淤溪河口等四处堤基深淤，最深处达 23.8 米，最低处达 7.5 米。这些堤段堤基深淤中的淤泥属于软土，具有含水量大、压缩性高、抗剪强度和承载力低的特点，在堤身自重和堤顶动荷载的作用下，堤防容易产生不均匀沉降变形，严重时可能导致堤身下陷和裂缝，在汛期暴雨的影响下，雨水充满裂缝并沿裂缝渗入堤身内部，使得堤防土体强度降低，引起堤防失稳破坏。堤基淤泥层性质软弱、强度低且抗冲性差，堤防临水面的堤基深淤在河流冲刷和高水位时水压力的作用下，淤泥层容易受到水流侵蚀并产生侧向挤压流动，堤防岸坡的上部土体前缘临空失去稳定，引起堤防失稳破坏。

里运河高邮段东堤界首段迎水面块石护坡出现多处浪窝、浪洞（单个面积为 10～20 平方米），高邮船闸以北的东堤浆砌石护坡由于船行波和河水冲刷导致护坡淘刷损坏严重；里运河江都段共有东堤露筋渡口、联盟庄码头、王庄段、邵伯临镇段等四处护坡损坏，也是由靠船及河水冲刷造成的。船行波和河水风浪的冲击淘刷作用使得堤防护坡不断受到侵蚀损坏，易造成护坡塌陷，引起堤防失稳破坏。

通过上述对里运河东堤失稳破坏机理的分析可知，堤防工程失稳破坏的内部因素主要与堤防岸坡条件有关，如堤防土体的组成、土体的物理力学性质、土层的渗透特性等。除此之外，高水位作用、暴雨、船行波和河流冲刷等也是引起堤防失稳破坏的原因。里运河东堤失效模式见表 1。

表 1 里运河东堤失效模式

破坏形式		表现形式	影响因素		里运河东堤安全隐患
			内部因素	外部因素	
水文破坏	漫堤破坏	洪水漫溢洪水漫顶	堤防高度不足	超标准洪水	堤防超高不足
结构破坏	渗透破坏	管涌流土接触冲刷接触流失	堤身断面形式、堤身和堤基的材料及力学特性、土层的渗透特性	洪水期间波浪的冲击作用和淘刷作用	堤身单薄窨潮渗漏堤后深塘

① 张秀勇：《黄河下游堤防破坏机理与安全评价方法的研究》，博士学位论文，河海大学，2005。

破坏形式		表现形式	影响因素		里运河东堤安全隐患
			内部因素	外部因素	
结构破坏	失稳破坏	滑坡崩岸	堤防土体的组成、土体的物理力学性质、土层的渗透特性	高水位作用、暴雨、船行波和河流冲刷	堤基深淤护坡损坏

资料来源：笔者自制。

（二）水闸失效模式

根据有关水闸破坏的现场调查资料和历史文献资料分析，里运河东堤沿线水闸的失效模式可分为渗漏破坏、冲刷破坏和裂缝破坏。

渗漏破坏有两种情况，一是通过水闸基础的闸下渗漏，二是通过水闸与堤防边坡连接处的绕闸渗漏。水闸的渗漏破坏主要是由地基本身存在安全隐患以及水闸的防渗排水设施失效等因素造成的。里运河部分水闸存在闸门底漏水的问题，长期渗漏会引起闸基和堤防边坡土体的渗透变形，甚至导致闸室倾斜和倒塌，严重威胁水闸的安全。

冲刷破坏是水闸破坏中常见的破坏形式，包括对闸基、闸室底板、翼墙、护坦等部位的冲刷。冲刷破坏主要是由闸基软弱、水流流速过快、产生波状水跃等自然和人为因素造成的。水流冲刷会导致水闸各组成结构的剥蚀、磨损和毁坏，是里运河部分水闸存在翼墙块石脱落问题的原因。

裂缝破坏可分为温度裂缝和沉降裂缝。[1] 温度裂缝主要是由于降温时混凝土的温度应力过大，其是里运河部分水闸存在混凝土胀裂问题的原因；沉降裂缝主要是由闸基的不均匀沉降引起的。需要注意的是，裂缝往往会引起水闸其他形式的破坏，并形成恶性循环，对水闸的安全造成严重危害。

（三）穿堤涵洞失效模式

根据有关涵洞破坏的现场调查资料和历史文献资料分析，穿堤涵洞的失效模式主要为渗漏破坏，即由于渗漏引起的穿堤涵洞破坏。里运河东堤沿线部分穿堤涵洞长期运行，老化和损坏问题严重，且存在多处渗漏点，对堤防安全造成严重影响。对里运河东堤穿堤涵洞渗漏破坏的主要原因的具体分析如下。

---

[1] 张丽明：《水闸破坏形式与除险加固措施的研究》，《水利科技》2001年第2期。

在施工过程中，由于施工条件的限制，穿堤涵洞周围回填土填筑质量差，洞身与堤身的接触面不密实，在上、下游水位差的作用下，造成洞身和堤身之间的接触渗漏。[①] 高水位运行时，渗水流经堤身进入涵洞及其周边孔隙，在长期渗流的作用下，易在穿堤涵洞周围形成渗漏通道，不断冲刷涵洞外壁及其周边土壤，从而导致洞身局部沉陷，产生错位裂缝，引起洞身渗漏，严重时将造成堤防渗透破坏。除此之外，里运河东堤还有多处堤段存在堤基深淤的安全隐患，其中的淤泥属于软土，具有含水量大、压缩性高、抗剪强度和承载力低的特点，在堤身自重和堤顶动荷载的作用下，易使堤防产生不均匀沉降变形、洞身挤压变形，从而导致穿堤涵洞的断裂漏水。

三　里运河堤防工程安全评价

笔者选取里运河东堤险工险段中的清水潭、车逻坝和小蔡潭三个典型断面，运用 AutoBank 软件对上述典型断面进行渗流安全性和稳定安全性计算分析。其中，边界条件根据计算工况确定，计算参数根据里运河堤防工程地勘报告和现场检测结果综合选择。

（一）渗流安全性分析

求解渗流场的关键是确定浸润线位置，AutoBank 采用节点流量平衡法通过迭代计算自动确定浸润线位置和渗流量。[②]

计算过程如下。①绘制计算断面。②编辑土层材料表。③划分网格。④输入水位及边界。输入设计水位高程8.5米和堤后深塘的水面高程，分别沿上、下游边坡绘固定水位边界线；沿下游坡面绘出逸边界线。⑤稳定渗流计算。

经过渗流计算，根据 AutoBank 软件的渗流场后处理分析，可得堤防各典型断面在设计水位8.5米下的渗流量，再在图中出逸点处插入等值线，可以得到出逸点的高程和水力比降，图1、图2、图3为里运河东堤险工险段典型断面水力比降等值线图。

---

① 郑惠成：《浅议穿堤涵洞渗透破坏及其防治》，《江苏水利》2001 年第 7 期。

② 舒楠：《基于 AutoBank 软件在堤防稳定计算中的应用》，《建筑工程技术与设计》2017 年第 21 期。

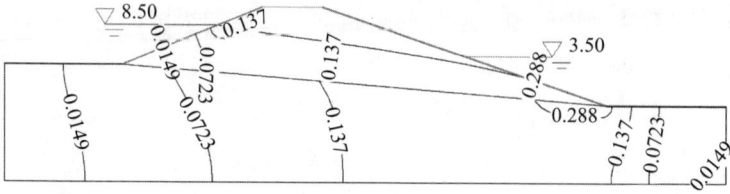

图 1 清水潭断面水力比降等值线图

资料来源：本文图片均是使用 Autobank 软件计算的结果截图，以下不再赘述。

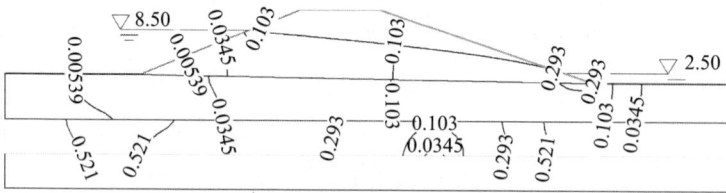

图 2 车逻坝断面水力比降等值线图

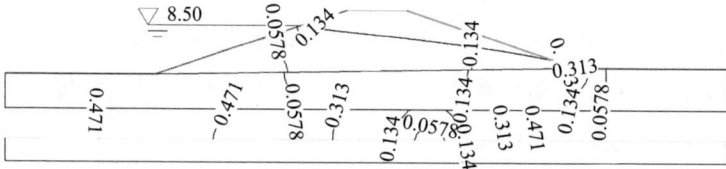

图 3 小蔡潭断面水力比降等值线图

根据《堤防工程设计规范》，以土的临界水力比降 J_{cr} 除以安全系数可以得到防止土体渗透变形的允许水力比降 $J_允$，其中安全系数取 2.0。里运河东堤险工险段各典型断面堤身土体的允许水力比降计算结果见表 2。

表 2 里运河东堤险工险段典型断面渗流计算结果

典型断面	计算水位（m）	渗流量（m^3/S^{-1}）	出逸点高程（m）	出逸点水力比降	临界水力比降	允许水力比降
清水潭	8.5	3.23870×10^{-5}	0.44	0.288	0.926	0.463
车逻坝	8.5	2.99457×10^{-5}	2.89	0.293	0.926	0.463
小蔡潭	8.5	9.52276×10^{-8}	3.62	0.313	1.006	0.503

资料来源：本文表格皆由 AutoBank 软件计算结果统计，不再赘述。

由表 2 可知，堤防各典型断面背水侧堤坡的出逸点水力比降均小于允许水力比降，在设计水位运行条件下，堤防的渗透稳定满足规范要求。按照《堤防工程安全评价导则》（SL/Z 679 – 2015），虽然土堤的渗透坡降满足相关标准要求，但是由于运行中存在局部渗流异常现象，故渗流安全性定为 B 级。

（二）稳定安全性分析

稳定计算根据不同的假定有多种计算方法，瑞典法和毕肖普法是近年来在堤防抗滑稳定计算中普遍采用的两种刚体极限平衡法。本次 AutoBank 软件的稳定计算结合有效应力法和毕肖普法求解里运河东堤的边坡稳定问题。

计算过程如下。①编辑土层材料表。②输入变化水位及边界。在 $t=0$ 处输入设计水位高程 8.5 米，在 $t=24h$ 处输入正常水位 6.5 米，沿上游边坡绘边界线。③非稳定渗流计算。④边坡稳定计算。

经过稳定计算，可得堤防各典型断面在不同工况下的最危险稳定滑弧面及其安全系数，图 4、图 5、图 6 为里运河东堤险工险段典型断面最危险稳定滑弧面。

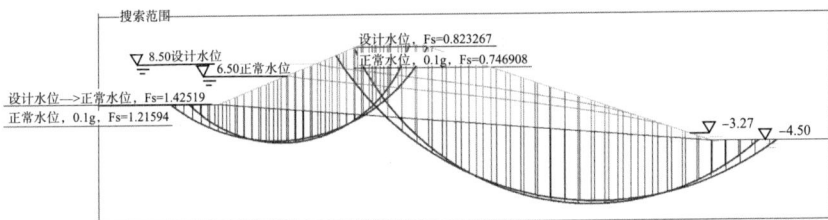

图 4　清水潭断面最危险稳定滑弧面

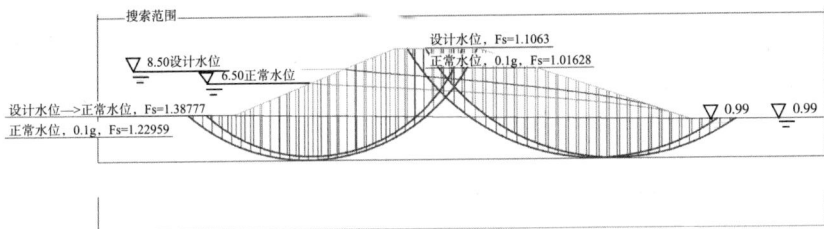

图 5　车逻坝断面最危险稳定滑弧面

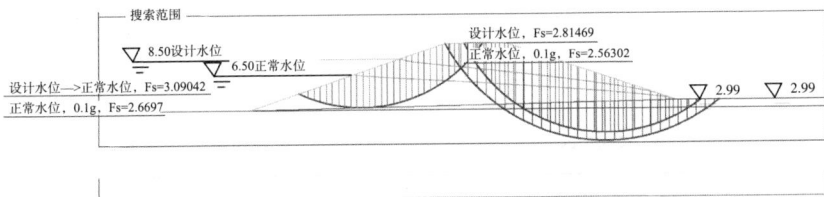

图 6　小蔡潭断面最危险稳定滑弧面

根据《堤防工程设计规范》的规定，采用毕肖普法时，在正常运用条件下，土堤边坡抗滑稳定安全系数不应小于1.50；在非常运用条件下，土堤边坡抗滑稳定安全系数不应小于1.20。里运河东堤险工险段各典型断面边坡抗滑稳定安全系数允许值见表3。

表3　里运河东堤险工险段典型断面稳定计算结果

典型断面	计算工况		堤坡	边坡抗滑稳定安全系数计算值	边坡抗滑稳定安全系数允许值
清水潭	正常运用条件	设计水位8.5m	背水侧	0.823267	1.50
		设计水位8.5m骤降至正常水位6.5m	临水侧	1.425190	1.50
	非常运用条件	平均水位6.5m+地震加速度0.10g	背水侧	0.746908	1.20
			临水侧	1.215940	1.20
车逻坝	正常运用条件	设计水位8.5m	背水侧	1.106300	1.50
		设计水位8.5m骤降至正常水位6.5m	临水侧	1.387770	1.50
	非常运用条件	平均水位6.5m+地震加速度0.10g	背水侧	1.016280	1.20
			临水侧	1.229590	1.20
小蔡潭	正常运用条件	设计水位8.5m	背水侧	2.814690	1.50
		设计水位8.5m骤降至正常水位6.5m	临水侧	3.090420	1.50
	非常运用条件	平均水位6.5m+地震加速度0.10g	背水侧	2.563020	1.20
			临水侧	2.669700	1.20

由表3可知，清水潭断面和车逻坝断面在前三种工况下的安全系数计算值大都小于边坡抗滑稳定安全系数允许值，土堤的边坡稳定不满足规范要求，有发生稳定破坏的危险；小蔡潭断面在各工况下的安全系数计算值均大于边坡抗滑稳定安全系数允许值，土堤的边坡稳定满足规范要求。按照《堤防工程安全评价导则》（SL/Z 679 - 2015），堤防结构安全性不满足有关标准要求，故结构安全性定为C级。

（三）安全综合评价

根据上述堤防渗流和稳定复核计算结果，经综合分析评价，里运河东堤运用指标无法达到设计标准，工程存在安全隐患。按照《堤防工程安全评价导则》（SL/Z 679 - 2015），由于堤防渗流安全性定为B级、结构安全性定为

C 级，故里运河堤防综合评价为三类（不安全）。

里运河东堤目前普遍存在堤防超高不足、堤身单薄、窨潮渗漏、堤后深塘、堤基深淤、护坡损坏和沿线建筑物老化严重等安全隐患，并且综合评价为三类堤，应尽快提出除险加固方案建议。

四　结　语

本文在研究南水北调东线里运河堤防工程现状隐患的基础上，分析里运河东堤典型失效模式，对里运河堤防主要险工险段的典型断面进行渗流和稳定计算，并对典型险工险段进行综合安全评价。主要内容如下。

第一，结合里运河东堤实际存在的安全隐患，研究里运河堤防工程中土堤、水闸和穿堤涵洞等建筑物的典型失效模式。土堤的失效模式可分为水文破坏和结构破坏，其中水文破坏主要为漫堤破坏，结构破坏主要包括渗透破坏和失稳破坏；水闸的失效模式可分为渗漏破坏、冲刷破坏和裂缝破坏；穿堤涵洞的失效模式主要为渗漏破坏。

第二，分析里运河东堤险工险段的土堤、水闸和穿堤涵洞在各自破坏形式下的安全影响因素，揭示其可能的失效路径和破坏机理。

第三，对里运河东堤险工险段的土堤进行安全性复核计算和安全评价。运用 AutoBank 软件对里运河东堤主要险工险段的典型断面进行渗流计算和稳定计算，经综合分析评价，由于堤防渗流安全性定为 B 级、结构安全性定为C 级，故里运河东堤综合评价为三类（不安全）。

十　世界运河

苏伊士运河与大英帝国的兴衰[*]

吕桂霞^{**}

正如京杭大运河承载了我国隋唐等王朝的兴衰一样，在世界历史上也有一条这样的运河，承载了大英帝国的兴衰，这就是苏伊士运河。如果说苏伊士运河的开凿，使大英帝国最终发展成为一个"日不落帝国"，那么 1956 年的苏伊士运河战争，则使英国彻底失去主导世界的话语权，从世界强国沦落为一个地区性大国。本文以苏伊士运河为考察对象，以该运河的开凿、掌控与战争为线，系统剖析大英帝国的兴盛与衰落。

一 大英帝国的崛起与苏伊士运河的开凿

与中国一样，英国也有着极为悠久的历史。最早来到大不列颠岛定居的是公元前 3000 年左右的伊比利亚人，他们为不列颠带来了新石器文化。公元前 1000 年至前 100 年，居住在欧洲西部的凯尔特人又来到了不列颠，带来农耕文明。此后，罗马帝国的大军也来到了不列颠，开始了其长达 400 年的罗马统治。直到公元 5 世纪中叶，三支日耳曼部落朱特人、盎格鲁人和撒克逊人的到来，才奠定了英国的基础，开始了我们熟悉的盎格鲁－撒克逊时代。然而，此后的英国先后经历了丹麦人的入侵、诺曼征服、百年战争和玫瑰战争，因此一直未形成一个强大的国家。

直到伊丽莎白一世继位，英国历史的大发展时代才真正开启。作为亨利八世与第二任妻子安妮的女儿，伊丽莎白早年深受英国宗教改革的影响，也目睹了宗教分歧给国家带来的伤害，因此她上台后一再调和各种宗教分歧，淡化国家的宗教色彩，致力于国家振兴与发展。她一方面厉行节约，另一方

———————————

    * 本文原载于《运河学研究》第 3 辑，社会科学文献出版社，2019，第 63~73 页。

  ** 吕桂霞，世界史博士、博士后，中国社会科学院世界历史研究所教授，研究方向为世界近现代史和国际关系史。

面拼命追求金钱，掀起了英国社会的拜金热，又通过鼓励海盗行动，拦截葡萄牙、西班牙和荷兰商船，加速了英国的资本原始积累，开创了"伊丽莎白时代"。据估计，在伊丽莎白时代，英国通过海盗劫掠获得的财富达 1200 万英镑，而到 17 世纪末，英国全年的国民总收入也不过是 4300 万英镑。① 此后的英国飞速向前发展，它先后通过英西战争、英荷战争，打败老牌殖民主义强国西班牙和荷兰，成为海上霸主。此后，在将近一个世纪的时间里，英国又通过四次重要战争，即 1688～1697 年的奥格斯堡同盟战争、1701～1714 年的西班牙王位继承战争、1740～1748 年的奥地利王位继承战争和 1756～1763 年的七年战争，打败法国，迫使法国签署《巴黎和约》，夺取了法国在北美的大部分殖民地，并取得了对印度的控制权，建立起一个"日不落帝国"。

除了战争以外，在大英帝国崛起的过程中，还有诸多因素发挥了重要作用。诸如英国卓越的地理位置、强大的海军、1688 年光荣革命建立的君主立宪制政体以及 18 世纪 60 年代开始的工业革命等，有关具体情况很多学者都已进行了论述，这里不再一一赘述。仅以工业革命为例，稍加说明。由于英国是最早进行工业革命的国家，所以无论是生产技术还是科学发展，英国一直居于世界首位。在工业革命的引领下，英国积极进行海外扩张，从欧洲到非洲，从亚洲到美洲再到大洋洲，到处都能见到英国人的身影，他们与当地人一起，共同开发（殖民）这些地区，同时飞快地提升英国的经济。"一年又一年，海外贸易和投资逐渐增长，到 1880 年，20 亿英镑投资到海外，超过 1200 万英国人在此时移民海外，参与到新大陆开拓中，帮助英国倾销工业产品。"② 最终，这些因素的合力把英国推向了前所未有的世界领导者地位，这一点得到学界的共识，著名英国史研究专家王觉非指出，"19 世纪中期英国经济的发展已在世界上居于无可争议的领导地位"。③

帝国时期的英国，不仅在政治上推行了自由主义的统治，而且在经济上也逐渐转向自由贸易政策，"多数英国人认为没有必要保留一个正式的帝国，英国以其强大的经济实力和海上霸权，完全能控制全世界的贸易。他们认为自由贸易是英国最大的利益所在，与其保护帝国，不如保护海上通道"。④

---

① Louis M. Hacker, *The Triumph of American Capitalism*, New York: Simon and Schuster, 1940, pp. 65–68.
② Ronald Robinson, John Gallagher and Alice Denny, *Africa and the Victorians: The Climax of Imperialism in the Dark Continent*, New York: St. Martin's Press, 1961, p. 1.
③ 王觉非：《近代英国史》，南京大学出版社，1997，第 542 页。
④ 钱乘旦、许洁明：《英国通史》，上海社会科学院出版社，2002，第 295 页。

"帝国予以大不列颠一个极优越的地缘战略地位。……一个基地遍布的全球性群岛提供了对于关键性航路枢纽的控制，此等枢纽包括地中海出口、非洲尖端和前往印度洋的通道。"① 这一认知，使得原本就重视海权、以海军起家的英国更加重视对海上通道的保护。所以当通往印度的好望角商路被开辟出来之后，英国就给予了足够的重视，从17世纪初至18世纪中叶，英国在与葡萄牙、荷兰、法国争夺东方的斗争中，一直把目光集中在从好望角到东方的新航路上。1796年，英国终于从荷兰手中夺得开普殖民地，进一步控制了好望角航路，掌握着东西方贸易。与高度重视好望角商路相反，英国对于地中海—红海商路并不感兴趣，因为"一方面由于英国不是地中海国家，利用旧商路地理位置并无优势，另一方面因为旧商路距离虽短，但航路曲折，不利于贸易往来"。② 英国对地中海—红海商路的忽视，不可避免地为英国后来在与法国争夺苏伊士运河控制权中处于被动局面埋下了伏笔。

实际上，苏伊士地峡的地理位置十分重要。它不仅地处欧亚非三大洲交界处，而且连接红海、地中海和尼罗河，自古就是东西方贸易的枢纽。无论是东起中国长安，西经河西走廊、天山、阿富汗、伊朗、伊拉克、叙利亚，最终到达罗马（大秦）的"丝绸之路"，还是从宁波、泉州、广州等地出发，经东南亚、印度半岛、阿拉伯半岛、亚丁湾、红海、北非、地中海，最终到达欧洲的"海上丝绸之路"，都需途经西亚、北非尤其是苏伊士地峡。因此早在古代时期，埃及法老就曾试图领导人民开凿苏伊士运河，但没有成功。此后，波斯帝国、古罗马帝国和阿拉伯帝国也都为之进行了努力，均未成功。

15世纪地理大发现后，虽然东西方贸易重心从地中海转移到大西洋，但法国一直没有放弃获得地中海—红海商路的想法，特别是在七年战争丢失北美和印度的殖民地以后，法国更加渴望报复英国并恢复其在东方的地位。拿破仑帝国崛起后，为打击英国，1798年4月12日，处于反法联盟围剿下的拿破仑亲自起草并秘密颁布了一项法令，准备派遣一支军队"占领埃及，驱逐所到之处的英国占领者，开拓苏伊士地峡，采取必要的步骤确保法国在红海的自由或是对其的全部的占领"。③ 遗憾的是，由于法国内部动荡，拿破仑不

---

① 〔美〕保罗·肯尼迪：《战争与和平的大战略》，时殷弘、李庆四译，世界知识出版社，2005，第53页。

② 赵军秀：《评英法开凿苏伊士运河的矛盾》，《世界历史》1994年第8期。

③ Charles. W. Hallberg, *The Suez Canal*, *Its History and Diplomatic Importance*, New York：Columbia University Press, 1931, p. 63.

得已将主要精力放在国内，开凿苏伊士运河的计划被迫搁浅。

不过，法国人一直没有放弃开凿苏伊士运河的计划。为此，在拿破仑的开凿计划搁置后的半个世纪里，法国一直通过支持穆罕默德·阿里改革争夺在埃及的话语权。1854 年原法国驻埃及领事、投机商人费迪南·德·莱塞普斯（Ferdinand de Lesseps）利用和埃及新任总督穆罕默德·赛义德（Mohamed Said）的交情，以开凿苏伊士运河可使埃及脱离土耳其独立为诱饵，获得了开凿苏伊士运河的租让权，并正式签订了租让合同。1856 年，双方重新签订的租让合同进一步扩大了运河公司的特权范围。合同规定：运河公司在开罗和运河之间挖一个淡水渠，运河和淡水渠两侧两公里宽的土地无偿归公司所有；埃及为运河工程提供必要的劳力，埃及每年获公司纯利的 15%；租期 99 年。[①]虽然期满后苏伊士运河归埃及所有，埃及政府每年分享 15% 的利润，但实际上埃及在后来开凿的过程中非但没有从中获利，相反却更加受制于西方列强，这恐怕是赛义德没有想到的。

二　苏伊士运河的掌控与 "日不落帝国" 的形成

法国与埃及签署关于苏伊士运河的开凿合同让英国大吃一惊，虽然此时的英国尚没有充分意识到苏伊士运河的重要性，但随着英国势力在东方的扩张，特别是七年战争后英国占领印度、1826 年通过和缅甸签订《杨达波条约》占领缅甸的阿拉干和丹那沙林地区及对槟榔屿、对新加坡和马六甲的占领，1840 年又通过鸦片战争打开了中国的大门，使得英国人特别是商人对东方越来越感兴趣。他们不愿看到苏伊士运河被法国人所控制，认为法国与埃及共同开发苏伊士运河对英国而言是一场极大的灾难，如果苏伊士运河建成，那么将会严重削弱英国的海上霸权，进而影响英国的国际地位。首相帕麦斯顿则把苏伊士运河计划看作法国的 "政治阴谋"，认为法国此举老谋深算，其主要目的在于利用运河破坏英国对好望角航路的控制权，威胁英国在东方的属地。[②] 同时，通过开凿苏伊士运河割裂土耳其与埃及，"运河完成之日，就是埃及完全脱离土耳其，置于法国保护下之时"。[③]

---

① 钱其琛主编《世界外交大辞典》下册，世界知识出版社，2005，第 1954 页。

② T. O. Lloyd, *The British Empire, 1555 – 1953*, Oxford：Oxford University Press, 1954, p. 155.

③ J. Marlowe, *The Making of the Suez Canal*, London：Cresset Press, 1964, p. 85.

　　基于上述认识，英国决定阻挠法国人开凿苏伊士运河，为此它积极谋求埃及的宗主国——奥斯曼土耳其帝国的支持。如前所述，1854 年法国人是与埃及政府签署的苏伊士运河开凿合同，但此时的埃及尚处于奥斯曼土耳其帝国的控制之下，因此该合同附件明确规定，法国要想真正开凿苏伊士运河，还必须获得土耳其素丹的批准。为使土耳其素丹拒绝批准苏伊士运河开凿合同，英国使出浑身解数，通过各种渠道进行游说，并摆出一副维护国际公义、维护土耳其利益的姿态，告诫土耳其一旦苏伊士运河开凿，最终的结果必然是埃及彻底脱离土耳其而独立。土耳其虽然并不完全相信英国所言，但也不愿得罪法国，因此土耳其素丹提出了批准合同的前提条件，那就是如果欧洲列强一致同意开凿苏伊士运河，那么土耳其也不反对。条件看似简单，实则极其不易，且不说欧洲其他列强，仅仅是让英法两国达成一致就不是一件轻松的事情，因此苏伊士运河的开凿进入了进退两难的境地。

　　英法两国在苏伊士运河开凿问题上的角逐令莱塞普斯十分无奈，虽然他动用了许多关系，也采取了多种措施，但一直未能获得英法两国的一致同意，无法满足土耳其素丹批准运河开凿的条件，他一怒之下决定不管土耳其素丹是否批准，先动手开凿再说。为了证实苏伊士运河的可行性，他首先邀请了由著名科学家组成的国际科学委员会为运河计划提供技术支持。该小组经过紧密磋商，决定派遣 5 名研究人员赴苏伊士运河进行实地调研，1856 年 1 月 2 日，他们向埃及总督呈送了一份报告，"声称运河的建造是可行的，而且会成功，运河建造的费用不超过 2 亿法郎"。[①]

　　为了顺利开凿苏伊士运河并筹措资金，1858 年 10 月莱塞普斯宣布成立"国际苏伊士运河公司"，并决定发行 2 亿法郎股票作为资本。为了阻止运河公司顺利运营，英国首相帕麦斯顿一方面斥责这个项目是一个"泡沫"计划，另一方面也想方设法限制法国购买股票的数量，因法国购买股票的人都是小投资者，再加上此前预留给英国、俄国、美国和奥地利的股票没有卖出，致使莱塞普斯未能如愿获得股权发起书中规定的 4 亿法郎。无奈之下，莱塞普斯只好求助法国政府，在法兰西第二帝国皇帝拿破仑三世的支持下，法国人购买苏伊士运河股票的热情大增；同时埃及总督赛义德也决定再拿出 8500 万法郎购买股票，最终完成了法国以 207160 股的多数掌握了苏伊士运河的控制

[①] 史丽婵：《英法争夺苏伊士运河控制权的地缘政治学分析（1854—1875）》，硕士学位论文，河北师范大学，2012，第 32 页。

权。1859 年 4 月 25 日，苏伊士运河在地中海的塞得港破土动工。

苏伊士运河的开工，标志着英国阻挠运河开凿的计划最终破产，但英国阻挠运河开凿的愿望并没有就此放弃。为了打击法国，英国开始改变策略，试图以法国征用强制劳工为由阻止运河开凿的进程。为补偿强制劳工，在法国皇帝拿破仑三世的调停下，最终法国控股的国际苏伊士运河公司被迫拿出 3800 万法郎，并将运河两岸的土地转让给埃及政府。① 这样，法国孜孜以求的国际苏伊士运河公司最终落到埃及政府手中。1869 年，历经波折的苏伊士运河终于建成通航。然而，苏伊士运河通航初期并没有给公司带来预期的收益，再加上埃及为了修建运河大量举债，致使政府债台高筑。为了偿还到期债务，埃及素丹伊斯梅尔（Ismail）决定出售手中 44% 的苏伊士运河股票。鉴于苏伊士运河对英国商业和战略有越来越重要的作用，英国政府决定从埃及政府手中购买运河公司的股票。在首相迪斯雷利的大力支持下，最终英国以超乎寻常的速度在 10 天内完成了购买合同，以 397.658 万英镑的价格购买了 17.6602 万股的股票。②

苏伊士运河股票给英国带来了巨大的政治和经济效益。它先在经济上让英国获益颇丰。1875 年 11 月，虽然苏伊士运河的股票标价为每股 685 法郎，但英国在进行交易时却以每股 568 法郎或者说是 23 英镑获得；从 1875 年到 1894 年，虽然英国在这 19 年内无法获得股息，但政府却会收到 5% 的利息；1881 年苏伊士运河股票飙升至每股 78 英镑，这样 5 年内英国政府就挣了 475 万英镑。在此之后，股票不断暴涨，到 1905 年英国的投资额已价值 300 万英镑，英国政府每年将收到 104 万英镑。③ 另外，英国购买苏伊士运河的购票也使英国的航运船只逐渐从原来的好望角航道转向地中海航道。据统计，在运河通航的第一年，在通过运河的 489 条船中，有英国船 324 条，约占总数的 66%，通过运河的货物吨位为 43.7 万吨，英国货物达 29.1 万吨，约占总数的 67%，英国凭借拥有世界上三分之一的商船和对外贸易的优势，在运河区独领风骚。④ 更为重要的是，

① H. J. Schonfield, *The Suez Canal in World Affair*, New York：Forgn Affairs , 1953，p. 40.

② Charles. W. Hallberg, *The Suez Canal, its History and Diplomatic Importance*, New York：Columbia University Press, 1931, p. 240.

③ Charles. W. Hallberg, *The Suez Canal, its History and Diplomatic Importance*, New York：Columbia University Press, 1931, p. 249.

④ 赵军秀：《略论 1875 年英国购买苏伊士运河股票》，《首师大历史系建系 40 周年论文集》，首都师范大学出版社，1995，第 195 页。

在政治上英国借助苏伊士运河股票获得了干预埃及事务的权力，从而为英国占领埃及奠定了基础。

伴随着苏伊士运河的开通，英国也开始反思此前的埃及政策，如果说此前英国主要通过维护奥斯曼土耳其帝国领土完整的间接方式来保证对埃及的影响，那么在购买苏伊士运河股票后，越来越多的英国人认识到抛弃埃及的政策是错误的，应该予以改变。① 于是，英国开始利用埃及财政危机逐步涉入埃及事务。英国先是与法国一起对埃及施压，迫使埃及政府被迫宣布财政破产，最终确立了英法对埃及的财政共管。后又以 1881 年 9 月埃及艾哈迈德·奥拉比（Ahmad Arabi）领导的"九月兵谏"及其后来出现的民族主义运动严重影响了英国在埃及利益为名，进行军事干涉，最终于 1882 年 9 月占领埃及这个北非最重要的国家。

占领埃及让英国受益匪浅，"从 19 世纪 40 年代开始，埃及的出口贸易与日俱增，英国分享了其中的绝大部分。在 1880 年，英国占埃及贸易出口额的80%，相应地，英国占埃及贸易进口额的 44%。值得注意的是，贸易的构成是进口埃及的棉花和曼彻斯特出口到埃及的棉花制成品"。② 更重要的是，英国获得了在苏伊士运河区驻军的权力，并在运河地区建立起海外最大的军事基地，驻扎了近 10 万军队。埃及不仅成为英国在北非的重要基地，而且还把英国与远东连接在一起，成为大英帝国的主要航道和生命线。此后，英国以埃及为基地，陆续占领苏丹；后又通过英布战争，将南非开普敦据为己有，从而为英国最终成为一个"日不落帝国"奠定坚实基础。

三　1956 年苏伊士运河战争与英国的衰落

随着苏伊士运河在国际航道中的地位越来越重要，英国独占苏伊士运河日益引起其他西方大国的不满，特别是在 1871 年德国实现统一之后，这种不满情绪更加高涨。为了保障苏伊士运河的自由通航权，1888 年德国联合法、意、西、荷、俄、土六国和奥匈帝国在土耳其的君士坦丁堡缔结《君士坦丁

① Charles. W. Hallberg, *The Suez Canal*, *Its History and Diplomatic Importance*, New York: Columbia University Press, 1931, p. 56.

② A. G. Hopkins, "The Victorians and Africa: A Reconsideration of the Occupation of Egypt, 1882," *Journal of African History* 37. 2（1988）: 379.

堡公约》，规定必须保证苏伊士运河的安全和自由通航。英国虽然对该公约不满，但却不敢挑起众怒，遂在 1904 年加入此公约。第一次世界大战后，英国又因形势所迫，被迫于 1922 年允许埃及实行宪政，承认埃及独立，英国对埃及的控制进一步削弱。

1935 年意大利入侵埃塞俄比亚后，不甘退出埃及的英国借口保卫埃及的"安全"和"稳定"，于 1936 年与埃及签订《英埃同盟条约》，规定：英埃缔结军事同盟，英国终止对埃及的军事占领，埃及向英国空军开放领空，亚历山大在 8 年内仍留作英国军港，英国政府有义务为埃及武装部队提供装备和技术指导；英国可在运河区驻军 1 万人，以保护帝国交通安全；埃及可以自由处理外交事务；实施某些埃及化措施（英国法律顾问和财政顾问撤出），使埃及内政逐渐走向独立等，条约期限为 20 年。① 借助《英埃同盟条约》，英国重新回到埃及，并获得了继续在埃及驻扎军队的权利。

然而，经过"一战"和"二战"，英国的实力已大不如从前，再加上"二战"后风起云涌的非殖民化运动，英国在埃及的统治岌岌可危。为了安抚埃及日益高涨的民族主义，1946 年 10 月英国外交大臣贝文与埃及首相西德基帕夏达成了一项协议即《贝文—西德基协定》，希望以此换取埃及与英国的合作。据此英国将在 1947 年 9 月之前把它的军队撤出埃及的主要城镇，并在 1949 年 9 月以前将军队撤出运河区，作为回报，埃及同意在有关中东安全问题上与英国保持磋商。② 此后，实力衰落的英国力图借助西方大国尤其是美国的支持，把英国在埃及的利益纳入西方的整个防御体系之中。为此，1951 年 10 月 13 日，英国联合法国、美国和土耳其发表"中东司令部"声明，试图以废除 1936 年的《英埃同盟条约》、撤出不属于联合司令部指挥的英国军队为条件，换取国际组织包括英国对苏伊士运河的国际防务，变相维护英军对苏伊士运河的控制。③ 然而，英国的这一设想并没有获得成功，因为在埃及看来，英国的殖民统治是当时最大的威胁，摆脱英国是埃及政策的"重中之重"。因此，埃及国内反对英殖民统治的浪潮不断高涨，运河基地的英军不断受到侵扰。英国无奈只好向美国求助，但美国并不愿意在殖民问题上支持英

① 雷钰、苏瑞林：《中东国家通史·埃及卷》，商务印书馆，2003，第 202 页。
② 〔英〕布赖恩·拉平：《帝国斜阳》，钱乘旦等译，上海人民出版社，1996，第 292 页。
③ 〔法〕让－巴蒂斯特·迪罗塞尔：《外交史（1919—1948 年）》，李仓人等译，上海译文出版社，1992，第 122 页。

国，反而向英国施压。原本"日不落帝国"需要第三方进入来达到目标，第三方竟然还不买账，英帝国的衰落可见一斑。

1952 年 7 月 23 日埃及发生"七月政变"，以阿卜杜勒·纳赛尔（Abdel Nasser）为首的自由军官组织推翻法鲁克王朝，新政府单方面废除了 1936 年《英埃同盟条约》，英国与埃及的冲突不断升级。随着英埃矛盾的激化，英军撤出苏伊士运河区已无可避免。1953 年初，英国外交大臣艾登提出了英埃全面解决方案，规定：英国军队分阶段撤出埃及；平时在运河区保持一个军事基地，而在战时英国及其盟国能够立即利用这个基地；为埃及的空防成立一个英埃组织；埃及参加中东防御组织；由联合王国和美国对埃及实行军事和经济援助等。① 虽然该方案历经波折，但 1954 年 10 月英国最终与埃及签订了《苏伊士运河基地协定》，规定英国武装力量自协定签署之日起 20 个月内全部撤离，但英国政府有权保持议定的一些设施，并为当前的需要加以合理使用，从而实现了英国与埃及之间的暂时和解。

英埃矛盾缓和之后，1955 年英国在美国的支持下建立了一个地区性同盟——巴格达条约组织（Baghdad Pact），以阻止苏联在中东地区的扩张。虽然英国竭力说服埃及能够参加该组织，但纳赛尔却认为这个条约组织只是 1936 年《英埃同盟条约》的替代品，"是一项蓄谋已久的计划，旨在分裂阿拉伯世界，迫使它屈从西方意志"，② 因此强烈反对，并阻挠约旦加入巴格达条约组织。不仅如此，埃及政府还在向西方求购武器未果的情形下转向东方阵营，于 1955 年 9 月与苏联签订了武器购买协定。埃及的这一做法无疑激怒了英国，英国决定联合美国一起宣布取消给埃及的阿斯旺高坝贷款。在英国施压的同时，原本一再信誓旦旦支持埃及的苏联政府也在贷款问题上踟蹰不前。纳赛尔政府无奈只好决定把苏伊士运河收归国有，用运河收入来建造大坝，从而导致了苏伊士运河危机。

苏伊士运河收归国有的消息让英国大吃一惊，正在伊拉克访问的英国首相艾登立即召集部分内阁成员商讨对策。7 月 27 日，艾登又火速召开了内阁紧急会议，表示"即便美国和法国不伸手支援，必要时英国将不惜单独使用

---

① 〔英〕安东尼·艾登：《艾登回忆录》，世界知识出版社，1964，第 335 页。
② 〔英〕安东尼·纳丁：《纳赛尔》，范语译，上海人民出版社，1976，第 125 页。

武力，同时必须做好必要的准备"。① 为了迫使埃及就范，英国政府三易其稿，最终制订了"火枪手"（Musketeer）计划，并获得了法国和以色列的支持。具有讽刺意味的是，该军事行动计划遭到了老朋友美国的反对。因为"二战"后的美国成为西方资本主义阵营的霸主，控制了中东65%的石油，因此对美国而言保持苏伊士运河的自由通航是最重要的，至于它处于哪个国家的控制之下并不那么重要，加之非殖民化浪潮的影响，美国并不愿意因支持英法动武触怒民族主义高涨的阿拉伯人。因此在1956年10月29日以色列依据"火枪手"计划向西奈半岛发起攻击后，美国总统艾森豪威尔第二天就发表广播讲话，公开指责英、法的做法是"错误的行动"；11月1日，美国又向联大紧急会议提交了关于立即停火，英、法、以撤军，恢复运河区自由通行的提案。除了在联合国公开反对英法的行动外，美国还运用金融和石油的双重压力，以封锁运河、中断输油和其他贸易手段，向英国施压。在美国施压的同时，苏联则积极向埃及提供外交支持，甚至向英法发出军事干预的信号。此外，英法对埃及的战争也引起了国际社会的普遍不满，当时《人民日报》对埃及收回苏伊士运河和随后发生的战争做了很多报道，北京举行了百万人游行，中国还拿出2000万瑞士法郎的现汇赠予埃及。最终，英国在美苏的联合施压下被迫于11月6日宣布停火，苏伊士运河战争结束。苏伊士运河危机的发生及英国在处理危机时的无奈，使得这个曾经不可一世的庞大帝国更感无力，在危机之后，英国加速从全球战略中撤退和收缩，将战略重点移至欧洲大陆，从而彻底从世界强国的方阵中退出，沦为一个中等国家。

纵观大英帝国的历史，其兴衰虽然是政治变革、工业革命、海外扩张等诸多历史因素的结果，但与苏伊士运河的开凿、掌控与丧失密不可分，可以说，在世界历史上没有哪一条运河像苏伊士运河这样，承载了一个世界性帝国的兴衰，正可谓"成也苏伊士运河，败也苏伊士运河"。

---

① Nigel John Ashton, *Eisenhower, Macmillan and the Problem of Nasser: Ango-American Relations and Arab Nationalism, 1955 - 1959*, London: Macmillan Press Ltd., 1966, pp. 85 - 86.

试析伊利运河与美国东西部区域经济发展[*]

许凯文[**]

伊利运河是于 1825 年建成的美国历史上第一条贯穿阿巴拉契亚山脉的运河,[①] 在美国交通网络与经济体系的构建过程中具有独特的战略意义与关键的经济价值。它突破了阿巴拉契亚山脉的地形限制,开拓了美国的国内市场,并成为继续开发西部的前哨。在水陆交通方面,伊利运河联系了纽约与五大湖,并向西通过运河连接辛辛那提,从而沟通了密西西比水系,最终形成全国性的水运交通网络。在经济联通方面,它首次实现了美国东部经济中心与美国中西部新兴开发区的经济互动,使中西部地区加快承接国内外产业转移,进而推动了五大湖工业区的形成和中西部区域经济的腾飞。

伊利运河选择以奥尔巴尼为起点,以布法罗为终点,是结合地形地貌、技术条件与经济水平等诸多因素的结果。在当时的技术条件下,要建立一条穿越阿巴拉契亚山脉、运输量巨大的贸易交通线,修建运河是最佳选择。而受到阿巴拉契亚山脉两侧普遍陡峭的地形限制,只有奥尔巴尼到布法罗之间的相对平坦地形适宜开挖运河。[②] 另外,1812 年第二次美英战争以后,纽约

---

* 本文为教育部重点研究基地重大招标课题"美国历史上的社会转型研究"（项目编号:16JJD770027）阶段性成果。本文原载于《运河学研究》第 3 辑,社会科学文献出版社,2019,第 91 ~ 107 页。

** 许凯文,南开大学世界近现代史研究中心博士,本硕博皆就读于南开大学历史学院,师从历史学院副院长付成双教授,研究方向为美国史。

① 在伊利运河修建之前,也有少量运河修建,但都没有跨越阿巴拉契亚山脉。美国最早的运河于 1794 年建成,在 1790 ~ 1800 年,纽约州、宾夕法尼亚州以及马萨诸塞州都曾尝试修建州内短途运河,但经济效益不明显。伊利运河的通航首次实现了贯穿阿巴拉契亚山脉的梦想,将美国东部大洋与西部内陆水系相连。（Ronald E. Shaw, *Erie Water West: A History of the Erie Canal, 1792 - 1854*, Lexington: University Press of Kentucky, 1990, p. 427.）作为当时美国东部区域经济交流沟通的唯一渠道,伊利运河巨大的经济效益催生了运河建设的热潮,引领了美国的运河时代。（George R. Taylor, *The Transportation Revolution 1815 - 1860*, Oxon: Routledge, 2015, p. 33.）

② Merwin S. Hawley, *The Erie Canal: Its Origin Its Success and Its Necessity: A Paper Read before the Buffalo Historical Club February 3, 1868*, Buffalo, New York: Courier Office, 1868, p. 26.

在美国东海岸港口城市群中的地位凸显，成为美英贸易的主要窗口，奥尔巴尼所在的哈德逊河入海口恰好是纽约。所以伊利运河以奥尔巴尼为起点，以布法罗为终点，实际上将纽约与五大湖连接起来，成为美国外贸中心与内陆地区联系的桥梁。

在 1851 年第一条贯穿阿巴拉契亚山脉的铁路建立之前的 26 年中，伊利运河一直是沟通美国东西部经济贸易的唯一陆上经济动脉。[①] 即使在 1851～1852 年，水路运输货物量也是铁路运输的六倍。[②] 在运河时代，伊利运河是最早沟通东西部区域的交通与经济动脉，推动农业扩张与东西部工商业城市不断兴起发展，并催生了五大湖工业区的雏形。由此可见，伊利运河在促进东西部区域经济发展中具有前瞻性作用和战略影响。

一　伊利运河修建与运河时代

独立革命后美国虽然在政治上摆脱了英国的统治，但在经济上仍然依赖英国，是英国的农业原料附庸。直到第二次美英战争后，美国才开始真正地进行产业革命，走上了独立发展经济的道路。美英战争结束后英国商人通过远洋轮渡聚集在纽约进行国际贸易，也为美国东部带来了新的发展机遇。纽约成为美国对外贸易中心，亟须扩大经济腹地并扩大交易规模，促进东西部区域经济发展是伊利运河修建的经济动因。

1. 突破山脉阻隔，沟通区域经济

修建伊利运河是沟通区域经济与国际贸易的需要。英国是世界工厂，并主导国际贸易。英国工业革命时期，英国的工业品和原材料主要靠纽约与利物浦之间的黑球航线，其是英国对北美的主要贸易航线。[③] 纽约是美国国内贸易与国际贸易的重要一环。19 世纪初，纽约成为英美国际贸易主要的港口城市，也是美国东海岸的外贸中心。纽约亟须扩大经济腹地并扩大交易规模，然而被阿巴拉契亚山脉阻隔的狭小东部区域已不能为纽约提供充分的出口原

---

① Carter Goodrich, *Government Promotion of American Canals and Railroads*, *1800 - 1890*, West-port, Conn: Greenwood Press, 1974, p. 113.

② Meyer B. Henry, *History of Transportation in the United States Before 1860*, Washington D. C. : Carnegie Institution of Washington, 1917, p. 181.

③ James F. Shepherd and Gary M. Walton, *Shipping*, *Maritime Trade*, *and the Economic Development of North America*, Cambridge: Cambridge University Press, 1972, p. 187.

料和商品市场，中西部腹地农业产品亟须运到美国东部地区和海外地区。[①]

在 19 世纪初期，美国山脉水系走向是阻碍美国抓住机遇利用国际贸易发展的障碍。"纵贯南北的阿巴拉契亚山脉，形同一道巨大的天然屏障，把东部的沿海商业城市和西部的农业产区隔离开来。在当时极为落后的交通条件下，东部地区和西部地区的商业贸易往来和交流非常有限，东部城市的商人往往只好望山兴叹。"[②] 纽约所在的东北部工商业地区是经济龙头，但是阿巴拉契亚山脉的阻隔却使中西部乃至全国的经济发展缺少最重要的东西运输线。它不仅使美国广大的西部地区无法成为东部的经济腹地，遏制了美国国际贸易的扩展，更成为美国东部地区工业化的严重阻碍。[③] 南北向山脉的阻隔限制了东部地区的经济增长与美国在国际贸易中的地位，修建东西向横跨山脉的人工水道迫在眉睫。另外，汽船的发明也凸显了水运交通的便捷性，为伊利运河的修建提供了技术条件基础。

2. 纽约州投资修建

在伊利运河修建之前，纽约州议员曾向联邦政府提出资助申请，但没有获得联邦政府直接投资。当时的联邦政府一年的收支只有 2000 多万美元，而时任纽约州州长的乔治·克林顿报出的伊利运河预算是 700 万美元，这相当于国家一年财政支出的三分之一。联邦政府明确告诉克林顿，在修建伊利运河的资金上联邦政府爱莫能助。[④] 时任纽约市市长的德威特·克林顿坚称修建伊利运河有重大意义，他认为"首先，运河能降低商品运输成本，尤其是大宗货物贸易的成本，从而促进内陆贸易，加强美国中西部地区与东部地区的商贸联系。其次，伊利运河能促进东部制造业和西部农业的互补，同时开拓双方的市场，实现互利共赢。最后，伊利运河能带动沿线以及美国中西部地区城镇发展，带动人口增长"。[⑤]

---

① Stanley L. Engerman and Robert E. Gallman, *The Cambridge Economic History of the United States*: *The Long Nineteenth Century*, Cambridge: Cambridge University Press, 2000, p. 553.

② 韩启明：《建设美国：美国工业革命时期经济社会变迁及其启示》，中国经济出版社，2004，第 105 页。

③ Stanley L. Engerman and Robert E. Gallman, *The Cambridge Economic History of the United States*: *The Long Nineteenth Century*, Cambridge: Cambridge University Press, 2000, p. 554.

④ Ronald E. Shaw, *Erie Water West: A History of the Erie Canal, 1792 - 1854*, Lexington: University Press of Kentucky, 1990, pp. 49 - 50.

⑤ Roy G. Finch, *The Story of the New York State Canals: Historical and Commercial Information*, Albany: J. B. Lyon Corporation, 1925, p. 12.

伊利运河建设尽管没有获得联邦政府直接投资，但最终通过华尔街发行州政府债券筹措了启动资金。"当华尔街得知纽约州急需一大笔资金的时候，开始兴奋起来，按照当时的常规，佣金费率在1%左右，华尔街在这个项目中可以获得7万美元。"① 伊利运河债券开始受到市场的追捧，而资金的充裕又加快了运河的建设。"原计划十年完成的伊利运河工程，整整提前了两年，伊利运河起自纽约州东部的奥尔巴尼，西至连接大湖区水路的布法罗，全长363英里（1英里≈1.6公里），是通往西部的重要水路，经过8年施工，于1825年完成。"② 伊利运河突破山脉阻隔，沟通东西部区域经济，助力国际贸易。

3. 引领运河时代

伊利运河引领美国运河时代，兴起了运河建设热潮。如果说美国交通建设的热潮最早表现为国家公路的修建，那么美国交通运输最重要的革命性突破，是由伊利运河的开凿引起的。该运河挖掘于1818～1825年，是联结东部和西部的第一条人工河道。伊利运河的成功带动了美国各州建设运河的热潮，其中多数运河走向为东西向，旨在构建便于东西部区域联系的交通网络。

"为了和纽约港争夺西部贸易的控制权，宾夕法尼亚州开始抢修通往西部的运河，其他东部各州也从伊利运河的成功中看到了运河的优越性，纷纷用运河将内地和沿海连接起来"；③ 中西部各州则赶修从内地到五大湖的运河，以便利用伊利运河给它们带来的机会。"于是，1825年之后在全国出现了一个开凿运河的热潮，并由此形成了三个明显的高峰期或周期，到1860年全国已建成运河4254英里。"④

交通运输网的完善对区域经济和城市化的影响更为直接和强烈。"从1815年到1854年是修建运河的高潮期，被称为'运河时代'。"⑤ 人们根据东北部河流众多的特点，因地制宜，修建运河，连接主要河流与城市。"至1840年，美国已开凿运河3000英里，不仅连接了大西洋沿岸城市，而且也深入内陆，

---

① Walter Werner and Steven T. Smith, *Wall Street*, New York: Columbia University Press, 1991, p. 181.

② Linda Thompson, *Building the Erie Canal*, Minnesota: The Rourke Book Company, 2013, p. 28.

③ G. C. Fite and J. E. Reese, *An Economic History of the United States*, Boston: Houghton Mifflin, 1973, p. 264.

④ 何顺果：《美国边疆史——西部开发模式研究》，北京大学出版社，1992，第161页。

⑤ Marguerite S. Snyder, *The Steffeys in America: From Colonial Days to the Space Age*, Washington, D. C.: M. S. Snyder, 1964, p. 17.

包括中西部的城镇。"① "1840 年，美国已经拥有世界上最完整的运河系统，运河的总长度为 3326 英里（5352 公里），到 1860 年全国已建成运河 4254 英里。其中绝大部分（70% 左右）位于东部的宾夕法尼亚州、纽约州和中西部的俄亥俄州。"②

二 促进纽约及东部经济发展繁荣

伊利运河的开辟突破了阿巴拉契亚山脉的阻隔，从而使东部工业区的经济辐射到中西部五大湖农业区。伊利运河的修建进一步发挥了纽约及东部城市的内河航运优势，扩大了纽约的商品市场和原料市场。伊利运河的通航使纽约成为国内国际贸易的中转站。纽约以国际贸易、金融、经济中心为依托，不断向世界彰显其影响力和辐射力，不但大大加强了自己在世界经济中的地位，而且还有力地推进了美国东部区域经济的发展。

1. 促进纽约及东部城市的繁荣

伊利运河通航显示了运费低廉、便捷的优越性。伊利运河通航以后，从奥尔巴尼到布法罗之间的旅途，不论通行时间和运输费用都显著下降。"时间从 20 天减为 6 天，费用从 100 美元 1 吨降为 10 美元 1 吨。从布法罗运 1 吨货到纽约市，以前要花费 100 美元，历时 3 个星期；现在则花费 15 美元，全程只需 8 天。"③ 这样，汽船与运河搭配，提高了运输效率，大大降低运费，货运方面最低可减少 90%。"从布法罗到纽约市平均每吨英里货运价格由 1817 年的 19 美分降至几年后的 2 美分，甚至一度低至 1 美分。"④ "伊利运河开放后第一年收入 75 万美元，几年之内就收回了全部投资，显示了巨大的经济效益。"⑤ "伊利运河的运营收益不仅早就偿还了 4150 万美元的政府债券，而且

① Meyer B. Henry, *History of Transportation in the United States Before 1860*, Washington: Carnegie Institution of Washington, 1917, p. 552.

② George R. Taylor, *The Transportation Revolution 1815 – 1860*, Oxon: Routledge, 2015, p. 287.

③ Ronald E. Shaw, *Erie Water West: A History of the Erie Canal, 1792 – 1854*, Lexington: University Press of Kentucky, 1990, p. 214.

④ Ronald E. Shaw, *Erie Water West: A History of the Erie Canal, 1792 – 1854*, Lexington: University Press of Kentucky, 1990, p. 270.

⑤ 〔美〕福克讷：《美国经济史》上卷，王锟译，商务印书馆，1989，第 351 页。

还用来维修和扩大伊利运河的航道。"① 经过几十年运营，伊利运河还积累了大量收入盈余。

纽约州的伊利运河是美国最早贯通东西部的杰作，也是 19 世纪上半叶交通革命时期最为成功的典范。它把大湖区和纽约等东部大城市有效地连接起来，从而打开了通往俄亥俄、印第安纳、伊利诺伊境内偏僻地区的通道。西进移民可以直接从纽约出发经哈德森河上行至奥尔巴尼，再进入伊利运河经大湖区到达西部。"西部移民的农、牧产品，木材，矿石可以经过这条水路运往纽约。东部的工业品、日用品也可以源源不断地运往西部的沿河移民点。伊利运河给纽约带来了繁荣，使其成为东北部受益最大的港口。"②

伊利运河建成之后，纽约的经济活动范围和商业影响力获得了前所未有的扩张，曾经超过或者一度和纽约并驾齐驱的东部城市如波士顿、费城、巴尔的摩等，从此无法挑战纽约第一大商业城市的地位。纽约作为一个港口城市，其经济繁荣与航运密切相关，伊利运河的通航对纽约的经济影响尤为重要。

伊利运河的通航与成功促使港口城市纽约成为全国性商业中心，成就了纽约"帝国之都"的美誉。纽约繁荣的主要表现是城市人口爆炸性增长。"1820 年的纽约人口为 12.37 万，费城的人口是 11.2 万；到了 1860 年，这两个数字就变成了 108 万和 56.6 万。"③ 同样令人吃惊的是纽约作为一个港口城市的迅猛发展："1800 年，美国的外来商品大约只有 9% 通过纽约港进入美国，到了 1860 年，这个比例已经跃升到了 62%。"④ "在纽约州运河体系的东端，纽约市在 1850 年成为全球最主要的大都市中心，拥有超过 70 万的人口，与 1825 年伊利运河刚通航时期相比几乎翻了 4 倍。"⑤

伊利运河对纽约及东部城市最重要的影响在于为纽约经济发展注入经济

① Merwin S. Hawley, *The Erie Canal: Its Origin Its Success and Its Necessity: A Paper Read before the Buffalo Historical Club February 3, 1868*, Buffalo, New York: Courier Office, 1868, p. 148.

② 张友伦：《美国西进运动探要》，人民出版社，2005，第 313~314 页。

③ John S. Gordon, *The Great Game: The Emergence of Wall Street As a World Power, 1653－2000*, New York: Simon & Schuster, 2000, p. 41.

④ Milton M. Klein, *The Empire State: A History of New York*, New York: Cornell University Press, 2005, p. 310.

⑤ Peter L. Bernstein, *Wedding of the Waters: The Erie Canal and the Making of a Great Nation*, New York: W. W. Norton, 2005, p. 319.

动力。"从布法罗到纽约,陆上运输的费用曾达每吨 100 美元,由运河运输只要 10 美元。"① "从 1815 年到 1840 年,纽约的人口及其对外贸易额增长了近 3 倍,到 1840 年,美国 1/2 的进口货与 1/3 的出口货都在纽约转运。"② 到 1850 年,纽约成为美国首屈一指的大都市,全美最大的商业中心,其商品种类齐全可满足国内外市场,从东部新英格兰的纺织品、宾夕法尼亚的矿石,到西部各州的小麦、畜产品都可以在纽约见到。③ 在相当程度上,伊利运河造就了纽约的繁荣。在伊利运河开通后不到 40 年的时间里,原先比费城和波士顿小得多的纽约,作为一个连接东西部贸易的港口城市,一跃成为美国最大的城市。

与此同时,伊利运河的繁荣还带动了沿线城镇的兴起,促进纽约州运河沿线城市的发展与繁荣。"罗切斯特在 1820 年是一个村子,但是 1825 年以后迅速成为一个繁荣的城市和全国主要的面粉中心。"④ 锡拉丘兹、尤蒂卡和运河沿岸 12 个较小的地方也几乎有同样引人注目的发展。⑤ "到 1867 年,纽约州的商业贸易额与进出口总额合计达 5.6 亿美元。"⑥ 运河经济的繁荣,促进了伊利运河两岸城市的兴起。这些运河边岸的一些城市如布法罗、罗切斯特、特洛伊等,后来都发展成为经济多元化的工商业大都市,于是有人称伊利运河为"城市之母"。⑦ 美国东北部的众多工商业城市,通过运河系统,第一次敲开了西部市场的门户。以伊利运河为核心的水运交通网的形成,不仅加快了城市化的步伐,而且彻底改变了美国国内的贸易走向,变南北流向为东西流向。⑧ 这样,就奠定了大西洋沿岸城市的领先地位,加强了全国经济以东北

---

① Edward P. North, "The Erie Canal and Transportation," *The North American Review* 170 (1900): 123, www. jstor. org/stable/25104942.

② Milton M. Klein, *The Empire State: A History of New York*, New York: Cornell University Press, 2005, p. 309.

③ Edward K. Spann, *The New Metropolis—New York City, 1840 - 1857*, New York: Columbia University Press, 1981, p. 198.

④ John T. Schlebecker, *Whereby We Thrive: A History of American Farming, 1607 - 1972*, Ames: Iowa State University Press, 1975, pp. 89 - 90.

⑤ David M. Ellis and Sherri G. Cash, *New York State: Gateway to America: An Illustrated History*, California: American Historical Press, 2008, p. 55.

⑥ Merwin S. Hawley, *The Erie Canal: Its Origin Its Success and Its Necessity: A Paper Read before the Buffalo Historical Club February 3, 1868*, Buffalo, New York: Courier Office, 1868, p. 31.

⑦ Merwin S. Hawley, *The Erie Canal: Its Origin Its Success and Its Necessity: A Paper Read before the Buffalo Historical Club February 3, 1868*, Buffalo, New York: Courier Office, 1868, p. 30.

⑧ Ronald E. Shaw, *Canals for a Nation: The Canal Era in the United States, 1790 - 1860*, Lexington: University Press of Kentucky, 2014, p. 165.

部为轴心的地域分布格局；既为美国经济的整体发展铺平了道路，又为北部在内战中战胜南部准备了条件。

伊利运河在 1825 年建成后即可全线通航，这在美国运河史上无疑有重要意义。"在伊利运河之前，美国各州修筑运河的尝试都因山脉阻隔未能实现贯通东西的目标。"① "伊利运河的通航提高了纽约州的经济地位，使纽约市成为全球性的贸易港口。"② 与此同时，其通航更重要的意义在于使沿线城市的经济得到发展，特别是为待开垦的中西北部地区的工农业发展提供可观的国内国际市场。

伊利运河是首条打通被阿巴拉契亚山脉阻隔的东西水系的运河，伊利运河引领了运河时代。因此，伊利运河在美国交通史中尤为重要，有不可替代的作用，甚至对美国南北战争时的政治格局也产生了深远的影响。伊利运河的开辟突破了阿巴拉契亚山脉的阻隔，成为美国外贸中心与内陆地区联系的桥梁，从而使东部工业区的经济辐射到中西部五大湖地区。"它进一步发挥了纽约及东部城市的内河航运优势，将纽约与五大湖连接起来，扩大了纽约及东部城市的销售及原料市场。"③

2. 成就了华尔街

伊利运河债券是华尔街的第一个工程债券。在筹建伊利运河过程中，联邦政府很明确地告诉克林顿州长，在修建伊利运河的资金上联邦政府不能提供半分帮助。④ 克林顿回到纽约后，寻求华尔街的支持。克林顿州长表示华尔街有足够的能力承销伊利运河债券，这是政府的第一个工程项目，也是华尔街的第一个工程债券，双方都很谨慎，决定债券分期发行，工程分段进行。"两年之后，最初的一段运河就修通了，每一道闸口就是一个收费站，当年闸口的收益达到 25 万美元，而当时投入的资金不到 100 万美元。"⑤ "伊利运河

---

① Ronald E. Shaw, *Erie Water West: A History of the Erie Canal, 1792 – 1854*, Lexington: University Press of Kentucky, 1990, p. 401.

② Edward K. Spann, *The New Metropolis—New York City, 1840 – 1857*, New York: Columbia University Press, 1981, p. 5.

③ Milton M. Klein, *The Empire State: A History of New York*, New York: Cornell University Press, 2005, p. 315.

④ Hepburn A. Barton, *Artificial Waterways and Commercial Development（With a History of the Erie Canal）*, New York: The Macmillan Company, 1909, p. 25.

⑤ John S. Gordon, *The Great Game: The Emergence of Wall Street As a World Power, 1653 – 2000*, New York: Simon & Schuster, 2000, p. 44.

给纽约州政府带来的巨额收入远远超出了预估收入额，这是运河投资者始料未及的好事。从 1826～1834 年伊利运河实际收入的通航税可知，伊利运河的巨大经济成就是如此的史无前例。"① "良好的经济回报很快刺激了华尔街承销商的热情，伊利运河债券开始受到市场的追捧。伊利运河的修建在当时的美国引发了对运河概念证券的狂热，迅速增加了华尔街、波士顿和费城等其他主要资本市场的交易量。"② 伊利运河为纽约带来史无前例的商业机遇，纽约从进出口货物中收取代租费、运费、保险费等，积累了大量财富，逐渐成为金融中心。

纽约成为金融中心体现在华尔街的成长。伊利运河开通之后，纽约城市地位提高。与此同时，华尔街金融贸易在美国经济建设中的作用日益明显，华尔街在经贸中占据的位置更加显赫，由此确立了它在美国金融中执牛耳者的地位。"华尔街是美国财富与力量的集聚地，1841 年竣工的商业交易所成为纽约这一商业中心的权力代表。"③ 伊利运河扩大了纽约的腹地，使大湖区成为纽约的市场和原料产地，由此提高了纽约的商业与金融中心地位。因此，伊利运河不仅带动了纽约的兴起，也通过经济辐射促使纽约周边东部城市群迅速发展。

"一条运河改变了纽约的命运，也创造了一个国家的历史。"④ 伊利运河将美国经济的火车头与中西部地区广阔的原料消费市场紧密联系起来。它保证了美国东部工业经济的繁荣与外贸出口的稳定，也为中西部的工业化带来动力。⑤ 伊利运河是纽约州建造的，它使纽约成为经济和金融中心。

三　推动中西部区域经济发展

伊利运河通过传递东部经济发达地区对中西部落后地区的经济辐射，实

---

① Hepburn A. Barton, *Artificial Waterways and Commercial Development (With a History of the Erie Canal)*, New York: The Macmillan Company, 1909, p. 36.

② John S. Gordon, *The Great Game: The Emergence of Wall Street As a World Power, 1653 – 2000*, New York, New York: Simon & Schuster, 2000, p. 45.

③ Milton M. Klein, *The Empire State: A History of New York*, New York: Cornell University Press, 2005, pp. 282 – 283.

④ Peter L. Bernstein, *Wedding of the Waters: The Erie Canal and the Making of a Great Nation*, New York: W. W. Norton, 2005, p. 22.

⑤ Gerard Koeppel, *Bond of Union: Building the Erie Canal and the American Empire*, New York: Da Capo Press, 2009, p. 179.

现了对开发较晚的美国中西部地区经济的带动。伊利运河促进中西部区域经济大发展则是从农业到工业现代化的全方位推动：推动西进运动、加速西部地区农业扩张以及促进新的农业产业带的形成；伊利运河突破山脉阻隔，沟通东西部区域经济，促进中西部地区工业经济的发展，尤其是催生了五大湖工业区雏形。

1. 中西部农业产业带形成

伊利运河首先通过推动西进运动，为美国西部区域经济发展奠定基础。促进西进移民，固然为美国中西部城市化的发展奠定了坚实基础，但真正推动中西部地区经济快速发展的依然是美国中西部地区商贸体系的建立与商品经济的发展。伊利运河打通了通向东部资本主义市场的道路，也促进了西部工商业的兴起，从而加大了外部市场对西部农产品和畜产品的需求。

在 1825 年伊利运河建成之前，西部的农业产品需要通过俄亥俄河和密西西比河运到南端的新奥尔良，然后再转运到美国东部地区和海外地区。伊利运河建成以后，美国中西部譬如俄亥俄河流域的农业产品可以通过五大湖直接运往东部城市巨大的消费市场。[①] 从这一点上说，伊利运河引起的交通革命与美国市场革命密切相关。"19 世纪 60 年代以后，随着芝加哥、密尔沃基、圣路易斯、辛辛那提等城市的兴起和蓬勃发展，五大湖附近的一些州也开始发展奶牛业和蔬菜生产，威斯康星州基本上不再生产小麦，而以生产鲜奶、奶酪、黄油等奶制品为主，被称为'美国的奶牛业之乡'。"[②] "西进的移民在基本上征服了大草原地区的同时，又对西部的大平原地区跃跃欲试。利用效率较高的农业机械，面向国内蓬勃发展的工商业和城市市场，在大平原地区出现了许多占地数千英亩以上的超大型小麦农场。大平原地区成为美国新的、最重要的小麦生产带。"[③]

地区专业化对美国农业发展产生积极影响。美国农业的商品活动范围从来不限于美国境内，而是自始至终以世界为市场，各个地区专业化农业生产及其竞争优势，对美国农业发展尤其重要。另外，美国国内的农业产品，不仅满足

---

① G. C. Fite and J. E. Reese, *An Economic History of the United States*, Boston: Houghton Mifflin, 1973, p. 292.

② 韩启明：《建设美国：美国工业革命时期经济社会变迁及其启示》，中国经济出版社，2004，第 210 页。

③ 韩启明：《建设美国：美国工业革命时期经济社会变迁及其启示》，中国经济出版社，2004，第 211 页。

城市居民的需要。"由于专业化的农业布局，农村地区和农村地区之间也互通有无，互为市场。美国中部地区的小麦带和玉米带，不仅为美国绝大部分城乡地区提供小麦等粮食产品，而且提供猪肉、牛肉等肉类食品。农业地方专业化生产，促进美国国内地区之间互通有无，进一步扩大了农业产品的国内市场。"①

由于伊利运河的修建以及19世纪30年代和40年代五大湖及密西西比河及其支流航运业的发达，中西部生产的粮食及肉类等产品除昔日的南部市场外，有了更多的销售市场可供选择，中西部地区因此成长为美国内陆第一个小麦和玉米商品粮基地，并确立了它在整个国家社会中的地位。② 俄亥俄河流域、密西西比河流域、五大湖地区的西部农业地区渐渐成为美国甚至世界的谷仓，西部地区的城市也越来越多，城市的规模日益扩大。③ 由此可见，修建伊利运河率先推动了美国中西部农业的大发展。

2. 催生五大湖工业区雏形

伊利运河的通航，促进移民大量涌入中西部地区，推动中西部城市化，为中西部工业经济的崛起奠定基础。从城市人口比例来看，从1820年至1860年，美国北部与西部的城市人口占总人口比例都呈现明显的加速发展趋势。美国西部的城市人口占总人口比例上升了16%，东部城市人口占总人口比例从9.4%上升到了25.6%。相比之下，南部城市人口占总人口比例仅上升了5%。④ 从总人口比例来看，美国人口总数百分比呈现北部、西部比重加速提升，南部比重逐年下降的趋势。⑤ 这说明北方人口的增长率大于南方。北方人口的急剧增加除了城市经济发展、人口自然增长以外，还由于外来移民大批涌入中西部地区。伊利运河成为西进运动与人口迁徙的动脉与桥梁。

伊利运河推动西进运动与经济开发，也打下了中西部工业经济发展的基础。伊利运河促进中西部农牧业、初级加工业迅速发展。西部丰富的资源吸引了东部大批的商人、企业和金融机构纷纷到西部投资，"西部地区逐渐发展

---

① 韩启明：《建设美国：美国工业革命时期经济社会变迁及其启示》，中国经济出版社，2004，第222页。

② 何顺果：《美国边疆史——西部开发模式研究》，北京大学出版社，1992，第196~197页。

③ Willard W. Cochrane, *The Development of American Agriculture：A Historical Analysis*, Minneapolis：University of Minnesota Press, 1993, p. 68.

④ U. S. Department of Commerce and Labor, *A Century of Population Growth：From the First Census of the United States to the Twelfth, 1790 - 1900*, Washington：Bureau of Census, 1909, p. 57.

⑤ U. S. Department of Commerce and Labor, *A Century of Population Growth：From the First Census of the United States to the Twelfth, 1790 - 1900*, Washington：Bureau of Census, 1909, p. 58.

起各种制造业和加工业，可以批量加工处理农、牧产品，美国中西部许多商业市镇向商业大城市发展"。① 美国中西部农业和畜牧业商品化突出地表现在食品加工业上。"一系列加工业在中西部兴起，这些加工业原本是经贸中心的附属初级工业，但由于伊利运河带来的巨大贸易量而成为这些商业城市初期发展的经济支柱。"②

伊利运河不仅显著地推动了中西部的经济开发，为进一步工业化奠定基础，还直接推动了采矿业、冶炼行业等重工业发展。自 1825 年伊利运河通航伊始，伊利湖南部沿岸的铁矿就得到开发，在哈德逊河上游出现了铸造炉子和铁管的铸造厂。③ "1826 年，在伊利湖附近的佩恩斯维尔有三座炼铁炉投入生产，正在建造的还有三座以上的炼铁炉和同样数量的锻铁炉。"④ "1847 年以后，源自五大湖地区、中西部各州的农业产品数量，已经开始超过来自纽约州西部地区的农业产品数量。由于运河船只颇为适合载运谷物、矿产等大宗商品，直到 1870 年以前，伊利运河的农业产品和矿产品的年载运量一直超过火车的货物运输量。"⑤

可以说，伊利运河对中西部经济发展的最深远影响是催生五大湖工业区雏形。五大湖工业区是美国最重要的工业产区，是美国实现工业化与现代化的中流砥柱。

伊利运河推动西进运动，促使五大湖区率先成为 19 世纪美国中西部最重要的农牧产品加工业与农机制造业基地，这就为五大湖工业区的产生提供了前提条件。"五大湖工业区的兴起，首先受到西部拓殖运动的直接推动，移民来到美国中西部从事农业，而拓荒垦殖需要各种农具，以应付不同的地形和土壤。"⑥ 这为五大湖区工业的兴起奠定了基础，突出地表现在农机具制造业上。不仅表现在农机具质量的改进方面，也表现在农机具制造业的厂址选择

---

① G. C. Fite and J. E. Reese, *An Economic History of the United States*, Boston：Houghton Mifflin, 1973, p. 289.

② Peter L. Bernstein, *Wedding of the Waters：The Erie Canal and the Making of a Great Nation*, New York：W. W. Norton, 2005, pp. 357 – 358.

③ Lawrence A. Peskin, *Manufacturing Revolution：The Intellectual Origins of Early American Industry*, Baltimore, Maryland：Johns Hopkins University Press, 2007, p. 154.

④ 张友伦：《美国工业革命》，天津人民出版社，1981，第 91 页。

⑤ 韩启明：《建设美国：美国工业革命时期经济社会变迁及启示》，中国经济出版社，2004，第 107 页。

⑥ Stanley L. Engerman and Robert E. Gallman, *The Cambridge Economic History of the United States：The Long Nineteenth Century*, Cambridge：Cambridge University Press, 2000, p. 323.

方面。为了开发草原带和整个中西部，生产商先是在芝加哥建立了收割机制造厂，1865 年其产量达 55000 台。其后，与之配套的农机具，如脱粒机、割草机、强种机等，亦相继发明并在中西部许多工厂投入生产，芝加哥、辛辛那提、路易斯维尔迅速发展成农机具制造中心。五大湖工业区的兴起还受到西部农业和畜牧业商品化的推动，尤以食品加工业迅速发展为典型。农机具制造业和农产品加工，成为中西部两项非常重要的制造业，前者的产品主要供应中西部本地使用，而后者则主要是运往东部市场的。[①]

五大湖区工业的兴起，得益于这一地区的自然资源和优越的水运交通条件，而伊利运河正是为五大湖区提供低廉便捷的水运要道。中西部城市的大规模、普遍性兴起，是美国工业化向纵深发展的最直接反映。如前所述，中西部拥有丰富的自然资源和优越的地理条件，农业开发也已完成，工业化的展开乃水到渠成。五大湖区东面的阿巴拉契亚山地是美国最重要的煤田，煤炭储量占全国的一半。"苏必利尔湖的西面和南面是美国重要的铁矿产区，蕴藏量约占美国的 80%，在休伦湖和密歇根湖沿岸还有丰富的石灰石、锰、铀、金、银、铜和盐等矿产资源。"[②] 五大湖区丰富的铁矿资源以及廉价的水运条件，对美国的钢铁工业发展起很大作用。19 世纪 40 年代初苏必利尔湖铁矿石产区被发现，带动了五大湖区采矿业的发展。"采矿者需要相应的采矿设备，而当时美国中西部的采矿技术刚刚起步。因此，采矿设备多由东部的匹兹堡等工业中心生产，经过伊利运河及其支线运往苏必利尔湖，有色金属矿的开采亦是如此。"[③]

伊利运河的修建连通了美国东部的哈德逊河水系与西部五大湖水系，由此凸显了五大湖重要的航运价值，对附近地区经济发展起着很大促进作用。"五大湖不仅彼此相连，而且还有许多天然水道与运河同海洋连通一气。"[④] 中西部不仅为东北部的工业革命提供了粮食、原料和市场，而且随着西进运动的发展和中西部逐步投入开发，美国工商业的重心也逐渐西移，并最终在

---

① 何顺果：《美国边疆史——西部开发模式研究》，北京大学出版社，1992，第 283 页。

② Ralph H. Brown, *Historical Geography of the United States: Under the Editorship of J. Russell Whitaker*, New York: Harcourt, Brace & World, 1962, p. 467.

③ Lawrence A. Peskin, *Manufacturing Revolution: The Intellectual Origins of Early American Industry*, Baltimore, Maryland: Johns Hopkins University Press, 2007, p. 156.

④ Gary M. Walton, and Rockoff Hugh, *History of the American Economy*, Mason, Ohio: South-Western/Cengage Learning, 2010, p. 153.

中西部形成了一个新的工业区，这就是以重工业为主的五大湖工业区。由于它在本质上仍是东北部核心地区的扩大，又与原来传统的工业区东北部连成一片，在美国经济史上通常被称为"东北部—五大湖工业区"。① 伊利运河的经济辐射作用推动了在五大湖区南岸和西岸形成五大钢铁工业中心，主要是芝加哥、克利夫兰、底特律，以及德卢斯和托利多。② 便捷的交通网络有利于生产和资本的高度集中，对五大湖区的钢铁工业产生巨大影响。

综上所述，伊利运河的战略影响是开拓了中西部的五大湖经济带，催生了五大湖工业区。伊利运河沿线的各个城市逐步承接来自纽约的产业转移，使罗切斯特、布法罗、克利夫兰的农产品加工业与机械制造业得到长足发展，在形成农业带的同时推动了机械制造业兴起，进而催生五大湖工业区雏形。

四 结 语

伊利运河的独特地位在于它是第一条跨越阿巴拉契亚山脉的运河，并且是唯一通过大量有效运输建立起横贯阿巴拉契亚山区的经济带的运河。③ 在1851 年第一条贯穿阿巴拉契亚山脉的铁路建立之前的 26 年中，伊利运河一直是沟通美国东西部经济贸易的唯一陆上经济动脉。

在美国早期发展的运河时代，伊利运河在促进东西部区域经济发展的过程中起到了重要作用。"以伊利运河为代表的运河时代使美国东西部两大经济区率先实现了商品双向流通。伊利运河的开辟突破了阿巴拉契亚山脉的阻隔，从而使纽约及东部工业区经济率先辐射到中西部农业区。"④ 伊利运河使东部区域经济辐射到中西部区域，开拓了中西部的五大湖经济带后催生了五大湖工业区雏形。区域经济生产要素的自由流动促进了分工与专业化生产。美国东部与中西部分别以纽约、辛辛那提为中心，在区域内部与周边的城市群形

---

① Cynthia C. Northrup, *The American Economy: A Historical Encyclopedia*, Santa Barbara, California: ABC – CLIO, 2012, p. 237.

② Kenneth Warren, *American Steel Industry, 1850 – 1970: A Geographical Interpretation*, Pittsburgh, Pennsylvania: University of Pittsburgh Press, 1989, p. 56.

③ Peter L. Bernstein, *Wedding of the Waters: The Erie Canal and the Making of a Great Nation*, New York: W. W. Norton, 2005, p. 365.

④ Ronald E. Shaw, *Erie Water West: A History of the Erie Canal, 1792 – 1854*, Lexington: University Press of Kentucky, 1990, p. 1.

成独立而又相互联系的一体化经济圈。以这两个经济圈为首，经济区域进行了区域分工，并依靠伊利运河进行物资交换与商品流动。

伊利运河不仅通过经济辐射为美国中西部和五大湖地区的经济发展带来动力，也为美国区域经济体系的完善与经济网络的形成提供了成功的点轴辐射开发范式。在 19 世纪上半叶，纽约提高和确立了它在金融业、进出口贸易等方面的领导地位，传递东部发达区域经济中心的经济辐射。美国东部地区的工商业经济发展获得了更广阔的腹地支持。中西部地区为东部地区供应商品粮，并为东部的工业产品提供巨大的消费市场。从纽约以国际贸易带动国内经济增长的策略来看，伊利运河推动形成美国区域经济架构的重要性在于沟通国内外贸易的双重作用。伊利运河所采用的点轴开发模式更是各国经济体系完善过程中广为借鉴的典范。因此，伊利运河是英国主导的国际贸易体系向美国纵深经济辐射的重要一环。

伊利运河突破山脉阻隔，沟通东西部区域经济。伊利运河将美国经济的火车头与内陆广阔的生产消费市场紧密联系。它保证了美国东部工业经济的繁荣与外贸出口的稳定，也为中西部的工业化带来动力。它成就了美国纽约帝国之都的荣耀，也缔造了五大湖工业区辉煌的基础。毫无疑问，伊利运河在促进区域经济发展和形成美国东西互补的区域经济中起到了重要作用。伊利运河引领运河时代且使纽约一跃成为美国的经济和金融中心。"一条运河改变了纽约的命运，也创造了一个国家的历史"，[①] 这句话恰如其分地评价了伊利运河促进美国东西部区域经济发展的前瞻性战略作用。

---

① Peter L. Bernstein, *Wedding of the Waters: The Erie Canal and the Making of a Great Nation*, New York: W. W. Norton, 2005, p. 22.

图书在版编目（CIP）数据

运河研究年度文选. 2019 / 宫辉力主编 . -- 北京：
社会科学文献出版社，2021.9
ISBN 978 - 7 - 5201 - 8969 - 9

Ⅰ. ①运… Ⅱ. ①宫… Ⅲ. ①大运河 - 中国 - 文集
Ⅳ. ①K928.42 - 53

中国版本图书馆 CIP 数据核字（2021）第 175745 号

运河研究年度文选（2019）

主　　编／宫辉力

出 版 人／王利民
组稿编辑／宋月华
责任编辑／韩莹莹
文稿编辑／顾　萌　王威帅
责任印制／王京美

出　　版／社会科学文献出版社·人文分社（010）59367215
　　　　　　地址：北京市北三环中路甲 29 号院华龙大厦　邮编：100029
　　　　　　网址：www.ssap.com.cn
发　　行／市场营销中心（010）59367081　59367083
印　　装／三河市尚艺印装有限公司

规　　格／开 本：787mm×1092mm　1/16
　　　　　　印 张：24.25　字 数：400 千字
版　　次／2021 年 9 月第 1 版　2021 年 9 月第 1 次印刷
书　　号／ISBN 978 - 7 - 5201 - 8969 - 9
定　　价／168.00 元